KB075945

Everybody
에브리-바디

Everybody
에브리-바디
A Book About
Freedom
Olivia Laing

모든 몸의 자유를 향한
투쟁과 실패의 연대기

올리비아
랭

김병화
옮김

어크로스

리베카와 PJ에게, 사랑과 감사를 담아.

✦

"난 더 이상 몸을 갖고 싶지 않다. 빌어먹을 몸."
— 라이언 트레카틴, 〈형제자매라는 주제Sibling Topics〉

"내 삶에서 정치는 사라진 것이 아니라 내 몸에 자리 잡았다."
— 캐시 애커,《이판사판 고등학교Blood and Guts in High School》

"인간의 프레임 속에 지속적으로 영향을 받고 영향을 주는
본질의 변이가 일어난다고 말할 수도 있지 않을까?"
— 에드워드 카펜터,《사랑의 성년Love's Coming of Age》

"내 삶은 타인들이 보는 눈길과/손에 위태롭게 붙들려 있다."
— 프랭크 오하라, 〈시Poem〉

차례

이 책은 위험에 처한 몸, 변화의 힘으로서의 몸에 대한 책이다.

2015년의 난민 위기 때 이 책을 쓰기 시작하여

코로나 바이러스로 인한 환자가 나타나기 시작할 무렵 집필을 마쳤다.

새로 등장한 역병은 우리 몸이

어이가 없을 정도로 취약하다는 사실을 폭로했으며,

지난해에 있었던 "흑인의 생명도 귀중하다Black Lives Matter" 운동은

자유를 향한 긴 투쟁이 아직 끝나지 않았음을 알려준다.

일러두기

- 각주는 모두 옮긴이 주이다.
- 인명, 지명 등의 외래어는 국립국어원 표기법에 따르는 것을 기본으로 옮겼으나 국내에 통용되는 고유명사의 경우 이를 우선으로 적용했다.
- 책은 국내에 출간된 경우 국내 제목으로, 출간되지 않은 경우에는 해외 제목을 번역해 싣고 영문 서명을 병기했다.

1 _____ 해방의 기계

오르곤 남자, 빌헬름 라이히

◇

라이히는 20세기의 가장 괴상하고 또 가장 예지적인 사상가로서,
논란이 분분한 몸과 자유의 관계를 이해하는 데 전 생애를 바친 사람이었다.
나는 여전히 신체적 자유를 제약하는 힘을 이해하기 위해
그를 안내자로 삼아 20세기를 관통하는 여정을 짰다.
그 여정에서 수많은 다른 사상가, 활동가, 예술가를 만났는데,
그중 몇몇은 그의 연구를 그대로 이용했으며
또 몇몇은 지나온 경로는 아주 달랐으나 같은 목적지에 도착했다.

20세기의 마지막 해에 브라이턴의 어느 허브 약국에서 광고를 하나 보았다. 가장자리에 손으로 죽 연결된 하트들을 그려 넣은 분홍색 광고였다. 두통, 감기, 분노와 우울증 등 온갖 증상이 과거의 트라우마 때문에 에너지가 정체된 탓으로 발생하는 것이며, 신체심리치료*를 통해 그 정체를 풀어주고 다시 움직이도록 유도할 수 있다는 대담한 주장을 하고 있었다. 나는 이것이 거센 논쟁을 유발할 수 있는 발언임을 알았지만, 감정적 고통의 저장고로서의 몸이라는 발상이 아주 흥미로웠다. 어린 시절부터 나는 내가 뭔가를 붙들고 있다는 느낌, 수수께끼 같은 불행을 주변에 두르고 나 자신을 잠가버렸다는 그런 느낌이 강하게 있었다. 불행함의 정확한 원인은 몰랐다. 나는 너무나 뻣뻣하고 딱딱해서, 누군가가 닿으면 쥐덫이 튕기듯 움찔했다. 뭔가가 꽉 들어차 있었고, 나는 불안한 마음으로 그

---

* body psychotherapy, 신체지향적 심리치료body-oriented psychotherapy라고도 한다.

것이 풀려나기를 바랐다.

치료사 애나는 자기 집 맨 위층의 작고 우중충한 방에서 업무를 보았다. 전문가용으로 보이는 마사지 침대가 구석에 있었지만, 전체적으로는 약간 지저분한 가정적 분위기를 풍겼다. 온 사방에 프릴 쿠션이 널려 있었다. 내가 앉은 의자 맞은편에는 책장이 하나 있었는데, 자선가게에서 파는 헌 인형과 장난감이 가득했다. 게슈탈트 치료에 쓰이는 도구였다. 가끔 애나는 웃는 원숭이를 가슴에 안고, 3인칭 시점으로 자신에 대해 고음의 혀짤배기소리로 말했다. 나는 그녀와 장단을 맞추고 싶지 않았다. 빈 의자에 다른 가족이 앉아 있는 척하거나 야구방망이로 쿠션을 때리기는 싫었다. 자의식이 너무 강하다 보니 나 스스로 우습게 행동하는 것을 괴로울 정도로 경계했다. 또 애나의 기법이 창피스럽기는 해도 내가 접근하지 못하는 종류의 자유 속에 그녀가 산다는 것은 알았다.

기회가 닿을 때마다 나는 대화를 건너뛰고 마사지를 하자고 유도했다. 옷을 전부 다 벗을 필요는 없었다. 애나는 청진기를 걸고 내 몸의 어색한 부분들을 가볍게 문지르곤 했다. 주무르는 게 아니라 근육에게 긴장을 풀라고 직접 지시하는 것 같았다. 이따금씩 몸을 숙이고 청진기로 복부를 누르면서 듣기도 했다. 어떤 에너지가 몸속을 흘러 다니는 것 같은 감각이 느껴졌다. 그 에너지는 복부를 지나 다리로 내려가 해파리의 촉수가 뻗어나가듯 저릿저릿 뻗어나갔다. 느낌이 좋았다. 엄밀하게 말하자면, 성적인 종류가 아니라 완강했던 봉쇄가 풀린 듯한 느낌이었다. 그 느낌에 대해 나는 한 번도 말하지 않았고 그녀도 묻지 않았지만, 그 느낌 때문에 나는 그곳에 계속 갔다. 이 새롭게 활기를 얻은 떨리는 몸을 경험하기 위해서였다.

애나의 치료원에 다닐 때 나는 스물두 살이었다. 그때는 몸이 내 관심의 중심을 차지했다. 사람들이, 특히 대중문화에서 몸에 대해 논의할 때, 매우 제한된 주제에 관한 논의인 경우가 많았다. 주로 몸이 어떤 모습인지, 최고의 건강을 어떻게 유지하는지 하는 것들이었다. 표면들의 집합, 대체로 보기에 즐거운 특징들의 집합인 몸. 완벽한, 달성 불가능한 몸, 너무나 부드럽고 빛나서 사실상 생경한 몸. 무엇을 먹이고 어떻게 가꿀지에 관한, 맞추고 따라잡기 혼란스러운 방법들. 하지만 몸에 관해 내가 흥미를 가진 부분은 그 속에서 살아가는 경험이었다. 재앙이라 할 만큼 취약하고, 신뢰할 수 없을 만큼 쾌락과 고통과 증오와 욕망에 종속된 도구 속에 살아가는 경험 말이다.

나는 섹션 28*이라는 악질 법규가 시행되던 1980년대에 동성애 가족에서 자랐다. 이 동성애혐오 법안은 "확장된 가족 관계로서 동성애의 수용 가능성"[1]을 학교에서 가르치지 못하게 금지했다. 이것이 국가가 내 가족을 대우하는 방식이라는 깨달음은 곧 몸이 가치의 위계 속에 자리 잡고 있다는 사실, 몸의 자유가 피부색이나 성적 특질** 같은 불가피한 속성에 따라 특혜를 받거나 제한된다는 사실

---

* Section 28, 영국의 동성애규제 법령.
** sexuality, 인간의 성적 욕망과 성적 행위, 그리고 이와 관련된 사회제도와 규범들을 가리킨다. 즉 욕망의 차원을 넘어 인간의 성 행동뿐만 아니라 인간이 성에 대해 가진 태도, 사고, 감정, 가치관, 이해심, 환상, 성의 존재 의미 등의 모든 것을 포함하는 단어다.

에 대한 강력한 교육이 되어주었다. 애나의 치료원에 갈 때마다 나는 그 시절이 내 몸에 남긴 유산을 느낄 수 있었다. 수치감과 공포감과 분노가 뭉쳐진 매듭은 풀기는커녕 표현하기도 어려웠다.

하지만 내 어린 시절은 세계에 의해 자유가 제약된 하나의 대상으로서의 몸에 대해 가르쳐준 동시에 자유를 추구하는 하나의 힘으로서 몸의 감각도 주었다. 나는 아홉 살 때 처음으로 게이 프라이드 행진*에 가보았고, 웨스트민스터 다리를 따라 행진하는 온갖 몸들의 느낌이 내 속에도 깃들었다. 그것은 그 이전에 경험한 어떤 것과도 다른 몸의 감각이었다. 몸들이 거리에 나서는 것이 곧 세계를 바꾸는 방식이라는 것이 내게는 당연해 보였다. 기후변화가 초래하는 종말이 얼마 남지 않았다는 주장에 겁을 먹은 10대 시절에 나는 저항운동에 참여하기 시작했고, 직접 행동하는 환경운동에 어찌나 깊이 빠졌는지, 대학교를 그만두고 새 도로 개설로 파괴될 예정이던 도싯의 삼림지대에 만든 나무집에 가서 살았다.

숲속에 사는 것은 좋았다. 하지만 자신의 몸을 저항의 도구로 쓰는 것은 중독적인 동시에 고되었다. 법은 계속 바뀌었다. 규제가 극심해져서, 내가 알던 여러 사람이 가중침입죄라는 새로운 죄목으로 장기간의 수형 생활을 맞닥뜨리게 되었다. 자유에는 대가가 있었고, 그 대가를 몸으로도 지불하는 것 같았다. 신체적 자유를 잃을 위

---

* Gay Pride. 성적 소수자들이 자신의 권리를 주장하기 위해 매년 6월 마지막 주말에 세계 각지에서 개최하는 퍼레이드.

험은 어디에나 있었다. 많은 활동가가 그랬듯이 나도 소진되었다. 1998년 여름, 나는 콘월주 펜잰스의 어느 묘지에 주저앉아 허브약학과 원서를 작성했다. 애나를 만났을 무렵 나는 2학년에 다니고 있었다.

당시에는 몰랐지만, 애나의 치료법은 1920년대에 빌헬름 라이히Wilhelm Reich가 고안한 것이었다. 라이히는 20세기의 가장 괴상하고 또 가장 예지적인 사상가로서, 논란이 분분한 몸과 자유의 관계를 이해하는 데 전 생애를 바친 사람이었다. 라이히는 한동안 프로이트의 가장 뛰어난 제자(정신분석학계 최고의 지성der beste Kopfe)였다. 젊은 시절 1차 세계 대전이 끝난 뒤 빈에서 분석가로 일하던 그는 환자들이 과거의 경험을 몸에 지고 다니며, 감정적 고통을 일종의 긴장 형태로 저장한다고 추측했다. 그는 이를 무장에 비유했다. 이후 10년 동안 그는 몸에 기초를 둔 혁신적인 심리치료 시스템을 개발했고, 각 환자의 특징적인 방식에 주목하게끔 했다. "아버지는 귀를 기울이고, 관찰하고, 손을 대고, 샅샅이 살피셨다."[2] 그의 아들 피터가 나중에 회고했다. "아버지는 신묘한 본능에 따라 한 사람의 몸에서 기억과 증오와 공포감이 응결되어 있는 곳을 찾아냈다." 라이히는 물결치는 듯한 유쾌한 느낌이 종종 감정적 해방에 따라오는 것을 알고 놀랐다. 그는 이것을 흐름streaming이라 불렀는데, 내가 애나의 카우치에서 느낀 것과 틀림없이 똑같은 감각이었을 것이다.

라이히가 빈에서 치료한 환자들 중에는 노동계급이 많았다. 그들의 사연을 듣던 그는 자신이 마주하는 문제인 정신적 불안이 반드시 어린 시절에 겪은 일이 낳은 결과만이 아니라 가난, 열악한 주거 환경, 가정폭력, 실업 같은 사회적 요소들의 결과이기도 하다는 사실을 깨달았다. 각각의 개인은 명백히 더 큰 힘에 종속되어 있었다. 이런 상황은 프로이트의 주된 관심 영역인 가족이라는 용광로만큼이나 골칫거리가 될 수 있었다. 큰 모험을 꺼리는 사람이 절대로 아닌 라이히는 양차 대전 사이의 시기에 인간의 불행을 진단하고 치료하는 두 가지 주요 시스템을 하나로 합치려고 시도했다. 즉 프로이트와 마르크스의 연구를 한데 합쳐 생산적 대화를 도출하려고 씨름했지만, 양쪽 추종자 모두를 매우 불편하게 만들었다.

성性은 언제나 그가 생각하는 자유 개념의 중심이었다. 1930년에 그는 두 차례의 재앙 사이에 끼어 한계 상황에 내몰린 베를린으로 갔다. 그곳에서는 전쟁이 남긴 폐허로부터 성적 특질에 대한 새로운 발상들이 엄청나게 꽃을 피웠다. 라이히는 여러 세기 동안의 억압과 굴욕으로부터 성을 해방시키는 것이 세계를 바꿀 것이라고 믿었지만, 히틀러가 1933년 봄에 권력을 쥐자 베를린에서 그의 활동은 갑작스럽게 멈추게 되었다. 그해 가을 덴마크로 망명한 그는《파시즘의 대중심리The Mass Psychology of Fascism》를 썼다. 이 책은 히틀러가 감염과 오염에 대한 공포 등 무의식적 성적 불안을 어떻게 이용하여 반유대주의 감정을 휘저어 끓어오르게 만들었는지 신랄하게 분석했다.

내가 처음 읽은 라이히의 책은 빈과 베를린에서 그가 겪은 정치적 경험을 서술한《어려움에 처한 사람들People in Trouble》이다. 1990년대에 브라이턴역 주차장에서 자주 열리던 일요 시장에서 내가 좋아하던 소설과 제목이 같아서 집어 든 책이었다. 1950년대에 집필된 책인데도 내가 행동주의에 몰두하던 날들, 정치적 변화를 불러일으키려고 노력한 과정에서 맛본 흥분감과 좌절감의 기억과 공명하는 부분이 많았다. 라이히는 프로이트처럼 미문을 쓰는 문장가가 아니었고, 논리도 정돈되었거나 차분하지 않았다. 허세적이고 편집증적으로 들리는 곳이 많았지만, 책에 깃든 절박함이 나를 끌어당겼다. 마치 전쟁터에서 웅크리고 앉아 공책에 글을 쓰면서, 위험도는 높지만 실제 삶의 자유를 더 넓힐 수 있는 가능성을 개괄한 것 같았다.

그의 사유가 내가 살던 시대와 너무나 큰 관련성이 있어 보였기 때문에, 함께 시위를 하던 사람들 사이에서나 약사 수련 기간에 내가 그의 이름을 어째서 듣지 못했는지 이해되지 않았다. 그의 생애 후반부를 지배한 과잉 행동이 전반부의 활약을 압도했기 때문에 그가 더 이상 존경받지도, 논의되지도 않는다는 사실을 알게 된 것은 한참 뒤의 일이다. 그가 2차 대전 이전에 유럽에서 발전시킨 성과 정치에 관한 급진적이고 날카로운 사상은 그가 미국으로 망명한 뒤 개발한 훨씬 더 실망스러운 사상 아래에 거의 파묻히다시피 했다. 후반의 사상은 질병에 대한 유사과학적 이론에서부터 기후를 통제할 우주 대포에 이르기까지 잡다한 주제를 다루었다.

1939년에 미국으로 이주한 라이히는 정신분석가나 활동가가 아니라 과학자로 행세했다. 그러면서도 그는 과학적 업적에 대한 평가가 이루어지는 시험장인 동료 연구자들의 평가 절차에 대해서는 당당한 무관심으로 일관했다. 미국에 도착한 직후, 그는 모든 생명에 활기를 불어넣는 우주적 에너지를 발견했다고 주장했다. 그는 그것을 오르곤orgone이라 불렀고, 뉴욕에 있는 자택 실험실에서 오르곤이 가진 치유력을 활용할 기계를 발명했다. 그 기계가 발명자에게 어떤 결말을 가져다줄지 생각한다면, 라이히의 우주적 치유 도구가 흔한 공중전화 박스보다 약간 작은 나무 감방이라는 것은 아이러니하다. 환자 스스로 들어가서 당당한 자세로 앉아 있는 나무 감방.

라이히는 오르곤 축적기가 있으면 의사와 환자가 1 대 1로 만나 부지런히 시술할 필요가 없이 해방 작업을 자동화할 수 있다고 믿었다. 또 질병, 특히 암을 치료할 수 있을 것으로 기대했다. 이 두 번째 주장은 폭로의 방아쇠를 당겼다. 그런 폭로는 또 미국 식품의약국FDA의 관심을 끌어 오르곤 축적기의 의학적 효율성에 대한 조사가 시작되었다. 이 조사는 거의 10년이나 이어졌다. 1956년 5월 7일, 라이히는 자기 발명품의 판매를 중단하라는 지시에 동의하지 않았다는 이유로 2년 수감형을 선고받았다. 그다음 해 봄에 그는 펜실베이니아주 루이스버그교도소에 수감되었다.

오르곤 남자. 그게 라이히였다! 나는 두 호칭이 동일 인물을 가리키는 줄 몰랐다. 10대 때 나는 윌리엄 버로스*에게 열중한 적이 있었

---

* William Burroughs, 1914~1997. 미국의 소설가. 노골적인 성 묘사와 마약중독 경험을 솔직하게 다루어 비트 세대의 작가들에게 높은 평가를 받았다.

는데, 청년 시절에 버로스는 라이히에게 푹 빠졌었다. 1940년대와 50년대에 그가 쓴 편지에는 라이히와 오르곤 상자에 대한 언급이 곳곳에 흩어져 있었다. 오르곤 에너지의 반짝이는 푸른빛, "깊은 숲속에서 느껴지는 것 같은 오르곤 축적기에서 나오는 소리 없이 진동하는 허밍"[3]이 그의 책들의 전체 분위기를 주도했고, "오르가슴의 메시지를 받아들이고 전달"[4]하며 종말론적인 오싹한 느낌을 조성했다. 반문화계counter-cultural 여러 인물들이 그랬듯 버로스도 스스로 오르곤 축적기를 만들었다. 사실 내가 오르곤 축적기를 처음 본 것도 커트 코베인Kurt Cobain이 1993년 캔자스에서 버로스의 낡은 정원용 축적기에 앉았을 때였다. 문에 달린 둥근 구멍을 통해 손을 흔드는 코베인의 모습이 사진에 찍혔다. 지상에 묶인 우울한 우주비행사, 자살하기 6개월 전의 시간 속에 응결된 모습이었다. 그 사진을 볼 때마다 나는 그것이 시간을 거슬러 올라가 라이히를 구제불능의 사기꾼이라고 비난하는 것 같았다.

• • •

나는 상황이 절망적이던 2016년에야 라이히에게 돌아갔다. 몇 년 동안 몸은 다시 한번 전쟁터가 되었다. 특히 헤드라인에 오른 이슈가 두 가지 있었다. 난민 위기와 "흑인의 생명도 귀중하다" 운동이었다. 난민은 처참하게 파괴된 지역에서 물이 새는 보트를 타고 유럽으로 향했고, 어떤 이들은 그들이 불량배에다 짐 덩어리가 될 존재라고 믿으면서, 보트가 침몰하기를 바랐다. 지중해를 간신히 건너온 난민들도 끝내 벗어나지 못할 수용소 울타리 안에 갇혔다. 이런 절박한 몸들의 존재는 극우 진영에게 이용되었다. 유럽에서는 정권 확보에, 영국에서는 외국인 혐오자들이 퍼뜨린 헛소문을 타고 브렉시트 선전에 쓰였다.

한편 2012년 미국에서는 무장하지 않은 흑인 10대 소년인 트레이번 마틴Trayvon Martin이 백인에게 살해당했는데, 이듬해 그 살인자가 무죄로 풀려나자 "흑인의 생명도 귀중하다" 운동이 시작되었다. 그 뒤 몇 년 동안 "흑인의 생명도 귀중하다" 운동은 아프리카계 미국인 남녀노소가 계속 경찰에게 살해당하는 상황에 저항했다. 그들은 담배를 판다는 이유로, 장난감 총을 갖고 논다는 이유로, 운전면허증을 꺼내려 하다가, 자기 집 침대에서 자다가 살해되었다. 퍼거슨, 로스앤젤레스, 뉴욕, 오클랜드, 볼티모어 등 전국에서 벌어진 시위는 필히 변화를 가져올 것처럼 보였지만, 그런데도 2016년 11월 8일에 백인우월주의자임을 별로 감추지도 않는 사람들이 도널드 트럼프에게 충분히 많은 표를 던져 그를 미국의 제45대 대통령으로 만들어주었다.

몸의 차이에 관련된 케케묵은 나쁜 뉴스가 온 사방에서 다시 들려왔다. 자유민주주의의 보루처럼 보이던 여러 나라에서 신문들과 정치가들이 10년 전에는 생각도 할 수 없었을 말과 문장을 입 밖에 냈다. 가톨릭 국가인 아일랜드에서도 확보된 권리인 낙태의 자유가 미국의 여러 주에서 철회되거나 취소되었다. 체첸공화국에서는 완곡하게 "예방적 청소prophylactic sweep"라 묘사된 조치에 따라 게이 남자들이 수용소에 갇혔다. 사랑하고 이주하고 저항을 위해 모이고, 자녀를 낳거나 낳기를 거부할 권리가 라이히 본인이 살던 시절과 거의 비슷하게 지독한 시련에 처했다.

20세기의 위대한 해방운동이 실패하고 있는 것처럼 보이기 시작했다. 페미니즘과 게이 해방과 민권운동이 확고하게 승리했었다고 가정할 때나 할 수 있는 말이지만, 그 승리가 하나씩 뒤집히는 것 같았다. 나는 그런 투쟁의 토양에서 성장했지만, 고통스럽고 느리게 전진해온 그 투쟁의 산물이 그토록 급속히 뒤집히리라고는 전혀 생각하지 못했다. 그 모든 투쟁의 공통점은 몸을 스티그마와 수치감의 대상물이 아니라 변화를 요구하고 달성할 수 있게 할 연대감과 힘의 연원으로 바꾸고 싶다는 욕구였다.

이것이 항상 라이히의 주제였다. 그리고 이 시대가 점점 더 소란해지면서 나는 그의 연구가 뭔가 결정적인 것을 건드렸다는 느낌을 떨쳐낼 수가 없었다. 그의 사유가 타임캡슐처럼 역사에 반쯤 묻혀 있으면서도 여전히 생명의 소리를 흘려보내고 있는 것처럼 느껴졌다. 그것들을 파내어, 21세기의 희미하게 깜빡거리는 불빛 속에서 그 유산을 추적하고 싶었다. 라이히가 이해하고 싶었던 것은 몸 그 자체였다. 그 속에 살기가 왜 그리 어려운지, 왜 그것에서 탈출하거나 그것을 제압하고 싶어 하는지, 그것이 왜 지금까지도 여전히 권력의 적나라한 근원인지를 이해하고 싶어 했다. 내게서도 불타오르면서 내 삶의 여러 단계에 영향을 끼친 질문들이었다.

그가 내놓은 오르곤 이론이라는 유사과학은 기겁할 만한 내용이었지만, 나는 그의 몰락에서도 배울 것이 뭔가 있지 않을까 궁금해지기 시작했다. 정신분석가로 활동하는 내내 그는 몸의 해방을 위해 분투했는데도 결국은 편집증 때문에 어디에도 뿌리내리지 못하고 감방에 들어가게 되었다. 자유를 위한 운동에 가담한 사람들에게서 드물지 않게 보게 되는 결말이었다. 나는 고난에 가득 찬 그의 생애가 그 자체로 계시적인 패턴을 이루는 것같이 느꼈다. 그의 연구는 왜 그토록 처참하게 길을 잃었는가. 그것은 그가 그토록 역동적이고 열정적인 역할을 맡았던 더 큰 투쟁에 대해 우리에게 어떤 이야기를 해주는가? 이 새로운 위기의 순간에 그의 실패는 그 풍요로움이 더욱 분명해진 그의 사상만큼이나 중요하게 살펴봐야 하는 것으로 느껴졌다.

알고 보니 라이히의 영향은 내가 그때, 1990년대에 깨달았던 것보다 훨씬 더 중대했다. "성 정치학sexual politics"과 "성 혁명sexual revolution"이라는 용어를 만든 것이 바로 라이히였다. 비록 그가 원한 바가 피임약으로 관리되는 1960년대의 자유연애보다는 가부장적 자본주의의 전복에 더 가까웠지만 말이다. 그의 연구를 끌어다 쓴 여러 페미니스트 중 하나인 앤드리아 드워킨Andrea Dworkin에 따르면, 그는 "성 해방론자 가운데 가장 낙관적인 사람"[5]이었고, "성 해방론자 가운데 강간을 진심으로 혐오한 유일한 남성"이었다. 수전 손택Susan Sontag도 제임스 볼드윈James Baldwin도 라이히의 글을 읽었다. 심지어 팝 문화에서도 그가 부활했다. 케이트 부시Kate Bush의 노래 〈클라우드버스팅Cloudbusting〉은 오르곤 축적기와 관련된 길고 긴 법적 투쟁에 영생을 부여했다. 끈질기게 되풀이되는 그 노래의 후렴구―"난 그냥 알아요, 뭔가 좋은 일이 일어날 거예요I just know that something good is going to happen"[6]―는 라이히의 사유에 감도는 강력한 유토피아적 분위기를 전해준다.*

크리스토퍼 터너Christopher Turner가 쓴 아주 훌륭하지만 고통스러운 그의 전기, 《오르가스마트론에서의 모험Adventures in the Orgasmatron》에 기록된 삶이 나를 매료시키기는 했지만, 라이히의 더 흥미진진한 면모는 그가 질병과 성, 저항과 감옥 등 몸의 여러 다른 측면들을 한데 끌어모으는 연결자 역할을 한 방식이었다. 이 공명하는 영역을 탐구하고 싶었기에, 나는 여전히 신체적 자유를 이루고 제약하는 힘을 이해하기 위해 그를 안내자로 삼아 20세기를 관통하는 여정을 짰다. 그 여정에서 수많은 다른 사상가, 활동가, 예술가를 만났는데, 그중 몇몇은 그의 연구를 그대로 이용했으며 또 몇몇은 지나온 경로는 아주 달랐으나 같은 목적지에 도착했다.

라이히의 인도로 내가 처음에 간 곳은 질병 분야였다. 질병은 우리가 자신의 신체적 본성을 가장 강력하게 알게 만드는 경험이다. 인간에게 침투하고 인간이 필멸하게 하는 방식이며, 코로나 바이러스 창궐로 전 세계가 강력하게 납득하게 될 계시다. 좀 더 논란이 분

---

* 빌헬름 라이히의 아들의 시선에서 아버지가 오르곤 에너지를 이용해 비를 내리게 하는 기계cloudbuster를 고안했던 시절을 회고하는 내용의 노래다.

분한 라이히의 이론 가운데 하나는 질병에 의미가 있다는 주장이다. 《은유로서의 질병》에서 손택은 이 점을 두고 라이히를 비판했지만, 유방암을 앓았던 그녀 자신의 경험에 대해 더 많이 알아갈수록 우리 삶에서 질병이라는 실체는 그녀가 인쇄물에서 기꺼이 인정했을 법한 정도보다 훨씬 더 사적이고 복잡해 보였다. 손택은 병원 일기에 이렇게 기록했다. "내 몸은 내가 이제껏 할 수 있었던 것보다 더 큰 소리로, 더 명백하게 말하고 있다."[7]

나는 오르가슴이 가부장제를 전복시키거나 파시즘을 막을 수 있다는 라이히의 말에 동의하지 않았다(라이히에 관해 쓴 에세이에서 볼드윈이 신랄하게 말한 것과 같다. "내가 함께 자란 사람들은 항상 오르가슴을 느꼈지만, 그런데도 토요일 밤이면 서로에게 면도날을 휘두른다."[8]). 그러나 성에 관한 그의 연구는 나를 바이마르 시대의 베를린*으로 이끌었다. 그곳은 현대 성 해방운동의 탄생지였는데, 그 운동이 이룬 수많은 업적은 당시에는 별로 확고한 것으로 보이지 않았다. 라이히가 성의 해방적 가능성에 엄청난 믿음을 갖고 있었지만, 성적 자유는 사람들이 종종 생각하는 것만큼 단순명백한 문제가 아니다. 그것은 폭력과 강간과 접해 있기 때문이다. 나는 성의 이같이 덜 편안한 측면을 생각하는 과정에서 쿠바계 미국인 화가 아나 멘디에타Ana Mendieta, 급진적 페미니스트 앤드리아 드워킨, 그리고 사드 후

---

* 1919년에 수립되어 1933년 나치 정권의 수립으로 사라진 바이마르공화국 시절의 베를린을 말한다.

작_{Marquis de Sade}을 만나게 되었다. 이 사람들은 신체적 경험의 가장 어려운 영역 가운데 하나, 쾌감이 고통과 교차하고 또한 고통에 찬탈되는 영역의 지도를 그려냈다.

라이히가 후년에 내놓은 이론들은 기괴한 경우가 많았지만, FDA와의 전투와 그로 인한 투옥이 그가 평생 붙들고 씨름한 이슈들과 무관하지 않음은 분명하다. 자유는 무엇을 의미하는가? 그것은 누구를 위한 것인가? 국가는 자유의 보호나 축소에서 어떤 역할을 하는가? 몸의 권리를 주장함으로써 자유를 얻을 수 있는가? 아니면 화가 애그니스 마틴_{Agnes Martin}이 믿었던 것처럼 몸을 완전히 부정함으로써 얻을 수 있는가? 라이히의 해방 기계는 암이나 감기를 치료하지는 못했겠지만, 어떤 식으로든 위반하기 전에는 존재가 눈에 띄지 않는 통제와 처벌의 시스템을 폭로하는 데는 기여했다.

미국 펜실베이니아주 루이스버그교도소에 라이히가 수감된 일을 계기로 나는 감옥 개혁 운동의 모순적 역사를 살펴보는 쪽으로 나아가서, 맬컴 엑스_{Malcolm X}와 베이어드 러스틴_{Bayard Rustin}의 급진적 사상을 만났다. 그들은 정치적 행동주의와 저항의 영역, 더 나은 세계를 위한 신체적 투쟁의 영역을 열어주었다. 여기서 나는 화가 필립 거스턴_{Philip Guston}을 만나게 되었다. 그는 자유를 제한하려는 자들을 만화 같은 그림체로 그로테스크하게 기록했다. 그와 함께, 자유롭다는 것이 어떤 느낌인지를 표현하려고 평생 노력한 가수이자 활동가 니나 시몬_{Nina Simone}의 모습도 기록했는데, 이 느낌이 곧 라이히의 궁극적인 꿈이었다.

이 모든 사람들처럼 라이히는 더 나은 세상을 원했고, 나아가 가능하다고 믿었다. 그는 감정적이고 정치적인 것이 실제 인간의 몸에 끊임없이 영향을 미친다고 생각했으며, 두 가지 모두 재편성되고 개선될 수 있다고도 믿었다. 에덴은 이 뒤늦은 시점에도 복원될 수 있다고 말이다. 자유로운 몸. 이 얼마나 아름다운 이상인가. 그에게 닥친 상황에도 불구하고, 또 그가 참여했던 운동에 벌어진 일들에도 불구하고, 나는 그 낙관주의가 수십 년이 지났음에도 아직 진동하고 있음을 느낀다. 우리의 몸은 힘으로 가득하다는 것을, 더 나아가서 몸이 가진 명백한 약점에도 불구하고 힘이 있는 것이 아니라 현저히 약하기 때문에 힘이 있음을 느낄 수 있다.

2 _____ 아픈 몸

몸과 정신의 경계

✧

감정적 경험 가운데 수용될 수 없는 것들이 있고 또 몇몇 욕구는
수치의 근원이라는 것을 어렸을 때 배우지 않는 사람은 거의 없다.
라이히가 깨달은 것은 이 과정이 그 자체로 영구히 각인되어
신체를 트라우마적 기억의 저장고로 바꾸고,
모든 종류의 느낌을 추방한다는 것이었다.

내가 열일곱 살쯤이었을 때 생리주기는 불규칙했고 여드름이 났다. 생리불순이 걱정된 어머니는 전문의를 찾아가기로 했다. 우리는 찌는 듯이 더운 날 런던으로 가서 크롬웰로路의 먼지투성이 플라타너스 나무 아래를 지났다. 병원에서 나는 방광이 꽉 차 있지 않다고 꾸지람을 듣고 리베나 주스를 여러 병 마셔야 했다.* 초음파기사는 탐촉자를 내 배 위로 굴렸고, 상담가는 내게 다낭성난소증후군이 있으며, 임신을 하려면 체외 인공수정을 받아야 할 것이라고 알려주었다. 나중에 알게 되었지만 그것은 오진이었다. 또 10대 소녀에게 그런 이야기를 한다는 것은 신중하지 못했다.

내 몸은 도무지 파악이 안 되는 상태였고, 기본적으로는 치료 불가능했다. 호르몬의 균형이 깨졌고, 그 주된 특징으로 난소 안에 액

---

* 예전에는 자궁 초음파검사를 하려면 방광을 최대한 팽팽하게 채워야 영상이 똑똑하게 나왔기 때문이다.

체로 가득 찬 낭종들이 생겼다. 여드름, 체중 증가, 탈모, 다모증 등이 주요 증상이었는데, 모두 테스토스테론 수치가 높아지는 것과 관련이 있었다. 아이러니하게도 의사들이 제안한 유일한 치료법은 피임약이었는데, 그 약을 먹으면 최소한 생리주기는 규칙적이 되었다고 착각할 수 있었고, 여드름이 줄어드는 효과가 있을지도 몰랐다. 하지만 작은 글씨로 된 경고문에는 그 반대 현상도 일어날 수 있다고 쓰여 있었다.

당시는 1990년대 중반이었고, 나는 펑크와 히피의 잡종으로, 머리를 짧게 치고 타로카드 한 팩을 검은색 실크로 둘둘 말아서 들고 다녔다. 나는 원인도 모르면서 증상만 없애려고 피임약을 먹고 싶지는 않았다. 몸이 최고의 상태일 때도 나는 내 몸의 어색한 거주자였다. 내 몸은 대화 불가능한 동물 같았다. 항상 말을 듣지는 않는 말처럼. 그것은 나 없이도 움직였고, 계획된 대로 작동하지 않으니 불가해하다는 느낌이 더 강해졌다. 가끔 밤중에 침대에 누워 내 성기체*를 천정에 투사하려고 해보았다. 또 가끔 잠이 깨었는데 몸이 마비되어 나무토막처럼 뻣뻣하게 움직이지 않을 때가 있었다. 끔찍했다. 한참 지난 뒤에야 그것이 수면마비라 불린다는 것을 알게 되었다. 당시에 나는 자리에 누워 온몸의 에너지를 집중하여 발가락을 움직이는 어마어마한 과업을 해내려고, 주문을 깨뜨리려고 노력

---

* astral body, 일종의 혼과 같은 개념으로, 내 몸 안에 담긴 오감으로 인지할 수 없는 고차원의 몸을 말한다.

했다. 거기 그대로 못 박혀 움직이지 못하는데, 내 정신은 몸속에 멀쩡하게 있다는 것을 아무도 모르면 어떻게 하지?

이 무렵 데이비드 호프먼David Hoffmann이 쓴《완전한 약초학The Holistic Herbal》이라는 책을 알게 되었다. 표지에 손으로 그린 꽃들의 회오리가 눈길을 끄는 히피족의 성경 같은 책이었다. 그 책의 친절한 안내를 받아 나는 허브 실험을 시작했고, 일기장에다 허브의 속성과 금기 사항을 받아 적었다. 동네의 자연식품점에서 말린 라즈베리 잎과 체이스트베리를 사 놓고, 생리주기를 일정하게 만들려고 시도해 보았다. 동화에서 나오는 처방 같았지만, 적어도 내 난소에 관한 한 실제적이고 입증 가능한 효력이 있었다.

영문과에서 잠시 빈둥대고 1년쯤 저항운동 캠프에서 시간을 보낸 뒤 나는 약초학과에 입학하기로 결정했다. 나는 저항운동을 하면서 소모되고 탈진했고, 간절하게 내 인생을 뭔가 긍정적인 일에 쓰고 싶었다. 환경을 파괴하지 않는 미래에 기여하고 싶었다. 나는 몸에 대해 내가 이해한 바를 공식화하고 싶었고, 몸 자체가 고유한 언어를 갖고 있을지도 모른다는 생각에 강하게 이끌렸다. 일상적인 말과는 거리가 멀고 단어가 아니라 징후와 감각으로 구성된 언어지만 그에 못지않게 유창하고 의미가 깊은 언어. 아버지는 미키마우스 학위*라고 부르곤 했지만, 나는 미키마우스 노릇에 4년을 온전히 투자했다. A-레벨 과학 공부가 부족하여 기초 수업을 듣는 데

---

* 특정 학위 과정을 쓸모없다고 비하하는 표현.

쓴 1년은 차치하고서 말이다. 학위 과정 대부분은 표준 의과대학과 같았지만, 약물학*과 식물학 수업에는 좀 마녀 수업 같은 부분도 있었다.

그 뒤 2년 동안 나는 몸에 있는 모든 뼈와 근육과 기관을 그리고, 손에 있는 아주 작은 뼈에 이르기까지 각각의 기능과 이름을 암기했다. 예를 들면 손목의 월상골과 두상골은 각기 달과 콩을 닮아서 그런 이름이 붙었다는 것을 알게 되었다. 방습지에 각 세포의 미세한 공장 안에서 벌어지는 신진대사 과정의 지도를 그렸다. 처음에는 몸이 어떻게 작동하는지 아주 대충만 알았지만, 끈덕지게 더 탐구했고, 내 삶의 얼마나 많은 부분이 의식 통제의 흘수선 밑에서 벌어지고 있는지 알고 매혹되었고 약간은 경악했다. 차츰 모든 것이 명료해졌다. 몸은 외부 세계를 처리하는 도구, 저장하고 변형시키고 폐기하고 흐트러뜨리는 전환 기계였다.

우리는 이상적인 신체, 이론적 버전을 공부한 다음 무엇이 잘못될 수 있는지를 알아보고, 저마다의 특유한 병증을 가진 수백 가지의 장애를 파악하면서 나아갔다. 그것들을 구분하는 과정은 감별진단differential diagnosis이라 불렸다. 울혈성심부전을 예고하는 곤봉지**를 인식하는 법을 배웠고, 습진의 발진과 건선의 발진을 구별하는 법, 갑상선기능항진증의 맥박이 빨라지고 눈알이 불거지는 증상 혹

---

* materia medica, 고대 그리스 의사 페다니우스 디오스코리데스Pedanius Dioscorides가 쓴 약물 재료에 관한 책 제목에서 따온 말이다.
** 손가락 끝이 뭉툭해지는 증상.

은 쿠싱증후군의 전형적인 "레몬 스틱"* 증상을 알아차리는 법도 배웠다.

우리는 젠트리피케이션이 일어나기 전의 버몬지**에 있던 수련 클리닉에서 신체검사 기술을 배우기 시작했다. 얼굴을 붉히고 킬킬거리면서 서로의 혈압을 재고 간과 신장을 촉진하면서 오후를 보냈다. 간과 신장을 촉진할 때는 두 손으로 붙잡아야 한다. 모든 것에 의미가 있었다. 갈비뼈 아래쪽을 찌를 때 환자가 눈을 찡그리면 담낭에 병이 있다는 신호일 수 있다. 손톱이 숟가락처럼 움푹 들어가 있으면, 철결핍성빈혈이나 혈색소증haemochromatosis이 있다는 의미일 수 있다. 정보는 엄청나게 많았지만 또 놀랄 만큼 질서정연했다. 적어도 종이에 기록된 바로는 그랬다.

2년 차가 되자 환자들을 보기 시작했다. 클리닉이 런던 중심부에 있었고 진료비 보조금이 지급되었기 때문에, 환자들은 사설 병원에 비해 더 다양한 편이었다. 얼마 안 가서 나는 진단이 《데이비드슨의 의학 원리와 실무Davidson's Principles and Practice of Medicine》를 읽고 예상했던 것보다 훨씬 더 뒤섞여 있고 혼란스럽다는 것을 알게 되었다. 우선, 한 가지 병만 갖고 있는 환자가 별로 없었고, 여러 상태가 연쇄적으로 나타났다. 노인 환자가 왔는데 당뇨병과 심장질환이 있고 발목도 부었다. 10대 소녀 한 명은 레이노증후군***과 심한 생리통과 우

---

* lemon on sticks, 줄무늬 회오리 모양의 레몬 캔디처럼 피부에 붉은 줄무늬가 나타나는 것을 말한다.
** Bermondsey, 런던 남부의 행정구역.

울증을 앓고 있었다. 어렵사리 각각의 증상을 평가하고 그 원인을 추적해 올라가야 치료 계획을 세우기 시작할 수 있었다.

한 지도교수는 약초학은 서사적 의학narrative medicine이라고 했는데, 그 말이 내게 깊이 남았다. 처방은 진료를 마칠 때쯤에나 이루어졌고, 진료 시간의 대부분은 환자의 말을 듣고, 그들의 몸을 통해 그들이 평생 살아온 이야기를 그려내는 데 소요되었다. 심리치료, 대화 치료와 가장 가까운 형태의 물리적 치료법이었다. 시작부터 나는 환자들이 자신의 몸을 이해하는 방식, 그들이 서로 엮여 있는 것으로서 신체적, 감정적 삶을 경험하는 방식에 매료되었다. 그들의 이야기를 들으면 이혼 때문에 방광염이 생겼고, 오래된 슬픔이 종양을 유발했으며, 친지를 잃고 나니 궤양이 생기거나 아니면 실어증이 발생했다.

자격증을 받은 뒤 나는 호브에서 흰색의 큰 방을 하나 얻어 개업했다. 그 방에서는 길쭉한 정원이 내려다보였지만 이용 허락은 받지 못했다. 진료소 안에는 아주 작은 약제실이 있었는데, 거기서 낡은 놋쇠 저울에 5그램과 10그램짜리 추를 올려놓고 터리풀meadowsweet과 라벤더 달인 물의 무게를 재면서, 구름처럼 피어오르는 향기로운 먼지 속에서 재채기를 하곤 했다.

나는 지금도 가끔 그때처럼 일하는 꿈을 꾼다. 내게 오는 환자는

*** Raynaud's syndrome, 갑자기 추운 기온에 노출되거나 스트레스가 심할 때 손발이 저리거나 통증이 발생하는 증상. 교감신경계가 외부 자극에 과도하게 반응하여 말초 혈관이 지나치게 수축하여 나타난다.

아기에서 아주 늙은 사람에 이르기까지 연령대가 매우 다양했다. 섭식장애에 걸린 소녀와 온 가족이 우울증에 걸린 경우도 보았다. 간절히 임신을 원하는 사람도 보았고, 너무나 외로워 그것 자체가 병이 된 여자, 살날이 얼마 남지 않은 남자도 보았다. 그들의 이야기를 들었다. 부쿠나무 잎과 속새가 어떤 환자에게 도움이 되며, 향기 제비꽃과 서양가새풀이 또 어떤 환자에게 도움이 되는지 알고 있었지만, 그래도 내가 꾸준히 제공하는 도움이란 서사를 쉽게 풀어가게 해주는 역할, 뒤엉킨 몸의 장애들 전체가 풀어지고 살펴지는 과정을 지켜보는 증인의 역할이라고 느껴졌다. 마치 이 과정 자체가 치유의 원천인 것 같았다. 그래서 수수께끼 같은 질병의 본성에 훨씬 더 매료되었다. 병은 항상 눈에 보이지는 않는 궤도 위에서 발생하고 출발한다.

그 무렵 나돌던 치명적인 사고방식이 하나 있었다. 뉴에이지와 대안문화계에게 인기 있었던 사고방식으로, 몸의 모든 질병은 부정적인 심리 상태 때문에 생긴다는 주장이었다. 그 주장에 따르면 몸은 억압되거나 인정받지 못한 감정이 난동을 부리는 극장이다. 그 주장의 주된 출처 가운데 하나는 루이스 헤이Louise Hay라는 미국 여성이었다. 그녀는 백금발과 리프팅된 팽팽한 얼굴을 한 전직 모델이었는데, 1984년에《치유: 있는 그대로의 나를 사랑하라》라는 자기계발서를 써서 백만장자가 된 사람이었다. 그 책은 500만 부 팔려 이제껏 가장 많이 읽힌 논픽션 책 가운데 하나가 되었다. 1960년대 말 결혼이 깨어지자 헤이는 어느 영성 교회에 나가기 시작했는데,

거기서 그녀는 긍정적 사유라는 개념을 알게 되었다. 그녀는 그 사유법으로 자궁경부암을 고쳤다고 주장했다(2008년에 〈뉴욕 타임스〉의 인터뷰어가 이 점에 대해 질문하자 헤이는 그 진단을 내린 어떤 의사들보다도 자신이 오래 살아남았다고 말했다).

헤이의 우주에서 마음은 몸보다 훨씬 더 강했다. 그녀는 기저에 있는 심리학적 문제를 다룬다면, 암처럼 심각한 질병도 약물이나 항암요법이 아니라 긍정적 확언positive affirmation에 의해 저절로 치유될 것이라고 가르쳤다. "나는 아름다운 사람이다", 또는 "나는 건강으로 빛나고 있다" 같은 슬로건을 반복해 말함으로써 말이다. 이는 a, b, c처럼 단순한 주장이었고, 2004년에 그녀는 실제로 신체적 질병과 그 정신적 원인의 입문서를 출간했다. 여드름은 자신에 대한 혐오가 원인이며, 손가락 관절염은 징벌 욕구 때문에, 천식은 울음을 억눌렀기 때문에 생긴다는 것이다. 그에 따르면 암은 억울함과 증오가 원인이며, 소아마비는 시기심이 가진 마비의 힘 때문에 생긴다(소아마비는 1950년대에 백신이 도입된 이후 영국에서는 매우 드물어져 거의 사라진 증상이다).

그녀가 다니엘 스틸Danielle Steele과 애거사 크리스티Agatha Christie 바로 뒤를 잇는 당대의 베스트셀러 작가가 된 것이 놀랍지는 않았다. 정해진 규칙이 없다는 데서 오는 실존적 공포, 아무리 좋은 사람이든 죄가 없고 감정적으로 건강한 사람이든 누구라도 언제든 병에 걸릴 수 있다는 사실을 마주하기보다는, 억눌린 감정이든 소화되지 않은 트라우마에 대한 반응이든 뭐든 병에 걸리는 데는 원인이 있다고 믿으면 어쨌든 마음이 편해진다. 질병이 자신의 마음 때문에 생긴다고 믿으면 환자는 그것에 대해 일종의 지배력을 얻는다. 하지만 끔찍한 죄책감도 갖게 된다. 헤이의 이론에서 가장 싫었던 것은 병의 원인을 그 병을 앓는 당사자에게 돌린다는 점이었다. 반과학적이고 더 음험한 생각도 포함되어 있었다. 즉 몸의 올바른 존재 방식이 있고, 병이나 장애는 그것을 지키지 못한 결과이며, 몸의 건강은 심리적 균형에 대한 보상이라는 생각이다.

직접 환자를 살핀 경험을 통해 나는 몸과 정신의 관계는 헤이의 방식이나 주류 의학이 허용하는 것보다 훨씬 더 복잡하다고 확신하게 되었다. 가끔은 신체적 징후가 분명히 어떤 감정적 불행 때문에 발생할 때도 있다(정신과의사 베셀 반 데어 콜크Bessel van der Kolk가 흥미로운 저서 《몸은 기억한다》에서 논의했듯이, 과거의 트라우마가 면역체계 작동에 중대한 영향을 미친다는 증거가 있다). 하지만 그 관계는 항상 단순하거나 일방적이지 않다. 내가 본 환자들은 병들어 있었고, 동시에 그 병은 그들 삶의 다른 영역에 대해 생각하는 무대가 되었다. 병은 다른 방식으로는 받아들일 수 없는 통증을 인정하고 표현하는 방식이라는 역할을 맡았다. 신체의 고통이 다른 것을 전달할 수 있는 준비된 언어를 제공해준 것이다.

〈패트릭 멜로즈Patrick Melrose〉 5부작의 끝부분에서 작가 에드워드 세인트 오빈Edward St Aubyn은 이 현상을 정확한 말로 표현했는데, 나는 그 부분을 읽고 깜짝 놀랐다.

그의 몸은 매장된 감정들의 묘지였다. 그 증상들은 똑같은 근본적 공포감 주위에 뭉쳐 있었다. … 신경성 방광, 과민성 대장, 하부 요통, 정상이다가도 마루가 삐걱대거나 어떤 생각을 떠올리는 것만으로도 몇 초 이내에 위험할 만큼 높이 치솟는 불안정한 혈압, 그 모든 것을 지배하는 완강한 불면증. 이 모두가 그의 본능을 교란하고 그의 몸을 자동적으로 움직이게 만드는 통제권을 쥐기에 충분히 깊은 불안증을 가리키고 있었다. 행동은 변할 수 있고 태도는 교정될 수 있으며, 정신 상태도 바뀔 수 있지만, 아기 때부터 몸에 밴 습관과 대화하기는 힘들다. 표현할 만한 자아, 또는 아직 자신이 갖고 있지도 않은 것을 표현할 단어를 얻지 못한 아기는 자신을 어떻게 표현할 수 있는가? 오로지 상해와 질병의 우둔한 언어만이 차고 넘칠 정도로 준비되어 있다.[1]

내가 간절하게 이해하고 싶었던 것은 이 우둔한 언어, 고집스럽고 포착하기 힘든 언어로 말하는 몸이었다.

• • •

그들이 알았든 몰랐든 간에 세인트 오빈과 헤이는 둘 다 빌헬름 라이히의 연구를 끌어다 쓰고 있었다. 좋은 것이건 나쁜 것이건 라이히의 모든 사유의 기초는 양차 대전 사이의 빈에서 그가 개발한 단 하나의 사상에 있었다. 우리의 몸은 인정받지 못하는 역사, 무시하거나 부인하려고 애쓰는 모든 것을 지니고 있다는 사상이었다.

이것은 그 이후에 그가 전개한 자유에 대한 사상들을 낳은 씨앗이었지만, 또 미국에서 그가 상술한 건강에 대한 난감하고 위험하기까지 한 사상의 기원이기도 했다.

1918년 여름에 빈에 도착했을 때 라이히는 스물한 살이었고, 오스트리아-헝가리 군대의 보병장교로 이탈리아 전선의 지저분한 참호에서 3년을 보낸 돈 한 푼 없는 유대인 군인이었다. 그가 자란 광대한 제국은 엄청난 패배를 겪었고, 돌아갈 집도 없었다. 그가 아직 10대였을 때 부모가 세상을 떠났고, 러시아가 침공해오자 부코비나에 있던 집안 땅도 포기해야 했다. 그해 11월에 오스트리아-헝가리 제국이 마침내 무너졌을 때 그 지역은 루마니아에 소속되었다(지금은 우크라이나 영토다). 라이히는 그 땅을 법적으로 되찾기 위한 소송 비용을 감당할 수 없었다.

그가 쓸려 온 도시 역시 어려움에 처해 있었다. 빈은 더 이상 부유한 국제적 제국의 수도, 워낙 사치스럽고 호화로워 꿈의 도시라는 별명이 붙었던 도시가 아니었다. 새로 세워진 독일계 오스트리아 공화국은 전쟁 전 영토의 3분의 2를 잃었으며 연료와 식량의 원천 대부분을 잃었다. 집 없이 절망에 빠진 군인 수천 명 중의 한 명으로 라이히가 그곳에 도착했을 무렵, 지독한 인플레가 발생하여 오스트리아 통화는 휴지 조각이 되었다. 목재가 너무 부족해서, 시신을 넣을 관도 종이로 만들어야 했다. 그 시신의 대다수는 세계를 휩쓸고, 이제는 폐허가 된 도시에서 날뛰던 스페인 독감의 희생자였다.

그해에 라이히는 오트밀과 말린 과일, 그리고 일요일에 얻는 잼 케이크 한 조각과 일주일에 식빵 한 조각으로 간신히 연명했다. 하지만 그가 갈구한 것은 단지 고기와 버터만이 아니었다. 그는 지적 자극, 상당히 풍부하던 에너지와 지성을 분출할 통로를 얻고 싶어 필사적이었다. 또 사랑을, 교제와 섹스를 간절히 원했다. 그 무렵 그를 만난 미래의 처형은 부모 잃은 그 소년이 자기 가족이 보여주는 온기에 반응하던 모습을 결코 잊지 못했다. 그녀가 그를 묘사한 말은 떠돌이 개를 묘사할 때 쓰는 것과 비슷했다. "개방적이고, 길을 잃었고, 음식과 애정에 굶주렸다."[2] 다른 친구들은 빌리라고 불리던 그를 뛰어나고 활력적이고, 다른 사람들보다 훨씬 더 생기가 있었지만 눈치 없고, 불안정하고, 오만하고, 질투와 우울감의 발작에 쉽게 휩쓸리곤 했다고 묘사했다. 그가 워낙 잘생기고 멋져서, 사람들은 그의 피부가 어린 시절부터 그를 괴롭혀온 건선의 붉은 반점으로 뒤덮여 있다는 것도 알아차리지 못하곤 했다.

10월에 라이히는 빈 대학에 입학하여 법률을 배우면서 지루한 한 학기를 보낸 뒤 의학과로 옮겼다. 의학은 훨씬 더 마음에 들었지만, 생활 여건은 여전히 암담했다. 동생 로베르트와 또 다른 학생 한 명과 같이 쓴 방은 너무나 추워서 장갑을 끼고 털코트를 입고 지냈는데도 동상에 걸렸다. 굶주림으로 교실에서 쓰러진 적도 있었다. 일을 하던 로베르트가 그를 재정적으로 지원했지만, 2학년이 되어 그보다 어린 학생들을 교습하기 전까지는 무일푼이었다. 이 일은 귀중한 시간을 잡아먹었고 힘들었다.

수업에 흥미를 느끼기는 했지만, 라이히는 당시 의학을 지배하던 기계적 모델 때문에 골머리를 앓았다. 본능적으로 뭔가가 부족함을 느꼈던 것이다. 생명의 정수나 생명력 같은, 아직 분리되지도, 정확하게 지목되지도 못한 어떤 것이 부족했다. 해부학을 배우는 것도 좋았지만, 그를 '그'로 만들어주는 것, 사람들이 삶을 계속 살아가도록 밀어붙이는 욕구appetite는 무엇인가? 수업에서는 성적 주제가 다루어지지 않았는데, 중요한 것이 빠져 있다고 느낀 학생은 라이히 외에도 있었다. 1월에, 해부학 수업 도중에 종이 한 장이 학생들 손을 거쳐 전체 교실을 돌았고, 학생들을 은밀하고 수치스러운 성이라는 주제를 다루는 비공식적 세미나에 초대했다. 라이히가 지그문트 프로이트의 놀라운 사상을 처음 접한 것은 이 세미나에서였다.

라이히처럼 프로이트도 갈리치아 출신의 유대인으로 독실하지 않았고, 의과대학생으로서 커리어를 시작했다. 또 라이히처럼 그도 만족할 줄 모르는 호기심의 소유자였고, 과감하고 지적 야심이 컸다. 프로이트는 자신을 "모험가"[3]라고 묘사한 과학자였고, 일과 흡연이라는 깊은 주머니 두 곳에 열정을 집중한 열정적인 남자였다. 흡연 욕구가 얼마나 심했는지, 그 때문에 자신이 죽는다는 것을 알고 나서도 금연을 거부했을 정도였다. 그의 첫 연구 프로젝트는 뱀장어의 생식기관을 조사하는 일이었다. 그는 깊은 바다로 뛰어드는 다이버처럼 바다 못지않게 신비스러운 인간 심리의 영역에 점점 더 깊이 들어갔다.

정신분석학이라는 과목은 라이히 본인이 태어나기 고작 1년 전에 탄생했다. 프로이트는 자신의 획기적 작업물인《히스테리 연구》를 출간한 다음해인 1896년에 그렇게 이름 붙였다. 요제프 브로이어Joseph Breuer와 공동 집필한 그 책에서 프로이트는 히스테리 증후가 광기의 결과가 아니며, 트라우마를 남기는 억압된 기억 때문에 발생한다고 주장했다. 이 이론은 트라우마의 연원이 항상 성적인 것이라는 그의 주장 때문에 더욱 충격적이었다. 그가 후년에는 환상fantasy과 충동drive이라는 무의식적 영역을 더 지지하고 광범위한 성적 학대에 대한 확신을 철회했지만, 영아기와 아동기에서도 성이 우선한다는 주장으로 인해 학술계에서 이단적인 존재가 되었다. 라이히와 만났을 무렵, 프로이트는 예순세 살이었고, 전 세계로부터 인정받았지만 자신이 살던 도시에서는 사실상 배척당한 사람이었고, 역겨운 변태까지는 아니더라도 우스꽝스러운 괴짜 취급을 받았다.

라이히의 흥미를 특히 끈 것은 프로이트의 리비도libido 이론이었다. 그가 초조하게 탐구하던 생명력의 문제에 그것이 답을 주는 듯했다. 프로이트가 처음 '리비도'라는 단어를 쓰기 시작했을 때 그것은 단순히 성행위로 충족되는 성욕의 에너지를 의미했다. 시간이 흐르면서 프로이트는 그것을 더 넓게 확대하여, 긍정적인 생명의 힘, 태어나는 순간부터 인간을 밀고 나가며, 발달 과정의 어떤 단계에서든 손상을 입거나 왜곡될 수 있는 본능적인 동물에너지를 가리키는 것으로 전개했다. 프로이트는 리비도를 모든 사랑과 열정, 매혹의 배후에 있는 힘으로 보았다. 이에 납득된 라이히는 3월경에 흥분해서 일기장에 이렇게 썼다. "성을 중심축으로 사회적 삶 전체와 개인의 내면 생활이 돌아간다는 것을 확신하게 되었다."[4]

언제나 진취적이던 그는 베르가세 19번지의 아파트로 프로이트를 찾아가서 세미나와 관련해 추천 도서 목록을 알려달라고 요청했다. 나는 오랫동안 그 만남을 상상해보려고 애썼다. 라이히가 군용 코트 차림으로 현관 앞 층계를 올라 지하의 분위기를 풍기는 프로이트의 서재에 들어간다. 마치 여러 문명이 그곳을 통과하면서 자잘한 유물을 떨구고 간 것처럼 과거 시대의 물건들이 쌓여 있는 데서 오는 느낌이다. 그곳은 아주 조용한 박물관이나 난파선 같은 곳이었고, 그 중심에는 프로이트가 있었다. 그는 매우 기민하고 활발해, 라이히는 그를 아름다운 동물이라 묘사했다.

당시 프로이트 주위에는 제자들이 많았지만, 그들은 충분히 지적이지 않거나 융처럼 너무 완고하여, 과거에는 인정을 받으려고 갈구했던 상대인 아버지를 죽이려 하고 있었다. 1952년이라는 시점에서 그들의 첫 만남을 돌이켜보면서 라이히는 이렇게 과열되고 감당하기 힘든 분위기 속에서 프로이트가 매우 외로워졌다고 생각했다. 프로이트의 이론이 받아들여지는 상황이 프로이트를 고립시켰고, 대화를 나눌 수 있는 사람을 곁에 두고 싶어 했다고도 생각했다. 더 뒤에 가서 그런 대화의 필요를 채워준 것이 막내딸 아나였다. 라이히는 프로이트가 자신에게 호감을 느끼고, 자신으로 인해 흥분하기까지 했음을 알 수 있었다. 마침내 우수성과 충성심을 모두 갖춘 새 제자가 왔다고 말이다. 프로이트는 책장 앞에 무릎을 꿇고 논문들을 꺼내어 잔뜩 쌓아 올렸다. 원석 그대로인 이 청년을 무의식의 신비스러운 작동, 꿈과 농담과 비유의 불가해하면서도 의미 심장한 영역으로 끌어들이게 될 자료들이었다.

30년이 더 지난 뒤에도 라이히는 프로이트의 우아한 손동작, 반짝이는 눈, 말하는 모든 내용을 번뜩이며 관통하는 매혹적인 아이러니를 생생하게 기억할 수 있었다. 수업 자료를 얻고자 만난 다른 선생들과는 달리 프로이트는 예언자나 위대한 사상가 행세를 하지 않았다. "그는 상대를 똑바로 바라보았어요. 허세가 전혀 없었죠."[5] 돌이켜 보면 두 사람 모두 서로를 향한 묵직한 필요와 욕망을 짊어졌던 것이 분명하다. 어딘가 끌리는 낯선 사람을 만나면 다들 그렇듯이. 그런 달성 불가능한 기대치 —사랑받는 아버지, 충실한 아들—는 그 이후 두 사람 관계의 발전에서 무겁게 작용하게 된다.

라이히가 느꼈던 교감은 프로이트가 그에게 환자를 한 명, 또 한 명 연이어 보냈을 때 실증되었다. 1920년에 라이히는 스물세 살의 나이로 빈정신분석학회Vienna Psychoanalytic Society에 최연소 회원으로 정식 가입했는데, 다른 회원들보다 20년은 더 어렸다. 그가 의과대학을 마치기까지는 아직 2년이 더 있어야 했다. 크리스토퍼 터너가 《오르가스마트론에서의 모험》에서 설명하듯이, 완전히 전례 없는 일은 아니었다(실제로 성 세미나의 여러 다른 멤버도 같은 궤적을 따랐다). 1920년대 초반에 정신분석학은 "여전히 성문화되지 않고 실험적인 단계에 있었으며, 그 분야에서 실제로 환자를 보는 것은 소규모의 충성스러운 제자 동인 그룹뿐이었다."[6] 필수 수련 기간도 없었고, 신입 분석가 본인이 분석 대상이 되어야 했지만, 1926년까지는 그것도 공식적인 요구사항은 아니었다. 그렇기는 해도 라이히는 특별했다. 지적 호기심으로 불타오르고 유능했던 그는 그 도시의 분석가들을 자극하여 활기를 불어넣었다. 숭어들이 노는 물에 들어온 상어. 언젠가 그는 스스로를 이렇게 묘사했다.

정신분석학의 기본 테크닉은 예나 지금이나 아주 단순했다. 분석가는 의자에 앉고, 환자는 그들 앞에 놓인 카우치에 드러눕는다(프로이트의 분석 카우치에는 페르시아 양탄자가 걸쳐져 있고 벨벳 쿠션이 여기저기 놓여 있었다). 그들은 분석가를 볼 수 없었으므로, 그저 거기서 쉬면서 마음속에 떠오르는 내용을 무엇이든 말했다. 프로이트는 이 과정을 자유 연상이라 불렀다. 질문을 하거나 방법을 제시할 필요가 없었다. 환자를 괴롭히는 모든 것이 마법에 걸린 듯이 그들의 입술과 분석가의 귀 사이에 있는 충만한 공간 속으로 등장하게 되어 있었다. 규칙 없이 흘러나오는 것 같은 이런 기억과 꿈과 사유는 작고 교묘한 해석 행위에 의해 유의미한 것으로 번역될 수 있고, 마침내 그들이 느끼는 불행의 원인이 분명해졌다.

프로이트가 처음에는 환자의 몸에 손을 댔지만 라이히가 올 무렵 분석학은 엄밀하게 말로만 진행되었고, 완전히 언어의 영역에서만 실행되었다. 몸의 경험 가운데 프로이트가 알아본 것들은 제자리를 잃은 감정적 고통이 암호화된 상징적이고 히스테리적인 증상들이었다. 도라의 잃어버린 목소리, 울프맨의 변비, 아나 오의 연하嚥下 장애, 이런 것들은 전환conversion이라는 과정의 결과였고, 어딘가에 문제가 있음을 미친 듯이 신호하는 정신psyche의 결과였다. 이 실마리들은 풀릴 것이며, 전문 독해가에게 굴복할 터였다. 그 전문가는 그런 실마리를 통해 인지의 문턱 한참 아래에서 요동치고 들끓는 무의식적 소망과 방어가 있음을 발견할 수 있다. 폐색된 기억이 환자에 의해 회복되고 나면 그 증상은 해소될 것이다.

그러나 이 방법에는 문제가 있었다. 환자가 자기 불행의 원인을 의식하도록 돕는 것이 프로이트가 기대했던 것처럼 자동적으로 증상을 개선시키지는 않았다. 환자가 힘을 들여 증상을 불러일으키는 사건, 묻혀 있던 트라우마를 발견했다 하더라도 증상들이 반드시 회복되지는 않았다. 분석가와 환자는 모두 해석과 치유 사이의 아직 지도에 그려지지 않은 영역에 묶이곤 했다. 꿈을 영원히 해석하고 있을 것인가?

인내심 없는 라이히는 이 과정이 터무니없이 좌절감을 안겨준다고 느꼈지만, 이정표가 부족하다는 것은 곧 다음에 어디를 디뎌야 할지 판단할 자유를 온전히 자기 손에 쥐고 있음을 의미했다. 환자들의 말을 들으면서 그의 관심은 그들이 하는 말에서 벗어나 카우치에 방어적 자세로 뻣뻣하게 누워 있는 그들의 몸으로 계속 흘러갔다. 말로는 전할 수 없는 정보를 몸이 전하고 있을 가능성이 있는가? 어쩌면 그들이 접근하기 너무 힘들다고 여긴 감정들이 빤히 보이는 데 숨어 있는지도 모른다. 어쩌면 과거가 그냥 기억 속에 수용된 것이 아니라 몸속에 채워져 있는지도 모른다.

라이히가 보던 것은 판독되어야 하는 히스테리의 상징이 아니라 한 사람의 전체 존재에 만연한 쥠과 죄임이었다. 즉 너무나 견고하고 뚫고 들어갈 수 없어서 무장을 연상시키는 그런 영속적 긴장 상태였다. 사람들이 행한 모든 일, 손을 흔들거나 미소 짓는 것에서부터 그들의 목소리에 이르기까지 모든 일에서 그것이 눈에 보였다. 그는 자신이 성격 무장character armour이라 이름 붙인 그것이 느낌에 대한, 특히 불안과 분노와 성적 흥분에 대한 방어라고 생각했다. 만약 어떤 느낌이 너무 고통스럽고 괴롭다면, 감정 표현이 금지되거나 성욕이 억제된다면, 유일한 대안은 긴장을 끌어올려 가두어버리는 것뿐이다. 이 과정은 다치기 쉬운 자아 주위에 신체적 방패를 만들어내어, 즐거움에 둔감해지는 대신 고통에 대한 방어력을 준다.

라이히의 이론을 이해하는 가장 좋은 방법은 군인을 떠올리는 것이다. 군인은 군인다운 자세를 갖추고 입술을 꽉 다물고 있다. 그들의 신체는 느낌을 통제한다. 모두가 그런 엄격한 훈련을 거치는 것은 아니지만, 감정적 경험 가운데 수용될 수 없는 것들이 있고 또 몇몇 욕구는 수치의 근원이라는 것을 어렸을 때 배우지 않는 사람은 거의 없다. "유치한 짓이야", 또는 "남자아이는 울지 않아"라고 부모가 말하면, 아이는 느낌을 통제하고 억누르려고 노력하면서 몸을 긴장시킨다. 라이히가 깨달은 것은 이 과정이 그 자체로 영구히 각인되어 신체를 트라우마적 기억의 저장고로 바꾸고, 모든 종류의 느낌을 추방한다는 것이었다.

이 글을 쓰고 있을 때 기묘한 일이 일어났다. 예전의 남자친구가 일곱 살 때 기숙학교에 가야 했던 일을 소재로 자신이 만든 영화 필름을 보내주었다. 그 사연을 납치 사건으로 서술하는 스톱모션 애니메이션이었다. 작고 지저분하고 안짱다리인 소년이 담요에 둘둘 감겨 차 트렁크에 실렸다. "몸이 얼어붙었다."[7] 음성이 말했다. 가엽고 수갑 채워진 인체 주위에 단어가 나타났다. 뻣뻣한 목, 두통, 따가운 목구멍, 등의 통증, 아픈 발. "하지만 납치란 아마 잘못된 용어일 것이다." 그 음성이 계속 말했다. "훨씬 더 영국적인 어떤 것이었다. 단추를 다 채우고 감정을 닫아버리는 것." 그를 납치한 것은 세상에서 그가 가장 사랑하고 믿었던 두 사람이었고, 느낌이 허용되지 않고 학대가 만연하는 곳으로 그를 보냈다. 그는 예순이 다 되었는데도, 그곳으로 보내진 이후로 울 수가 없었다. 라이히가 말하던 것이 바로 이런 내용이었다. 과거가 우리 신체에 끼어들고, 모든 트라우마가 빈틈없이 보존되고, 산 채로 벽 안에 갇히는 것.

그러나 라이히의 계시는 거기서 끝나지 않았다. 1930년대가 지나가는 동안 그는 환자들의 몸을 다루기 시작했다. 처음에는 언어적으로 다루었다가, 1934년에는 손을 대기 시작했는데, 이는 정신분석학에서는 완전히 금지된 행위였다. 놀랍게도 그는 긴장된 구역—놀람의 습관적 표현인 꽉 쥔 주먹, 뻣뻣해진 복부—에 손을 대자 그곳에 수용되어 있던 느낌이 표면으로 올라와서 놓여날 수 있음을 알아냈다. 환자들은 오래전의 수치스러운 사건이나 원치 않게 침해당한 일을 떠올리고, 당시에는 느끼지 못했던 분노나 절망감을 체험했다. 이 과정에서 그들의 몸을 통해 쏟아져 나오는 이상한 에너지가 감지될 때가 많았는데, 내가 브라이턴에서 치료받을 때 경험한 흐름streaming이 바로 그런 에너지였다.

나는 지금도 그 치료법이 어떤 것이었는지 몸 안에서 그 느낌을 불러낼 수 있다. 목과 어깨에 자리 잡았던 긴장감을 기억한다. 특히 흉골 주위 근육의 긴장감이 심했는데, 어찌나 불편했던지, 어렸을 때는 그곳에 뭔가가 닿거나 내 손으로 가리키기만 해도 견디기 어려웠다. 혹시라도 비참한 기분과 공포감이 와락 불려 나올까 하는 두려움 때문이었다. 나는 그것을 "그 느낌"이라 부르며, 피하기 위해 더 깊이 억눌렀다. 또 그런 뻣뻣한 부위들이 부드러워질 때, 팔과 다리가 물결치고 자글거리던 느낌을 기억한다. 햄릿이 한때 간청했듯이, 마치 어떤 단단한 물건이 녹아내리도록 유도된 것 같은 바로 그런 느낌이었다. 라이히는 궁금해했다. 그 느낌이 리비도 그 자체일 수 있는가? 프로이트가 말하는 생명에너지가 갇혀 있다가 자유롭게 흘러 다니는 것일 수 있을까?

• • •

성격 무장이라는 개념은 정신분석학에 라이히가 가장 영속적으로 기여한 공헌이었다. 이는 정신분석학의 일반적 사고의 틀을 형성하는 그의 이론들 중 하나일 뿐이다. 또 그것은 신체심리치료라는 과목으로 발전하게 되는 연구, 1960년대에 그토록 인기가 높아지는 신체적 접근법을 부상시킨 연구의 기초이기도 하다. 그런 접근법 중에는 게슈탈트 요법, 롤프식 마사지*, 원초적 비명 치료법 등이 있다.

그 개념에 강한 영향을 받은 많은 사람 가운데 젊은 수전 손택이 있었다. 손택은 1967년에 쓴 일기에서, 몸을 차지하고 산다는 문제에 대해 아주 특별한 말을 털어놓았다. 그녀는 내면세계가 그것을 수용하고 있는 몸보다 훨씬 더 유동적이고 가변적이라고 생각했다. 그녀는 더 나은 몸의 설계도를 만들어보려고 시도했다. 몸이 기체나 구름으로 만들어졌다면 사람의 기분 변화에 따라 확대되고 수축되고 쪼개지고, 녹고, 부풀어오르고, 더 짙어지거나 더 묽어질 수 있을 것이다. 하지만 몸은 고집스럽게 견고한 덩어리이고, 사실상 변하지 않는다. 그녀는 애석해하는 어조로 썼다. 그것은 "거의 모든 것이 부적합하다. 우리가 (우리 몸을) 확대할 수 없고 수축할 수 없으니 뻣뻣하게 만들어 그 위에 긴장감을 새긴다. 그게 습관이 된다. 자리를 잡고 다시 내면의 삶에 영향을 준다."[8] 그것이 라이히가 말한 성격 무장 이론이라고 그녀는 덧붙이고, 그다음에 구슬프게 한 줄 또 추가했다. "불완전한 설계! 불완전한 존재!"

　그런 문장을 쓴 손택은 서른네 살이었고, 널리 호평받은 첫 논픽션 저작 《해석에 반대한다》를 막 출간했을 때였다. 그해에 자신의 아파트에서 플랫 슈즈를 신고 몸에 달라붙는 페이즐리 무늬 드레스 차림으로 찍힌 그녀의 사진이 있다. 얌전한 표정을 짓고 있는 미녀의 모습이다. 손가락에는 담배가 꽂혀 있고, 카메라를 향해 미소 짓는 열세 살 난 아들 데이비드를 사랑스러운 눈길로 바라보고 있다.

---

* Rolfing, 아이다 롤프Ida Rolf라는 생물학자가 개발한 마사지 요법.

두 사람 뒤의 벽에는 책과 그림, 주로 사진들이 가득하고, 공작 꼬리 깃털이 꽂힌 화병이 그림자를 드리우고 있다. 단도직입적으로 말해, 지성의 아이콘. 빈 커피컵이 그 이미지를 공고히 한다.

거의 10년이 지난 뒤 손택은 〈롤링 스톤〉과 가진 긴 인터뷰에서 이런저런 주제를 옮겨 다니다가 성격 무장이라는 관념으로 돌아왔다. 그녀는 다시 한번 사람들이 감정을 "뻣뻣함과 반섹슈얼리티antisexuality"[9]라는 형태로 몸에 저장한다는 라이히의 관념을 칭찬했다. "난 라이히의 사상 중에서 심리학과 문학에 굉장히 멋진 공헌을 한 사상이 하나 있다고 생각합니다. 그가 말한 성격 무장이라는 관념 말이에요. 그 점에 관해서 그는 절대적으로 옳습니다." 그녀가 그토록 확신한 것은 놀랄 일이 아니다. 그녀 자신의 어린 시절은 목에 걸린 생선 가시처럼 과거가 어떻게 몸에 거주하는지를 보여주는 불행한 마스터클래스와 비슷하기 때문이다.

그녀의 아버지 잭 로젠블랫Jack Rosenblatt은 부유한 모피 상인이었는데, 주로 중국에서 일했다(그의 부모는 라이히가 태어난 곳에서 150킬로미터 정도 떨어진 갈리치아의 어느 마을 출신이었다). 손택의 어머니 밀드러드Mildred는 1933년 1월 16일에 뉴욕시에서 수전을 낳은 뒤 중국으로 돌아갔다. 수전은 남아서 조부모, 그리고 수전이 싫어했던 보모와 함께 살았다. 나중에 미국으로 돌아온 밀드러드는 수전에게 아버지는 돌아오고 있는 중이라고 계속 말했다. 넉 달 뒤, 그녀는 거실에서 학교 점심시간에 집에 온 다섯 살짜리 딸에게 말해주었다. 아버지는 죽었어. 이제 나가서 놀아라.

밀드러드는 알코올중독이었고, 자주 우울해했고, 차갑고, 지치고, 화를 자주 내고, 수시로 이유도 없이 집을 비웠다. 1967년에 쓴 긴 일기에서 손택은 자신의 느낌을 풀어헤쳐보려고 시도했다. 어머니의 미모에 얼마나 감탄했는지, 어머니가 자신에게 얼마나 의지했는지, 아이로서 자신이 어머니를 행복하게 만들어야 한다는 책임감을 얼마나 많이 느꼈는지. 그녀는 자신이 아름답고 불행한 어머니의 비위를 맞춰주고 에너지와 관심을 쏟지 않으면 어머니는 죽을 것이라고 진심으로 믿었다. "나는 어머니의 인공호흡기였다."[10] 그녀는 분노하면서 썼다. "나는 내 어머니의 어머니였다."

그녀의 과거를 살짝 엿보면 손택이 스스로 살아남기 위해 계약을 맺었고, 그것이 그녀의 몸에 관련된다는 것이 분명해진다. "내가 어렸을 때 처음으로 내린 결단은 이것이었다. '신께 맹세하건대, 날 건드리지 못할 거야!'"[11] 그녀는 살고 싶었지만, 자신을 사랑하지 않는 사람들과 함께 사는 적대적 환경 속에 태어났다. 그 사람들은 그녀의 인생에 제멋대로 드나들었다. 좋아. 그들의 비난을 물리치기 위해 최고로 잘 처신할 거야. 내게 필요한 것이나 느낌을 치워버리고, 내 몸의 존재를 부정해야겠어. 그것은 자신이 속한 성에 대한 인정 불가능한 이끌림으로 인한 절망감과 자기혐오에 내몰린 결단이었다. "교훈은 이것이었다. 몸들로부터 멀리 떨어져라. 대화할 상대를 찾아보라."[12]

성인이 된 그녀는 이 같은 신체적 부인을 극한으로 몰아갔다. 씻지 않았고, 빗질도 하지 않으려 했고, 줄담배를 피웠고, 식욕과 수면의 필요를 최대한 억눌렀다. 그녀는 출산이 고통을 유발한다는 것을 알고 충격받았으며, 오르가슴도 느끼기 전에 아기를 얻었다. 이는 그녀 세대의 여성들에게는 드물지 않은 경험이었다. 1975년 가을까지는 그녀에게 자신의 몸이란 실재하지 않았다. 그해 가을에 손택은 4기 유방암 진단을 받았는데, 이 진단으로 인해 그녀는 라이히의 또 다른 이론과 직면하게 되었다.

그녀는 뭔가가 잘못되어간다는 경고나 신호나 징후를 전혀 느끼지 못했다. 암이 발견될 무렵 종양은 이미 열일곱 개의 림프절로 전이된 뒤였다. 의사가 당시 프린스턴대학에 다니던 데이비드에게 개인적으로 말하길, 어머니가 살아남을 확률이 적다고 본다고 했다. 그녀는 일기에 꿈에서 본 단검에 대해, 돌이킬 수 없는 병에 걸린 데 대해, "감출 수 없는"[13] 패닉에 대해 썼다. 그녀는 너무나 겁에 질려 전등을 켠 채 잠들었지만, 계속 살아가겠다는 결심이 확고했다. 생존은 의지의 행위가 될 것이다. 그녀가 어떤 일에든 그랬듯이, 연구하고 집중하며, 활용할 수 있는 모든 가능성을 절대적으로 통달해야 하고, 신속하고 단호한 행동이 따라야 할 터였다.

그녀는 가장 공격적이고 극단적인 처치를 해달라고 요구했다. 즉 할스테드Halsted라고도 알려진, 통상적으로는 더 이상 쓰이지 않는 수술법인 근본적 유방절제술을 시행하기로 한 것이다. 그해 10월, 요크 대로에 있는 메모리얼슬론케터링 암센터에서 유방 및 흉벽 근육 상당 부분이 절제되었고, 겨드랑이의 피부와 림프절도 절제되었다. 그녀는 도려내어 뼈만 남은 상체의 폐허에 대해 슬퍼했지만, 결심은 굳었다. 어떤 대가를 치르더라도 살아남는다. 존재를 계속 이어갈 기회만 있다면 어떤 희생도 감수한다.

새 담당 의사인 프랑스 방사선과의사 이스라엘 박사Dr. Israël의 조언에 따라 수술 뒤 거의 2년 동안 화학요법과 면역치료를 받았다. 그 과정이 너무나 지독해서 아들 데이비드는 "거의 견딜 수 없는 지경까지 갔다"[14]고 생각했다. 그녀는 자신을 의사에게 완전히 내맡겼고, 과학의 효율성을 절대적으로 신뢰했다. 이렇게 그녀 자신, 그녀의 진짜 존재가 파손되고 수동적인 환자의 몸속으로 침몰하는 것은 고통스럽고 굴욕적인 경험이었다. "한 의사는 밀고 잡아당기고 찌르고, 자신의 솜씨에, 내 커다란 흉터에 감탄한다. 다른 의사는 내게 독약을 가득 펌프질하여 넣는다. 내가 아니라 내 병을 죽이려고."[15]

그 거친 경험의 바탕에서 전쟁이라는 은유가 저절로 발생했다. 나중에 쓴 일기에서 그녀는 이렇게 덧붙인다. "베트남 전쟁과 같았다. 내 몸은 침공되고 식민지화된다. 그들은 내게 화학무기를 쓴다. 나는 환호해야 한다."[16] 이런 구절을 쓴 뒤 그녀는 펜을 집어 들어 지워버리고, 전쟁이라는 이미지를 거부했다. 그녀가 맞서고 있는 것은 단지 질병만이 아니었다. 질병이 문화 전체 속에서 습관적으로 다루어지는 방식, 해롭고 도움되지 않는 은유에 맞서는 것이기도 했다. "암 = 죽음"[17], 그녀는 이렇게 쓴 다음, 그것이 사실이 아님을 입증하려고 나섰다.

병원 침대에서 그녀는 질병에 수반된 신화들을 까발리는 놀라운 저작 《은유로서의 질병》을 이루게 될 생각들을 조합하기 시작했다.

그 책에서 그녀는 암에 관한 화법에 너무나 널리 퍼져 있어서 두어 달 전에는 자신도 사용했던 군대 용어에 의문을 제기했다. 적과 전투라는 거친 표현 때문에 질병에 스티그마가 찍히기가 쉬워진다고 생각한 것이다. 어떤 병에 스티그마가 찍히면 사람들이 치료받기를 기피하고 그 병에 대해 밝히기를 꺼리게 되므로, 이런 상황은 위험을 초래한다. 사람들은 암에 대해 이런 태도를 보였고, 조금 지나면 에이즈에 대해서도 마찬가지로 행동한다. 그녀를 더 힘들게 했던 것은 특정한 병이 어떤 성격 특성이나 유형과 결합되는 양상이었다. 그녀는 주장했다. 결핵에 걸리는 것은 열뜨고 무모한 낭만주의자들만이 아니다. 또 나쁜 쪽으로 전환되어 종양을 발생시킬 때까지 감정을 꽉 막아두는, 암에 잘 걸리는 "유형"이 있는 것도 아니다. 암은 감정 차단이나 분노 표현 능력이 부재한 결과가 아니다. 그것은 비진정성inauthenticity이나 억압의 결과가 아니다.

　《은유로서의 질병》은 손택 아포리즘의 넘치는 천재성과 유리한 사실만 드러내는 통탄스러운 성향이 함께하는 이상한 책이다. 그녀는 벽에서 덩굴을 뜯어내는 사람처럼 스티그마를 뜯어낸다. 하지만 책 전체에서, 19세기 문학에 나온 결핵에 대한 근사한 논의, 그 자체로서 다뤄지지 않은 병든 신체에 대한 열렬하고 필요한 논박에서, 희미한 패닉의 기미가 발견된다. 병든 게 내 탓인가, 내 잘못인가? 드니스 도나휴Denis Donoghue가 〈뉴욕 타임스〉 리뷰에서 평한 바에 따르면, "《은유로서의 질병》은 논문인 척하지만 매우 사적인 책이라는 인상을 준다."[18]

그녀가 두려워한 것은 그녀가 언쟁하고 있던 바로 그것이었다. 자신이 앓고 있는 암이 심판이거나, 인간적 실패에 대한 급격한 신체적 반응인지도 모른다는 두려움이었다. 나중에 1989년에 나온 후속작《에이즈와 그 은유AIDS and its Metaphor》에서 자신이 받은 진단을 회상하면서 그녀는 난공불락의 자신을, 의사의 "우울한"[19] 예상과 암이 무엇을 의미하는지에 대한 두려움에 굴복하지 않겠다고 거부한 자신의 태도를 무미건조하게 묘사한다. 그녀가 보기에 다른 환자들은 "나는 전혀 홀리지 않은 자신의 병에 대한 환상에 사로잡혀 있는 것 같았다."

전혀 홀리지 않았다. 그 말은 사실이 아니었다. 그녀도 누구나처럼 겁이 났다. 그녀의 몸은 새로이 멀어졌고 "불분명해졌고"[20], 그녀의 마음은 두려워해야 하는 어떤 것으로 변했다. 그녀는 자신의 자아가 병에 발휘하는 역할에 대해, 자신의 생애와 질병 사이의 거슬리고 흐릿한 연결에 대해 걱정하지 않을 수 없었다. 그것이 어머니와 어떤 관련이 있었는가? 그녀는 일기에 이렇게 썼다. "나는 내 종양+자궁절제의 가능성을 어머니의 유품, 유산, 저주라고 느꼈다."[21] 감정을 억눌러온 것이 어떤 식으로든 병을 유발했는가? "내 몸이 나를 실망시켰다고 느낀다. 내 마음 역시 그렇다. 어떤 식으로든 나는 라이히의 버전을 믿는다. 나는 내 암에 대해 책임이 있다. 나는 비겁했고 내 욕망과 분노를 억누르며 살았다."[22]

여기서 말한 "라이히의 버전"은 성격 무장이 아니다. 그것은 라이히의 사상이 1930년대 후반에 거쳐간 이상한 발전 과정을 가리킨다. 의학 공부를 시작한 직후부터 라이히는 모든 존재를 살아 있게 하는 생명의 정수를 발견하기를 간절히 원했다. 프로이트가 말한 리비도 개념이 이 희망에 대한 답인 것 같았고, 1920년대에 자신의 환자가 흐름을 묘사하기 시작하자 리비도가 은유적인 힘이 아니라 실재하며 감지할 수 있는 에너지라는 확신이 점점 더 강해졌다. 그것은 과학적 시험으로 추출하고 측정할 수 있는 생물학적 실체라고 말이다. 1930년대에 미국에 도착했을 무렵 그는 세 가지를 확신하고 있었다. 첫째, 생명력의 진수라는 것이 있고, 그는 이것을 오르곤이라 불렀다. 둘째, 그것은 감정적 트라우마나 억제 때문에 차단될 수 있으며, 셋째로 이런 차단은 심각한 트라우마나 결과를 낳을 수 있다는 것이다. 1948년에 자비로 출판한 저서 《암의 생체요법The Cancer Biopathy》에서 그는 이러한 차단은 세포 내에 흐름의 정체와 부패를 초래하여 궁극적으로는 질병, 특히 암을 낳는다고 주장한다.

유사과학적 성격에도 불구하고, 이 사상은 라이히가 1957년에 세상을 떠난 뒤 엄청난 영향력을 발휘했다. 그의 연구는 1960년대의 반문화 집단에서 널리 유포되었고, 그의 질병 이론은 모든 종류의 억압이 건강에 위험하고 해롭다는 분위기가 확대되는 추세와 공조했다. 손택이 암 진단을 받기 1년 전인 1974년에 《암의 생체요법》은 손택의 책을 낸 출판사인 파라스트로스앤지로에서 재출간되었다(이 출판사는 나중에 그의 저서 스무 권을 더 재출간한다). 라이히는 암에 관해 성적 억압이 특히 관련성이 크다고 믿었지만, 손택이 주장하듯이 1970년대에는 억압된 분노와 더 많이 연결되었다.

예를 들면, 그녀는 소설가, 문화평론가, 유명한 여성혐오자인 노먼 메일러Norman Mailer에 관한 참담한 일화를 이야기한다. 1957년에 나온 영향력은 있지만 솔직하게 말해 제정신 아닌 에세이인 〈백인 니그로The White Negro〉에서 메일러는 라이히에 관해 언급했는데, 라이히의 사상이 부활한 것은 적어도 부분적으로는 이 때문이었다. 1960년 가을, 메일러는 뉴욕 시장 선거 운동을 시작하면서 그의 고급 아파트에서 축하 파티를 열었다. 술에 취하여 손님 여러 명에게 싸움을 건 그는 녹슨 주머니칼로 아내 아델 모랄레스Adele Morales를 두 번 찔렀다. 그 칼은 그녀의 심낭을 찢어 거의 죽을 지경에 이르게 했다. "그 화냥년은 죽게 내버려둬."²³ 방관자들에게 그는 이렇게 말했다.

메일러는 아내를 칼로 찌를 때 "잔인한 감정의 둥지"²⁴를 떨쳐냈다고 주장했다. 그렇게 하지 않았더라면 자신이 몇 년 이내에 암에 걸려 죽었으리라고 말이다. 그는 아내에게 당연히 떠넘겨졌을 공포감과 분노의 둥지에 대해서는 신경도 쓰지 않았다. 손택은 거론하지 않았지만, 메일러의 변호인단은 실제로 이 암 이야기로 변론을 준비했다. 여성의 몸은 남성의 분노를 받아주는 대상으로 존재한다. 우리 모두 그 점을 알지 않나. 손택은 메일러의 안이한 생각, 감정을 분출하지 않으면 독이 되어 그 자체가 주술이 되고 불길한 생명력을 얻는다는 그의 확신을 경멸했다. 그러나 일기는 그녀 자신도 같은 믿음에 취약하다는 점을 명백히 보여준다.

· · ·

　감정이 신체적 결과를 낳는가? 손택이 《은유로서의 질병》에서 던진 괴로운 질문은 내가 좋아하는 영화에서도 중요하게 제기된다. 〈세이프Safe〉는 1995년에 토드 헤인스Todd Haynes가 만든, 수수께끼 같은 병에 걸린 한 부유한 백인 여성에 관한 영화다. 교묘한 방식으로 억압되고 거의 전두엽절제술을 받은 것처럼 멍해 보이는 줄리앤 무어Julianne Moore가 연기한 캐럴 화이트는 가정주부로서 캘리포니아의 샌퍼낸도 계곡에서 남편과 의붓아들과 함께 산다. 그녀는 파스텔 색조의 옷을 입고 초현대적으로 꾸며지고 큰 가구들로 채워져 그녀를 난쟁이처럼 보이게 하는 집에서 당황한 아이처럼 배회한다. 가정부에게 우유 한 잔을 달라고 하는데, 그녀가 맛있게 먹는 유일한 음식이다.

　캐럴은 완벽하게 화장하고 어리둥절한 듯 예쁘게 미소 짓고, 첫눈에는 그저 긴장하고, 연약하고, 불안해하고, 멍한 듯하다. 아름답기는 해도 그녀는 자신의 몸에 대해 완전히 편안해 보이지 않는다. 사실 그녀는 라이히의 성격 무장을 걸친 완벽한 사례다. 그녀는 속삭이는 것 이상으로 목소리를 높일 수도 없다. 에어로빅 수업을 받을 때는 다른 사람들보다 한 박자 늦게 팔을 돌린다. 시커먼 배기가스를 내뿜는 트럭 뒤를 따라 운전하다가 거의 기절할 뻔할 때 뭔가 더 심각한 문제가 있다는 첫 번째 신호가 온다. 나중에 미용실에서 그녀는 머뭇머뭇 숨소리가 섞인 음성으로 파마를 해달라고 한다.

거울로 파마 과정을 지켜보던 그녀의 코에서 가느다랗게 한 줄기 피가 흘러내린다. 그 장면, 그리고 뒤에 이어지는 장면들—세탁소에서 발작을 일으키고, 임신 축하 파티baby shower에서 천식 발작이 일어나는 장면—은 히치콕 영화의 장면들만큼이나 서늘하게 구축되고 공포감이 생생하게 살아 있다. 사실, 그 장면들은 공포영화와 똑같이 촬영되었다. 괴물도, 악마적 힘 없이도 몸이 제대로 움직이지 않는 악몽, 이유도 모르고 신뢰받지도 못한다는 공포와 고립만 있는 공포영화다.

캐럴의 의사는 무엇이 문제인지 찾을 수가 없어서, 그녀의 회의적인 남편에게 아내를 정신과의사에게 데려가보라고 조언한다. 하지만 캐럴은 자신의 문제가 머릿속에 있는 게 아님을 확신한다. 운동센터에서 그녀는 새로운 질병을 알리는 전단지를 본다. 화학물질과민증multiple chemical sensitivity이라고도 알려져 있는 환경 질병이다. 이게 바로 그거야, 그녀는 판단한다. 자신이 겪고 있는 것은 자신이 사는 사치스럽고 중독적인 세계에 대한 극한의 면역 반응이라고. "난 카우치 알레르기가 있어."[25] 그녀는 한 친구에게 말한다. 또 화장, 우유, 해충약, 남편이 쓰는 향수에도 알레르기가 발동한다. 그녀는 이 유독한 침입에 대처하기 위해 몬타나주의 뉴에이지 공동체로 물러난다. 그곳은 섬뜩하고 카리스마적 지도자 피터 더닝이 지배하는 안전지대다. 피터는 모든 사람은 각자의 병에 대해 책임이 있으며, 자신의 불행과 자기혐오와 분노와 절망을 직면함으로써 스스로 치유할 수 있다는 메시지를 퍼뜨린다.

처음에 캐럴은 렌우드에 있는 과한 보호막 속에서 아주 잘 지내는 것 같았지만, 그곳 역시 세계에 대한 신경쇠약적 공포감을 자극한다. 그녀는 전염의 원인일 수 있는 다른 사람들로부터 점점 더 물러나서 은둔한다. 마지막 장면에서 그녀는 더 극단적인 안전가옥으로 옮기겠다고 고집한다. 그곳은 알레르기를 일으킬 수 있는 모든 가구를 치워버려, 교도소 감방과 비슷하다. 남편과 의붓아들은 떠났고, 그녀는 수술복을 입고 있다. 혼자서 그녀는 거울에 비친 자신의 얼굴을 뚫어지게 바라본다. 이마에는 이상한 멍 자국 혹은 반점이 있다. "내가… 너를… 사랑하니?" 그녀가 거의 들리지도 않는 목소리로 묻는다. "내가… 너를 사랑해?"[26] 그리고 암전된다. 그녀는 나아질지도 모르고 나아지지 않을지도 모른다.

〈세이프〉는 자아와 세상 사이, 손택이 정찰하는 바로 그 기묘한 경계선을 다루는 영화지만, 단순한 결론에 대한 저항은 훨씬 강하다. 캐럴이 말할 수 없는 어떤 것을 말하려고 자기 몸을 이용했기에 아픈 것인가? 아니면 외부 세계가 정말로 그녀를 중독시키는가? 이것은 20세기의 유독성에 대한 환경적 메시지인가, 아니면 캐럴의 생애에 가해지는 제약, 제한된 영향력과 통제력에 관한 페미니즘 우화인가? "난 스트레스를 많이 받았어요."[27], 캐럴은 의사에게 말한다. 하지만 우리가 보기에 그녀가 하는 일 중에 가장 힘든 것은 새 카우치를 주문하는 것이다. 그러나 스트레스와 다른 스트레스가 있다. 과로로 수척해지고 닳아 없어지는 힘듦에 대비되는, 잘못된 삶을 살아감으로써 탈진하고 정신적으로 해지게 되는 힘듦이 있다.

캐럴은 허먼 멜빌Herman Melville의 유명한 캐릭터 필경사 바틀비Bartleby the Scribner의 스텝포드 와이프Stepford Wife 버전으로 볼 수도 있다.* 참여하지 않는 자. 갑작스럽고 설명 불가능하게 자신의 역할을 수행할 수 없게 되고, 남편과 섹스를 할 수도 없고 남편 상사의 여성혐오 이야기를 비웃어주지도 못하고, 완전히 의식을 잃는 것 못지않게 심한 수동적 저항의 상태.

"당신에게는 문제가 전혀 없어요, 캐럴."[28] 의사는 계속 말한다. 나도 개업했을 때 그런 환자를 아주 많이 보았다. 그들은 만성피로나 근육성뇌척수염myalgic encephalomyelitis 같은 최후의 수단이라 할 진단을 들고 왔다. 그러면서도 그것이 난 모르겠어, 혹은 나가시오라는 의미를 담은 의사들의 약어임을, 소위 쓰레기통 진단임을 미처 알지 못했다. 그들은 뭔가 문제가 있다는 것은 알지만, 검사에서 그 정체가 밝혀지지 않고, 기존의 진단 범주에 들어맞지 않는다는 데서 모멸감을 느꼈다. 가끔 환자들이 우울하거나 불안하며, 그들의 느낌이 체현됐다는 것이 분명할 때가 있었다. 하지만 향수 알레르기가 너무 심해 직장을 그만두어야 하는 여성은, 혹은 생리불순이다가 몇 달 뒤에 식욕부진증이 나타나는 경우에 대해서는 어떻게 말해야 하는가? 감정과 몸 사이에 명료한 경계선은 없다. 자아와 세계사이에 확실한 경계선은 없다.

---

* 스텝포드 와이프는 아이라 레빈Ira Levin의 소설 제목으로, 오로지 남편을 위해 맹목적으로 헌신하는 순종적인 아내를 가리키는 말이다.

영화 〈세이프〉가 그토록 급진적인 것은 그 경계가 정말로 얼마나 열려 있는지를 드러낸다는 점 때문이기도 하다. 이 영화는 몸을 투과성을 지닌, 침습당하기 쉬울 뿐 아니라 본질적으로 외부 세계와 위험한 교류를 끊임없이 해야만 하는 것으로 소개한다. 캐럴은 집어삼켜지거나 공격당하는 것에 대한 공포가 있다. 질병이든 그녀 자신을 압도하는 인격을 가진 사람에게든 말이다. 그녀가 마주하는 독은 그녀에게 손상을 입히기도 하지만 그녀의 몸이 틈새가 있고 무방비하고 억제 불가능하다는 사실을 여러 놀라운 방식으로 드러내기도 한다. 기침이나 출혈은 몸이 경계를 넘어 흘러넘치는 것이다. 몸을 떨고, 발작하고, 숨이 막히는 것은 의식적 통제를 넘어선 몸의 표현이다.

지독히 동떨어진 세계를 그리지만 〈세이프〉는 정치적 영화다. 헤인스는 에이즈 위기가 극성을 부릴 때 이 영화를 만들었다. 영화의 시점은 1987년이며, 1995년에 개봉되었다. HIV 양성 진단을 받는다는 것이 더 이상 자동적인 사형 선고가 아니게 해주는 복합 치료법이 나오기 1년 전이었다. 헤인스는 에이즈 치료와 교육을 위해 싸우는 에이즈 인권 활동가 그룹인 액트업Act Up에 참여했다. 그가 〈세이프〉를 찍은 것은 눈에 보이지 않는 것에, 주위의 아무도 이해해주지 않고 부를 가지고도 막을 수 없는 어떤 것에 공격당하는 끔찍함을 탐구하고자 했기 때문이기도 했다. 2019년 가을에 그 영화를 보고 있으니 에이즈 패닉을, 설명 불가능한 기침이나 얼굴에 생긴 자주색 반점이 빚어내던 혼란과 공포를 회상하지 않을 수 없었다.

2020년 봄, 보호복을 입은 캐럴의 사진이 인터넷에 돌아다녔다. 코로나 바이러스가 빚은 봉쇄 사태의 와중에, 전 세계에서 수수께끼 같은 바이러스로 수많은 사람이 사망하고 보이지 않는 전염이 다시 한번 전 세계적 공포를 빚어내는 상황에서 그 사진은 새로운 공감을 불러일으켰다.

캐럴이 은둔한 공동체의 지도자인 피터는 루이스 헤이를 대략적인 모델로 삼은 인물이다. 그녀는 내가 약초학을 공부하던 시절의 유명인사였고 그 유명세 대부분은 유난스럽고 논쟁적으로 에이즈와 관련된 데서 기인했다. 손택이 《에이즈와 그 은유》에서 말하듯이, 에이즈 위기의 초반에 에이즈에 걸린 사람들은 오염원이나 도착적인 존재로 취급되었고, 겉으로 드러난 증상은 곧 일탈자와 불가촉천민 사회에 속한다는 표시였다. 정치가, 언론인, 종교지도자는 그들이 참혹한 운명을 겪을 이유가 있는 존재라고 생각했다.

반면 헤이는 에이즈 환자들을 감싸 안았다. 그녀는 로스엔젤레스에서 헤이라이드Hayrides라는 강렬하고 카타르시스적인 주례 모임을 대규모로 열어, 환자와 간병인과 환자를 사랑하는 사람이 각자의 사연을 증언하고 공유하도록 권장했다. 그녀는 그 질병이 자기애 결여 때문에 생긴다고 믿고, 투병할 능력을 강화하기 위해 구상화와 긍정을 사용하도록 격려했다. 그 능력은 물론 그녀의 책과 테이프를 사면 고양된다. 문제는 사람들이 어쩔 수 없이 더 악화되고 죽을 경우, 그것은 면역 시스템을 공격하는 바이러스의 광폭한 위력 때문이거나 연구와 치료에 대한 정부와 보건 시스템의 재정 지원이 부족한 탓으로 생긴 정치적 결과가 아니라, 명백히 환자 자신들의 잘못, 자신들을 사랑하지 못한 탓으로 돌려진다는 점이었다.

헤인스가 〈세이프〉를 만들 첫 자극제가 되어준 것은 에이즈에 대한 헤이의 책이었다. 1995년에 〈봄Bomb〉과의 인터뷰에서 그는 이렇게 술회한다. "그녀의 책은 문자 그대로 우리가 자신을 더 많이 사랑한다면 이 병에 걸리지 않을 것이라고 단언했다. 그 방법을 알게 되면, 자신을 올바른 방식으로 사랑하는 법을 알게 되면 병을 극복할 수 있다는 것이다. 이는 위험한 말이다. 나는 자신들의 상황에 어떤 해답도 없어서 이쪽으로 관심을 돌린 사람들을 계속 생각했다."[29] 같은 해에 가진 다른 인터뷰에서 그는 손택을 당혹스럽게 만든 바로 그 질문을 던졌다. "궁극적으로, 어째서 병든 사람들은 불치병이라는 불가피한 혼란을 직면하는 것보다는 자신이 병의 원인 제공자라는 말을 들을 때 기분이 더 나은 걸까?"[30]

• • •

이 질문에 대해 내가 생각할 수 있는 가장 명료하게 다듬어진 대답을 제시한 것은 작가 캐시 애커Kathy Acker다. 손택처럼 애커도 40대에 침습성 유방암 진단을 받았다. 그러나 손택과는 달리 그녀는 화학요법을 거부하고, 대체의학에 모든 희망을 걸었다. 그녀는 질병이 그녀를 죽이는 그 순간까지도 질병의 유의미성을 절대적으로 신뢰했다.

그녀가 가슴에서 덩어리를 처음 발견한 것은 서른한 살 되던 1978년이었다. 조직검사 결과 종양은 양성이었는데, 그로 인한 과도한 공포감이 당시에 그녀가 쓰던 소설《이판사판 고등학교Blood and Guts in High School》에 쏟아졌다. 두 가지가 특히 두드러졌다. 암은 정치적인 것이다. 몸, 특히 여성 몸의 행위는 항상 정치적인 것이기 때문이다. 그리고 암은 생식reproduction과 풀 수 없이 묶여 있다. 암은 당신이 어떻게 몸을 돌보고 살필 것인가 하는 문제를 불러일으키는 '임신의 끔찍한 시뮬라크르'다(같은 해에 손택은 "악마를 임신한 것 같다"[31]고 말했다).

이후 10년 동안 두려운 순간들이 더 있었지만, 결과는 모두 양성에 그쳤다. 그러다가 1996년 4월, 그녀의 마흔아홉 살 생일이 다가올 무렵, 또 다른 덩이가 발견되었다. 당시 그녀는 아방가르드계의 유명한 스타였지만, 위태로운 시기이기도 했다. 그녀의 책은 그리 잘 팔리지 않았고, 샌프란시스코미술대학San Francisco Art Institute에서 강사로 일했다. 이번에는 조직검사 결과가 악성으로 나왔다. 종양은 직경 5센티미터의 크기였지만, 의사는 전이되었을 가능성은 없다고 믿었다. 애커 앞에는 종양절제술과 방사선치료 등 여러 가지 선택지가 놓였다. 그녀는 양쪽 유방절제술을 받기로 결정했다. 한쪽 유방만 남겨두기를 원치 않았다. 수술 받고 며칠 뒤에 결과가 나왔다. 검사한 림프절 여덟 개 가운데 여섯 개에 암이 있었다. 우리는 모두 죽습니다, 외과의사는 사무적으로 말했다.

애커는 절제술로 암세포를 전부 잘라내지 못했음을 확실하게 알고 있으면서도 화학요법과 방사선치료를 거부했다. 그녀는 림프절은 신체의 여과지이며, 암이 증식하는 게 아니라 떠나고 있기에 그곳에 축적되었다고 생각했다. 〈세이프〉의 캐럴처럼 그녀는 주류 의학에서 손을 떼고 대체치료사들을 믿기로 했다. 그중 두 명은 나중에 의료 사기로 기소된다(그녀의 침술사는 침술로는 암을 고칠 수 없으므로 치료하지 않겠다고 했다). 그녀는 자신의 결정에 동의하지 않는 친구들과는 의절했다. 외과의사에게는 끝까지 다시 연락하지 않았다.

그녀가 상담한 치료사들 중에 조지나 리치Georgina Ritchie가 있었다. 리치는 루이스 헤이의 치료사 과정을 수료한 치료사였는데, 전생 명상을 통해 애커의 어머니가 그녀를 유산시키려 했다고 알려주었다. 그러면서 건강은 용서를 토대로 하는 것이므로 애커가 스스로를 용서해줄 필요가 있다고 말했다. 라이히풍으로, 질병은 트라우마이고 과거의 사건들이 남긴 흉터가 유발한 막힘 현상이라고 말했다. "건강한 사람이란 이렇게 말할 수 있는 사람입니다, '나에게는 더 이상 지금 내가 해야 할 일을 하지 못하게 막는 과거가 남긴 흉터가 없습니다.'"[32] 그 치료사는 애커를 마루에 앉히고, 봉제 돼지 인형을 쥐고, 몸을 꼿꼿이 세우고, 사랑받지 못하는 아기였던 기억 속으로 뛰어들라고 했다. 애커가 감정적 몸이라 부른 것 속에 과거가 살아 있는 것처럼 보였다. 라이히가 "다른 형태로 보존되어 있고 아직도 살아 움직이고 있는 삶의 역사 한 조각"이라고 예언한 것과 마찬가지로 말이다.[33]

질병의 경험은 오래된 느낌, 그녀의 모든 책의 분위기와 구조를 이루는 것이면서도 한 번도 제대로 다루어보지 못했던 음울한 유년 시절의 면면들을 상기시켰다. 애커의 소설이 가진 놀랄 만한 특징은 제2의 자아―제이니, 핍, 헤스터, 에우리디케, 엘렉트라, 오―들이 그 속에 담겨 있다는 점이다. 그들은 몇 살이건 간에 여전히 비참한 어린 소녀다. 버려지고 사랑받지 못한 존재, 조숙하게 성에 눈뜨고, 추잡하고 위험하고 생명이 위태로울 수 있는 심적 환경에 버려진 존재다. 그녀 자신의 가족사가 소설들 속에 잇달아 등장한다. 반복적으로 등장하는 인물들은 크리스 크라우스Chris Kraus의 계시적 전기《캐시 애커를 따라서After Kathy Acker》에서 "소녀 같은 어머니, 야비한 계부, 부유하지만 사라진 생물학적 아버지"[34]라고 명시된다.

이 가족 역학관계의 기묘한 점은 손택에게도 해당된다는 사실이다. 애커처럼 손택도 불쌍한 부자 소녀였고, 재정적으로는 이상하리만치 넉넉하면서도 감정적으로는 빈곤한 아이였다. 문화 지형에서 그들은 상반되는 양극의 위치에 있다. 하나는 이성의 전형으로, 다른 하나는 혼돈의 예언자로 존재하지만, 출신으로 보자면 그들은 놀랍도록 비슷한 부담을 지고 있다. 두 여자 모두 뉴욕시에 사는 부유한 유대인 가족에서 태어났다(캐시의 외가인 와일스Weills는 장갑 제조로 큰돈을 번 집안이었다). 둘 다 어머니와의 관계가 불행했고, 우수한 학생이었으며, 지성계로 도피했고, 인기가 없고 외로운 아이였다. 둘 다 10대에 결혼했고, 얼마 안 가서 남편과 헤어졌다. 둘 다 양성애자였고, 누군지 금방 알아보지만 가까워지기는 쉽지 않은 아이콘으로 변신했는데 이는 순수한 의지력의 소산이었다.

애커는 그녀가 1947년 4월 18일에 태어나기 6개월 전에 어머니를 떠난 생부를 한 번도 만난 적이 없었다. 손택의 경우, 그녀가 들은 아버지의 사인은 폐렴이었다(열 살 때 아버지의 의료 기록을 훔쳐본 그녀는 아버지의 병이 사실은 결핵이었음을 알아냈다. 결핵은 《은유로서의 질병》에서 그녀를 그토록 치열하게 사로잡았던 "열정으로 인한" 질병이며, 라이히의 아버지와 형제도 결핵으로 죽었다). 손택은 아버지의 반지를 상자에 넣어 보관했고, 어머니에게 "폐렴"의 철자를 물어보았으며, 아버지가 아파트 문을 열고 집에 돌아오는 꿈을 꾸었다. 어른이 된 그녀는 아버지를 떠올리기만 해도 울었다.

유년 시절 이리저리 옮겨 다닌 지역 가운데 하나인 애리조나에서 손택은 직접 사방 6피트(약 1.8미터) 길이의 구덩이를 파고 나무 뚜껑을 덮은 뒤, 그 속에서 책을 읽고 꿈을 꾸며, 흙이 계속 얼굴에 떨어지는데도 몇 시간씩 지냈다. 그녀는 중국까지 닿을 땅굴을 파고 있다고 주장했다. 하지만 아이였을 때도 그녀에게 중국은 분명히 죽음을 뜻했다. 그것은 암에 사로잡힌 듯한 애커의 소설 《지하세계의 에우리디케Eurydice in the Underworld》에 나오는 한 장면 같았다. 맨땅을 파고 들어간 방에 소녀들이 사는 죽은 이의 세계로의 하강.

손택처럼 애커 역시 어머니가 부재한 환경에서 성장했다. "아주 깊은 내면으로부터 어머니는 나를 견디지 못했어요."[35] 애커는 한 기자에게 이렇게 말했다. 어머니 클레어는 남편이 떠난 것을 캐시 탓으로 돌렸다. 나중에 캐시와 같은 학교에 다닌 여학생들은 그녀가 집이 부유한데도 얼마나 보살핌을 받지 못하고 단정하지 못했는지 술회했다. 집을 떠난 뒤 캐시는 가족과 연락을 끊었다. 클레어가 힐튼호텔에 숙소를 정하고, 1978년 크리스마스 이브에 바르비투르산을 과용했을 때에야 두 사람의 관계는 재개되었다. 아마 돈이 떨어졌기 때문이었을 것이다. 애커가 서른 살 때였다. 그로부터 거의 20년이 지난 뒤, 치료사의 진료소에서 회귀 치료sessions of regression 를 받는 동안 애커는 손택이 병원 침대에서 그랬듯 충족되지 못한 요구와 크나큰 상실감을 각성했다. 애커는 마지막 발표 작품인 〈레퀴엠Requiem 〉의 대본에서 작은 자아와의 이 만남을 묘사했다. 사랑받지 못하고, 분노를 드러내기를 겁내고, 너무나 불행하여 자기 전체를 상상이라는 다른 세상으로 옮겨버린 존재. 애커는 어머니와 함께한 자신의 삶에 대해 쓰면서 그녀를 씹THE CUNT 이라 불렀다.

그녀는 과거를 이해하고 싶었고, 암은 그렇게 해보라는 초대라고 생각했다. 오랫동안 무시하려고 애써오던 고통의 유산을 나타내는 것이라고 말이다. 1996년 가을, 절제술을 받은 지 6개월 뒤, 그녀는 〈가디언〉에 "질병의 선물The Gift of Disease "이라는 제목의 에세이를 기고했다. 그 속에서 그녀는 여러 가지 편집증적이고 절박하며 자기기만적인 것들을 이야기한다. 그중에는 사기꾼과 더 비슷해 보이는 치료사들에 대한, 고대 지혜를 읊어대고 종양을 도려낸다면서 녹슨 칼을 휘두르는 자들에 대한 찬양도 있다. 하지만 한 가지 허를 찌르는 요점을 말한다. 그녀에게 내려진 진단이 주는 공포감의 일부분은 그것이 자신을 완전히 물질적인 형태로 전락시킨다는 데 있다는 것이다.

나는 그 말이 이해될 것 같다. 물질적 몸에 대한 공포는 내가 서른 살 생일이 오기 직전에 약초학을 그만둔 이유 중 하나다. 나는 혼자 개업하고 싶지 않았다. 그런 방식은 통합된 돌봄 시스템이 없는 부자연스러운 진공 상태를 초래한다. 특히 암 같은 심각한 상황에서는 그렇다. 나는 의학이 치료사와 환자의 영도적 만남이 아니라 네트워크가 되어야 한다고 생각한다. 나는 참조하고, 동료들과 이야기하고, 공유된 치료 계획에 참여할 수 있기를 원했다. 내가 만난 환자들 중에 얼마나 많은 사람이 내가 애커 스타일로, 기적의 치료법을 알고 있고, 화학요법을 그만두고 커피 관장이나 극단적인 배제식이요법을 하면 치유될 것이라는 말을 해주기를 기다리는지 생각하면 괴로웠다.

또 다른 이유는 말로 표현하기가 훨씬 더 힘들다. 나는 약초학에서 어느 프랑스 학파에 흥미가 끌렸는데, 종양학자 두 명이 발전시킨 학파였다. 그들은 병이 어디로 드러나는지가 아니라 시상하부와 뇌하수체라는 발생 축에 관심을 집중했다. 시상하부와 뇌하수체는 함께 작동하여 신체 시스템 가운데 많은 부분을 지배하고 조절한다. 자료 대부분이 프랑스어로 되어 있었다. 나는 주눅 들고 황홀해하면서 더듬더듬 나아갔다. 몸이 눈이 어지러울 정도로 복잡한 네트워크로 보이기 시작했다. 뭔가가 개입했다가는 곧 수많은 반응이 그치지 않고 쏟아질 것이다. 어느 하나도 단독으로 작동하지 않는다. 모든 것은 연결되어 있다. 처방 하나를 잘못 내면 생명 방어 메커니즘의 균형이 깨지고 돌이킬 길 없는 재난으로 이어지는 과정이 시작될 수 있다. 그들의 신체관이 나를 압도했다. 몸은 절대적으로 냉엄한 기계로서, 자아도 없고, 의미도 없고, 모호성도 없고, 끝없이 이어지는 화학반응의 춤 이상의 어떤 존재 질서도 없다. 나는 더 이상 관여하고 싶지 않았다. 너무 겁이 났다.

애커가 전통적 치료법을 거부한 이유 가운데는 그녀 자신의 자아 감각—지각, 생각, 기억, 발상—이 더 이상 의미가 없고, 생물학적 실체 이상의 어떤 존재도 아니라는 생각도 있었다. "암을 물리칠 방법을 찾으려던 내 노력이 이제는 유의미한 삶과 죽음을 향한 탐구가 되었다"[36]고 그녀는 썼다. "주류 의학이 선물한 생명, 자신의 의미나 자아가 완전히 다른 인간, 심지어 의사의 말과 행동에 의존하는 삶을 향한 탐구가 아니라." 그녀가 볼 때, 의미 있는 몸은 건강 자체보다 훨씬 더 풍요로운 자유의 출처였다.

〈가디언〉에 실린 에세이는《은유로서의 질병》과 모든 측면에서 달랐다. 어조와 구조와 의도까지도 달랐다. 이런 거의 모든 방식에서 손택은 더 이성적이고, 식견 있고 절제된 사람으로 나타났다. 그러나 "질병의 선물", 특히 위에 인용된 문장들은 손택의 논의에 있는 비이성의 구역을, 그녀의 논리에 있는 이상한 작은 결함을 드러낸다. 뭔가에 의해 당신이 죽게 된다고 가정할 때, 그 경험이 당신의 삶을 조명하게 허용하는 것이, 기본 생물학적 사실 이외의 다른 기준에서 그 경험이 무엇을 의미할지 숙고하는 것이 타당하지 않겠는가? 애커의 의사가 말했듯이, 우리는 모두 죽는다.

· · ·

　손택의 건조한 입술에 글리세린을 발라준 간호사는 1975년에 그녀에게 같은 말을 해주었다. 물론 손택도 알고 있었다. 그것은 논쟁의 여지도 없고 완전히 명백했지만, 그래도 그녀—특별한 수전, 어렸을 때부터 비상했던 수전—가 죽음에 실패를 안겨줄 사람일지도 모른다는 느낌이 있었다. 투우사처럼 검은 황소 앞에서 매우 빠르게 움직이는 거야, 라고 그녀는 생각했다. 그녀는 자신이 어떻게 죽음 앞을 달리며 유심히 관찰하다가 자신을 덮칠 기회를 준 다음 적당한 곳으로 비켜서서 죽음을 피할 것인지에 대해 썼다.

　암에서 벗어났다는 소식을 듣고 아직 얼마 지나지 않은 1978년에 〈뉴욕 타임스〉와 가진 기묘한 인터뷰에서 그녀는 득의만만하고, 자신이 자칫하면 소멸할 뻔했다는 사실에 거의 도취한 것 같이 들린다. "죽어야 한다는 걸 아는 건 환상적입니다."[37] 인터뷰어에게 이렇게 말하며 "그런 위기감을 조금이라도" 계속 갖고 있었으면 좋았을 뻔했다고 덧붙인다. 죽음이 한 사람의 노력과 바람에 부여하는 그 장엄한 집중력을. 그녀는 대화가 진행되는 동안 담배를 연달아 피웠고, 살아 있어서 환히 빛나는 얼굴에서 머리카락을 쓸어 올렸다.

　죽음을 떨쳐내는 특별한 재능이 자신에게 있을지도 모른다는 느낌은 해가 갈수록 더 강해졌다. 1998년에 그녀는 자궁육종 진단을 받았다. 또다시 그녀는 공격적 처치를 고집했는데, 이번에는 자궁

절제술과 중금속 시스플라틴을 쓰는 화학요법도 받았다. 그로 인해 그녀는 심한 통증을 겪었고, 걸을 수 없게 되었다. 그녀는 이 악화에 대응하는 방법으로 피아노를 배웠다. 또다시 그녀는 회복했다. 하지만 유명한 검은 머리칼이 회색으로 변했다. 어떤 통계 분석이든 보통의 범주를 벗어난 사람이 있게 마련이다. 그녀는 이전에 운이 좋았을 뿐 아니라 자신의 운이 가장 극단적인 치료를 받겠다는 요구와 떼어낼 수 없이 연결되어 있다고 믿었다. 그러니까 가장 극단적인 치료를 받으면 다시 한번 불운을 이길 수 있다고.

손택은 자기 몸이 해야 할 일을 여전히 경멸했고, 몸을 돌보는 책임은 가정부인 숙희 친간Sookhee Chinkhan에게 대부분 떠넘겨졌다. 2004년 초에 숙희는 손택을 목욕시키다가 등에 멍이 든 것을 발견했다. 곧 정규 혈액검사 결과에서 이상이 발견됐다. 손택은 검사를 더 받았고, 골수검사도 받았다. 71세인 그녀는 3월 29일에 악성 백혈병으로 알려진 골수이형성증후군 진단을 받았다. 이것은 치명적인 혈액암으로 이어질 수 있다. 치료법은 두 가지 있지만, 둘 다 성공률은 매우 낮다고 의사가 설명했다. 손택의 연령대, 혹은 전에 암을 앓은 적이 있는 사람의 경우는 더욱 그렇다고. 반항적이고, 겁에 질리고, 집요한 그녀는 완전 회복을 시킬 수 있는 유일한 선택지인 골수이식을 해달라고 요구했다.

골수이식은 시애틀에 있는 프레드허친슨 암연구센터에서 진행되었다. 이식을 위해서는 면역 시스템을 완전히 죽일 필요가 있었다. 이는 그녀나 그녀를 지원하던 모든 사람이 예상했던 것보다 훨씬 더 기력을 소진시켰다. 7월에 작은 방에 격리된 그녀는 거의 생명을 앗아갈 정도로 많은 방사선을 쬐었다. 침대에 누워 튜브에 연결된 그녀는 《돈키호테》를 벗삼았다. 돈키호테는 그로부터 거의 20년 전에 애커가 풍부하게 표절했던 오만과 용기에 관한 소설이다.* 후유증으로 그녀는 감염증을 앓았고, 말을 하거나 삼킬 수도 없었고, 심한 설사와 환각에 시달렸다. 그녀의 신체는 그로테스크하게 부어올랐고, 피부는 온통 멍과 상처로 뒤덮였다.

이식 수술은 8월에 시행되었다. 회복 속도는 매우 느렸다. 11월에 의사들이 모여 이식이 실패했다는 소식을 전했다. 며칠 뒤 그녀는 뉴욕의 메모리얼슬론케터링병원으로 이송되었다. 그곳에서는 그녀가 지난 봄에 밝힌 의사에 따라 고통스럽고 실험적인 또 한 가지 치료법을 시작했다. 그녀는 의사가 바뀌었는지 아닌지를 밝힐 수도 없었다. 그 치료법 역시 실패했다. 그녀는 72번째 생일 18일 전인 2004년 12월 28일에 세상을 떠났다.

우리 모두는 죽는다, 그런데 막강한 이성을 가진 사람이면서도 손택은 죽음의 불가피성을 끝내 제대로 받아들이지 않았다. 케이티 로이프Katie Roiphe가 손택과 다른 작가 다섯 명의 죽음을 아름답고도 고통스럽게 묘사한 《바이올렛 아워》에서 지적하듯이, 이 이단적 주장에는 선례라면 선례가 있었다. 손택은 자기 아버지가 죽었다는 것을 알고 있었지만, 그것이 사실인지 완전히 확신할 수 없었다. 어

---

* 애커는 기존의 작품을 의도적으로 비틀고 짜깁기하는 작품들을 여럿 발표했다.

쨌든 시신도 없었고, 거짓말이 계속 이어졌으니까. 그의 부재는 모호하고, 돌아올 때를 기다리면서 아직도 중국에 있는지도 모를 일이었다. 그럴 가능성은 희박하지만, 희박한 가능성이 사실로 판명된 적은 예전에도 있지 않았는가. 반드시 죽지 않을 수도 있는 일이다.

이것 — 맹점? 거부? — 이 《은유로서의 질병》에 담긴 작은 결함을 설명해줄지도 모른다. 필멸성mortality을 진정으로 믿지 않는 비합리적 거부, 사람은 스스로 선택함으로써만 죽는다는 감각, 죽음에 굴복하는 자들에 대한 제대로 숨겨지지도 않은 혐오감에 대해서. 스티그마가 찍힌 자들에 대한 지원을 아끼지 않음에도 불구하고 《은유로서의 질병》은 손택이 어렸을 때 고안해낸 일종의 마법적 사유에 몰입해 있다. 감각을 차단하고 신체를 부정한다면, 순수한 사유의 영역에 존재한다면, 살아남으리라는 것이다. 1978년에 《은유로서의 질병》이 출간되고 몇 달 뒤에 나온 〈롤링 스톤〉과의 인터뷰에서 그녀는 무엇이 당신을 병들게 하는지는 중요하지 않다고 설명했다. "올바른 치료법을 찾아 나설 때 최대한 이성적인 자세를 가져야 하고 진정으로 살기를 원해야 한다. 살고 싶지 않을 때 병과 공모하게 된다는 데는 의심의 여지가 없다."[38] 살고 싶지 않을 때 병과 공모하게 된다는 것은 의심의 여지가 없지만, 그 반대는 참이 아니다. 절실하게 살고 싶었던 수백만, 수억의 사람이 죽었다. 살고 싶은 욕망이 사람들을 살아남게 한다고 가정하는 것은 루이스 헤이의 가르침이 그랬듯 병든 사람들을 자기 사망의 원인 제공자로 만드는 논리다.

· · ·

"각 여성은 유방암이 삶에 가져온 위기에 어떤 전체적 패턴에 따라 반응한다. 그녀가 누구이며, 그녀의 삶이 어떻게 영위되어왔는지가 그 패턴이다."³⁹ 시인이자 활동가 오드리 로드Audre Lorde 는《암일지The Cancer Journal》에서 자신의 유방암 투병에 대해 설명하면서 이렇게 말한다. 이 글에는 진실이 많이 담겨 있다. 손택은 너무 살고 싶어 한 나머지 최후의 몇 달을 견딜 수 없이 힘들게 만들었다. 애커의 경우는 정반대였다고 보는 사람이 많다. 살고 싶은 마음이 적었기 때문에 불필요한 고통을 겪었다는 것이다.

애커는 1996년에 암이 없어졌다고 말해준 치료사들을 믿었다. 그녀는 계속 광적으로 보조식품을 섭취하고 요가 수업을 받았으며, 런던으로, 버지니아로, 다시 런던으로 정신없이 돌아다녔다. 1997년 여름경 상태가 매우 나빠졌다. 그녀는 어쩌다가 물을 잘못 마신 탓으로 돌렸다. 운하에 떨어졌던 에비앙 생수병의 물을 마셨기 때문이라는 것이다. 그해 9월 〈인디펜던트〉 인터뷰에서 그녀는 체중이 줄었다고 말했다.

그다음 달 샌프란시스코로 돌아간 뒤 결국 병원에 가자는 설득을 받아들였고, 거기서 암이 뼈, 신장, 간, 폐, 췌장으로 퍼졌다는 말을 들었다. 마지막 단계에 이른 그녀의 체중은 어린아이 체중 정도였고, 중세 우화 속 어류와 꽃 문신이 새겨진 피부 위로 뼈가 불거져 나왔다. 그런데도 그녀는 여전히 편집증이 심했고 치료를 거부했

다. 병원에서 죽을 의향이 없었다. 평생 그녀는 죽음과 전쟁과 폭력과 잔혹성으로 점철된 문화 속에서 산다는 게 어떤 기분인지 기록해왔다. 병원은 그 문화의 일부분이고, 인간을 비인간화하는 과정의 중간 단계였으며, 그녀는 그 과정에 참여하기를 거부했다.

어떤 수를 썼는지 그녀는 친구들을 설득하여 멕시코 티후아나 소재의 대체치료 병원인 아메리칸바이올로직스American biologics에 입원하게 되었다. 그들은 망자의 날*에 빌린 밴에다 산소 탱크를 싣고 불교도인 간호사와 함께 그곳으로 갔다. 이 여정은 파트너인 사진작가 애니 리버비츠Annie Leibovitz의 재정 지원을 받아 전용기를 타고 간 손택의 최첨단 이동과는 전혀 달랐다. 애커는 101호실에 입원했다. 자신에게 주어진 허름하고 남부끄러운 재료를 꾸미고 새로 채워서 멋지게 만들겠노라 고집했던 삶에서 사라지기에는 근사하게 어울리는 장소였다.

애커의 마지막 나날에 대해 내 기억에 단단히 박힌 이야기가 있다. 그녀는 말을 할 수 없었지만 곁에 머물던 친구 한 명이 그녀가 일종의 성적 접촉을 원한다는 것을 느끼고는 그녀의 음부와 유방이 있던 자리의 흉터를 살짝 건드렸다. 캐시는 공중으로 키스를 불어던졌다. 그녀는 좋아하는 봉제 동물 인형들과 함께 누워 있었다. 쥐 인형을 안은 쉰 살의 어린 소녀로, 유아기를 떠올릴 수밖에 없는 부

---

* Día de Muertos, 죽은 친지나 친구를 기억하며 명복을 비는 멕시코의 기념일로 11월 1일과 2일이다.

서지기 쉬운 몸의 경험 속으로 그 모든 공포감과 즐거움과 함께 밀려 들어가 있었다. 죽음을 앞둔 병상에서도 섹스가 차지할 자리가 있는가? 아마 캐시에게는 그랬던 것 같다.

애커가 처치를 거부한 것, 대체 치료에 의지하겠다는 자멸적인 결정을 내린 것을 여러분은 어떻게 이해하는가? 왜 그녀는 화학요법을 받지 않았는가? 그랬더라면 몇십 년 더 살 수도 있었을 텐데? 그녀는 탈모증과 근육 손실 같은 부작용이 무서웠다고 말했다. 주류 의학은 자신을 꼭두각시로 만든다고 말했다. 병의 원인을 발견한다면 그것을 없앨 수 있을지도 모른다고도 했다. 혹시나 암이 어떤 세포의 무작위 움직임이라기보다는 나쁜 주문이나 징벌 같은 것이라면 말이다.

그녀가 댄 또 다른 이유는 돈이었다. "질병의 선물"에서 그녀는 대략적인 비용을 재빨리 계산해냈다. 방사선치료 2만 달러, 화학요법에도 최소한 2만 달러. 한쪽 유방절제술은 4000달러, 양쪽 절제술을 받으려면 7000달러가 필요했다. 유방재건술은 최소한 2만 달러가 있어야 했다. 샌프란시스코에서 그녀가 맡았던 강사 자리는 종신직이 아니었고, 혜택도 없었다. 어떤 처치를 받고 싶다면 자비로 해야 했다. 친구 아비털 로넬Avital Ronell은 다음과 같이 말했다. "그녀는 시간 강사였고 보호받지 못한 존재였다. 나는 애커가 의료 혜택을 받을 수 없었다는 사실을 결코 잊지 못할 것이다. 수많은 미국인이 그렇듯 애커는 보험에 가입되어 있지 않았다."[40]

그 비용계산법을 모두가 인정한 것은 아니었다. 애커의 전기작가 크리스 크라우스는 특히 회의적이었다. 그녀의 주장에 따르면, 캐시의 신탁 계좌에 26만 달러가 남아 있었다. "이 부분에서 그녀의 계산은 문제가 없지 않다."[41] 하지만 애커는 매우 안정되지 못한 처지였다. 파트너도, 가족도, 영구 직장도, 영구적인 집도 없었다. 봉급만으로는 샌프란시스코의 집 월세를 내기에도 부족했다. 아파트를 여러 채 샀고 옷도 엄청나게 많이 사들였지만, 이제 재정이 밑바닥을 보이고 있었다. 작가로 활동해왔지만, 함께 일한 모든 사람과 다툰 탓으로 이 시점에는 출판사도 없었다.

어떤 쪽으로 보든 보험이 없이 양쪽 유방절제술을 받은 것은 잔혹한 경험이었다. "의식이 돌아온 뒤 내가 기억하는 한 처음 한 일은 일어서려고 애쓰던 일이었다. 최대한 빨리 병원에서 나가고 싶었기 때문이었다. 그날 밤에도 머물지 않았다. 설사 있고 싶었더라도 그럴 수 없었다. 의료보험이 있는 사람만 입원할 수 있었으니까."[42] (오드리 로드는 이와 비슷한 이야기를 1980년에 했다. 시인 앤 보이어Anne Boyer도 거의 40년 뒤에 쓴 빛나는 암 투병 회고록인 《죽지 않는 사람The Undying》에서 그런 이야기를 했다.)

애커가 아메리칸바이올로직스에 도착했을 무렵, 그녀의 재정 상황은 절망적이었다. 최후 몇 주 동안 가장 가까운 친구 몇 명은 치료비를 내기 위해 기금을 모으려고 했다. 11월 25일에 보낸 단체 편지에는 더 우울한 숫자가 실려 있었다. 멕시코의 병원은 4만 달러의 저금(이 숫자는 크라우스가 그 몇 달 전에 팔린 애커의 런던 아파트 대금이라고 말한 16만 파운드와 맞지 않는다) 가운데 지금까지 2만 8000달러를 가져갔다. 그곳에 있으려면 매주 7000달러가 들었다. 뿐만 아니라 샌프란시스코의 데이비스센터에서 8일간 입원한 비용이 이미 3만 달러를 넘었다. 메디케어*가 치료비 가운데 일부를 부담했는데도 그랬다.

훨씬 더 보호받는 중산층 일원인 손택조차도 치료 비용을 낼 수 있는지의 여부를 최우선 순위에 두는 의료 시스템 안에서 병이 드는 것에 대한 불안을 떨쳐낼 수 없었다. 손택이 세상을 떠난 뒤 그녀의 아들은 〈뉴요커〉에 기고한 기사에서 바로 그런 암담한 숫자들, 있을 수 없는 셈을 읊었다. 메디케어는 손택의 골수이형성증후군이 더 치명적인 단계인 급성골수성백혈병으로 악화되기 전에는 골수 이식 비용을 내주지 않을 터였다. 그녀는 그토록 오래 기다릴 수 있으리라고 믿지 않았다. 그녀가 든 개인 보험이 결국은 처치 비용을 내는 데 동의했지만, 정해진 병원 몇 군데에서만 처리되어야 한다고 주장했다. 가장 경험이 많고 전문성 높은 프레드허친슨병원은 그중에 없었다. 결국 그녀는 직접 돈을 마련했다. 원래 비용이 25만 6000달러였고, 골수 기증자를 찾는 데 4만 5000달러가 더 들었다. 오바마가 이 시스템을 바꾸었는데, 트럼프는 되돌렸다. 보편적 의료보험이 시행되지 않는 한 생존은 각 개인의 삶의 의지가 아니라 지불 능력에 달려 있다.

하지만 애커가 주류 의학에서 물러난 것은 비용 때문만이 아니었

---

* Medicare, 노인과 장애인에게 의료비를 지원하는 미국의 의료 제도.

다. 실제로 주위의 치료사들에게 분명히 적지 않은 돈을 썼을 것이다. 그중 한 명과는 한 시간 간격으로 상담할 때도 있었다(크라우스의 말에 의하면 그 치료사는 애커의 장례식에서 명함을 돌렸다고 한다). 그녀는 화학요법과 방사선치료도 거부했다. 그 치료법을 암 자체보다 더 무서워했기 때문이었다. 애커가 몸에 대해 쓴 많은 글에는 심한 편집증, 흰 가운을 입은 남자들에 대한 심각한 불신과 유사과학 이론을 쉽게 잘 믿는 취향이 드러난다. 그녀의 편집증이 완전한 착각이었다는 말은 아니다. 의원성 질병이란 환상이 아니다. 손택을 죽게 만든 암의 위험인자 가운데는 그 전에 받았던 방사선과 화학요법도 있다. 사실 손택의 주임 주치의는 그녀의 암에 대한 세포유전학 검사 결과 그것이 자궁육종 치료를 위해 받은 화학요법 때문에 생긴 것이 확실해졌다고 말해주었다. 공격적 치료법을 고집한 것이 분명 그녀를 살렸지만, 그녀를 죽이기도 했다.

이것은 도덕적 판단의 문제가 아니다. 손택은 자신이 하고 싶었던 선택을 했고, 애커 역시 그랬다. 한 사람에게 겁을 준 결과가 다른 사람에게는 전혀 무의미했다. 그들의 죽음은 그들의 병처럼 완전히 무작위적인 동시에 그들이 어떤 사람이었는지와 맥을 같이한다는 점에서 전형적이었다. 라이히가 말했듯이 신체적 자아는 다른 것들에 끊임없이 감응한다. 과거, 심리 상태, 문화, 그 신체가 살아가는 사회적이고 정치적인 분위기에. 영화 〈세이프〉가 주장하듯이, 안전한 구역, 세상으로부터 당신을 격리해 보호해줄 구역이 있을 가능성은 없다. 삶은 교류를 요구한다. 이는 질병의 본성 자체가 밝혀주는 사실이다.

손택이 미신을 청소해버리기 위한 청결한 빗자루로서 병실을 택한 것은 옳았다. 그녀의 책들이 많은 사람의 삶에서 공포와 죄책감과 수치의 부담을 덜어주었다는 것을 나는 의심하지 않는다. 그래도, 그래도. 죽음에 대한 치유법은 없다. 지금까지 "미지의 화학적인 불멸성"[43]을 발명한 사람은 없다. 아이들이 다들 그러듯이 사랑하는 사람들이 모두 죽게 되리라는 것을 깨닫고 흐느껴 우는 아들에게 그녀가 희망차게 설명했던 그 불멸성을 발명한 사람은 없다. 우리는 살아 있는 편을 선호하고, 사랑하는 사람들이 해를 입지 않기를 바라지만, 질병의 종식이란 있을 수 없는 환상이다. 손택의 저술에 크게 감탄하지만, 그래도 우리가 질병을 절대로 완전히 벗어나지 못하리라는, 죽음에 완전히 저항하지 못하리라는 것을 인정하는 편이 온당할 것 같다. 아마 애커의 선택 가운데 몇 가지는 보기보다 현명했을 것이다. 받아들여야 할 순간이 있음을 아는 것, 병에 걸린 것을 그 이전에 일어났던 일을 이해하기 위한 기회로 삼는 것이 그렇다. 이는 치료를 받거나 돌봄을 받아야 할 필요를 거부하자는 주장이 아니라, 우리 모두가 공유하는 근본적인 사실을 배경으로 이런 일들이 발생한다는 점을 기억하자는 것이다. 제한된 수명이라는 사실 말이다.

3 성적 행위

베를린이라는 거대한 실험실

✦

바이마르 시대에 베를린은 번성하는 자유주의 운동의 중심지,
성에 대한 세상의 태도를 개조하는 도시 규모의 실험실이 되었다.
이셔우드는 특등석을 차지하고 있었다.
이는 우연이기도 했고 계획된 것이기도 했다.

브라이턴은 항상 도피주의자와 불복종자를 끌어들였다. 자유에 중독된 사람들, 대안적 삶을 실험하려는 열성으로 가득한 사람들. 어려서 내가 처음 그곳에 갔을 때, 허름한 크림색 광장에는 늙어가는 배우들로 가득했지만, 1990년대에는 그들은 사라지고 동종요법 의사들, 트랜스 음악 DJ들, 쿤달리니 요가 교사들이 자리 잡고 있었다. 섭정 왕자*가 터무니없이 허세적인 궁전을 지은 이후로 그 도시는 쾌락의 궁전으로 명성을 날렸다. 일차적으로는 동성애적 쾌락이었지만, 다른 취향의 쾌락도 흔쾌히 수용되었다. 금요일 밤이면 해변의 클럽들이 런던 사람들로 빽빽했다. 그들은 가죽 하니스와 요정 날개를 차려입고, 얼굴에는 반짝이가 줄무늬를 그렸으며, 그 풍기 문란한 도시 전체가 섹스의 박동으로 뛰고 있었다.

내가 그곳에 간 것은 10대 후반 때였는데, 악덕 회사가 관리하던

---

* 훗날 영국 왕 조지 4세.

천장이 높고 삐걱거리는 고층 주택에 둥지를 틀면서 원래 의도와는 달리 족히 10년은 그곳에 머물렀다. 눈이 아찔해지는 바다 경치가 보여서 그런 집에서도 살 만했다. 세상의 종점에 다다랐던 그 시절, 섹스는 엄격한 성별 구별도 없이 쉽게 치러졌다. 대기 중에 그런 분위기가 감돌았고, 그 도시의 특별한 분위기의 일부였다. 파티가 끝날 무렵이면 언제나처럼 몸뚱이들이 누군가의 침대 위나 누군가의 친구의 친구의 지하 수영장에 널부러져 있게 마련이었다. 분위기가 바뀔 때, 플라토닉한 애정이 뭔가 더 집중되고 탐욕스러운 것으로 첨예해질 때의 분위기를 나는 아주 좋아했다. 관계를 맺기 위해 필요한 어떤 요소도 전혀 없는 섹스가 아주 좋을 때가 가끔 있었다. 그런 만남 중 일부는 오랫동안, 대체로 유쾌한 기조로 이어지면서, 더 진지한 관계 주위의 빈틈을 메워주었다.

나만 이런 식으로 사는 것이 아니었다. 적어도 내가 들어온 무리에서는 그랬다. 당시는 밀레니엄의 끝자락이었고, 내 친구들과 나는 X세대의 꼬리, 마지막 지점에 위치했고 우리의 쾌락주의에는 에이즈 이후 시대의 조심성이 섞여 있었다. 섹스의 결과가 출생과 함께 죽음이기도 하다는 것을 알았고, "무지 때문에 죽지는 말라Don't Die of Ignorance"는 원칙에 따라 성장했지만, 그래도 여전히 쾌락에 굶주렸다. 쾌락만이 아니라 아마 경험에 더 절박하게 굶주렸을 것이다. 당시 유행했던 자세는 아이러니였다. 알고 있으면서도 초연한 태도. 우리는 항상 더 나이 들기를, 아기처럼 심각하게 순진하고 무지하지 않기를 원했다. 학생 때도 이런 식이었다고 기억한다. 짧게 줄인 치마와 밤색 블레이저를 입은 날라리 여학생들, 그 전날 밤에 몇 번 치렀는지에 대한 끝없는 질문들을 기억한다. 나중에 이브 배비츠*를 읽었을 때 내가 성장했던 시절의 스타일이 거기 있었다. 청교도보다는 리베르탱이 더 낫다는.

그 시절에는 달콤함이, 늦은 밤의 밀회가 많이 있었지만, 당시의 지배적 에토스 때문에 쾌락에 현저한 불평등이 존재함을 알기가 힘들었다. 적어도 이성애자들이 활동하던 영역에서는 위험이 분담되지 않았고, 결과 또한 마찬가지였다. 우리는 섹스를 하고, 혼자서 이스턴로에 있는 GUM클리닉에 가서 고통스럽고 무서운 임신 테스트를 받았다. 생리가 늦어 몇 주를 계속 불안해하다가 원치 않는 임신에 낙태 클리닉에 찾아가는 일도 있었다. 일이 끝나면 반드시 차와 샌드위치를 먹어야 옷을 입고 떠날 수 있었다. 이렇게 이야기하면 마치 1960년대 이야기인 것같이 들리지만, 고작 30~40년 전의 일이다. 우리는 라이엇 걸** 팬 잡지를 읽으면서 철이 들었던 페미니스트였지만, 그래도 남자에게 콘돔을 쓰라고 말하지 못했다. 단순히 민망해서만이 아니라 현재의 여지없는 굴복이 미래를 몰아냈기 때문이었다. 시인 데니즈 라일리Denise Riley는 '임신 원인으로서의 언어적 억압'이라는 제목의 에세이를 썼다. 그게 우리였다. 벌거벗고 있을 때도 어떤 면에서는 여전히 단추를 다 채우고 있는 존재들. 안

---

* Eve Babitz, 미국의 화가이자 회고록 작가. 마르셀 뒤샹 등과 어울려 활동했다.
** riot grrrl, 1990년대 미국에서 생겨난 페미니즘 펑크 록 장르 및 문화 운동을 통칭하는 말.

전장치를 하지 않고 섹스하는 것이 바보짓임을 알지만, 그걸 안다고 해도 풀리지 않는 난제에 대한 답은 나오지 않았다. 그런 섹스가 더 좋다는 것, 단지 그 뒤에 이어지는 삶이 최소한 이 실험 단위의 한쪽 일원에게는 아주 생생하게 더 나빠질 뿐이라는 것에 관해서 말이다.

누구도 이것을 완전한 자유라고 말할 수는 없지만, 그래도 모두들 상황이 더 나빠질 수 있고 또 나빴음을 알고 있었다. 세기가 바뀔 무렵 성적으로 활발하다는 것은 투쟁의 긴 역사에 맺힌 완숙한 열매를 맛보는 것이었다. 그 투쟁이란 나 자신이 살아오면서 해온 성적 탐험에 여전히 계속 수반되었던 수많은 어려움과 위험과 씨름했던 운동이었다. 내가 만약 브라이턴에서 누린 자유의 뿌리를 추적하려 했다면 바이마르공화국 시절의 베를린에 헤어날 길 없이 이끌리게 되었을 것이다. 최초로 섹스한 바로 그해에 나는 인쇄물에서 베를린을 처음 만났다.

조니는 내가 다니던 대학교에서 한 학년 위의 학생이었다. 그가 베이스를 들고 다니는 것을 본 적이 있었다. 여윈 얼굴에 매부리코와 아름다운 검은 눈을 가진 청년이었다. 한동안 우리는 서로에게 열중했다. 우리 사이에는 전기가 튀었으며, 손을 맞잡고 다리를 서로 스치면서 온 도시를 돌아다녔다. 내가 젖은 도로에 네온 불빛이 미끈하게 비치는 흑백사진 표지에 이끌려 책등이 상한 크리스토퍼 이셔우드Christopher Isherwood의 자전적 소설인 《베를린이여 안녕》을 만난 것은 어느 자선용품 가게를 훑고 있을 때였다.

나는 이셔우드의 지저분하고 현학적인 도시, 에로틱한 행동의 뜨겁고 불안정한 온상에 유혹되면서 약간 불안해졌다. 바이마르 베를린은 표면적으로는 브라이턴과 많이 비슷하게 느껴졌다. 소년처럼 보이는 소녀들, 소녀처럼 보이는 소년들, 조증과 울증, 온갖 취향의 카바레와 바, 관광객의 눈을 끌도록 "금빛과 지옥불 같은 빨강"[1]이 겹겹이 두껍게 칠해진 장소였다. 두 도시의 차이는 바이마르 베를린은 경제적 붕괴가 막 시작되는 시점에 있었다는 사실이다. 누구든 팔릴 수 있었고, 이셔우드같이 쾌락을 추구하는 외국인들은 급격히 치솟은 외환율의 덕을 볼 수 있었다. 그의 친구 클라우스 만Klaus Mann의 표현처럼, "프로이센 속도로 움직이는 소돔과 고모라였고 … 온갖 악덕의 백화점"[2]이었다.

그 광휘가 과장될 때가 많지만 바이마르 베를린은 전 세계는 아닐지라도 적어도 유럽에서는 가장 성적으로 너그러운 도시 중 하나였다. 10대 시절이던 1927년에 그곳에서 한 달 동안 방탕하게 살았던 화가 프랜시스 베이컨Francis Bacon에 따르면, "성적으로 원하는 모든 것을 얻을 수 있다는 느낌이 들었다".[3] 그는 사람들이 클럽 입구에 서서 "그 안에서 벌어지는 도착적 행위들을 흉내내는" 거리를 떠올렸다. 그러고는 사려 깊게 덧붙였다. "그건 아주 흥미로웠다." 1차 세계 대전 이후 자유주의 바이마르헌법이 채택되었을 때, 검열이 철폐되었고, 동성애 같은 불법 행위도 대체로 처벌받지 않고 지나갔다. 그 도시는 억압적인 옛 영국보다 동성애에 훨씬 더 너그러웠다. 영국에서는 오스카 와일드가 당한 노역의 기억이 30년 동안 계속 쓰라리게 남아 있었다. 협박이 들끓고 증오를 길렀다. 1928년에 있었던 래드클리프 홀Radclyffe Hall의 레즈비언 소설《고독의 우물》에 관한 외설 재판도 그런 분위기를 거의 개선하지 못했다.

이셔우드보다 먼저 그 도시에 간 친구 W. H. 오든W. H. Auden은 홀의 재판이 열릴 무렵 자리를 잡고, 무한한 만남의 가능성을 뽐내는 열광적인 편지를 보냈다. 무엇보다도 남창 홍등가가 170개소 있고, 모두가 관용적인 경찰에 등록되었다고 했다(최소한 약간은 부풀린 숫자다). 그의 베를린 일기는 몽환적인 연인들의 명단으로 끝맺었다. 피프스, 컬리, 게르하르트, 이름 없는 사람, 이름 없는 사람. 그곳을 "님색가들의 백일몽"⁴이라고 묘사한 것도 의외가 아니다.

이셔우드는 다음 해 봄에 이곳을 방문했다. 스물네 살이었고, 욕정과 야심으로 부글거리고 있었다. 놀랄 만큼 환한 미소와 계속 눈 위로 흘러내리는 빛나는 갈색 머리칼을 가진 작고 확연히 소년 같은 외형. 그는 조숙한 재능의 소유자로서 이미 첫 소설을 출간한 상태였다. 오든처럼 그도 폐소공포증이 느껴지고 덫에 걸린 것 같았던 특권의 세계를 뒤로하고 떠나왔다. 그의 성 정체성은 영국 사회와 맞지 않았고, 사랑의 가능성을 알아보기 위해 베를린에 왔다. 그 시기에 쓰인 그의 자전적 소설에는 그가 추구했던 바에 대한 서술이 차단되지 않을 수 없었지만 말이다. 나중에는 더 솔직해졌다. 게이 해방운동을 점화하는 데 기여한 1976년에 나온 회고록《크리스토퍼와 친구들Christopher and His Kind》에서 그는 설명했다. "크리스토퍼에게 베를린이란 소년들을 의미했다."⁵(크리스토퍼에게 소년이란 아이들이 아니라 10대 후반에서 20대에 이르는 젊은 남자를 의미한다고 덧붙여도 좋겠다.)

그는 수백 번은 더 보내게 될 그런 밤 가운데 첫 번째 토요일 밤을 코지 코너Cosy Corner에서 보냈다. 그곳은 노동계급 구역인 할레셰스 토르Hallesches Tor에 있는 남자용 바였다. 가죽으로 된 묵직한 도어 커튼을 밀치고 들어가니 잘생기고 거칠게 생긴 젊은 남자들의 그늘진 낙원이 펼쳐졌다. 구애하거나 춤을 추거나 키스하거나 심지어 성교를 한다 해도 체포하기는커녕 아무도 그를 심판하지 않을 터였다. 그의 비틀리는 위장과 두근거리는 심장은 그가 의대생으로 성토마스병원에서 수술 장면을 처음 지켜보았을 때 느끼던 기분을 상기시켰다. 그 뒤 몇 주 동안 그는 자신이 부비라 부른 금발 미남의 도움을 받아 어색함을 떨쳐버리고, 섹스를 어떻게 "자연스럽게"[6] 느낄지를 익혀나갔다. 수영을 할 때 채찍질하듯 팔을 휘저어야 하는 어려운 첫 단계를 넘기면 물속에 있는 것이 자연스럽게 느껴지듯 말이다.

그는 자신의 몸을 부끄러워했다. 왼쪽 어깨에 있는 여드름 흉터에서 자란 이상한 털 가닥들을 "내밀한 신체적 수치"[7]의 근원이라고 특히 싫어했다. 그는 당시에 영국인 정신상담가 존 레이어드John Layard를 만나고 있었는데, 레이어드는 이셔우드의 동물적 본성이 빛을 발하고 있으며 그것을 포용해야 한다고 설득했다. 빈에서 수련한 레이어드는 프로이트의 말하는 몸speaking body을 자기식으로 응용하여 가져왔다. 심신의 고통이나 히스테리적 고통을 통해 매몰되어 있던 욕망과 소통한다는 것이다. 이셔우드는 목이 계속 아팠는데, 레이어드는 자신이 정말로 말하고 싶은 것을 말하지 못하는 데서 나오는 증상이라고 해석했다. 그의 몸은 더 솔직하라고, 실제로 갈망하는 것에 따라 살아가라고 권유하고 있었다.(오든은 1920년대에 루이스 헤이보다 더 극단적으로 이 이론에 매달렸다. 그는 이셔우드에게 류머티즘은 완고함 때문에 생기는 병이고, 키가 큰 사람은 작은 사람보다 더 영적이며, 키가 큰 것은 하늘을 향한 갈망의 증거라고 말했다.)

오든은 얼마 안 있어서 떠났지만 그 도시는 이셔우드에게 마법을 부렸다. 언어도, 눅눅한 거리도 섹스를 암시했다. '이것이 바로 자유다.'[8] 그는 되뇌었다. '이것이 네기 살았어야 했던 방식이다.' 그는 11월에, 대공황이 터져 전 세계를 초토화하기 몇 주 전에 베를린에 돌아와서 히틀러가 권좌에 오른 1933년까지 머물렀다. 남창들과 연이어 농탕질을 한 뒤 그는 노동계급 소년인 오토Otto와 사랑에 빠졌다. 오토는 마치 잘 익은 복숭아 같은 얼굴을 하고 있었다. 그는 《크리스토퍼와 친구들》에서 이렇게 열광적으로 썼다. 오토는 "그 생기 없고 차가운 도시에 온기와 색채를 가져오는 존재였다. 보리수나무에 잎사귀를 피우고, 코트를 입은 시민들에게 땀이 나게 하고, 악단이 야외에서 연주하게 만드는."[9] 이것이 진정으로 프로이트의 리비도다. 모든 것이 빛나고 생명으로 진동하게 만드는 에로틱 에너지다.

하지만 베를린은 한 개인의 입맛을 만족시키는 근사한 장소만이 아니었다. 섹스를 완전히 사적인 문제로 여기면서 이곳에 온 이셔우드조차 이곳은 성적 관계라는 개념 전체가 급속히 변화하는 곳임을 인정했다. 바이마르 시대에 베를린은 번성하는 자유주의 운동의 중심지, 성에 대한 세상의 태도를 개조하는 도시 규모의 실험실이 되었다. 이셔우드는 특등석을 차지하고 있었다. 이는 우연이기도 했고 계획된 것이기도 했다.

영국에서 돌아온 첫날인 1929년 11월 30일, 이셔우드는 영국인 친구인 고고학자 프랜시스 터빌-퍼트리Francis Turville-Petre를 방문했다. 프랜시스 역시 게이였고, 인덴젤텐 거리에 있는 거대한 집에서 살고 있었다. 족히 백 년은 농탕질이 펼쳐졌을 밝고 나무가 무성한 티어가르텐공원의 경관이 내려다보이는 곳이었다. 그 집은 예전에 어느 유명한 바이올리니스트의 소유였고, 그때까지도 호화롭고 장식이 많은 18세기 스타일로 꾸며져 있어서, "가구의 검은 숲"[10]을 헤치며 돌아다녀야 했다. 비정상적으로 사치스럽다는 점만 빼면 가정집처럼 보였지만, 그곳은 실제로는 마그누스 히르슈펠트Magnus Hirschfeld가 소유하고 주도하는 섹스 연구소였다. 히르슈펠트는 뚱뚱하고 친절한 60대의 유대인 의사로, 두꺼운 안경을 쓰고, 흐트러진 잿빛 머리에 콧수염은 바다코끼리의 수염 같았다. 그는 마그네시아 아줌마Auntie Magnesia라는 별명을 갖고 있었고, 세계의 대표적인 성 개혁자였다. 이셔우드의 친구 프랜시스는 대강의실과 수술실 위에 방을 얻어 살았는데, 그 방 위에는 성범죄 혐의자들이 재판을 기다리는 동안 머물게끔 허용된 자물쇠 달린 방들이 있었다. "여기서 점심 먹어도 괜찮지?"[11]라고 그는 경계하는 이셔우드에게 물었다.

점심이라, 이셔우드는 기묘한 느낌이었다. 우아한 여장을 한 환자들의 존재가 그를 불안하게 했다. 유명한 게이 커플들의 사진도 마찬가지였다. 에드워드 카펜터Edward Carpenter와 조지 메릴George Merrill, 오스카 와일드와 앨프리드 더글러스 경Lord Alfred Douglas, 월트 휘트먼Walt Whitman과 피터 도일Peter Doyle의 사진이 다양한 섹스 기구 그림들과 나란히 걸려 있었다. 거친 청년들에게 끌리는 마음을 인정하는 것과 《크리스토퍼와 친구들》에서 "같은 부족의 별난 사람들과 그들의 혐오스러운 관습"[12]이라고 묘사한 것을 받아들이는 것은 별개의 문제였다. 본국에서 그는 자신의 잠복한 욕망을 깨달았지만, 공유되고 공동체적인 정체성, 즉 자신이 행하는 무엇something you do이 아닌 자신의 존재인 무엇something you are의 연원으로서 성의 가능성은 아직 보지 못했다. 그렇기는 해도 그는 매력을 느꼈다. 식사를 마칠 때쯤, 그는 그 집에 방을 하나 내주겠다는 프랜시스의 제안을 받아들일 정도로 충분히 호기심을 느꼈다.

그 연구소는 매우 특이한 장소였다. 그곳은 출산 통제와 성병 치료에 대해 조언을 해주는 독일 최초이자 전 세계 몇 없는 성 상담센터였다(프랜시스는 연구소 위원회 멤버이자 성 민족학 강의도 했지만, 그곳에 거주하며 매독 치료도 받고 있었다). 세계 최초의 성전환수술이 그곳 병원에서 실시되었고, 그 집은 게이와 트랜스젠더(두 용어 모두 아직은 쓰이지 않았다)를 위한 온정적인 피신처이기도 했다. 그곳은 성적으로 다양한 사람들이 함께 공감하며 집을 꾸릴 수 있는 퀴어 거주 공동체의 초기 사례였다. 하녀들 중에는 수술을 받은 성전환자도 몇 명 있었다. 처음에 가졌던 의심과는 달리 이셔우드는 그 장소가 너무나 좋아져서, 거의 한 해 내내 그곳에 살았다.

그 연구소가 개최한 유명한 가장무도회에서 찍힌 재미있는 흑백 사진에서는 두꺼운 안경을 쓴 히르슈펠트가 서로의 무릎에 널부러진 채 끌어안고 있는 수많은 젊은이에게 둘러싸여 있다. 그들은 턱시도와 톱해트, 눈만 가리는 반가면과 정교한 흰색 가발을 쓰고, 한창 좋았던 시절의 차림을 하고 있다. 코르셋과 주름진 새틴 치마가 달린 무도회 드레스를 입은 한 명은 마리 앙투아네트로 가장한 것 같다. 창백한 목에는 세 줄짜리 진주 목걸이가 걸려 있다. 히르슈펠트를 제외하고는 누구도 성별이 금방 식별되지 않는다. 너무나 현대적이고 익숙해 보여, 알 만한 얼굴이 한 명도 없다는 것을 믿기가 힘들었다(〈트랜스페어런트〉* 시즌 2에 히르슈펠트 연구소를 배경으로 과거 이야기가 나오는데, 이 사진을 그대로 따온 장면으로 시작한다). 1929년에 이셔우드는 한 남창에게서 빌린 나팔바지를 입고 화장을 하고 크리스마스 파티에 참석했다. 그런 위반의 감각이 그를 전율케 했다. 어마어마하게 많은 무도회 의상을 상속받은 한 귀족 남자와의 만남도 마찬가지로 스릴 넘쳤다. 매년 "그 남자는 친구들에게 자기 몸에 걸친 의상을 뜯어내라고 했고"[13], 사치스러운 넝마를 걸친 채 집에 돌아갔다.

---

* 〈Transparent〉, 아버지의 숨겨둔 성 정체성이 밝혀지는 것을 소재로 하는 미국 드라마 시리즈. 제목은 트랜스젠더 부모 정도의 의미다.

히르슈펠트에 대해 더 많이 알아가게 되자 이셔우드는 애정과 경외심을 품게 되었다. 외모는 푸근했지만 마그네시아 아줌마는 유능한 선전가였고, 전 세계의 모든 문화와 국가에 동성애가 있다고 믿은 게이였다. 국제연맹이 창설된 한 해 뒤인 1921년에 그는 1차 성개혁국제회의 First International Congress for Sexual Reform (나중에 성개혁세계연맹 World League for Sexual Reform 이 된다)를 창설했다. 의미가 깊은 시점이었다. 유럽은 그때까지도 이루 말할 수 없는 규모로 자행된 폭력의 여파로 비틀거리고 있었다. 1차 세계 대전에서 1000만 명이 사망했고, 그 후유증으로 참호의 공포는 물러나고 유토피아적 몽상이 폭발적으로 일어났다. 전쟁 없는 세계의 꿈, 인류 형제애의 꿈, 성별과 계급과 국적이라는 인위적 구분이 초래한 분쟁의 종식이라는 몽상이었다. 성은 그 한 부분이었다. 질병이나 종속 없는 사랑, 마침내 죄책감이나 종교적 의무에서 해방된 사랑, 악덕이나 변식의 요구와 신체적 행위를 연결 짓는 어디에나 퍼져 있는 연상을 떨쳐버린 사랑의 판타지를 다들 꿈꾸었다.

19세기가 끝난 이후 히르슈펠트는 프로이센(나중에는 독일) 형법 175조에 반대하는 운동을 추진해왔다. 그 조항은 남자들 간의 동성애 행위를 최대 10년 수감형으로 처벌했다. 형법 175조로 인해 공포감과 수치감의 부패한 분위기가 발생하고, 협박이 횡행하고 자살도 일어났다. 자신의 환자 한 명이 1896년에 자살한 일을 계기로 히르슈펠트는 성이라는 주제에 개입하게 되었다. 그 환자는 부모들로부터 결혼하라는 압박을 받아온 게이 장교였는데, 결혼식날 밤에 스스로 총을 쏘아 자살했다. 유서에 그는 히르슈펠트에게 말을 남겨, 부모들에게는 "그의 심장을 거의 짓눌러버린 그 무엇"[14]에 대해 말할 수 없었다고 전했다.

한 세기 전에 많은 유럽 국가는 혁명을 겪은 프랑스의 주도하에 반동성애 법안을 없앤 바 있었다(1868년까지 남색을 사형으로 처벌해온 영국은 독일보다 더 가혹했다). 히르슈펠트가 벌인 형법 175조 반대 운동은 실패했지만, 그는 더 관용적인 바이마르헌법이 1919년에 도입됨으로써 폐지의 시기가 무르익었다고 확신하여 같은 해에 연구소를 세웠다. 신중하게 그는 2층에다 성박물관을 마련하고, 딜도와 채찍과 노출광들을 위해 교묘하게 만들어진 가짜 바지 등을 진열했는데, 프랜시스는 이셔우드가 처음 온 날 오후에 킬킬대는 그를 그곳으로 데려갔다. 박물관과 성에 관한 익명의 질문을 받는 상자가 군중을 끌어모았다. 1930년대 초반까지 받은 질문 수가 1만 4000개에 달했는데, 히르슈펠트가 대다수 직접 답을 주었다.

이 정보 수집에는 더 큰 목표가 있었다. 당대의 가장 큰 질문 가운데 하나는 동성애적 욕망이 선천적이고 자연적인 것인지, 아니면 후천적이고 일탈적인 것인지 하는 질문이었다. 후자의 경우 어린 시절의 상처나 성인들의 유혹 앞에 놓인 경험의 결과물이며, 원인이 무엇이든 병적이다. 히르슈펠트는 전자를 입증할 수 있다면 형법 175조의 논거를 전체적으로 흔들 수 있음을 깨달았다. 동성애의 범죄화는 동성애 행위가 일탈적이고 타락하고 사악한 것일 뿐만 아니라 결정적으로 '의지에 따른volitional' 것이라는 믿음을 기초로 하기 때문이다.

레이디 가가_{Lady Gaga}의 노래에 요약된 "이렇게 태어났다_{born this way}"
는 주장은 한 세기 내내 논란이 분분하다. 많은 사람이 자신의 성 성
향이 선천적인 것임을 알게 되어도 자유롭다고 느끼지 않고 자신들
이 참여하고 싶은 합의적 행위를 선택할 권리를 위해 싸우는데, 나
도 이 관점에 동의한다. 하지만 히르슈펠트의 시대에는 선천적이고
"자연적"인 성에 대한 지지가 진정한 해방의 가능성이자, 개인의 에
로틱한 삶을 억압적 법률의 부담에서 풀어준다는 약속이었다.

모두가 이에 동의한 것은 물론 아니었다. 1928년에 프로이트는
히르슈펠트의 60번째 생일 기념 논문집에서 이렇게 썼다. "나는 마
그누스 히르슈펠트 박사가 인간의 성적 삶에 잔혹하고 부당하게 끼
어드는 법률에 맞서 싸운 생애와 연구가 보편적인 인정과 지지를
받아야 한다는 입장을 표명해왔다."[15] 그러나 아기들에게도 성적 특
질이 존재할 뿐만 아니라 거의 무한하게 확장될 수 있다는, 소위 다
형적 도착증_{polymorphous perversity}이 있을 수 있다는 급진적인 견해를 구
축한 것이 프로이트였음에도 불구하고, 그조차도 성인들의 섹스는
번식을 목표로 해야 한다고 믿었다. 그는 동성애 욕구를 미성숙과
일탈이라는 기준에서 보았고, "전도"*를 일종의 비틀림, 리비도가
작동하는 흐름을 방해하는 것으로 간주했다. 그는 그것을 선천적이
며 따라서 자연적인 것으로 여길 수는 없었지만, 또한 학습되거나

---

* inversion, 동성애를 가리키는 말이다.

획득될 수 있는 것으로 볼 수도 없었다. 사실 전도된 자*의 존재는 프로이트의 관점에서 성을 이해하는 데 뜻하지 않은 장애물이었다. 그 비일관성은 성욕의 박동과 그것이 들러붙어 있는 대상 사이의 관련성을 추적하는 것이 얼마나 복잡한지를 다시 깨닫게 만들었다.

프로이트 및 성적 도덕주의자들과 달리 히르슈펠트는 수용가능한 관행을 중재하는 데는 흥미가 없었다(어떤 행위든 그것이 합의한 것이라면 말이다). 그는 위계적인 방식으로 목록을 정하고 분류하여 무엇이 합법적이고 비합법적인지를 결정하려는 거대한 빅토리아 시대의 프로젝트에 거부감이 있었다. 그는 사람들이 실제로 무엇을 욕망하고 무엇을 하는지를 기록으로 남기고 싶었다. 이는 킨제이** 가 미국인들의 성적 행동을 조사하기 시작하기 몇십 년 전에 실행된 기획이었다. 히르슈펠트는 수년간 수만 명을 만나 그들의 행위와 환상에 대해 이야기하고, 설문지에 답하게끔 했다. 이런 설문지는 답을 마치기까지 몇 달이 걸릴 수도 있고, 길이가 몇백 장에 이를 수도 있었다(프랜시스 베이컨의 말에 따르면, 베를린에는 히르슈펠트가 발견한 내용을 무대에서 자극적인 활인화活人畵로 실연하는 것을 전문으로 삼는 클럽들이 있었다).

이런 인터뷰를 통해 성기의 차이는 물론 성적 특질이 무척 다양하다는 사실이 밝혀졌고, 그럼으로써 무엇이든 둘로 나뉘는 식으로

---

* invert. 곧 동성애자.
** Alfred Charles Kinsey, 1894~1956. 1948년과 1953년에 인간의 성적 생활에 관한 두 권의 통계 분석서를 냈는데, 이를 보통 킨제이 보고서라고 부른다.

단순하게 존재할 것이라는 히르슈펠트의 믿음은 와해되었다. 아니다, 남성과 여성, 이성애와 동성애 사이의 경계선은 결단코 흐렸다. 1910년에 그는 성별과 성적 특질을 조합하는 경우의 수가 4300만 가지라고 추산했는데, 이는 우리 시대의 성별과 성적 유동성에 대한 잠정적 수용의 크기를 훨씬 넘어, 거의 무한한 인간 가능성을 펼쳐 보인다. 롤링J. K. Rowling에게 이야기하는 걸 상상해보라.*

"실제적이고 상상 가능한 성적 다양성의 숫자는 거의 무한하다."[16] 히르슈펠트는 그해에, 성별을 넘나들며 시간 여행을 하는 버지니아 울프의 걸작 《올랜도》에 담긴 말과 매우 비슷한 이야기를 했다. "모든 사람에게는 남성적이고 여성적인 구성요소기 각기 다르게 섞여 있다. 나무 한 그루에서 똑같은 잎사귀 두 개를 찾을 수 없듯, 남성적이고 여성적인 특질이 종류와 숫자 면에서 완벽하게 일치하는 인간 두 명을 찾아낼 확률은 매우 낮다." 이 문장을 읽으면서 나는 이셔우드가 왜 그처럼 히르슈펠트에게 현혹되었는지 이해했다. 나도 그를 사랑했다.

· · ·

히르슈펠트는 새로운 사랑의 세계에 대한 가장 눈에 띄는 변호

---

* J. K. 롤링은 트랜스젠더의 성별 변경 법안에 반대하는 등의 행보로 트랜스젠더를 혐오한다는 비판을 받고 있다.

인이 되었을 수도 있다. 하지만 이 일을 하는 것은 그만이 아니었다. 이셔우드가 베를린에 왔을 무렵, 그 도시에서 성 해방에 관여하는 그룹은 급진적 자유연애 운동에서부터 미혼모와 그 자녀들을 보호하기 위해 세워진 보수 진영의 조직에 이르기까지 거의 100개 가까이 있었다. 출산 통제와 성교육을 주장하는 그룹, 국가적 출산 지원을 주장하는 그룹, 성병 예방을 주장하는 그룹, 낙태를 범죄시하지 말기를 주장하는 그룹도 있었다. 많은 그룹이 여성에 의해, 여성을 위해 운영되었다. 예를 들면 헬레네 슈퇴커Helene Stöcker의 모성보호연맹Bund für Mutterschutz 같은 그룹은 "모든 연애는 사적인 문제여야 하며, 국가의 간섭을 받지 말아야 한다"[17]고 믿었다. 또 소련의 과격한 성개혁 프로그램에 영감을 받은 공산주의 그룹이 많았다. 기본적으로는 해방을 주창했지만, 그들의 의제 모두가 같지는 않았으며, 불편한 동맹이나 노골적인 적대감도 있었다. 특히 낙태라는 위험한 이슈에 대해서는 그랬다.

또 그런 작업이 독일에서만 벌어졌던 것도 아니었다. 19세기 이후 전 세계에서 개인들과 소그룹들이 코르셋을 풀기 위해, 성적 행동을 둘러싼 법률을 완화하기 위해 싸워왔다. 영국 의사이자 성 연구자인 해블록 엘리스Havelock Ellis 는 성별은 바뀔 수 있고, 여성의 성이 번식만이 아니라 쾌락을 위한 것이기도 하다고 믿었다. 이는 빅토리아 시대에는 충격적인 사상이었다. 이따금씩 협업하던 게이 사회학자이자 자유연애 지지자인 에드워드 카펜터와 함께 엘리스는 영국에서 동성애자의 권리를 공개적으로 옹호한 최초의 인물 가운데 하나였다. 그가 공동으로 쓴 동성애에 관한 책 《성적 전도Sexual Inversion》는 오스카 와일드의 재판 2년 후인 1897년에 출간되었으나 곧바로 외설물로 판매를 금지당했고, 그 재판의 후유증 때문에 카펜터의 에세이 《동성애적 사랑과 자유 사회에서의 그 위치Homogenic Love and Its Place in a Free Society》는 사적으로만 출판되고 회람되어야 했다.

카펜터와 엘리스는 모두 미국에서 피임을 수용하고 합법화하기 위한 운동의 일환으로 "출산 통제birth control"라는 용어를 만들어낸 미국의 활동가 마거릿 생어Margaret Sanger의 찬미자였다(징벌적인 콤스톡 법안*에 따라 피임이 규제되던 시대에는 피임이 포르노그래피와 함께 음란하고 비도덕적인 것으로 분류되었다). 생어와 키펜터는 1914년에 대영박물관의 이집트실에서 만나 오래전에 죽은 왕들의 무덤 사이에서 피임과 성에 대해 열정적으로 논의했다. 생어는 그 무렵 〈여성 반란자The Women Rebel〉라는 출산 통제 팸플릿을 우편으로 보내다가 반음란법을 어겼다는 죄목으로 기소되었기 때문에 불법으로 영국에 들어와 있었다. 그녀는 뉴욕에서 재판을 기다리지 않고 보석 조건을 어기고 영국으로 달아났다.

2년 뒤, 그녀는 브루클린에서 미국 최초의 출산통제클리닉을 열었다. 그리고 4일 만에 피임약을 배포했다는 이유로 체포되었고 감옥에 갇혔다. 석방된 뒤 그녀는 가족계획연맹Planned Parenthood이라는

---

* Comstock Laws, 앤서니 콤스톡이라는 사람이 주도하여 1873년에 제정한 음란물 규제 법안.

단체를 설립했다. 그 단체는 지금도 남아 있지만, 보수진영이 여전히 성을 다루는 단체를 열성적으로 감시하며, "가족계획연맹은 당신을 속인다", "가족계획연맹은 아기의 신체 부위를 판매한다"(사실이 아님)는 구절이 쓰인 현수막을 걸고 항의하기 때문에 여전히 위험에 처해 있다. 생어는 독일 출산 통제 운동의 주요 동맹자였고, 부자 남편 덕분에 여러 곳의 클리닉에 재정 지원을 했다. 1920년에 베를린을 방문한 그녀는 그곳을 끔찍하게 혼란스럽고 빈곤한 곳으로 묘사했다. 가로등은 불이 꺼졌고, 사람들은 거의 기아 상태였다(그녀 자신도 "굶주린 동물처럼 야채 가게 주위를 떠나지 못했다"[18]). 그런 와중에 히르슈펠트의 "아름다운 거처"[19]는 휴식처였고, 그녀는 자서전에서 그의 저택 벽을 장식하는 사진들 속 크로스드레서*들의 얼굴에 놀랄 만한 만족감이 어려 있었다고 말했다.

빈에 있던 라이히 역시 성에 관해 깊이 생각하고 있었다. 1919년에 그는 한참 뒤에 《젊음의 열정Passion of Youth》이라는 제목으로 출간될 회고록을 썼다. 프로이트와 만난 흥분감 속에서 집필된 이 비범한 기록은 마치 그가 무의식의 성적 본성을 입증하기 위해 그 자신의 과거를 저인망으로 훑어가는 것처럼 읽힌다. 그는 자신이 강아지를, 특히 그 뭉툭한 코를 얼마나 좋아했는지 떠올리며, 그가 갈망했던 것은 어머니의 젖가슴의 감촉이었으리라고 추측했다. 또한 잠긴 서

---

* transvestite, 보통 '복장도착자'로 번역되는 단어지만, 문맥의 흐름에 맞지 않아 이 책에서는 크로스드레서(이성의 옷을 입는 사람)로 옮겼다.

랍을 열고 아버지가 읽던 《결혼 상담자Marriage Counsellor》를 발견한 일을 떠올린다. 그는 남몰래 책장을 주르륵 넘기면서 금지된 지식의 절정인 체모까지 그려진 음순의 삽화를 보고 황홀경에 빠졌었다.

그는 곧 이론에서 실천으로 넘어갔다. 놀랍게도 열한 살 때 가족의 요리사에게 동정을 잃었는데, 이들의 관계는 오랫동안 계속되었다. 열다섯 살에는 홍등가에 갔다. "나는 더 이상 존재하지 않았다. 내가 온통 페니스였다!"[20] (난 진심으로 그 여자가 이 정신 팔린 젊은이와의 만남을 즐겼기를 바란다.) 더 나이가 들자 강렬한 성욕이 손 닿을 수 없는 곳에 있는 이상적 여성에 대한 판타지로 승화되었다. 군대에서 만연하던 임질 때문에 그는 홍등가 출입을 조심하게 되었고, 빈에 왔을 무렵에는 심한 성적 좌절감을 겪고 있었다. 1921년에 그는 자신의 환자인 아니 핑크Annie Pink와 사랑에 빠졌다. 두 사람이 동침하는 사이임이 밝혀지자 아니의 아버지는 두 사람에게 결혼하라고 요구했다. 책에서 라이히는 그것이 "강요된 결혼"[21]이었다고 여러 번 언급했다. 이 모든 것으로 보아, 프로이트를 만나기 전에도 그는 이미 성을 야생적 힘으로 이해하고 있었다는 것을 알 수 있다. 엄청난 통제를 받으며, 온갖 종류의 처벌이라는 엄격한 울타리를 두른 일정한 통로들로 몰아붙여진 그런 힘이다.

두 사람이 처음 만났을 때 프로이트는 신경증이 리비도가 방해를 받아 발생한다고 믿고 있었고, 라이히의 실무 경험은 곧 이 믿음을 지지했다. 1920년대 중반, 그는 자신이 본 환자 수백 명 가운데 여성 전부와 남성의 3분의 2가 절정에 오르는 데 어려움을 겪는다는 것을 깨닫고 놀랐다. 처음 요리사와의 관계에서 겪은 오르가슴은 너무나 예상치 못하던 것이어서 기겁을 했던 그였지만, 이제 파격적인 추측을 하기 시작했다. 만약 충족되지 못한 성적 에너지가 신경증의 원인이라면 성적 에너지의 분출 자체가 치유의 힘일 수 있다는 결론이 나오지 않을까? 오르가슴이 신체 자체가 긴장을 풀어놓는, 트라우마와 불행의 엄격한 무장을 유동적이고 리비도적인 에너지의 흐름 속에 풀어 없애버리는 선천적인 방식일 가능성이 있을까? 《오르가슴의 기능》을 쓴 1926년에 그는 그것이 마법 같은 생물학적 처리 과정임을 확신했다. 오르가슴이란 정신이 평형 상태로 회복되는 신비스러운 경로이며, 남자와 여자 모두 신체적 건강과 함께 감정적 건강을 얻는 원천이라는 것이다.

라이히가 생각하는 성적 치유는 조롱하기는 쉽지만 들리는 것만큼 단순한 내용은 아니다. 또 극도로 부지런히 또 창의적으로 오르가슴을 추구하는 니컬슨 베이커Nicholson Baker의 유쾌하게 음탕한 《구멍의 집House of Holes》 같은 책에서 전형적으로 보여주는 빨고 삽입하는 성기 유토피아와도 다르다. 라이히가 오르가슴에 집착한 것은 사실이지만(그가 프로이트에게 생일 선물로 《오르가슴의 기능》 초고를 선물하자 프로이트는 경계하는 눈으로 보더니 중얼거렸다. "이렇게 두껍다고?"[22]), 라이히가 생각하는 오르가슴은 사정射精과 동의어가 아니었다. "그저 하는 것이 아니에요."[23] 한 해 뒤에 그는 설명했다. "단지 성교를, 교합을 뜻하는 것이 아니에요. 그건 자아ego, 영적 자신을 상실하는 진정한 감정적 경험입니다." 다다르는 것the coming보다는 놓아버리는 것the letting go이 더 중요했다.

수전 손택이 경험한 것도 확실히 감정적, 영적 각성제로서의 오르가슴이었다. 그녀는 첫 오르가슴을 스물여섯 살 때, 이미 일곱 살 난 남자아이의 어머니이던 1959년에 느꼈다. 그것은 여성 연인인 쿠바계 미국인 극작가 마리아 이레네 포르네스María Irene Fornés(1년 뒤에 남편 노먼 메일러의 칼에 찔리게 되는 아내 아델 모랄레스의 전 여자친구)와의 경험이었다. 기억에 남을 만한 경험을 한 지 두 달 뒤 손택은 일기에 썼다. "그 반향, 충격파는 이제야 사방으로 흩어지고, 나의 전 인격과 나 자신이라는 개념에 퍼지기 시작한다. 나는 작가로 존재할 생생한 기능성을 최초로 느낀다. 오르가슴의 경험은 구원이라기보다는 내 에고의 탄생에 더 가깝다."[24] 그녀는 오르가슴을 느끼기 전의 자신을 "불구"였고 "불완전"하고 "죽어 있었다"고 묘사했다. 오르가슴은 그런 자신을 벗겨버렸고, 탐욕스러운 새 존재를 드러냈다. 라이히였다면 좋은 출발점이라고 여겼을 것이다.

라이히의 오르가슴 이론은 자신도 미처 알지 못한 채 정신분석학에서 지진을 일으켰다. 프로이트는 원래 성적 억압을 신경증의 원인으로 여겼지만, 라이히가 등장했을 무렵 그의 생각은 흔들리고 있었다. 증후의 원인이 고통스럽게 밝혀지고 난 뒤에도 환자들이 반드시 더 나아지지 않는 바람에 그가 난처해진 것이다. 인간 유기체가 일차적으로 쾌락의 욕망인 에로스에 의해 움직이지 않는다는 건 말이 되지 않는다. 평형추가, 위력은 대등한데 방향은 반대인 추진력이 있을 수 있는가?

라이히가 빈정신분석학회에 가입한 1920년에 프로이트는《쾌락 원리의 저편》을 출간했다. 그 책에서 그는 다른 추진 동기, 죽음 쪽으로 끌어당기는 비밀 흐름이 있다고 가정했다. 그는 그것을 죽음 충동Todestrieb이라 불렀다. 이는 무력과 비존재non-being를 향한 충동, 눕고 싶고, 가리고 싶고, 어둠 속으로 돌아가고 싶은 충동이다. 그는 이 논쟁적이고 무섭기까지 한 새 정신 모델을 제시하며 누구나 죽음에 대한 매혹, 자아를 정지시키고 싶은 은밀한 이끌림을 품고 있다고 주장했다. 그에 따르면, 불안은 그 일부분이며, 조류潮流가 맞부딪쳐 생기는 물거품과도 같다. 불안은 단순한 트라우마나 훼손의 결과가 아니라 우울과 두려움을 타고난 인간이라는 동물의 존재 의의를 구성하는 필수 요소다.

턱에 암이 있다는 진단을 받은 지 3년 뒤인 1926년에 프로이트는 더 멀리 나아갔다. 그는《금지, 증후, 불안Inhibitions, Symptoms and Anxiety》에서 성적 억압이 불안을 유발하는 것이 아니라 불안이 성적 억압을 유발한다고 단언했다. 불안이 선천적이라면, 성적 억압 역시 단지 인간성의 한 부분이라고. 이는 성적 억압이 자연스러운 인간적 행복을 왜곡하고 금지하는 사악한 문화적 힘이라고 믿은 라이히에게는 엄청난 타격이었다.

새로 구성된 프로이트의 성숙 개념에서 개인은 자신의 리비도(게걸스레 활기를 불어넣는 욕망들의 조합)와 자신이 사는 사회 세계 사이에서 타협해야 한다. 설사 이로 인해 에로틱한 삶을 제한restrictions하거나 절단mutilations(둘 다 프로이트가 쓴 단어다)해야 할지라도 말이다.

이셔우드가 베를린에 온 해에 집필된 《문명 속의 불만》에서 설명한 것처럼, 사적이고 무정부적인 사랑의 왕국과, 공적이고 고통스럽지만 꼭 필요한 문명의 감시 국가 사이에는 피할 수 없는 간극이 있다. 리비도적 충동을 모두 따를 수는 없다. 그렇게 하면 혼돈이, 강간과 폭력이 발생할 것이다. 정신분석가라는 직업은 둘 사이의 데탕트détente를 조정하고, 개인들이 사회에 적응하도록 격려하기 위한 것이다. 섹스는 위험하고 무질서한 힘이며, 단순히 오르가슴만 추구하는 것은 바보의 게임이다. 성욕은 절대로 완전히 충족될 수 없기 때문이다. 프로이트는 이 논의를 너무나 자주 전개했기 때문에, 나는 그의 성생활이 궁금해진다. 자녀를 여섯이나 두었다는 사실은 차치하고서 말이다.

"불구가 됨maimed"과 "절단됨mutilated"은 어세가 강한 단어다. 성이 감정적 건강의 토대라는 주장을 라이히가 왜 그토록 완강하게 고집했는지를 가늠하게 해주는 단어이기도 하다. 프로이트와 달리 그는 사람들이 좌절하고 수치를 느끼면, 금지나 처벌에 대한 두려움으로 절름거린다면, 자신들의 욕망이 나쁘고 잘못된 것이라고 믿는다면, 자유롭고 안전한 표현의 기회를 얻지 못한다면, 미성숙한 상태로 계속 살아갈 것이라고 보았다. 좌절감을 해로운 쪽으로 분출하는 영원히 불행한 아이로. 그에 반해, 성적으로 만족한 인간은 그의 정의에 따르면 불안에서 해방되었다. 섹스는 불안을 방출하는 메커니즘이기 때문이다. 이 건강한 성 표현을 청교도적인 수치심 자극, 피임이나 낙태 기회의 부족 등 다양한 방법을 써서 금지하는 사회라면, 그가 보기에 변해야 하는 것은 사회라는 점은 분명했다. 시민의 리비도적 필요를 더 수용해야 했다.

그들의 논쟁은 관념의 세계에서 진행되었겠지만, 그들 사이의 균열은 두 사람 모두에게 깊은 상처를 주었다. 프로이트는 고집스러운 제자에게 배신당했다고 느꼈으며, 라이히는 자신이 거부당한 데 당혹감을 느끼고 상처받았다. 1952년에 지그문트 프로이트 아카이브Sigmund Freud Archives를 위해 녹음한 인터뷰에서 그는 프로이트가 1920년대 초반에 외부 세계로부터 받는 압력과 두려움 때문에 리비도 이론의 의미에서 멀어졌다고 말했다. 이단으로 살다 보니 지치게 되고, 추종자들의 압박을 받아 많이 급진적인 견해들은 포기하게 되었다는 것이다. 그는 홀로 위험을 감수했고, 이제 외롭고 겁에 질렸다. 신뢰하는 친구 두세 명은 있지만 고립된 사람인 그는 언제나 예의를 차렸으며, 자신이 진정으로 느끼는 바를 삼키고, 입에는 항상 시가를 물고 있었다.

인터뷰에서 라이히는 프로이트를 생경한 혼합물 같은 인간으로 그렸다. 한편으로는 자유사상가였고, 성적 상상의 실험고고학자로서 조롱과 부인의 세월을 견뎌왔으며, 우리가 스스로를 이해하는 방식을 영구히 바꾼 엄청난 사상의 그물을 참을성 있게 엮는 사람이었다. 동시에 그는 시골 신사 같은 교수이며, 교양 있는 처신이라는 것을 구성하는 엄격한 개념적 코르셋에 구속된 프티부르주아이자 가정적인 남자였다. 라이히가 볼 때 그의 결혼은 불행했고, 상실과 결핍을 감내했다. "프로이트는 한 인간으로서의 삶을 포기해야 했다. 중년의 그는 자신의 개인적 쾌락, 개인적 즐거움을 포기해야 했다."[25]

라이히는 이 체념과 절망이 프로이트의 점점 심해지는 보수주의, 연구 어조 변화의 배후에 놓여 있다고 믿었다. 또 프로이트가 암에 걸린 것도 그 때문이라고 생각했으며, 암의 발병이 두 사람의 갈등과 때를 같이한다고 음울하게 말한다. 이 인터뷰를 읽으면(라이히는 이를 너무나 중요하게 여겨《라이히가 말하는 프로이트Reich Speaks of Freud》라는 책으로 발표했다) 두 사람의 균열로 인한 통증은 세월이 흘러도 줄어들지 않았음이 너무나도 명백해진다. 라이히는 계속 그 주제로 되돌아왔으며, 다른 이야기를 하다가도 중간중간 미끄러져 돌아긴다. 수십 년 동안 그는 여전히 자신은 멘토에게 충실했다고 느꼈으며, 진정한 성적 자유가 갖는 함의에 두려워져서 자신을 배신한 것은 프로이트라고 생각했다.

불쌍한 라이히. 그를 오르가슴 남자라고 조롱하기는 너무나 쉽다. 섹스 그 자체를 조롱하고 별것 아닌 것으로 취급하기가 쉽듯이. 뉴욕주 윌리엄스버그 소재의 엄격한 정통파 유대교 공동체 출신의 열아홉 살 소녀를 다룬 드라마〈그리고 베를린에서Unorthodox〉를 보고 나는 그를 떠올렸다. 여주인공 에스티 셔피로Esty Shapiro의 첫 모습은 긴장하여 몸이 뻣뻣하다. 목이 휘었고, 자세가 구부정하며, 길을 갈 때는 인형처럼 삐거덕거리며 움직인다. 엄격하게 결정된 계획에 따라 잠자리를 하고―전희도, 키스도 없이 오로지 삽입만 있다―결혼 후 9개월 뒤 첫아이를 낳는다. 자기 몸에 대해 워낙 무지한 그녀는 질의 존재에 대해 처음 이야기 듣고는 충격받았다. 그리고 남편이 그녀에게 손 대기 전에 정화 의식을 거쳐야 했다. 그녀가 질경련으로 고통받는 것은 의외가 아니다. 문자 그대로 삽입을 몸이 거부하는 것이다. 고통스러운 결혼 생활을 1년 겪은 뒤 그녀는 모든 역사적으로 적당한 장소 중에서 베를린으로 달아난다. 그곳에서 그녀는 의무가 아니라 욕망의 결과로서의 성적 접촉을 처음으로 경험한다. 불가능한 요구에서 해방된 그녀의 몸은 점차 펴지고 훨씬 더 부드럽고 편안해진다. 이것이 라이히가 투쟁해온 목표인 해방이며, 그는 단지 사정射精만을 위한 사정이 아닌 이런 종류의 삶을 사람들이 누릴 수 있기를 바랐다.

· · ·

그러나 프로이트가 라이히의 목마*라 부른 이 사상은 사회적 변화가 필요하다는 그의 확신이 더욱 강해지는 상황과 맞물리지 않았더라면 그들 관계에 그토록 무거운 결과를 가져오지 않았을지도 모른다. 라이히는 1922년 빈에 무료 정신분석외래진료소가 세워진 뒤 그곳에서 일했다. 이런 무료 클리닉들(베를린 최초의 시설은 1920년에 열렸다)에 오는 환자는 개인 병원을 찾는 부유한 신경쇠약 환자들과

---

* Steckenpferd, 취밋거리나 좋아하는 화젯거리를 뜻하는 표현으로, 라이히가 1924년 이후 발표한 논문들에서 전개한 근육으로부터 감정을 풀어놓고 무제약적인 오르가슴을 경험하면서 무아지경에 드는 능력인 오르가슴 능력orgastic potency에 관한 이론을 가리킨다.

는 매우 달랐다. 또 여기서 젊은 2세대 정신분석가들, 소위 킨더*가 급진화되었다. 그중에서도 라이히는 두드러진 인물이었다.

개업할 장소를 얻기 위해 오래 싸운 끝에 외래진료소는 마침내 펠리칸가에 있는 한 일반 병원 심장내과 병동의 앰뷸런스용 출입구에 세워졌다. 역사가 엘리자베스 앤 던토Elizabeth Ann Danto에 따르면, 그곳은 "호화 장원의 문지기 집"[26]과 비슷했다. 매일 오후 앰뷸런스 차고 네 곳이 상담실로 변신했다. 금속제 진찰대가 카우치를 대신했고 분석가는 목제 스툴에 앉았다. 이같이 형편없는 여건은 당시의 빈 주류 의학계가 정신분석학을 어떻게 평가했는지 보여주지만, 그럼에도 불구하고 수많은 환자가 외래진료소로 몰려들었다. 진료소가 개원했을 때 라이히는 신경정신과를 졸업하고 막 수련의 2년 차를 마친 상태였고, 소장 조수로 임명되었다가 2년 뒤에는 부소장으로 승진했다.

그가 본 환자들은 산업노동자, 농부, 가정주부, 실업자 등이었고, 그들의 사연은 정신분석학 모델의 오래된 부적합성을 드러냈다. 그들의 문제는 오이디푸스적 갈등의 결과도, 원초적 장면을 목격한 탓도 아니었다. 그들이 싸우는 대상은 빈곤, 과밀 거주, 과로, 탈진, 알코올중독, 가정폭력, 매춘, 근친상간, 강간, 10대 임신, 불법 낙태, 성병이었다. 간단하게 말해 그가 만난 모든 개인은 정신분석학이 다룰 수 없는 사회적, 경제적 힘으로 인한 피해로 고통받고 있었다.

---

* Kinder, 아이들이란 뜻의 독일어.

라이히가 정말 하고 싶었던 것은 원인을 다루는 것이었다. "지금부터 큰 질문은 이것이다. 이런 고통은 어디서 오는가? 프로이트는 '고통은 내면에서 온다'고 말하면서 죽음 본능 이론을 개발했지만 나는 반대로 사람들이 있는 밖으로 나갔다."[27] 1927년에 그는 《자본론》을 읽으면서 예전에 프로이트를 읽었을 때만큼이나 감탄하고 수긍했다. 그는 자본주의를 인간을 상품으로, 임의적으로 변동되는 가치를 가진 대상물로 바꾸어놓는 야만적인 교환 시스템으로 보는 마르크스의 설명에 사로잡혔다. 자신의 필요와 욕망으로부터 멀어진 소외된 몸이라는 개념은 그가 카우치에 뻣뻣하게 굳어 누워 있는 자신의 환자들에게서 본 현상과 맞아떨어졌다. 그는 이미 결혼이 사람들의 성생활에 해로운 영향을 미친다고 믿었다(그 자신의 결혼은 확실하게 개방된 관계였다). 또 사회 변화가 핵가족의 철폐를 요구하리라는 마르크스의 생각을 알고 흥분했다. 1년도 되지 않아 그는 공산당에 입당했다.

라이히는 정신분석학과 공산주의 둘 다 인간의 불행을 이해하고 인간의 자유를 확대하는 잠재력으로 가득 차 있지만 둘 다 중요한 맹점이 있다고 생각했다. 정신치료의 문제는 각 개인을 마치 그들의 고통이 진공 속에서, 그들이 살고 있는 사회나 삶을 지배하는 정치의 개입이 없는 상태에서 발생한 것처럼 다루기를 고집하는 데 있었다. 마르크스주의에 관해서라면, 그것은 감정적 경험의 중요성을 알아보지 못했다. 무엇보다 수치감과 성적 억압이 특히 여성들에게서 유발한 문제에 대해 그랬다.

치료만으로는 부족했다. 정치만으로는 부족했다. 오로지 섹스만이 사회를 개조하기에 충분히 강력한 힘이었다. 라이히는 1928년에 돈키호테식 캠페인을 출범시켰다. 밴 한 대에 이동형 "섹스-경제Sex-economy 클리닉"을 차려, 피임 기구를 장착해주고 절망에 빠진 여성들에게 불법으로 낙태를 시술해주는 여의사 한 명과 함께 빈 교외를 샅샅이 훑었다. 그는 관능의 전도사처럼 집집마다 문을 두드리며 콘돔과 피임 안내 팸플릿을 나눠주었다. 그다음 해에는 프로이트의 껄끄러운 축복을 받으며 빈의 낙후지역에 무료 클리닉 6개소를 열어, 노동계급 사람들에게 정신치료와 무료 성교육, 피임과 낙태 도구를 제공했다. "우리 상담센터의 새로운 점은 신경증, 성적장애, 일상의 갈등이 유발하는 문제를 통합적으로 다룬다는 점이다. 치료보다는 예방을 통해 신경증을 처리하는 것 역시 새로운 방식이다."[28] 라이히는 설명했다.

라이히는 베를린이 성 해방의 발원지라는 사실을 간과하지 않았다. 1930년에 그는 국경 너머 독일로 작전 지역을 옮겼고, 《어려움에 처한 사람들》에서 "위대한 자유운동"[29]이라고 묘사한 운동에 가담했다. 그는 이셔우드가 코지 코너 바의 커튼을 처음 열고 들어가고 한 해 뒤, 그리고 히르슈펠트가 그 도시를 떠나 장엄한 세계여행 길에 오른 지 두어 주 뒤, 아내 아니와 두 딸과 함께 슈베비셰가에 있는 한 아파트에 입주했다. 이셔우드가 영어를 가르치면서 오토와 함께 빈둥대는 동안 라이히는 첫 번째 무료 클리닉인 베를린폴리클리닉Berlin Poliklinik에서 일했다. 그는 곧 급진적 생각을 가진 젊은 분석가들로 이루어진 분파를 만들고, 그의 아파트에 모여 환자들의 사례사, 정치학, 미래를 논의했다. 파시즘이 부상하고 있었다. 당연히 정신분석학도 정치에 참여해야 하지 않겠는가?

베를린에 도착한 순간부터 라이히는 나치당의 존재를 알고 있었다. 매일매일 독일이 재정위기 속으로 더 깊이 굴러들어갈수록 SA, 즉 돌격대*는 눈에 더 많이 띄었다. 그들은 광 낸 무릎 장화와 갈색 제복을 입고 거리를 행군했다. 라이히와 이셔우드 모두 유대인 소유의 백화점에 그려진 반유대주의 낙서와 깨진 창문을 본 일에 대해 묘사했다. 1931년에 라이히의 공산주의 그룹(작가 아서 쾨슬러Arthur Koestler가 포함되었다)은 돌격대가 공산당원들의 거처가 있던 빌머스도르퍼가의 한 블록을 공격할 계획을 세운다는 소식을 들었다. 그들은 방어 계획을 짰고, 돌격대의 머리에 던지기 위해 유리병 수백 개에 물을 채워 창문에 줄지어 세워놓았다.

그해 여름 뤼겐섬에서 휴가를 보내던 이셔우드는 여러 가족이 해변 야영장을 스와스티카로 꾸미는 모습을 보았다. 그는 이 장면을 《베를린이여 안녕》에 집어넣었다. 오토를 생각하면서 모래밭에서 빈둥대던 그는 누군가가 전나무 열매로 하일 히틀러!라고 쓴 것을 보았다. 2017년에 나는 베를린에서 공포의지형박물관Topography of Terror Museum에 갔다가 이와 비슷한 장면의 사진을 보게 되었다. 수영복을 입고 서로를 껴안은 커플이 있다. 여자의 수영복은 라벤더색,

---

* Sturmabteilung, 나치당의 준군사조직.

남자는 검은색이며, 얼굴을 맞댔고 다리는 뒤얽혔다. 두 사람은 모래언덕의 우묵한 구덩이에 웅크리고 있다. 그들은 쾌락적 영역의 경계를 표시하기 위해 모래에 스와스티카 깃발들을 줄지어 세웠고, 그 외에도 해변용 스와스티카 깃발 세 개가 즐겁게 펄럭인다.

돌격대 멤버를 죽일 수도 있는 공격 계획을 준비하는 동안에도 라이히는 그 제복 안에는 인간이 존재하고 있음을 여전히 느꼈다. 그가 볼 때 돌격대에 들어가는 젊은이들이 공산당 동지들과 그리 다르지 않다는 것은 분명했다. 그들은 모두 "동일한 노동 여건하에서, 동일한 물질적 상황에서, 심지어는 '자본주의 기계를 철폐하겠다는' 결단까지도 공유하며 살아가는 개인들"[30]이었다. 그렇다면 왜 일부 사람은 파시즘을 선택하는가? 라이히는 나치 지지자들의 증가가 자신이 환자들에게서 본 것과 동일한 성적 불만족의 결과가 아닌지 의심했다. 그는 파시즘이 성적 억압의 사악한 최종 산물이라고, 성적 억압이 유혹적으로 열변을 토하는 히틀러라는 인물부터 행진과 전당대회와 제복이 보상처럼 던져주는 쾌감까지 독재의 전제주의적 경험에 위험할 정도로 빠져들기 쉽게 만든다고 확신했다.

열쇠는 섹스에 있었다. 섹스는 흐름을 바꾸고, 대중에게 도달해 파시즘을 향한 완고하고 유치한 고착으로부터 그들을 해방시키는 길이었다. 1930년대 초반, 라이히는 사람들이 족쇄를 풀어버리고 징벌적이고 병적으로 갈망하는 태도를 제거하고 나면 출현하게 될 행복과 사랑의 우주를 묘사하기 위해 "성 혁명"이라는 단어를 만들어냈다. 말할 필요도 없지만, 그는 이 점에서 순진했다. 프랑스의 철학자이자 역사가 미셸 푸코Michel Foucault는 1976년에 출간된《성의 역사》1권에서 이 점을 너무나 통렬하게 말했다. 푸코는 묻는다, 오르가슴이 그토록 강력하다면, 왜 그동안 방대하게 확장된 성적 자유는 자본주의를 해체하거나 가부장제를 거꾸러뜨리지 못했는가? 라이히가 그토록 열성적으로 반대 방향의 예상을 펼쳤음에도 말이다.

비판하기는 쉽다. 그렇다고 해서 라이히의 유토피아적 이념에 확고하고 실질적인 근거가 조금도 없다는 뜻은 아니다. 사람들이 안전한 섹스를, 특히 피임과 안전하고 합법적인 낙태를 할 길이 있다면, 원치 않는 아이를 낳을 확률이 훨씬 적어진다. 빈곤이나 불행한 결혼의 족쇄에 묶일 확률도 적어진다. 라이히가《성 혁명The Sexual Revolution》에서 지적했듯이, 1920년에서 1932년 사이에 독일에서는 불법 낙태로 매년 2만 명의 여성이 사망했으며, 7만 5000명이 패혈증을 앓았다. 오르가슴이 가진 마법 같은 힘은 믿지 않더라도 성 혁명이 특히 여성에게 바람직한 이유는 알 수 있다.

히르슈펠트가 세계여행을 떠나 있었으므로, 라이히는 베를린의 개혁 그룹들을 공산주의 성향이 현저한 자신의 조직 독일프롤레타리아성정치학연합the German Association for Proletarian Sexual Politics 쪽으로 이끌기 시작했다. 그 단체의 약칭은 섹스폴Sex-Pol인데, 이편이 더 부르기 쉽다. 그의 연구가 가진 한계에 대해서는 논란이 많지만, 그는 수천 명의 군중에게 강의하면서 그 도시에서 유명하고 열정적인 인물이 되었다. 특히 젊은이들이 떼를 지어 찾아와서 임신과 질병에 대한 불안과 무지 앞에서 자신들의 욕망을 조절하는 힘든 일을 도와달라고 청했다.

　라이히는 필요사항을 확립하기를 좋아했는데, 섹스폴의 요구는 히르슈펠트의 성개혁세계연맹과 맥을 같이했다. 그들의 주장은 지금 듣기에도 놀랄 만큼 진보적이다. 자유 이혼, 출산 통제, 성교육, 성병 퇴치. 성범죄에 대한 처벌보다는 치료를 지지하되, 소아성애로부터 아동에 대한 확고한 보호. 이에 더하여 그들은 자유롭고 합법적인 낙태를 요구했는데, 성개혁세계연맹 내의 보수적인 그룹들은 이 조항을 묵인하기를 거부했다.

　그러나 라이히의 급진주의에도 한계가 있었다. 그는 남자들 간의 섹스를 범죄로 간주하는 동성애 관련 형법 175조의 폐지를 원하지 않았고, 섹스폴 역시 그에 대해 발언하기를 거부했다. 세계연맹은 성적 다양성을 명백히 지지하며, 성에 대한, "특히 남녀 모두의 동성애에 대한"[31] 합리적인 태도를 요구했다. 라이히는 이에 동의하지 않았다. 프로이트처럼 그는 암울하게도 배제적인 태도였다. 섹스는 이성 사이에서 이루어져야 하고, 삽입과 오르가슴이 있어야 한다고 믿은 것이다. 알고 보니 그의 성기 유토피아에 들어가려면 여권과 비자가 필요했다.

　《어려움에 처한 사람들》에서 그는 1차 세계 대전 이후의 시기에 성 이론sexology이 "어둠에 가려져 있었던"[32] 것은 히르슈펠트와 엘리스 같은 "거물들"이 "당시의 생체요법적 성biopathic sexuality, 말하자면 생물학적으로 퇴화된 인간 동물의 도착과 번식을 다루었기(그것들만 다룰 수 있었기)" 때문이었다고 경멸하는 어조로 썼다. 그는 동성애를 성적 억압의 산물, 일종의 왜곡으로 보았다. 세월이 흐른 뒤 뉴욕에서 그는 앨런 긴즈버그Allen Ginsberg가 게이라는 이유로 치료하지 않았다.

• • •

"생물학적으로 퇴화된 인간 동물"이라는 라이히의 언급에는 신체적 자유에 해로운 결과를 낳은 개념이 들어 있다. 퇴화degeneration란 19세기에 등장한 바람직하지 않고 나쁜 신체에 관한 유사과학 이론으로, 성 해방운동을 방해하고, 홀로코스트의 토대를 이루는 레토릭에 일조한 개념이었다. 그것은 또 편견, 인종주의, 심지어 우리 세기의 인종 학살을 불러일으키는 동력이기도 했다. 다윈의《종의 기원》이 1859년에 출간되었을 때, 유전의 한계를 이해하는 사람은 별로 없었다. 진화가 언제나 앞으로만 나아가는가, 아니면 정체되거나 후퇴하거나 되돌아가는 여러 세대에 걸쳐 전해지는 반운동이 있는가? 아마 비정상성, 약함, 게으름, 심지어 범죄성까지도 물려받을 수 있는지도 모른다. 이 마지막 믿음은 이탈리아의 범죄학자 체자레 롬브로조Cesare Lombroso에 의해 대중화되었다. 롬브로조는 1876년에《범죄인의 탄생》을 써서 큰 영향력을 떨친 사람으로, 범죄자는 더 원시적이고 격세유전적 존재로 역류하는 사례라고 주장했다.

빅토리아 시대에 퇴화된 인간의 범위는 계속 확대되었다. 빈민. 동성애자. 매춘부. 알코올중독자. 유랑민. 거지. 환자, 병자, 불구자,

자살한 자, 정신이상자. 그 관념은 엄청난 인종주의 세력을 끌어모았고, 소위 후진적이거나 원시적인 민족을 향한 제국의 폭력과 선교 열정을 정당화했다. 그것이 기생parasitism이란 개념과 자주 결합되다 보니, 나쁘고 퇴화된 신체는 지원해주지 말아야 하고, 관용되지도 말아야 한다는 분위기가 강해졌다.

선천적으로 퇴화됐다는 것은 곧 그것과 결부된 문제가 빈곤이나 사회 체제 탓이 아니라, 몸 그 자체로 인한 결과임을 의미한다. 오늘날도 우파 진영을 지배하는 이 야만적인 세계관은 사회복지, 자선, 심지어는 예방접종도 유전적인 허약함과 무능함을 거스르려는 무력하고 헛된 일로 간주한다. 가령, 2013년에 당시 영국 교육부장관 수석보좌관이던 도미닉 커밍스Dominic Cummings가 쓴 논쟁적인 자료에서도 그런 점이 드러난다. 그 자료는 슈어 스타트* 같은 프로그램의 가치를 의문시하며, "현재 사회적 이동성 같은 이슈에 관한 논의를 주도하는 프로그램들은 거의 대부분 유전학을 완전히 무시하기 때문에, 그런 논의는 기껏해야 오도된 것이고 대개는 가치가 없다"[33]고 주장한다.

19세기가 끝날 무렵, 퇴화된 자들이 후손을 보는 것을 허용해야 하는가 하는 질문이 제기되었다. 그런 질문이 완전히 제3제국식 레토릭처럼 들리지만, 1883년에 우생학 개념을 만든 사람은 다윈의 사촌 프랜시스 골턴Francis Galton이다. 그는 인간도 양이나 소와 마찬가지

---

* Sure Start, 아동 보육 형편을 개선하고자 실시된 영국의 보육 프로그램.

로 선택적 교배에 의해 개량될 수 있다고 생각했다. 그는 말하자면 "최고의 혈통"[34]이 사는 유토피아적 미래로 향하는 길을 두 가지 제안했다. 적극적 우생학은 생식적으로 바람직한 것을 낳도록 권장하는 것이며, 소극적 우생학은 소위 부적합자의 생식을 막는 것이다.

적극적 우생학이 그 영향 면에서 소극적 우생학보다 덜 끔찍해 보이기는 하지만, 두 모델 모두 명백히 인간 가치에 대한 차등제에 의존하고 있다. 단순히 몸 하나를 소유하는 것만으로는 부족하다. 옳은 몸이어야 한다. 우생학은 항상 어떤 유형의 몸이 보존할 가치가 있고, 어떤 몸이 인류 공동체의 저장고에서 폐기되어야 하는지 확인하는 작업을 포함한다. 어떤 법정이나 권력이 부적합자를 규정하고, 어떤 경찰이 그것을 강제 집행할지, 그에 대한 저항과 거부를 어떻게 처벌할지 하는 것은 곧 충분히 이야기하려 한다. 하지만 히틀러가 등장하기 오래전에도 우생학이 독재에 이용될 가능성이 있다는 증거는 넘치도록 많았다. "열등한" 후손을 제거하기 위한 최초의 불임화 수술은 1897년 독일에서 불법적으로 이루어졌다. 그 시술은 빠른 속도로 널리 퍼졌는데, 특히 미국에서 공공연한 인종주의적인 과제를 실행하기 위해 이용되었다. 우생학의 별칭이기도 한 인종 위생race hygiene이 언제나 문자 그대로 유사과학적 기준에서의 백인이나 아리아 인종의 생존을 확보하기 위해 설계된 제국적 프로그램으로서 존재했던 것은 아니었다. 그것은 동질성과 순수성을 확보하겠다는 목표 그 자체였다.

정말 놀라운 것은 1920년대에 성 해방운동에 관여한 사람들 가운데 엄청난 수가 일종의 우생학 프로그램을 지지했다는 사실이다. 전쟁 이전의 시기에, 소위 "복지 우생학"("인종적 우생학"과 대립하는 것으로서)이라는 것이 유토피아적 도구로, 병과 유전병 없는 세상을 만드는 합리적인 방법으로 여겨지고 있었다. 합의되지 않은 채로 이미 사용되고 있었다는 증거도 있다. 웰스H. G. Wells와 비어트리스 웨브Beatrice Webb 같은 페이비언 사회주의자들이 영국 우생학회에 가입한 것과 마찬가지로 마리 스토프스Marie Stopes, 마거릿 생어, 헬레네 슈퇴커도 모두 각기 이런저런 우생학 이론에 가담했다.

우생학은 출산 통제를 합법화할 근거를 마련함으로써 섹스와 임신을 한데 묶지 않을 방법을 제공하고, 그럼으로써 여성을 성적 자유에 전면적으로 참여하게 해주는 것처럼 보였다. 다른 많은 국가와 마찬가지로 독일이 낙태와 피임을 금지하는 이유 중에는 인구증가의 욕구도 있었다. 성적 위생의 논의 덕분에, 해방론자들은 피임을 공동체 유전자 풀을 오염시키지 않고 한 국가의 후손 품질을 개량하자는 애국적 캠페인의 수단으로 삼아 합법화하자고 주장할 수 있었다. 지금은 워낙 보편적인 것이 되어 의문의 여지도 없는 개념인 "출산 통제", 나중에는 "가족계획"이라는 새 이름으로 피임을 포장하는 것은 얼핏 다른 의도가 없어 보였지만 실제로는 비생식적 섹스—순전한 쾌락만을 위한 섹스—를 보수주의와 우생학적 기치 아래로 몰래 끌어들여 수용가능하게 만들려는 한 가지 방법이었다. 수많은 성 해방론자는 퇴화의 망령을 이용하여 자신들의 논의를 강화하면서, 무책임하고 반사회적 빈민과 생식적 부적합자라는 적대적 레토릭을 구사했는데, 그에 따르면 이들은 그 임신 가능성을 적극적으로 예방하거나 최소한 반드시 통제해야 하는 존재들이었다.

라이히는 이 모든 사태에 마음이 불편해졌다. 《어려움에 처한 사람들》에서 그는 노동계급 클리닉에 한 번 가보지도 않은 사람들이 우생학 논의를 떠들어대는 것을 듣거나, 삯일을 하며 혹사당하는 여성들, 남편에게 맞는 여성들, 제대로 먹이지도 못하는 아이를 여섯이나 둔 여성들을 보고 있으면 얼마나 좌절감을 느끼게 되는지 묘사했다. "그들은 낙태를 위해 결핵인지 아닌지, 정신지체인지 아닌지, 평발 가족력이 있는지 따진다."[35] 그는 지친 듯이 기록했다. "여성들의 '자기 몸에 대한 권리'를 옹호하는 것은 극단적인 급진파들뿐이다." 언제나처럼 그의 해결책은 융합이었는데, 이번에는 마르크스와 맬서스의 융합이었다. 즉 "하층계급 대중과 선택적 출산통제라는 참상을 없애기 위한 사회적 투쟁"[36]이다.

히르슈펠트 역시 부적합자를 악한 존재로 보는 태도에 거부감이 있었으리라고 기대할지도 모르겠다. 그는 인종적 순수성이라는 개념을 믿지 않았고, 국가란 잡종들의 공동체라고 보았다. 《인종주의Racism》에서 그는 이렇게 강조했다. "인종 간의 차이란 존재하지 않는다. 오직 개인 간의 차이만 있다. 세계 각지에서 거의 전례 없다 할 정도로 많은 남녀가 내게 성적 문제에 대해 조언을 구하러 온다는 경험을 근거로 나는 그렇게 말할 수 있다."[37] 세계가 전쟁을 향해 굴러가는 동안 그는 모든 인류를 위한 공화국Menschenheitsstaat을 꿈꾸었다. 자신이 일차적으로 독일인인지 유대인인지 결정하라는 압력을 받자 그는 자신은 세계 시민이라고 선언했다. (영국 총리 테리사 메이Theresa May가 2016년 보수당 전당대회에서 "자신이 세계 시민이라고 믿는다면 당신은 어느 곳의 시민도 아니다"[38]라고 말하는 것을 들었을 때 나는 히르슈펠트가 생각났다.)

그러나 양차 대전 사이의 기간에는 히르슈펠트조차 복지우생학을 믿었다. 1913년에 그는 성이론및우생학의학협회Medical Society for Sexology and Eugenics의 설립자 중의 하나였다. 그의 전기작가 랠프 도즈Ralf Dose에 따르면, 그는 제국보건협의회Imperial Council on Health 공청회에 그 협회를 대표하여 나갔다고 한다. 거기서 그는 소아성애자와 "정신적으로 … 어리석은"[39] 사람들을 강제 불임화하는 데 동의했다. 이는 당시로서도 극단적인 발상이었고, 그 함의가 충격적으로 명백해진 1934년에는 그 역시 열정적으로 반대하게 된 생각이었다. 그는 또 크로스드레서들이 자녀를 낳아야 하는지에 대해서도 의심을 표명하면서 퇴화된 후손을 가질 가능성이 있지 않을까 불안해했다. 그런 다음 확실치 않은 어조로 덧붙였다. "반대로, 내가 본 크로스드레서들의 자녀는 선량하고 건강하다는 인상을 주었다."[40]

그의 첫 전기작가 샬럿 울프Charlotte Wolff는 더 심하게 비난했다. 울프는 독일의 의사, 성 이론가, 레즈비언이었고, 2차 대전 전에 베를린의 성 해방 집단에서 활동했다. 앞에서 지적한 사실이 아니었더라면 잊힌 영웅의 평판을 회복시키기 위한 것이 되었을 전기에서 그녀는 히르슈펠트가 퇴화를 나타내는 신체적 표지라는 유사과학적 흥미를 계속 가졌음을 알고 자신도 충격받았다고 썼다. 그녀의 말에 따르면, 그는 관련된 징후와 증상의 목록을 갖고 있었다. 몸이 숨기지 못하는 수용 불가능성의 해부학적 증거라는 것이다. 이는 성과 성별 차이에 관한 그의 해방주의 전력과는 상반되었다. 한쪽은 다양성의 수용을 주장했고, 다른 쪽은 차별을 주장했다. 울프는 실망을 금치 못한 채, 부적합자임을 드러내는 상세한 스티그마들을 기록한다. "얼굴과 머리의 비대칭성, 작은 눈, 안구진탕증, 사시, 너무 큰 귀, 말 더듬기, 여러 개의 지방종, 정맥류."[41]

• • •

사상은 전파되고 변신하고 쇠퇴하고 다시 나타난다. 성 혁명가들은 더 나은 세계에 대한 꿈이 있었고, 우생학 개념은 그것을 실현해줄 도구였다. 그들은 인간적 가치에 등급을 매겨 좋은 몸과 나쁜 몸이 있다고 믿었는데, 혐오스러운 일이다. 그들의 유토피아—가족, 국가, 교회라는 제도와 분리된 쾌락의 세계—가 기껏해야 가부장제적인, 최악의 경우에는 강압적 국가라는 기초 위에 세워진다는 사실은 중산계급 사회주의가 가진 여러 아이러니 가운데 하나다.

그렇기는 해도 그들 버전의 우생학은 1930년대 독일에서 등장한 것과는 반드시 구별되어야 한다. 후자는 번식이라는 지상 명령에서 성을 해방시키는 길이 아니라 폭력적이고 강박적인 멸절 프로그램이다. 이는 세계를 순수한 "아리아" 인종이라는 불가능한 목표로 채우려는 환상을 지향하는, 자유의 후퇴와 모든 신체적 경험을 통제하려는 파시스트 법률의 확립이 수반된 우생학이다. 그로테스크하고 왜곡되고, 유사과학적인 백인우월주의 프로젝트. 모두가 똑같이 생긴 사회라는, 지구상에서 가장 역겨운 개념이다.

1933년 2월 27일에 벌어진 의사당 화재 사건 이후 사태는 급변했다. 그다음 날, 공산주의자와 지식인이 대규모로 체포되었다. 성 개혁운동의 완전한 붕괴가 나치가 즉각적으로 행할 조처의 우선순위에 올라 있었다. 성은 사적인 행위이며, 은밀히 밤에 하는 일이지만, 국가가 구성되고 유지되는 수단이기도 하다. 성과 번식의 통제는 어떤 전체주의 체제에서든 절대적으로 필요하다. 출생률이 낮아지는 나라라면 더욱 그렇다. 이셔우드기 설명했듯이, 나치당은 여러 해 동안 "'독일은 생존을 위해 싸우려면 번식력이 있어야 하기' 때문에 동성애를 축출할 것"[42]이라고 약속해오던 차였다.

그해 3월은 철에 맞지 않게 날씨가 온화했다. 이셔우드가 살던 건물 관리인 아내는 그 날씨를 "히틀러 날씨"[43]라 불렀다. 건물 앞 놀렌도르프가는 스와스티카 휘장으로 시뻘겋게 뒤덮였다. 광장과 공원의 확성기에서는 괴링과 괴벨스의 연설이 울려 퍼졌다. 제복 입은 나치 당원들이 거리를 메웠고, 레스토랑에 쏟아져 들어와 기부금을 걷었다. 거절하는 것은 현명하지 못한 행동이었다고 이셔우드는 회상했다. 급조된 감옥과 심문실이 도시 전역에 우후죽순처럼 생겨났다. 정치범들은 파페가에 있는 돌격대 병영으로 끌려갔고, 그 담벽락 안에서 끔찍한 일이 자행된다는 소문이 돌았다. 이셔우드가 들은 바로는 사람들이 레닌 사진에 침을 뱉고, 피마자 기름을 마시고 낡은 양말을 삼키도록 강요당했다고 한다. 사람들은 고문당했고, 죽은 사람도 많다고 했다. 심지어 이런 소문을 퍼뜨리는 것도 반역이었다. 매일 언론에서는 새로운 반역 행위를 발표했다. 4월에 그는 친구 세 명이 체포되었다는 소식을 들었는데, 모두 영국인이고 모두 동성애자였다. 그는 너무나 겁에 질려, 벽지에서 스와스티카 환상을 보기 시작했다. 그의 방에 있는 모든 것이 나치당의 갈색으로 보였다.

도시 전역의 성 해방 그룹의 사무실과 병원이 조사받았다. 책과 자료는 압수당했다. 활동가들은 체포되고 심문받았다. 단체는 금지되거나 강제로 인계되어 나치당 노선에 따라 운영되었다. 잘 알려진 유대인이며 공산주의자이고 저명한 성 개혁가인 라이히는 심각한 위험에 처했다. 그의 수많은 동지가 체포되었고, 게슈타포가 자신의 아파트를 감시하고 있음을 그도 알았다. 친구 두 명이 그의 집에서 3킬로미터 떨어진 파페가에서 살해되었다. 그는 가명을 대고 호텔에 숨었다. 저서 《젊은이의 성적 투쟁The Sexual Struggle of Youth》이 나치 신문에서 공격당하자 그는 마침내 독일을 떠나 아내 아니와 야간열차를 타고 오스트리아 국경으로 가서 산을 넘어 탈출했다. 둘은 스키 관광객으로 위장하고 여권 외에 아무런 소지품을 갖고 있지 않았다. 그 뒤 어째서인지 기이하게도 그는 베를린으로 돌아왔다. 그의 말에 따르면 옷과 속옷을 좀 가져가려고 왔다는 것이다. 자신의 아파트로 몰래 숨어 들어간 그는 게슈타포가 《카마수트라Kamasutra》 책을 가져간 것을 알았다. 이는 파시즘이 성적 억압의 부

산물이라는 확신을 더 강하게 만들어주었다. 친구들 중 누구도 그에게 돈을 빌려주지 않았다. 누구도 그와 말을 나누는 모습을 들키고 싶어 하지 않았다. 그는 가방을 챙겨 다시 달아났다.

그는 그해 가을을 망명지인 덴마크에서 히틀러의《나의 투쟁》을 읽고《파시즘의 대중심리》를 쓰면서 보냈다. 이것은 성적 억압의 관점에서 나치의 호소력을 분석한 그의 이정표 격인 책이다. 이 책은 가부장제 가족이 파시즘이라는 건물을 지은 벽돌이라고 주장하며, 유대인을 인간 취급하지 않는 히틀러의 주장이 어떻게 성병, 특히 매독에 대한 뿌리 깊은 공포감을 이용했고, 은유의 영역 너머로 신속하게 넘어가게 될 전염과 접종의 레토릭을 구축했는지 탐구한다.

히르슈펠트는 히틀러가 권좌에 올랐을 때에도 여전히 세계여행 중이었다. 그는 끝내 귀국하지 않았다. 나치가 그의 독일 시민권을 박탈했으므로 그는 불행한 기분으로 니스에 정착하여, 1935년에 세상을 떠날 때까지 프랑스에서 연구소를 다시 연다는 꿈을 꾸었다. 이셔우드 역시 망명길에 올랐는데, 무엇보다 새 연인인 하인츠Heinz를 보호하기 위해서였다. 하인츠는 열여덟 살의 노동계급 출신 독일 소년으로, 큰 갈색 눈에 코가 깨져 약간 휘어 있었다. 이셔우드가 베를린에서 막바지에 목격한 사건 중 하나는 4월 1일의 유대인 보이코트였다. 그는 보이코트를 무시하고 자질구레한 물건을 사려고 이스라엘 백화점에 갔다가 문을 지키고 서 있던 두 제복 입은 돌격대원 중 하나가 예전에 코지 코너에서 본 남창임을 알아보았다.

이셔우드와 하인츠는 1933년 5월 13일에 베를린을 떠났다. 눈이 빨갛게 된 에르빈 한젠Erwin Hansen이 동행했는데, 그는 히르슈펠트의 연구소에서 전반적인 잡역을 맡아 하는 관리인이었고, 나중에 강제 수용소에서 죽게 된다. 하인츠는 전혀 잠을 자지 못했고, 에르빈은 술에 취해 있었다. 그들의 계획은 단순했다. 이셔우드는 어머니에게 보낸 편지에서 이렇게 설명했다. "하인츠가 공식적으로 소집되고 그 미치광이 소굴로 돌아가기를 공식적으로 거부하면 그는 나치의 관점에서 볼 때 당연히 범죄자가 됩니다. 그러니 다른 국적을 얻어야 해요. 귀화를 하든 외국에 정착해서든 말입니다."[44]

처음에는 망명 생활이 목가적이었다. 이셔우드가 연구소에서 만난 옛 친구 프랜시스가 그리스 해안에 가까운 아주 작은 섬을 임대했고, 연인들을 초대하여 머물게 했다. 텐트에서 이불을 두르고 이셔우드는 감동에 휩싸여 이렇게 썼다. "하인츠는 나를 지탱해주는 사람이다. 그는 모든 것을 견딜 만하게 만든다. 헤엄을 치면서 그는 피터 팬에 나오는 악어처럼 '잭!' '잭!'이라고 소리친다."[45] 그는 하인츠를 영국으로 데려갈 수 있을 것이라고 생각했고, 하리치 항구에서 다시 만나기로 약속한 뒤 혼자 고국으로 갔다. 그러나 그와 오든이 배를 맞으러 나갔을 때 하인츠는 없었다. 이셔우드가 마침내 그를 찾아낸 곳은 세관이었는데, 한창 심문을 받고 있는 게 분명했다. 알고 보니 이셔우드가 하인츠에게 보낸 편지 한 통이 문제를 일으킨 것이었다. "그건, 말하자면, 음, 한 남자가 연인에게 보낼 만한 종류의 편지라고 할 수 있겠죠."[46] 세관원이 두 사람을 모두 노려보면서 단언했다. 하인츠는 입국을 거부당했다. 분노하고 모욕당한 이 셔우드는 게이인 것이 왜 종족적 정체성인지 그때 처음 알게 되었다. 이제 그의 성 정체성은 어떤 국가적 충성심도 능가할 터였다.

이 연인은 그 뒤 4년 동안 유럽을 떠돌며 지냈다. 하인츠의 비자나 입국허가 기한이 다하면 다른 국가로 옮겨 다니면서, 그가 새 국적을 얻을 수 있도록 계속 노력했다. 여기서 30일, 저기서 30일, 돈에 쫓기면서 함께 움직였다. 체코슬로바키아, 오스트리아, 그리스, 프랑스, 영국, 네덜란드, 그란 카나리아섬, 테네리페섬, 스페인, 모로코, 덴마크, 벨기에, 그리고 다시 네덜란드, 룩셈부르크, 포르투갈, 다시 벨기에로, 또다시 프랑스로, 또다시 룩셈부르크로 갔다. 즐거운 휴가이자 악몽이었고, 허용된 시간은 무자비하게 쓸려나갔다. 그들은 도박하고, 말다툼하고, 동물들을 끌어모아 길렀는데, 그것들은 그들에게 뿌리 내린 느낌을 주기도 했지만 얼마 안 가서 버려야 했다.

결국 하인츠는 바람직하지 않은 자로 분류되어 룩셈부르크에서 추방되었다. 그는 독일로 돌아가지 않을 수 없었고, 입국 즉시 징병기피자로 체포되어 동성애 죄목으로 재판을 받았고, 1937년에 14개국과 독일제국에서 상호적 수음을 행한 혐의로 수감되었다. 그는 운이 좋았다. 6개월간 수감 생활, 1년간 강제 노역형을 겪고, 군대에서 2년간 복무했다. 기적처럼 그는 전쟁에서도 살아남았다.

독일에서 이루어진 성적 자유 면에서의 모든 발전은 전쟁이 터지기 전 최후의 기간에 급속히 후퇴했다. 사람들이 어떤 종류의 성을 취해야 하고 어떤 종류의 자손이 태어나도 되는지에 대한 전례 없는 통제권을 국가에게 쥐어준 우생학적이고 노골적으로 인종 말살적인 법률이 그 자리를 차지했다. 이셔우드와 하인츠가 프라하행 열차를 탄 지 13일 뒤인 1933년 5월 26일에 낙태에 대한 교육을 금지하는 법안 219조와 220조가 형사법전에 재등록되었다. 1933년 7월 14일에는 유전적 질병이 있는 후손의 출생을 방지하기 위한 법안이 제정되어 간질, 정신분열증, 청각장애 등 유전적인 것으로 추정되는 다양한 증상이 나타날 때 강제 불임화가 합법화되었다. 전쟁이 끝날 무렵에는 40만 명이 원치 않는데도 불임화된다. 동시에 출산 통제와 낙태가 갈수록 제한되었다. 다만 인종적이거나 우생학적 이유로 인한 사례는 제외되었다. 1935년 6월 28일에는 남성 간 동성애를 처벌하는 형법 175조가 대폭 확장되었다(수치스럽게도 이 조항은 1994년에 가서야 완전히 폐지되었다). 1936년 10월 26일에는 하인리히 힘러Heinrich Himmler가 동성애및낙태와의투쟁사무소Bureau to Combat Homosexuality and Abortion를 세웠다. 1938년 4월 4일에는 어느 게슈타포 지휘관이 동성애자로 고발당한 남자들을 강제수용소에 수감하라고 지시했다.

1939년 9월에 전쟁이 시작된 후 그런 제한은 더 야만스러워졌다. 1941년에는 경찰 조례로 "임신을 막거나 방해할 가능성이 있는 어떤 재료나 도구의 수입, 제작, 판매"[47]도 금지되었다. 오로지 군대에서 성병을 예방하는 데 필수인 콘돔만 예외였다. 1943년에 "만약 반역자들이 낙태라는 행동으로 독일 민중의 번식력을 지속적으로 손상시킬 경우"[48]에 대해 사형 선고가 도입되었다. 그러나 매춘부와 비非아리아인과 외국인 자녀를 임신한 여성들에게는 낙태가 허용된다는 비밀 지시가 내려졌다. 그해 후반에 "무가치한"[49] 태아를 임신한 외국인 강제 노동자들에 대해 합의에 의하지 않은 낙태가 시행되었다.

성적 쾌락에 대한 자유로운 접근이 자동적으로 자유의 체제를 불러들일 것이라고 믿은 성 개혁가들을 푸코가 조롱한 것은 아주 타당하다. 그러나 불행하게도 성적 쾌락의 억제가 자유의 체제를 저해하는 것 역시 확실하다. 성적 자유는 위협적이고 무질서하다. 예나 지금이나 전체주의 체제가 동성애와 낙태를 철저히게 단속하고, 각 성별을 번식이라는 엄격하고 예정된 임무에만 귀속시키는 것, 또 이런 제약들이 더 비인간적인 행동인 숙청과 인종 말살의 전주곡이었다는 것은 우연이 아니다.

연구소가 겪은 운명은 그 이후 일어날 너무나 많은 참상의 예시였다. 1933년 5월 6일 아침, 트럭들이 인덴젤텐 거리에 몰려들었고, 어울리지도 않는 금관 악대의 연주 소리가 함께 도착했다. 관리인 에르빈 한젠은 창문으로 달려가서 100명 가량의 나치 학생들로 구성된 기습부대가 온 것을 보았다. 그들은 신체적적합성연구소Institute for Physical Fitness에서 모집된 학생들이었다. 한젠은 자신이 문을 열겠다고 아래를 향해 소리쳤지만, 그들은 문을 부수고 라틴어로 "사랑과 슬픔에 바쳐진"이라고 쓰인 입구 안으로 몰려들어왔다.

그날 아침, 흰 셔츠와 퀼로트처럼 보이는 하의로 단정한 제복을 똑같이 차려입고 연구소 밖에 줄지어 선 공격대원들의 사진이 한 장 남아 있다. 그들이 거기 있다. 훌륭하고 규율 바른 몸, 퇴화되고 도착적인 자들에게 폭력을 휘두를 준비가 되어 있는 몸들이. 나치 신문들은 그날 벌인 행동을 히르슈펠트의 "독약 상점"[50]을 훈증 소독했다고 묘사했다. 그들은 정말 제대로 난동을 부렸다. 원고에 잉크를 부어버리고, 예전에 위엄과 품위로 마거릿 생어에게 깊은 감명을 주었던 크로스드레서들의 사진 액자를 걷어찼다. 오후에는 SA 돌격대가 도착하여 도서실을 더 꼼꼼히 조사했다. 그들은 트럭에 책 1만 권을 실었고, 히르슈펠트의 60세 생일을 기념하여 제작된 청동 흉상도 가져갔다.

나흘 뒤, 해가 지자 수천 명의 사람들이 베를린국립오페라극장과 대학도서관 사이의 큰 광장인 오페른플라츠에 모여들어 최초이자 가장 유명한 나치 분서焚書 행사를 구경했다. 그날 밤 독일의 대학 도시 서른네 곳에서 분서가 행해졌지만, 베를린의 것이 가장 컸다. 장작 더미가 쌓였고, 성적 표현에 관한 히르슈펠트의 방대한 장서들, 크로스드레서와 성적 불확실성에 관한 그의 저작들, 성 이론과 출산 통제와 사랑의 자유로운 표현에 관한 잡지들이 장작처럼 쌓였다.

파테*에 소장된 자료에서 불더미 뒤로 깃발을 든 학생들의 실루엣이 보인다. 그들은 또 다른 금관 악대의 반주에 따라 발 맞춰 행진

---

* Pathé, 1896년에 세워진 프랑스의 필름 장비 생산 회사. 곧 영화 제작과 사진 기록으로도 영역을 넓혔다.

하고 있다. 학생들과 돌격대가 인간 사슬을 이루어 책을 옆 사람에게 넘겨주고, 한 아름씩 불길에 던져 넣을 때마다 갈채가 일어났다. 그러나 카메라가 그 너머의 군중을 돌아봤을 때 군중은 주의 깊은 태도로 가만히 있는 것으로 보인다. 괴벨스가 연설했다. 그곳에 있었던 이셔우드는 부끄러운 줄 알라고 외쳤지만 작은 소리였다. 누구나처럼 그도 두려웠다. 히르슈펠트의 흉상이 창에 꽂혀 거리를 행진했다. 며칠 뒤 파리의 한 극장에서 그 뉴스를 본 히르슈펠트는 울었다.

우생학은 인간종을 일종의 도서관 같은 것으로, 그중의 일부를 유통되지 못하게 없애야 하는 것으로 본다. 남자들이 반짝이는 부츠를 신고 이리저리 뛰어다녔다. 공중에는 잿가루와 불붙은 종이가 날아다녔다. 더 많은 책이, 프로이트와 라이히와 해블록 엘리스가 쓴 책이 불에 던져졌다. 위험한 책, 퇴화된 책, 신체적 즐거움의 어휘 목록을 감히 써낸 책들이 불에 던져졌다.

4 ___ _____ 위험으로부터

우리가 벗어나고자 했던 것

✧

이제 전 세계에서 힘을 얻고 있던 새로운 여성해방운동은
미묘하게 다른 의제를 갖고 있었다.
그 운동은 '…로부터의 자유'가 '…에 대한 자유'보다 더 강조되었다.
옷이 벗겨지고 몸이 훼손되고 낯선 사람에게 발견된다.
그 공포는 추상적인 것이 아니었다.
실제 사람들에게 발생한 사건들에서 기인했다.
여성에 대한 폭력이 침묵의 음모에 둘러싸여 있다면,
너무나 쉽게 용인되고 지속되어서 일상 현실 속에 녹아들 정도라면,
그 폭력을 어떻게 분류해 알릴 것인가?

1973년 3월 13일, 한 젊은 여성이 아이오와시티에 있는 아이오와 대학 기숙사 자기 방에서 죽은 채 발견되었다. 그녀는 얼굴과 흉부를 구타당했고, 강간당했고, 질식하여 죽었다. 이름은 세라 앤 오튼스Sarah Ann Ottens였고, 스무 살이었다. 봄방학 때였고, 다른 여학생들 대부분이 집으로 돌아간 상태였다. 오튼스의 시신은 그녀 외에 그 층에 남아 있던 유일한 학생이 남자친구와 함께 영화를 보고 돌아온 뒤 자정 직전에 발견했다.

끔찍한 장면이었다. 오튼스의 목은 심하게 부어올라 있었다. 얼굴과 머리카락은 씻겨져 있었고, 허리 아래로는 옷이 벗겨진 채 침대 시트로 덮여 있었다. 곁에는 피 묻은 빗자루가 있었고, 싱크대에는 핏물이 가득했다. 떠들썩한 날이 이어지면서 소문이 나돌기 시작했다. 오튼스는 강간당했다. 살아 있을 때가 아니라 그녀를 질식시키는 데 쓰인 바로 그 빗자루로 시신의 음부와 항문이 삽입당한 것이다. "그녀를 훼손하는 데 사용된 물건."[1] 재판이 진행되는 동안

〈데일리 아이오완Daily Iowan〉이 확인해주었다. "빗자루 하나가 손잡이에 분뇨가 묻은 채 근처에서 발견되었는데, 범행에 사용된 것으로 보인다." 그 사건, 특히 끔찍한 세부 묘사가 사람들의 머리를 떠나지 않았다. 5월이 되어서야 범인이 체포되었기 때문에 여성들은 두 달 동안 또다시 습격이 일어날까 봐 두려움 속에서 살았다.

그 살인 사건이 일어난 시기는 젠더* 문제와 성적 자유에 관련된 태도가 다시 한번 급속히 변하던 시기였다. 오튼스는 여성의 낙태할 권리를 합법적으로 인정하는 로 대 웨이드Roe vs. Wade 판례가 대법원에서 통과된 지 두 달도 안 되어 살해되었다. 낙태할 권리는 1920년대에 라이히와 동료들이 펼친 성 해방운동에 항상 포함되던 사항이었다. 그러나 이제 전 세계에서 힘을 얻고 있던 새로운 여성 해방운동은 미묘하게 다른 의제를 갖고 있었다. 그 운동에서는 "…로부터의 자유liberation from"가 "…에 대한 자유liberation to"보다 더 강조되었다.

1970년대에 여성해방은 폭력과 강간과 구조적 성차별과 배제와 가정폭력과 학대와 원치 않은 임신으로부터의 해방을 의미했다. 이 모든 것은 여성이라는 성별을 가진 신체 내에 살고 있음에 따르는 비참한 처우였다. 물론 살인도 같았다. 옷이 벗겨지고 몸이 훼손되고 낯선 사람에게 발견된다. 그 공포는 추상적인 것이 아니었다. 실

---

* gender, 생물학적인 성에 대비되는 사회적인 성을 이르는 말로, 사회적인 환경과 훈련에 의해 남녀의 기질이 형성된다는 것을 강조한 여성학 용어다.

제 사람들에게 발생한 사건들에서 기인했다. 당신이 알거나 들은 적이 있는 여성들이, 신문에서 읽은 사건들이 세계를 살아가는 스스로의 신체적 경험에 직접 영향을 미쳤다. 무엇을 입을지, 어떤 길로 다닐지, 어떤 말을 어떤 목소리로 하는지에까지.

여성해방운동은 1970년에 케이트 밀렛Kate Millett의 《성 정치학》이 출간되면서 주류로 돌입했다. 그 책은 문학과 정신분석학에서의 성적 역학관계에 대한 혁명적 분석이었다. 밀렛은 가부장제의 상부 구조가 경제나 법에만 국한된 것이 아니라 문화의 더 넓은 영역에까지 뻗어 있고, 가정 문제와 에로틱한 문제에 침투하고 영향을 미치고 있음을 꼼꼼하게 밝혀냈다. 그녀는 어니스트 헤밍웨이Ernest Hemingway, 헨리 밀러Henry Miller, 노먼 메일러의 소설에서 너무 만연하여 자연스러운 현실 그 자체로 여겨지는 공동체적 여성혐오의 증거들을 발견했다.

남성 가운데 밀렛의 인정을 받은 몇 안 되는 사람에 라이히가 있었다. 페미니즘의 수많은 새 세대원들이 그랬듯, 그녀는 책 제목만이 아니라 가부장제 가족 분석에도 그의 연구를 끌어왔다. 그녀는 《파시즘의 대중심리》에 실린 그의 통렬한 비판을 인용했다. "전체주의 국가는 모든 가족에 대리인을 둔다. 그것이 아버지다. 이런 방식으로 그는 국가의 가장 귀중한 도구가 된다."[2] 〈뉴욕 타임스〉 한 면을 차지한 서평은 "더 나은 표현이 없어서 아쉽지만, 《성 정치학》은 여성해방의 성서가 될 것"[3]이라고 예견했다. 실제로도 그렇게 되었다. 1980년대 내내 내 어머니의 책장 선반에는 마찬가지로 페미니즘의 격동적인 2차 물결의 유산인 비라고_{Virago} 출판사의 초록색 페이퍼백들과 함께 그 책이 꽂혀 있었다.

1970년에는 시위가 폭증했다. 3월에는 100명이 넘는 여성들이 〈레이디스 홈 저널_{Ladies' Home Journal}〉의 편집장실을 점령하고는, 편집장의 책상에 널브러져 앉아 그의 값비싼 시가를 멋대로 피우면서, "해방된" 잡지를 만들라고 요구했다. 8월에는 러시아워에 5만 명의 여성이 제1차 평등을 위한 여성 전국 파업의 일환으로 5번 대로를 따라 행진했다. 11월 20일에는 활동가들이 런던에서 열리던 미스월드 경연장에 분뇨 폭탄과 썩은 토마토를 던져 호스트인 밥 호프_{Bob Hope}를 잠시 무대에서 쫓아냈다.("이처럼 근사한 행사를 밍치려고 하는 사람이라면 틀림없이 뭔가 마약 같은 걸 했을 겁니다."[4] 그는 마이크 앞으로 돌아와서 이렇게 단언했다.)

1971년 1월, 급진파 페미니스트들이 맨해튼의 성클레멘트성공회교회에서 첫 강간 피해 공개 발언을 개최하여, 강간 문제에 관한 침묵을 깨뜨렸다. 그리고 3월에는 런던에서 제1차 여성해방운동 전국 시위가 눈 내리는 날씨에 열려, 십자가에 박힌 거대한 마네킹을 앞세우고 행진했다. 마네킹의 뻗은 팔에는 앞치마 하나, 실크 스타킹 한 켤레와 시장 가방이 매달려 있었다. 준비된 구호가 울려 퍼졌다. "생물학은 운명이 아니다_{Biology isn't destiny}." 하나의 몸뚱이로, 없어도 되는 물건으로 치부되는 것은 더 이상 하지 않겠다. 그해 가을, 가정폭력 피해자들을 위한 세계 최초의 피신처가 런던에 세워졌다.

이 모든 것은 오튼스가 살해된 때가 절망감이 분노로 바뀌고, 분노가 행동으로 급속히 치솟으려던 바로 그 시점이었음을 말해준다. 그녀의 죽음이 불러온 여파 속에서 아이오와대학의 여학생들은 미국 최초의 강간 피해자를 위한 긴급 전화 중 하나인 강간피해자보호프로그램the Rape Victim Advocacy Program 을 설립했다. 그 프로그램은 그해 봄 24시간 전화 상담으로 시작되었으며, 자원봉사자들이 간이 침대에서 쪽잠을 자며 여성센터에 있는 단 하나의 전화선으로 걸려오는 전화를 받아 운영했다. 그 센터 역시 2년 전에 여성해방전선Women's Liberation Front 이 설립한 단체였다. 공식적인 것은 아직 아무것도 없었다. 모든 일을 자신들이 직접 해야 했고, 시험 운영하고, 급조하고, 즉흥적이고 임기응변으로 시도했다. 상황을 바꾸고 싶지만 어떻게 해야 하는가? 당신이 망가지도록 그렇게나 기꺼이 용인했던 사회를 상대로 당신의 불행을, 당신의 두려움을, 그러한 사회에는 참여하지 않겠다는 당신의 거부 의사를 어떻게 전달하겠는가?

그해 봄 아이오와대학 학생들 중에 스물네 살의 쿠바계 미국인 화가 아나 멘디에타가 있었다. 당시 찍은 그녀의 사진을 보면 엄청난 에너지가 발산되는 것이 느껴진다. 그녀는 항상 몸을 돌려 작업하러 가고 싶어 안달이 난 것처럼 보인다. 몸집이 작고 후줄근하고 도발적인 미모를 지닌 아나는 폴로 셔츠와 나팔바지를 입고 카메라 앞에서 잽싸게 미소 짓는다. 그녀는 열두 살 때 미국에 왔다. 가톨릭복지국과 국무성이 새로운 카스트로 체제에 대한 광범위한 공포감에 응하여 주도한 프로그램인 페드로 판* 작전의 일환으로 쿠바에서 비행기로 수송된 1만 4000명이 넘는 아이들 중에 한 명이었다

(그녀의 부모도 따라오고 싶었지만 아버지가 미국의 실패한 피그스만 침공을 지원했다는 죄목으로 체포되어 18년간 감옥에 있었다). 그녀는 야만적인 가톨릭 고아원과 위탁가정에서 끔찍한 사춘기를 보내다가 미술을 공부하러 대학교에 왔다.

1972년에 그녀는 그림을 포기하고, 캔버스를 문자 그대로 모두 찢어버리면서, 자신이 나타내고자 하는 이미지를 담기에 캔버스는 현실성이 부족하다고 말했다. "내가 말한 현실성이란 곧 내가 만든 이미지가 힘을 갖고 마법을 부리면 좋겠다는 뜻이다."[5] 석사를 마친 해에 그녀는 4년 전에 화가 한스 브레더Hans Breder가 설립한 최신 학제간 학위 과정인 인터미디어 MFA에 등록했다. 이 과정은 실험을 위한 장이 되어주었고, 그녀는 자신의 몸으로 작업하기 시작했다. 자신의 성별을 소재로 삼고, 콧수염과 턱수염을 붙여 분장했다. 그 퍼포먼스 자체가 작품이었고, 신체 변형으로서의 예술이었지만, 떠오르는 수많은 보디아티스트가 그랬듯이 그녀 역시 자신이 해온 일들을 기록해두었고, 사진과 필름 형태로 시각적 유산을 남겼다.

오튼스가 살해당하고 몇 주 뒤, 그녀는 동료 학생들을 모핏 빌딩에 있는 자신의 집으로 초대했다. 1973년 당시 아이오와시티의 건물 문들이 다들 그랬듯이 현관문은 잠겨 있지 않았다. 집 안에 들어간 친구들은 멘디에타가 테이블에 엎드린 자세로 묶여 있는 것을 발견했다. 그녀는 체크 셔츠를 입고 있었고, 허리 아래로는 옷이 벗

---

* Pedro Pan, 피터 팬의 스페인어 표현.

거져 있었으며, 아래 속옷이 발목에 걸려 있었다. 피가 엉덩이와 허벅지, 종아리로 흘러내렸다. 팔은 흰색 끈으로 단단히 묶여 있었고, 얼굴은 피 웅덩이에 짓눌려 있었다. 머리 바로 위에 전등이 있어 주변에 그림자를 드리웠지만, 몸싸움을 한 흔적을 알아볼 수 있었다. 옷도 찢겨 있고 피가 묻어 있었으며, 그릇이 깨져 있었다. 〈무제(강간 장면)Untitled(Rape Scene)〉, 1973. 현실을 포착하고 구체적으로 담아낸 그녀의 첫 번째 진지한 시도였다.

멘디에타의 동료들은 한 시간 가량 그곳에 머물면서 그 장면이 무엇을 의미할지 논의했다. 그들은 동요했지만 그래도 미술학도였으며, 아무리 생생하게 보이는 것이라도 시각적 자료를 분석하도록 훈련해온 사람들이었다. 그들이 머무는 동안 멘디에타는 근육 하나도 움직이지 않았다. 그녀의 퍼포먼스는 오후 한나절, 한 장소에서만 행해졌지만, 친구에게 그것을 기록해달라고 부탁했다. 이 마음 불편한 사진에서 그녀의 몸은 발목에서 허리까지 피에 흠뻑 젖은 모습으로 노출되었다. 얼굴은 물론 머리도 보이지 않았다. 불빛이 번쩍여 종아리와 테이블 가장자리의 윤곽이 허물어졌고, 벽에 동화에 나올 법한 불길한 그림자를 던졌다. 그릇 파편, 피에 젖은 엉덩이, 바닥에 고인 끈적거리는 붉은 얼룩.

비평가들은 〈무제〉가 오튼스에게 벌어진 일의 재현이라고 흔히 말하지만, 당시 지역 신문에서 보도된 것을 보더라도 그렇지 않다는 것은 명백하다. 멘디에타는 그 사건에 그녀 자신의 그로테스크한 윤색을 더하여 테이블과 끈을 등장시켰다(같은 해에 그녀는 로프에 묶인 채 갤러리 바닥을 고통스럽게 꿈틀거리며 건너가는 작업을 했다). 또 가해자 시점에서 재구성한 것도 아니다. 폭발하는 차가운 흰색 빛은 단번에 그 장면을 범죄 현장처럼 만들어버리지만, 그것은 범죄 발생 순간이 아니라 발생 이후의 시점이며, 보는 이들에게 관음자만이 아니라 조사자, 나아가 경찰의 시점까지 부여한다. 이미지 메이킹의 순간 속에 편입된 감상자는 불쾌한 포르노그래피적 프레이밍에, 여성의 신체가 그냥 시신으로도 남아 있지 못하는 방식에 공모하게 된다.

여러 해 뒤, 멘디에타는 그 작업이 오튼스에게 벌어진 일에 대한 자신의 두려움에서 나왔다고 말했다. 그 사건을, 벌어진 폭력만이 아니라 그 악질적인 분위기를 머리에서 떨쳐낼 수가 없었다. 신문들은 "아이오와 남녀공학 학교 여학생의 살해"를 두고, 그 도시의 지옥 같은 강간 통계 자료를 보도하는 것이 아니라 오튼스의 섹스 상대들에 대해 추측하는 음란한 서술들을 이어나갔다. "난 내 작업이 모두 그런 것이었다고 생각합니다. 어떤 상황에 대한 개인적인 반응…. 그런 이슈에 대해 이론적으로 행동할 수가 없어요."[6] 1985년에 가진 한 인터뷰에서 그녀는 이렇게 덧붙였다. "한 젊은 여성이 아이오와대학에서, 기숙사 방에서 살해되었어요. 강간당하고 살해당했다고요. 그 사건으로 나는 정말 겁에 질렸습니다. 그래서 나 자신의 몸을 써서 강간 퍼포먼스 유형의 작업을 여러 번 했어요. 내 신념에 따라 내가 해야 한다고 느낀 일을 했습니다. 그게 받아들일 만한 것인지 아닌지 대수롭지 않은 일인지 알 수 없었어요. 그게 내가 한 일입니다."[7]

여름 내내, 그녀는 이 살해에 대한 작업을 계속했다. 그녀는 피에 흠뻑 젖은 매트리스로 범죄 장면을 구성했다. 스스로를 시신으로 꾸며 아이오와시티의 클린턴가 한복판에 전시했다. 집 밖 보도에 소피 한 양동이와 동물 내장을 쏟아붓고, 사람들의 반응을 몰래 촬영했다(결국 한 청소부가 긁어내어 골판지 상자에 담아 치웠다). 몸이 필요할 때는 항상 그녀 자신의 몸을 사용했지만, 이런 작품이 반드시 피해자 입장에 관한 것만은 아니었고, 또 일차적으로 공감이나 애도를 불러일으키려고 구상한 것도 아니었다. 오히려 그것들은 강력하게 징벌적이었다. 멘디에타가 작품에 속하건 아니건 간에 그녀는 제물인 동시에 공격자이자 가해자이기도 했다. 관람자—특히 미술학도가 아닌 무작위적인 통행인—앞에 그들이 절대 제대로 해독하지도 못할, 그리고 그들의 상상 속에서 불편하게 떠돌아다닐 징표를 갖다 놓은 새디스트적인 활인화의 무대감독이었다.

모든 문화에는 맹점이 있고, 멘디에타가 아이오와시티에서 한 일은 《성 정치학》에서 케이트 밀렛이 내놓은 의제와 무관하지 않다고 생각한다. 악몽 같은 장면을 선보일 때마다 그녀는 범죄가 자행되었고, 씻겨지지 않을 핏자국이 남았음을 눈에 띄도록 했다. 여성들에게 폭력이 자행된 드러나지 않은 영역들을 재현함으로써 강제로 눈에 보이게 만들었고, 지울 수 없게 만들었고, 무시할 수 없게 만들었다. 이로써 그녀의 작업은 그 시기의 집단적 투쟁 속에 자리 잡는다. 여성운동이 하려고 노력한 많은 일 중의 하나가 너무나도 보편적이어서 성 해방론자들의 관심도 거의 끌지 못할 뻔한 문화적 맹점인 성적 폭력을 드러내려는 것이었기 때문이다.

• • •

멘디에타가 화이트웨이슈퍼마켓 정육점에서 피 양동이를 채우고 있던(그녀는 혹시 경찰의 취조를 받을 경우에 대비하여 구매 영수증을 보관해두었다) 그해에 다른 두 여성 역시 성적 폭력을 포착하고, 손상되고 불쾌한 어떤 것을 어둠 속에서 끌어내리고 시도하고 있었다. 두 사람 모두 작가였고 비범힐 징도로 특이하고 솔직한 비전의 소유자들이었다. 또 둘 다 문화적 아티팩트에 흐르는 정치적 이데올로기를 폭로하는 방법으로 케이트 밀렛처럼 책과 영화를 조사하며 탐구해나갔다. 이상한 일이지만, 앤절라 카터Angela Carter와 앤드리아 드워킨은 서로 결론은 충돌했는데도 집중적으로 조사한 텍스트들은 동일했다. 둘은 여성의 자기부정을 다룬《O 이야기》와《백설공주》,《신데렐라》같은 유럽 동화, 그리고 특히 사드 후작이 바스티유감옥 감방에서 구상한 18세기의 잔혹극 등을 조사했다.

앤드리아 드워킨은 1973년에 스물여섯 살이었고, 첫 책을 완성하는 일에 미친 듯이 열중하고 있었다. 그녀는 뉴저지의 좌파에 속하는 중하층 유대인 집안에서 성장했다. 이 가족은 1950년대에도 여전히 고통스러운 침묵의 담벼락 안에 갇힌 홀로코스트의 생생하고 소화되지 않은 기억에 시달리고 있었다. 그녀는 아홉 살 때 한 영화관에서 모르는 사람에게 처음으로 성추행을 당했는데, 이 트라우마를 끝내 떨쳐버리지는 못했지만 자신의 관능적이고 지적인 취향을 따르고, 변두리 마을을 떠나 세상을 맛보겠다고 굳게 결심했다. 그녀는 버몬트주 베닝턴에 있는 한 인문대학*에 갔고, 베트남 전쟁 반대 시위를 하다 잠시 감옥에 가기도 했고, 졸업한 뒤에는 궤도를 이탈하여 유럽으로 달아났다. 그녀는 미소를 잘 짓는 부드럽고 숨김 없는 얼굴과 숱이 많은 검은 곱슬머리를 지닌 열정적인 젊은 히피였다.

1969년에 그녀는 아나키즘-좌파 그룹인 프로보Provo에 대한 기사를 쓰려고 조사하던 중에 암스테르담에서 만난 한 네덜란드 아나키스트와 결혼했다. 그는 처음에는 정말 신사적이었지만 그녀를 거의 죽일 뻔한 사람이었다. 쇠막대기로 그녀를 때렸고, 담뱃불로 지졌으며, 가슴에 주먹질을 했고, 콘크리트 바닥에 머리를 거듭 내리쳤다. 20년쯤 뒤 그녀는 "구타의 정체What Battery Really Is"라는 제목의 에세이에서 이 경험을 묘사했다. 그녀의 말에 따르면, 가장 나쁜 점은 매맞는 아내가 겪는 철저한 고립이었다. 이웃들—그녀의 이웃, 그녀의 가족, 그녀의 친구—은 그녀에게 난 멍 자국과 상처가 눈에 보이는데도 못 본 것처럼 굴었다.

아무도 그녀를 믿으려 하지 않았다. 아무도 끼어들지도, 그녀를 데리고 나가지도 않았고, 심지어 무슨 일이 벌어지는지 현실을 인

---

* 베닝턴 칼리지를 말한다.

정하지도 않았다. 심지어 사랑하는 아버지도 도움을 거절했고, 제도적인 도움도 전혀 받지 못했다. 병원, 경찰, 그녀가 도움을 청한 모든 곳이 그녀를 믿지 않았거나, 편집증과 히스테리 증세라고 여겼다. 이런 비난은 그녀가 죽음 직전에 놓였을 때까지도 계속 이어졌다. 그녀를 죽고 싶게 만든 것은 통증이나 통증에 대한 공포감만이 아니었다. 눈에 보이지 않는 존재가 되어간다는 사실, 그 비참한 처지 때문에 세상으로부터 단절된 존재가 되었다는 사실이었다.

현실 자체가 퇴화되기 시작했다. "언어를 쓸 수 없게 된다. 어떤 의미도 담기지 않기 때문이다."[8] 그녀는 이렇게 썼다. "정상적인 언어로, 당신이 누군가에게 맞았다고 말을 하고 상처를 보여주는데도, 마치 거짓을 꾸미는 사람 취급을 받고, 별문제 아닌 것이 되고, 당신의 잘못 탓이 되고, 아니면 어리석고 하찮은 존재로 취급을 받는다면, 당신은 어떤 말도 하기가 두려워지게 된다. 누구에게도 말을 걸 수 없어진다. 그들은 당신을 도와주지 않을 것이고, 그들에게 이야기를 하면, 당신을 때리는 남자가 당신에게 가하는 해악이 더 심해질 것이기 때문이다. 언어를 잃고 나면 당신의 고립은 완전해진다." (그녀가 하는 말의 진실성이 담긴 아이러니하면서 또 당연히 몹시도 고통스러웠던 이 증언문에 따르면 〈뉴스위크〉의 변호사들은 1989년에 "구타의 정체"라는 글이 발행되는 것을 막는다. 그들은 병원이나 경찰 기록 같은 각기 독립적인 입증 근거를 요구했지만 뻔히 불가능한 일이었고, 그게 안 된다면 공격한 자의 정체를 "보호"[9]하기 위해서 익명으로 발표해야 했다. 그녀는 대신에 〈로스앤젤레스 타임스〉에 기고했다.)

앤드리아는 1971년에 남편에게서 달아났지만, 1년 동안 그는 계속 그녀를 추적했고, 붙잡고 곤경에 빠트리고, 다시 벌을 가했다. 그녀는 암스테르담 외곽의 사람 없고 폐허가 된 곳에 숨었고, 계속 거처를 옮겼으며, 눈에 띄지 않는 경계 너머에 머물렀다. 쥐가 들끓는 선상가옥, 누군가의 부엌, 버려진 저택, 농장 공동체, 영화관, 파라디소라는 나이트클럽 지하실. 매춘부로 일하며 돈을 모았어도 미국으로 돌아갈 비행기 삯을 댈 수 없었다는 것도 그녀의 발목을 잡은 함정 중의 하나였다.

도피 생활을 하는 동안 그녀는 리키 에이브럼스Ricki Abrams라는 여성을 만났다. 리키는 그녀가 숨도록 도와주고 페미니즘의 2차 물결에 속하는 핵심 서적들을 사 주었다.《성 정치학》. 슐라미스 파이어스톤Shulamith Firestone이 쓴《성의 변증법: 페미니스트 혁명을 위하여》. 로빈 모건Robin Morgan이 쓴《자매애의 힘Sisterhood is Powerful》. 그녀가 동화에 그토록 흥미를 느낀 것은 당연했다. 사악함이 기본 구조를 이루고 친절함은 변덕에 불과한 그림 형제Brothers Grimm 동화의 앙상하게 속이 다 드러난 윤곽이 이미 그녀의 생애 안에 들어 있었다. 하지만 위급 상황에 처해 있던 앤드리아도 케이트 밀렛의 논의를 이해하기까지는 여러 달이 걸렸다. 자신에게 벌어진 일이 개인적이거나 사적인 일이 아니라는 사실을 깨닫기까지는 말이다. 그것은 그녀의 잘못이 아니었다. 이 굴욕적이고 고통스러운 일화는 사실 시스템에 기인하고 공유되는 것이며 문화적으로 주어진 것이었다. 그 깨달음이 그녀 삶의 중심이 된 계시였다. 여성에 대한 폭력이 정치적인 것이며, 그렇기 때문에 공동체적으로 저항되고 전복될 수 있다는 깨달음이.

멘디에타처럼 드워킨도 분노와 공포의 감각을 추진력으로 삼았다. 그녀는 안전해지고 싶었지만, 증언하고 망가진 신체를 빛 속으로 끌고 나올 필요도 강하게 느꼈다. 마치 도처에 있으면서도 전혀 눈에 보이지 않는 범죄의 증거를 마주하고 있는 것 같았다. (나중에 여성 운동계에서 가장 두드러지고 급진적인 인물이 되는 그녀는 여성에 대한 폭력이 보도되지 않고 처벌되지 않고 전 역사에 걸쳐 행해졌으며, 전 세계에서 용인된 집단 학살이나 마찬가지라고 자주 언급했다.) 도피하는 와중에 집 없이 떠돌이 생활을 하면서 그녀는 리키와 함께 책을 쓰기 시작했다. 그 책은 여성혐오 앞에 드리운 베일을 찢고 숨겨져 있던 기형적인 본성을 폭로하게 된다.

그녀는 1972년에 마침내 뉴욕으로 돌아오는 데 성공했다. 누군가가 1000달러를 줄 테니 비행기에 여행 가방 하나를 갖고 타달라고 부탁했다. 헤로인이 들어 있는 가방일 줄을 그녀도 알았지만, 실제로 그 가방이 나타나지는 않았다. 그래도 그녀는 돈과 비행기 표를 받았는데, 오랜 공포의 시간을 버틴 끝에 얻은 드문 행운이었다. 뉴욕으로 돌아온 그녀는 여성운동계와 접촉했고, 혼자서 책—이제는 《여성혐오Woman Hating》라는 제목이 붙은—을 끝내고, 1973년 7월에 열정적인 서문을 썼다. 멘디에타가 막 아이오와 숲에서 강간 장면을 재현할 무렵이었다.

드워킨이 하려고 시도한 것은 성적 폭력의 언어를 찾아내는 일이었다. 그 과제는 감정적으로든 글로 표현하는 면에서든 쉽지 않았다. 폭력은 한 사람이 타인을 소모품으로, 사물로, 쓰레기로 대할 때 발생하지만, 폭력의 일부이자 폭력적 교류에서 떠나지 않는 공포는 그들의 인간성이 사라지지 않고 사물화된 상태, "그저 절단되어 피 흘리며 바닥에 놓인 어떤 물체"[10]와 공존하게 된다는 점이었다. 1940년에 시몬 베유Simone Weil는 에세이 《일리아드, 또는 힘의 시The Iliad, or The Poem of Force》의 자주 인용되는 문장에서 폭력을 "그것에 예속된 모든 사람을 사물로 바꾸어버리는"[11] 것이라고 규정했지만, 계속 이어진 설명은 훨씬 더 낯설고 또 훨씬 더 정확하다.

그 일차적 속성(죽인다는 간단한 방법으로 인간 존재를 사물로 전환시키는 능력)으로부터 그 나름의 방식으로 아주 놀라운 또 다른 능력이, 인간 존재를 아직 살아 있는 동안 사물로 전환시키는 능력이 도출된다. 그는 살아 있다. 그는 영혼을 갖고 있다. 그러면서도—그는 사물이다. 아주 특이한 존재, 영혼을 가진 사물이다. 그리고 영혼에 관해 말하자면, 영혼은 얼마나 굉장한 집을 찾아냈는가! 매 순간 이 집에서 살기 위해 어떤 대가를 치러야 하는지, 얼마나 몸부림치고 굽히고 접히고 구겨져야 하는지 누가 말할 수 있는가? 영혼은 어떤 사물 속에 살도록 만들어지지 않았다. 어쩔 수 없이 사물 속에 머문다면 그 본성의 어느 요소를 보아도 폭력이 자행되지 않은 데가 없다.

요컨대, 몸은 그 자신의 탈출 불가능한 감옥이 되며, 몸에 대항하는 욕구들이 견딜 수 없고 무시할 수 없는 감각으로 환원된다. 이것이 폭력의 진정한 참상이다. 당신 속의 당신이 여전히 그 안에 있다.

드워킨이 직접 경험으로 알았던 것처럼, 그런 상황에서 발언하기는 쉽지 않다. 비극 〈티투스 안드로니쿠스Titus Andronicus〉에서 강간 피해자인 라비니아가 혀와 손이 잘린 상태에서 나뭇가지를 입에 물고 가해자들의 이름을 흙에다 쓸 때 그녀는 은유를 연기하고 있다고 말할 수도 있다. 재클린 로즈Jacqueline Rose가 "성적 폭력, 사실은 모든 성애와 언어 사이의 길에 흩어져 있는 장애물"[12]이라 묘사한 것을 극복하는 것에 대한 은유를 말이다. 그중 조롱과 부인否認도 극복하기 쉬운 장애물은 아니다. 세월이 지난 뒤 대학생들 앞에서 강간이라는 개념을 소개할 때 드워킨은 무대에 서서 말하는 것이 아니라 비명을 지르고 싶다는 환상을 품었다. 언어를 찾을 길이 없었던, 혹은 자신들의 이야기를 할 때까지 살아남지 못했던 모든 여성들의 침묵 속에 깊이 새겨진 억제된 공동체적 비명을 말이다.

여성에 대한 폭력이 침묵의 음모에 둘러싸여 있다면, 너무나 쉽게 용인되고 지속되어서 일상 현실 속에 녹아들 정도라면, 그 폭력을 어떻게 분류해 알릴 것인가? 드워킨의 전술은 증폭하자는 것이었다. 강하게 대처하라. "강간보다 더 끔찍한 언어, 고문보다 더 비참한 언어, 구타보다 더 끈질기고 동요시키는 언어, 매춘보다 더 황폐한 언어, 근친상간보다 더 침투적인 언어, 포르노그래피보다 더 공격적이고 위협으로 가득 찬"[13] 언어를 찾아내라. 이 거칠고 멋지고 묘한 음성이 《여성혐오》와 그 뒤에 나온 10여 권의 책들을 피곤

하고 낯설지만 귀 기울이지 않을 수 없게 만들었다.

　놀랄 일도 아니지만, 여성혐오에 대해 글을 쓰는 것으로는 충분히 먹고 살 수 없었으므로 드워킨은 살아남기 위해 순회 강연을 다녔다. 《여성혐오》가 출판된 다음 해인 1975년에 그녀는 "강간의 잔혹 행위와 이웃집 소년The Rape Atrocity and the Boy Next Door"이라는 강연을 하기 시작했다. 드워킨의 뛰어난 전기작가이자 편집자인 조해나 페이트먼Johanna Fateman이 지적하듯이, 50개 주에서 부부 사이 강간이 여전히 합법이던 시절에, 이 강연은 강간의 만연하고 일상화된 본성에 대해 발언하려는 최초의 시도 가운데 하나였다.

　강연만으로도 힘들었지만 드워킨은 더 많이 밝힐수록 더 많은 것을 발견하게 되었다. 이 강연으로 인해 그녀는 여성들이 겪은 수천 가지 사연의 저장고가 되었다. "잠들어 있다가, 자녀들과 함께 있다가, 산책을 나가거나 쇼핑을 하거나 등교하거나 하교하여 집으로 가는 길에, 아니면 직장에서 공장에서 창고에서… 나는 그야말로 감당할 수 없었다. 그래서 강연을 그만두었다. 이러다가는 죽을 것 같았다. 내가 알아야 했던 것을, 그리고 내가 감당할 수 있는 정도 이상을 배웠다."[14] 드워킨에게 내가 항상 동의하는 것은 아니지만 그녀를 폄하하는 자들 모두가 잠시라도 멈추고, 자신들의 몸속에 그런 종류의 정보를 담고 있으면 기분이 어떨지 상상해보았으면 하고 바란다.

　여성혐오라는 이 공동체적 경험은 비싼 대가를 치르고 개인적으로 수집되고 저장되었다가 나중에 그녀가 쓴 책들의 연료가 되었다. 1981년에 나온 세 번째 책인 무시무시하고 마법 주문 같은 책인 《포르노그래피: 여자를 소유하는 남자들》이 특히 그랬다. 지금도 그 책을 처음 읽었을 때 내가 어디 있었는지가 기억난다. 1990년대 중반, 나는 서식스대학에서 영문학 공부를 시작했다. 한 수업이 페미니즘을 주제로 했고, 필독서 중 하나가 《포르노그래피》였다. 도서관에서 그 책을 읽는데 공포감이 점점 고조되었다. 그 도서관은 이상한 장소였다. 카메라처럼 생긴 건물은 브루탈리스트 건축*의 경이로운 업적이었지만, 모든 열람실의 책상은 포르노그래피적 낙서로 빽빽이 뒤덮여 있었고, 겹겹이 쓰인 몽상과 농담이 가득했다. 어두운 시가 끝부분의 디 먼 구역에서 공부하다 보면 그곳이 압도적으로 에로틱하게 느껴질 때가 많았다. 드워킨의 책을 읽다 보니 그 분위기가 불길하게 느껴졌고, 성적 신체 속에 거주한다는 쾌감이 다른 선택지를 가질 허락을 받지 못하는 공포감으로 변했다.

배유가 말했듯이, 인간을 물건으로 전락시키는 일은 모든 폭력의 기본 공식이며, 《포르노그래피》에서 드워킨은 그 점을 적나라하고 꾸밈없이, 또 멘디에타와는 달리 그런 상황을 경험하는 인물의 시점에서 여러 번 거듭하여 제시한다. 어떻게 느껴지는지, 어떤 모습인지, 어떤 냄새인지를. 드워킨은 계속 진행 중인 파괴적이며 명백히 비합의적인 여성의 비인격화, 문자 그대로 혹은 은유적인 살덩

* brutalist architecture, 1950~60년대에 유행한 거대한 철제와 콘크리트를 많이 사용하는 건축양식.

이로의 변신을 글을 통해 재현한다. 그녀의 의도는 예방 접종이었다. 독약을 동종요법적으로 처방하여 치료하려는 것이었다. 그녀가 쓰는 글의 이런 측면은—목적은 아니더라도 수단 면에서—다른 누구보다도 신성 후작, 샤랑통의 광인the Madman of Charenton, 시민 사드*를 상기시킨다. 귀족이며, 혁명가, 죄수, 《포르노그래피》의 구성 자체가 적수로 삼고 있는 장본인 사드. 사드는 리베르탱, 성적 자유의 아이콘으로 유명했다. 하지만 누구를 위한 자유인가? 드워킨은 묻는다. 사드에 대한 그녀의 공격은 다름 아닌 자유의 본성 그 자체에 대한 공격이었다.

· · ·

드워킨이 사드에게서 발견한 것은 여성혐오의 각본이었다. 성과 폭력을 한데 합치고, 그것들이 서로 대립하는 것이 아니라 남성 우월성을 강제하는 쌍둥이 도구로 보여주는 원천이었다. 그녀는 사드가 비난을 피해간 적이 너무 많았다고 생각했다. 보들레르Baudelaire에서 바르트Barthe에 이르기까지 그를 찬양하는 평론가들이 그의 범죄가 글에만 국한되며, 핏자국 없는 상상력의 영역에 한정된다고 주장했기 때문이었다. 그러나 드워킨에게는 그가 행한 것과 그가 꿈꾼 것이 실질적으로 다르지 않았다. 무대 위 포르노그래피의 장면

---

* 모두 사드 후작을 가리키는 말로 그는 샤랑통정신병원에서 생을 마감했다.

들이 실제 여성혐오적 이데올로기를 노골적으로 드러내는 것처럼 사드의 판타지는 그가 이미 시도했거나 바스티유에 갇히지 않았더라면 실행하려 했을 행위였다. 유혹자이자 사디스트―"성적 테러리스트"[15]― 로서 그의 악마적인 경력은 거의 29년간 감방에 갇혀 있지 않았더라면 중단되지 않았을 것이다. 드워킨은 쓸쓸하게 말한다. "그의 내면에서 우리는 강간범과 작가가 천박한 매듭을 맺고 있는 것을 본다. 그의 삶과 글쓰기는 한 몸이었고, 상상 속, 그리고 현실 속 여성의 피에 흠뻑 젖은 한 벌의 옷이었다."[16]

그들은, 여성들은 그곳에 있었다. 그들이 그림자로서, 각주 달린 이름으로서, 가십의 부스러기로서 그곳에 존재한다는 것을 그녀는 알았다. 그녀는 학자나 역사가로서가 아니라 숨어 있는 증인을 추적하는 검사로서 시간을 거꾸로 돌려 그들을 찾아냈다. 그녀는 이렇게 쓴 적이 있다. 만약 독자가 드워킨의 책들에서 글자를 들어 올리면―"표면에서 한참 깊이 내려간 곳에서"[17]― 그녀의 삶을 보게 될 것이고, 인쇄된 글자가 피로 변한다면 그것은 수많은 시간과 장소에서 흘린 그녀 자신의 피일 것이라고. 그녀는 회고록 작가가 아니었다. 그녀는 그 에너지를 이용하여 죽은 이에게 생명을 불어넣고, 사드의 여성들을 여러 세기 동안의 무시와 경멸로부터 힘들게 발굴해냈다.

그녀가 조사하는 세 가지 범죄 가운데 첫 번째는《포르노그래피》가 헌정된 대상인 로즈 켈러Rose Keller의 사건이었다. 켈러는 제빵사의 과부로 1768년 부활절 아침에 파리의 길거리에서 구걸하다가 사드를 만났다. 그는 그녀를 꾀어 자기 집에 데려갔고, 거기서 그녀에게 덤벼들어 칼로 베었다. 그녀는 창문 밖으로 기어 내려와 탈출하여 마을 여자들에게 도움을 청했고, 마을 여자들은 경찰에게 알렸다. 그녀의 노력은 성공했다. 사드는 다음 날 체포되어 7개월 동안 감옥에 갇혔고, 파리에서 추방당했다. 4년 뒤 그는 마르세유에서 매춘부 여러 명과 집단 난교를 벌였다. 그는 여자들에게 최음제가 든 사탕을 먹였고, 그들 중 몇 명이 심하게 아팠다. 이번에 그는 난잡하게 성교하고 중독을 시켰다는 중죄목으로 사형 선고를 받았다. 그는 그 지역에서 달아났지만, 1772년 12월에 다시 체포되어 수감되었다가, 넉 달 뒤에 달아났다.

드워킨은 논객이었다. 글쓰기는 충격요법이었고, 세계에 충격을 주어 궤도를 벗어나게 하는 방법이었다. 모호성, 불확실성, 의심은 그녀의 목적에 맞지 않았다. 어떤 이야기의 버전이 여섯 개 있으면 그녀는 최악의 버전을 선택하여 가장 충격적인 필터를 씌운 빛을 쬐었다. 설사 자신의 주장을 입증하기 위해 여성들의 주체성을 축소하더라도 말이다. 그녀는 진실을 말하겠다고 맹세했지만, 그녀가 겪은 경험의 진실, 그리고 자신과 비슷한 여성들이 겪은 경험의 진실을 경찰이나 병원 등의 공식 기관이나 사법 기록에서 찾을 수 없다는 것은 알고 있었다. 그것은 가장자리의 여백에서 벌어지며 기록되지 않는다. 수백 년을 거슬러 어둠 속에서의 투쟁에 귀를 기울이라.

그렇다고는 해도 마르세유의 매춘부들 가운데 강제당한 사람은 아무도 없었고, 섹스를 아예 거부한 것은 단 한 명이었다는 것이 법정 기록이다. 그들의 증언에 따르면 어떤 행위를 할 것인지를 두고 끈질긴 협상이 있었다고 한다. 켈러의 경우, 칼에 관한 자세한 서술은 첫 번째 증언에는 없었고, 사드의 장모와 협상하여 3000리브르라는 거액을 요구했다가 물러나서 결국은 2400리브르의 타협안에 합의한 것이 그녀였음을 드워킨은 기록하기를 거부한다.

이것이 곧 드워킨의 모든 고발에서 사드가 무죄라는 말은 아니다. 그의 리베르탱 시절에서 가장 불쾌한 사건이자 마지막 사건이 1774년에 발생했다. 그와 아내는 라코스트에 있는 그들의 성에 칩거하며 10대 소녀 다섯 명을 하녀로 고용하고 겨울 동안 성에 타인들의 출입을 금지했다. 성안에서 무슨 일이 일어났는지 기록은 남아 있지 않지만, 드워킨은 "성적 과잉 행동"[18]이 관련되었다는 것은 반박 불가능한 사실이라고 여겼다. 이것이 사실이든 아니든 소녀들은 그 부모들이 내보내달라고 간청했음에도 불구하고 붙잡혀 있었다. 한 명은 뭔지 모를 상처를 입었고 한 명은 죽었다. 사드는 3년 뒤에 결국 수감되었을 때 편지를 써서 자신은 아무 범죄도 저지르지 않았다고 열렬하게 설명했다. 프랑스 법률에 따르면 처벌받는 것은 매춘 알선자이지 구매자가 아니기 때문이다. 구매자는 결국 "남자들이면 누구나 하는 일을 했을 뿐"[19]이기 때문이다. 이 한마디가 드워킨의 논의를 요약한다.

별일 아닌 듯이 구는 사드의 태도는 그의 전기작가들에게서도 똑같이 보인다. 그들은 "창녀의 엉덩이를 때리고"[20], "등에 상처를 내고"[21], "다소 불쾌한 한두 시간을 보낸다"[22]고 즐겁게 이야기한다. 1953년에 제프리 고러Geoffrey Gorer는 켈러에 대해 믿지 못하겠다는 투로 말했다. "그토록 심하게 상처 입은 여자라면 분명 벽을 타고 내려오기가 힘들었을 텐데."[23] 《포르노그래피》가 출판된 지 거의 20년 뒤인 1999년, 닐 섀퍼Neil Schaeffer는 라코스트 성에서 사드가 한 일에 대해 이렇게 평한다. "그런 종류의 소녀들 … 그리고 그런 소녀들이 가질 법한 부모들 때문에 투서에 대해 마담 몽트뢰유가 품은 의심이 더 타당하게 여겨졌다."[24] 빈민들은 신뢰할 만하지 못하고 매춘부는 당연히 받을 만한 대접을 받았다는 설명이다.

드워킨은 광범위하게 퍼진 이 사고방식을 벗어던진다. 그녀는 모든 저서에서 폭력의 현실을 뚫고 들어갈 길을 궁리하며, 설명자의 시점을 권력이 제일 없는 사람의 위치에 두고, 다치고 두려움에 떠는 경험을 하찮은 것으로 여기지 않는 정련된 능력을 보여준다. 스스로도 성 노동자로 일한 경험이 있는 그녀는 매춘부로 일하는 사람들을 인간이 아니라 자동기계로 여기는, 무감각하고 거부할 자격을 박탈당한 존재로 여기는 일반화된 오류를 거부한다. 뿐만 아니라 그녀는 사드의 글에서 전복적이고 급진적이라 여겨지는 것이 실제로는 통상적인 비즈니스라고, "강간과 폭행의 옹호와 찬양이 오랜 역사에 걸쳐 계속 유지되어온 주제"[25]라고 본다.

그녀는 실제 상처와 상상적 상처를 구분하는 일에는 숙련되지 못했다. 드워킨이 《포르노그래피》에서 전개하는 논의 전체는 순수하게 상상적인 영역이란 없다는 것이다. 서문에서 말하듯이 그녀의 책은 "권력이 실재하고 잔혹성이 실재하며, 사디즘이 실재하고 종속이 실재한다는, 여성에 대한 정치적 범죄가 실재한다는 완강한 믿음에서"26 포르노그래피에 관한 다른 책들과 구별된다. 상상된 것은 언제나 누군가의 신체에 문자 그대로든 아니면 가능성의 분위기를 만들어냄으로써든 영향을 미친다. 사드의 실제 범죄를 입증해야 하고, 수년 뒤에 여배우 린다 러브레이스Linda Lovelace가 〈딥스로트Deep Throat〉 촬영 현장에서 성적으로 학대당했다고 증언한 것이 드워킨의 반포르노그래피 주장에서 주된 증거물이 된 이유가 바로 이것이다. 대표적인 검열 지지 활동가인 그녀는 사드의 소설 ―《소돔의 120일》, 《쥐스틴Justine》, 《쥘리에트Juliette》― 을 그가 살아온 경험의 직접적인 연장으로 본다. 그가 휘두른 펜은 그가 만든 허구 속 리베르탱들이 휘두른 수많은 고문 도구와 대등하다. 삶은 작품에 얼룩을 남긴다. 이는 전체주의적인 독법이며, 그 속에서는 어떤 모호성이나 복합성도 허용되지 않는다.

모든 여성이 이에 동의한 것은 아니었다. 1973년 여름, 드워킨이 《여성혐오》의 서문을 쓰고 있을 때, 또 멘디에타가 동물 피를 아이오와시티 길거리에 쏟고 있을 때, 앤절라 카터는 "정치적 현상으로서 드 사드와 성적 특질 및 성별의 신화de Sade and sexuality as a political phenomenon and the myth of gender"27에 관한 책을 쓸 제안서를 작성하고 있었다. 그녀는 서른세 살이었고, 이혼한 직후였고, 일본에 있다가 최근에 런던으로 돌아왔으며, 생소하고 마음을 사로잡는 과감한 성애 소설 다섯 권을 썼다. 드워킨과는 달리 그녀는 페미니스트의 성경 같은 〈스페어 립Spare Rib〉뿐만 아니라 덜 노골적인 포르노 잡지인 〈멘 온리Men Only〉에도 기꺼이 기고했다. 둘 다 1970년대 초반에 등장한 잡지였다.

카터는 너무 개인적이고 독립성이 강해 교조적 페미니스트가 되기는 힘들었지만, 그녀는 자신의 구상을 여성들의 책을 내는 새로운 출판사 비라고에 제안했다(내 어머니도 이곳의 책을 무척 좋아했다). 카터는 나이츠브리지에 위치한 화려한 산로렌초(다이애나 왕자비가 제일 좋아하던 곳으로, 여성운동의 모의가 꾸며지리라고 생각하기는 힘든 곳이다)에서 점심 식사를 하면서 자신의 생각을 말했다. 그 제안은 1973년 9월에 비라고와 가진 첫 의뢰 미팅에서 바로 채택되었다.

카터는 편집자 카먼 칼릴Carmen Callil에게 그 책을 완성하려면 "최대 1년"[28]이 필요하다고 미리 말했다. 그러나 사드에게 여성혐오 이상의 뭔가가 있다는, 계속된 감방 생활과 그의 불행한 상상 속 고문실에서 여성에게 유용한 뭔가를 발견할 것이 있을 것 같다는 그녀의 육감으로부터 어떤 논의를 구축하기까지는 5년간의 고생이 필요했다. 우아하고 박식하기는 해도 《사드적 여성: 문화사 훈련The Sadeian Woman: An Exercise in Cultural History》은 지옥의 매끈한 해부학이다. 그 책을 읽을 때마다 나는 카터가 심연 위에 앉아 긴 다리를 흔들거리는 상상을 한다. 그녀는 전시되어 있는 참상을 거짓 없이 보고 있지만 출구가 있다는 강한 확신을 갖고 있다. 본인이 쓴 소설들 속의 현명한 아이들처럼 그녀는 호기심, 지성, 좋은 비위, 현실에 대한 흥미에 보호되고 있다.

그녀의 사드 해석은 마침내 《포르노그래피》보다 2년 먼저 출간되었고, 《포르노그래피》는 그것을 유사페미니즘 작품이라고 비판했다. 카터의 책은 여성에게 주체성을 훨씬 더 기꺼이 부여하려는 입장이다. 여성들이 붙잡혀 있는 시스템은 독립적 행동의 기회를 거의 주지 않지만 말이다. 그녀는 제물이 된 여성이라는 위치를 생각하거나 그것이 페미니즘의 미래를 위한 강력한 토대라고 여기지 않는다. 그녀가 묘사한 로즈 켈러는 나쁜 상황을 뒤집고, 창의성을 발휘하여 귀족을 이기려고 한다. 사드 본인의 경우, 그의 여성혐오라는 결함은 그가 번식의 의무라는 제약이 없는 여성의 성에 대해 옹호함으로써 상쇄된다. (그는 라이히만큼이나 낙태에 대한 옹호의 목소리를 높였다. 그러나 그의 책에서 임신한 여성들에게 벌어진 그로테스크한 일들은 해방이라는 것이 그의 유일한 동기가 아니었음을 암시한다.)

카터에게 판타지는 사실과 동일하지 않다. 그녀는 늘 실제와 상상 사이의 간극을 지적하고, 사드가 허구 속에서 끔찍한 살해 방식을 여럿 고안해냈지만, 혁명 재판에 판사로 섰을 때는 사형제에 완강하게 반대하는 바람에 또다시 수감되었다고 설명했다. 이번에는 너무 온건하다는 것이 수감 이유였다. (반면 드워킨은 강간죄에 대한 사형 선고를 지지했고 사드가 처음 공격한 여성이 그를 죽였더라면 수많은 목숨을 구했을 거라고 주장하기도 했다.)

더욱이 카터는 사드의 판타지가 일차적으로 성에 관한 것이라고 보지 않았다. 또 여성혐오가 그의 소설의 추진력이라고도 생각하지 않았다. 그녀는 그의 소설이 사실은 권력과 권력 불균형이 낳는 비탄스럽고 혐오스러운 결과에 관한 것이라고 생각한다. 성별과 성기와도 물론 관련이 있지만 계급과 돈과도 역시 관련이 있다. 또한 그녀는 사드가 쓴 소설의 목표가 이 혐오스러운 시스템을 폭로하는 것이라는 더 급진적인 주장을 펼친다. 감옥에 갇히기 전 방탕하게 살아가던 시기에 그가 많은 이득을 본 것이 그 시스템이긴 하지만 말이다. 그녀가 볼 때 사드의 주제는 자유의 기쁨이 아니라 그 지나친 대가다.

《포르노그래피》에서 드워킨은 특히 사르트르Sartre와 드 보부아르de Beauvoir 같은 인물이 사드를 자유를 추구한 인물로 끊임없이 칭송하는 방식을 비난했다.

그를 다룬 모든 문학에서 사드는 자유를 게걸스럽게 탐닉했던 사람으로 간주된다. 이 탐닉이 불공정하고 억압적인 사회에 의해 잔인하게 처벌받았다는 것이다. 사드가 글에서 또 삶에서 행한 성적, 사회적 경계의 침범은 원천적으로 혁명적인 것으로 간주되었다. 그의 성적 특질이 가진 반사회적 성격은 억압된 성적 관례 속에서 죽어 있는 사회에 대한 급진적 도전으로 간주되었다. 사드의 투옥은 성이 그 아나키적 자기충족성을 향해 자유로이 나아가지 못하도록 가두고 통제하고 조작하는 시스템의 독재성을 입증하는 것으로 간주되었다.[29]

그러나 카터가 본 것은 전면적 자유에 관한 사드의 뿌리 깊은 양면성이었다. 그녀가 보기에 그의 소설들은 악행이 흥청대는 난장판이 아니라 검열 없는 탐욕이 낳을 악몽 같은 결과를 보여주는 귀류법이었다. 그녀가 보는 사드는 자유에 대해 회의적이거나 피해망상적이기까지 한 사람이었다. 그리고 자유의 비용을 계량하고 계산하는 데 유달리 집착했다. 그의 소설이 주는 고통의 일부분은 자유의 신화를 둘러싼 껍질을 벗겨내고, 개인의 성적, 정치적 자유가 타인의 복종과 불명예에 의존하는 수많은 방식을 폭로하는 데서 기인한다. 카터는 그를 훼손의 전문가connoisseur of mutilations라는 별명으로 부르는데, 여기서 훼손이란 모든 종류의 불평등에서 발생하는 훼손을 의미한다.

현실에서 권력을 가진 사람들—은행가, 판사, 주교, 입법자, 자본가, 정치가—이 사드 소설 속의 권력을 가진 사람들이다. 《소돔의 120일》에 나오는 리베르탱들은 30년 전쟁에서 얻은 이득을 살인적 향락에 탕진한다. "항상 그들이 야기하는 재난을 진압하지 않고 그냥 누워서 더 많은 이득이 떨어지기를 기다리는 거머리들."[30] 지금 우리는 그런 존재를 재난 자본가라 부른다. 마찬가지로 현실에서 권력을 갖지 못한 사람들이 그 결핍으로 인한 고통을 소설 속에서 겪는다. 아내, 딸, 여성, 소녀, 소년. 빈민, 교육받지 못한 이들, 무고한 자, 젊은이. 사드의 우주에서 자유는 제로-섬 게임이다. 그것을 갖거나 갖지 못한다. 21세기의 강간 수용소 문제와 미투 운동에서 그의 목소리가 계속 울려 퍼지는 이유가 바로 여기 있다. 하비 와인스타인Harvey Weinstein과 제프리 엡스타인Jeffrey Epstein이 벌인 일들도, 그들이 수많은 피해자의 인간성을 어떻게 말살했는지도 사드를 놀라게 하지는 못했을 것이다. 트럼프의 등장 역시 마찬가지다. 카터의 표현을 빌리자면, "사드에게서 얻은 가장 잔인한 교훈은 모든 특권 속에는 독재가 잠재되어 있다는 것이다. 너의 자유를 인정하지 않는 나의 자유는 너를 더 부자유하게 만든다."[31]

내 관점에서 그녀의 해석이 너무나 정확하다고 보는 근거 가운데 하나는 여느 사람들과 달리 실제로 사드의 글을 읽는 경험에 그녀가 관심을 쏟는다는 점이다. 각각의 문장을 독자들의 몸이 어떻게 느끼는지에 관해서 말이다. 드워킨이 사드의 소설을 두고 욕정을 정당화한다고 말하지만, 그의 소설을 다른 포르노그래피 작품들과 비교할 수는 없다. 그 속에 극단적인 폭력 장면이 있기 때문만은 아니다. 《눈의 이야기Story of the Eye》나 《O 이야기》와 같은 사도마조히즘 고전물과는 달리 그의 소설들은 근본적으로 흥분을 야기하지 않는다.

사람들이 흔히 말하듯이 사드의 섹스가 복잡한 무도회 춤이나 공장 기계의 움직임과 비슷하다는 것은 그 방탕함이 지닌 엄청나게 지루하고 기계적인 면을 포착하기는 하지만 그 공포는 전달하지 못한다. 그 공포란 단순히 음울한 광경을 관찰하는 공포가 아니다. 사드의 판타지와 그가 그것을 서술하는 방식은 일종의 내면적 단절을 불러일으킬 수 있다. 절대적인 니힐리즘의 광경에 우리는 자신의 신체 속으로 축소되는 동시에 낯선 존재가 되어버린다. 시몬 베유의 표현을 빌리자면, 사물 안에 갇힌 영혼, 인간의 얼굴을 가진 폐허가 되는 게 어떤 느낌일지를 잠시 포착하게 되는 것이다.

독자에게든 악마 같은 기계를 장악하고 조작하는 리베르탱들에게든 핵심은 쾌락이 아니다. 까다로운 오르가슴에 이를 수도 있고 이르지 못할 수도 있는 빈틈 없는 의식은 두 가지 요건에 거의 전적으로 의지한다. 다른 신체들과 다른 신체들의 비자발적이거나 반자발적인 기능에 대한 통제력을 강제로 쥐는 것, 그리고 그에 수반되는 심각한 고통을 끼치고 상처를 주고 죽이는 힘이다. 그러나 만족에 이르지는 못한다. 만족감을 추구할수록 그들의 세계는 더 공허해지며, 되풀이되고 비틀린다. 지옥을 창조할 때의 문제는 당신도 거기에 살아야 한다는 것이다. 그러는 동안 피가 다 빠지고, 태워지고 절단되고 도로 꿰매진, 이디 아민이나 크메르 루주*가 벌인 일들을 상기시키는 잔혹상의 대상이 된 제물들의 몸들이 높이 쌓인다.

스스로도 리베르탱인 사드는 자유liberty라는 단어가 가진 복잡성의 화신이다. 그 단어에는 서로 엇나가는 의미들이 담겨 있다. 중세 때부터 그 단어는 구속으로부터, 노예제나 감금으로부터의 해방, 자의적인 통제나 독재로부터의 해방을 뜻했지만, 또한 방해나 제약 없이 자신이 하고 싶은 일을 할 능력이나 힘이라는 의미도 지녔다. 운명이나 필연으로부터의 자유, 의지의 자유, 허락, 허가, 어떤 것에 대한 거리낌 없는 사용이나 접근, 관습의 한계를 넘는 행동, 방종, 특권, 면제 또는 권리.

이것이 드러내는 것, 사드가 애써 우리에게 말하고 있는 것은 자유를 취하는taking liberties 것은 자유를 부여하는bestowing liberties 것과 같지

---

* 각각 엄청난 학살을 자행한 우간다의 독재자와 캄보디아의 무장 조직이다.

않다는 것이다. 리베르탱의 낙원이 감옥이라는 것은 우연이 아니다. 담으로 둘러싸이고 폐쇄되어, 자유가 박탈당한 사람이든 자의로 붙잡힌 사람이든 누구도 탈출할 수 없는 곳이다. 마음대로 행동할 자유는 불운하게 행동의 대상이 된 몸들에게 지옥 같은 결과를 낳을 수 있고 실제로도 그렇게 되었다. 사드는 경고한다, 절대적 자유는 에덴보다는 아우슈비츠와 더 가깝다고.

· · ·

성적 자유의 본성에 대한 사드의 꿋꿋한 회의주의는 라이히를 읽은 관점에서 볼 때 특히 흥미롭다. 둘 다 오르가슴을 중심으로 조직된 사회를 상상했다. 그러나 라이히의 전망이 유토피아적인 반면 사드의 전망은 프로이트가 《문명과 그 불만》에서 상상한 무한한 폭력과 강간의 전망보다 더 심하게 종말론적인 버전이다. 라이히는 성적 표현이 개인적 자유만이 아니라 더 자유로운 세계, 처음부터 평등한 자들로 구성된 세계로 가는 길이라고 생각했다. 반대로 사드는 섹스가 단지 쾌락, 연결, 친밀함, 초월적 기쁨의 문제만이 아님을 알고 있었다. 사실 이런 관점에 사드의 이름이 붙어 있기도 하다. 사디즘은 여러 가지 의도와 요구를 가진 행위로서, 상처 주고, 복종시키고, 모욕하고 처벌하고, 심지어는 파괴하는 것도 포함한다.

섹스의 이런 어두운 측면을 지워버린다는 것이 라이히에 대한 손택의 여러 가지 비판 중의 하나였다. 《사드적 여성》이 출간된 해인

1979년 가을에 〈롤링 스톤〉과 가진 인터뷰에서, 그녀는 그가 보는 섹스관의 순진함에 대해 이야기했다. "나는 그가 인간 본성 안의 악마적인 것을 제대로 이해하지 못했다고 생각한다. 그는 또 성을 뭔가 근사한 것으로만 그렸다. 물론 근사한 것일 수 있다. 하지만 매우 어두운 장소이고 악마들이 날뛰는 무대이기도 하다."[32]

이것이 사실에 대해 손택이 전형적으로 취하는 선택적 접근법이다. 라이히는 성이 악마적인 것일 가능성을 잘 알고 있었다. 단지 그것을 손상의 징후로, 그가 자연적인 성적 특질이라 부른 것의 왜곡된 형태로 간주했을 뿐이다. 그는 자연적인 성적 특질은 언제나 한결같고 온화할 것이라고 믿었다(푸코가 무덤에서 고웃음치는 소리가 들릴 정도다). 《파시즘의 대중심리》에서 그는 어디에나 존재하는 복종과 통제의 구속적 시스템인 가부장적 자본주의 치하에서 성이 어떻게 왜곡되는지를 능란하게 설명하면서 "악마demonic"라는 단어를 특별히 사용한다. 여성과 아이 ―사드의 영원한 제물들―의 성적 자유의 제한은 성을 상품으로 만든다. 남자의 경우, 어린 시절 너무나 많은 수치와 억압을 겪다 보니 온화한 본성이 분노로 변한다. "이제부터 성은 정말로 왜곡된다. 악마나 악령처럼 변하며 억제되어야 한다. 이 더러운 성적 특질이 자연적인 것이 아니라 가부장제적 성적 특질이라는 사실은 간단하게 간과된다."[33]

드워킨처럼 라이히의 분석은 개인적 경험에서 기인한다. 열한 살 때 그는 사랑하는 어머니 체칠리아가 그의 가정교사와 불륜관계에 있음을 알아차렸다. 체칠리아는 너무나 겸손해서 양¥이라는 별명이 붙은 여성이었다. 그는 두 사람이 키스하는 모습을 보았다. 둘이 함께 있을 때 침대가 삐걱거리는 소리를 들었다. 결국 문틈으로 두 사람을 바라보면서 매혹되고, 역겨운 마음과 질투를 느꼈다. 그의 일부분은 자신이 그 가정교사였으면 싶었고, 아버지에게 이른 다고 위협하여 오이디푸스처럼 어머니의 침대에 들어가는 환상을 품었다.

라이히의 아버지 레오는 질투가 많은 남자였다. 라이히가 열두 살 때 레오는 자기 아내가 불륜을 저지른다고 확신하게 되었지만, 상대가 누구인지는 몰랐다. 어느 날 저녁, 그는 아내와 가정교사가 단둘이 있는 모습을 보았다. 그는 그녀를 이층으로 끌고 올라가서 창녀라고 욕했다. 라이히는 자기 방에서 "오로지(!) 누군가가 이리저리 떠밀리고 침대에 던져지는 소리만"[34] 들을 수 있었다. 그러다 화가 머리끝까지 나서 어머니를 죽이겠다고 소리치는 아버지의 목소리가 들렸다. 얼마 뒤 아버지가 뛰어들어와서 라이히에게 무얼 보았는지 털어놓으라고 했다. 침실에서 들려오는 "깊은 신음 소리"[35]가 이 괴로운 대화를 방해했다. 체칠리아는 소독제 리솔을 삼키고 침대 위에서 몸부림치고 있었다.

레오는 그녀의 목구멍에 구토제를 쏟아부어 목숨을 구했지만, 다음 해 내내 그녀를 지독하게 때렸다. 체칠리아의 손과 얼굴과 몸뚱이에는 그의 가해 흔적이 영구히 남았다. 회고록《젊음의 열정Passion of Youth》에서 라이히는 "처참한 장면과 갈수록 심해지는 폭력"을 떠올린다. "어머니는 완전히 마비된 것처럼, 소나기같이 쏟아지는 공격을 무기력하게 당하고 있었다."³⁶ 그는 어머니를 보호하지 못했는데, 이것이 영원한 수치로 남게 된다. 게다가 그 역시 그녀에게 등을 돌렸고, 소리도 질렀다(이 고백에 담긴 고통은 내게 항상 드워킨의 고백을 상기시킨다. 드워킨은 남편의 공격이 극심했을 때 사랑하던 개에게 발길질을 하고 때렸다고 썼다). 결국 체칠리아는 다시 자살을 기도했다. 이번에는 위장만 망가뜨렸다. 동화 속 인물처럼 그녀는 세 번째로 독약을 마시고서야 성공하게 된다. 이때도 죽기까지 이틀이 걸렸다.

나는 라이히가 어머니가 겪은 일을 계기로 가부장제의 소유권 모델과 섹스에 대한 제약이 낳는 참혹한 결과에 눈을 뜨고 성 해방론자로 활동하게 되었다는 말이 과장이 아니라고 생각한다. 성 혁명을 이야기할 때 그는 끝없는 오르가슴이라는 판타지보다는 여성이 보복이나 폭력이나 죽음에 대한 두려움 없이 성적 쾌감을 누릴 수 있는 세상을 지향했다. 라이히가 1970년대에 수많은 상이한 견해를 가진 페미니스트들에게 시금석이 되었던 것은 이런 그의 여성에 대한 관심과 공감sympathy 때문이었다. 정치와 젠더 문제에 대한 그의 사상은 《성 정치학》과 같은 해에 출간되었고 훨씬 더 급진적인 요구를 담고 있는 슐라미스 파이어스톤의 《성의 변증법: 페미니스트 혁명을 위하여》의 핵심에 자리 잡고 있다. 줄리엣 미첼Juliet Mitchell이 1974년에 낸 정신분석학에 대한 묵직한 재검토인 《정신분석학과 페미니즘: 프로이트, 라이히, 랭, 그리고 여성Psychoanalysis and Feminism: Freud, Reich, Laing and Women》에서 그는 중요하면서도 논쟁의 여지가 있는 인물로 다루어진다. 한편 에코-페미니스트이자 젠더 본질주의자*인 수전 그리핀Susan Griffin은 포르노그래피와 강간에 관한 연구에 그의 사상을 활용한다.

드워킨 역시 그를 열심히 읽었다. 1987년에 그녀는 권력의 관점에서 성적 행위를 고통스럽게 심문하는《성교Intercourse》를 출간했다. 그녀가 라이히를 성 해방론자 가운데 가장 낙관적인 인물, "강간을 진심으로 혐오하는 유일한 남성"[37]이라고 설명한 것은 이 책에서다. 언뜻 그들은 어울리지 않는 동지처럼 보인다. 그러나 난교의 잠재력을 찬양한 라이히와 이성애적 삽입 행위에 회의를 품고 남성들더러 늘어진 성기를 받아들이라고 요구한 드워킨을 등치시키기는 쉽지 않지만, 그들의 비전에는 공통된 기반이 있다. 두 사람 모두 포르노그래피와 성적 폭력을 부자연스러운 문화적 징후, 가부장제의 산물이자 집행자라고 본다. 둘 다 가족이 그 이데올로기가 주입된 장소, 아기 때부터 아버지의 권위에 복종하도록 사람들을 훈련시키는 장소라고 믿는다. 더 중요한 사실은 두 사람 모두 다른 종류의 섹스에 대한 신뢰가 있고, 이 유토피아적 행위의 세부 내용은 모호하지만 그것이 해치려는 욕망이 아니라 절대적 평등성에 기초하고 있음을 확신한다는 점이다.

1980년대에 드워킨은 특정한 종류의 성적 관행들, 특히 BDSM에 대해 논쟁적인 태도로 목소리 높여 반대했다. BDSM을 그녀는

---

* gender essentialist, 생물학적 성과 사회적 성, 즉 젠더는 확고하고 필연적으로 연결되어 있다고 보는 입장. 각 성별의 속성은 후천적인 획득 형질이 아니라 생물학적으로 형성되었다고 본다.

학대에 대한 일종의 스톡홀름증후군이라고 보았다. 사드에 대한 공격에서도 그랬듯이, 그녀는 상상적인 것과 실제적인 것의 구분을 거부했다. 혹은 구분할 수 없었다. 나는 그녀의 논지 가운데 많은 것이 설득력이 있다고 생각하지만, 이 점에서는 나 자신의 회의주의를 이기지 못한다고 해야 할 것 같다. 우리가 살아가는 부당하고 불가항력적인 구조가 우리의 성적 상상에 끼친 피해를 개탄하기 위해 우리 모두에게 순수하고 오염되지 않은 자아가 존재한다고 믿을 필요는 없다. 라이히와 드워킨과는 달리 나는 섹스에 합의된 마조히즘이나 사디즘 행위가 포함되어 있다는 이유만으로 그것이 반드시 기능 불량이라거나 여성혐오의 표현이라고 생각하지는 않는다.

문학처럼 섹스는 상상극의 공간이며, 그 안에서 위험한 힘을 마주하고 체험할 수 있다. 그리고 질병처럼 섹스는 에드워드 세인트 오빈이 "언어 습득 이전의 세계에 드리운 어둠"[38]이라고 묘사한, 불확실한 황홀과 공포가 웅크리고 있는 곳으로의 하강이다. 사드적 향락의 자유의지 버전인 BDSM은 그곳에 닿는 길 가운데 하나다. 그것은 아기 시절의 압도적 감정으로, 언어가 끼어들기 이전의 신체로 되돌아가는 길이다. 드워킨이 주장하는 것처럼 언제나 그저 여성혐오 습관을 복제하는 것이 아니다. 톰 오브 핀란드*의 그림들을 훑어보기만 해도 그 점은 납득된다.

10대 때 《성 정치학》을 부모의 책장에서 꺼내 펼쳤다가 첫 번째

---

* Tom of Finland, 20세기를 풍미한 게이 일러스트레이터.

장에서 한 여성이 욕조에서 성교하는 장면의 서술을 읽고 끔찍해하기보다는 달아오르는 느낌을 받은 것이 나만은 아닐 것이라고 확신한다. 《O 이야기》에서도 좀 다른 일이 벌어지고 있지 않았던가? 남성우월성(누구든 똑같은 저 성기 휘두르는 남자들, 주인이라 불리고 싶은 욕망이 너무나 적나라한 남자들)이 아니라 몸 그 자체에, 두렵고도 강렬한 실어失語의 세계에 복종할 가능성이 있지 않던가. 드워킨이 가장 강하게 반대한 부분이 흥분시키는 부분이었다. 즉 몸으로, 부분으로, 구멍 하나로 축소되는 데서 O가 느끼는 쾌감 말이다. 말하는 자아를 포기하고, 무한 속으로 굴러들어가는 것이 바로 섹스의 핵심이 아닌가?

　서식스대학 도서관에서 《포르노그래피》를 읽은 지 얼마 지나지 않아 나는 드워킨이 브라이턴에서 열린 폭력, 학대, 여성시민권에 관한 국제회의International Conference on Violence, Abuse and Women's Citizenship에서 연설하는 것을 들었다. 1995년이었고, 그녀는 쉰 살쯤이었다. 그녀는 특유의 멜빵 작업복과 고무 밑창 운동화를 신고 나왔다. 조해나 페이트먼의 표현을 빌리자면, 그녀는 "포르노그래피, 매춘, S&M에 대한 페미니스트의 반대를 규정하는 데 사용되는 논쟁적 용어인 안티 섹스 페미니즘의 원형"[39]이었다. 특정 유형의 섹스에 반대하는 활동에 더하여 그녀는 미국의 여러 도시에서 포르노그래피 제작자들이 여성들에게 입힌 피해를 고발하도록 허용하는 시민권법을 통과시키려는 논쟁적인 시도를 선도했다.

　회의의 분위기는 분열되었다. 퇴장하는 사람들과 일어서서 싸우는 사람들이 있었다. 나는 내가 항상 좋아하던 어머니의 레즈비언 친구와 함께 갔는데, 주말 동안 우리는 서로가 고통스러운 간극을 사이에 둔 반대 진영에 속하며, 포르노 전쟁이라 알려진 사건에서 서로 다른 군대에 속한 전사임을 알게 되었다. 검열이 이 일을 이루는 길인가? 그것이 해방으로 가는 길이라는 드워킨에게 동의하는 페미니스트가 많았지만, 나 외에도 많은 사람이 동의하지 않았다. 특히 그녀가 우익의 반외설 운동가들과 전술적 동맹을 맺은 뒤에는 더욱 그러했다.

앤절라 카터는 그 무렵 이미 세상을 떠난 뒤였지만(1992년에 쉰한 살의 나이에 폐암으로 세상을 떠났다), 그녀 역시 반대자였다. 그녀의 전기작가 에드먼드 고든Edmund Gordon이 《앤절라 카터가 만들어 낸 것The Invention of Angela Carter》에서 설명하듯이, "앤절라의 사회주의적 의식이란 곧 포르노그래피가 권력 관계의 표현이라고 보았지만 다른 모든 것들 역시 마찬가지며, 다른 모든 것이 그렇듯 그것이 그 관계를 다르게 표현할 수 있으리라고 생각했다는 뜻이다."[40] 그녀는 1984년에 〈페이스The Face〉에서 말했다. "나는 일부 동지들이 포르노에 대해 너무 소란을 떤다고 생각한다. 그들은 소란을 떨지 않는 여성들은 일종의 공범이라는 뉘앙스를 풍긴다. 터무니없는 일이다."[41] 당시에 그녀는 여전히 《사드적 여성》에 대한 페미니스트들의 공격으로 기분이 상해 있었다. 옷을 반쯤 걸친 여성들이 채찍질 당하는 모습을 그린 클로비스 트루유Clovis Trouille의 초현실주의 그림을 페이퍼백 표지로 싣자 영국 대안서점연맹은 책의 내용은 해방적일지라도 표지는 여성에 공격적이라고 비난했다.

포르노그래피―성기와 신체 부위의 전시, 성적 행위의 묘사―가 정말 그토록 해를 끼치는 것인가, 아니면 안티 포르노 페미니즘이 여성적 욕구를 억누르는 오래된 청교도적인 명령을 강화하는 것인가? 자유는 어디에 위치하는가? 성적 폭력 없는 세계를 위한 투쟁에? 아니면 어떤 종류든 합의된 행위에 가담할 권리에? 내가 드워킨을 보았을 무렵, 이 질문들로 인해 2차 페미니즘 물결은 분열되고 있었다. 그날 그녀는 외롭고 싸움에 시달린 모습으로, 아직도 자신의 고통스러운 메시지를 전달하고 있고, 아직도 그녀의 극단적이고 인기 없는 해결책을 전도하고 다니는 것으로 보였다.

그날 오후에 내가 겪었던 것처럼, 문제는 드워킨이 섹스를 원하는 것만으로도 마음을 불편하게 만든다는 데 있었다. 문제는 그녀가 특정한 종류의 욕구에 반대하여 입법을 요청했다는 것이 아니라 욕구가 일어날 가능성의 여지를 전혀 남기지 않았다는 것이었다. 나와 나의 에로틱한 상상이 바로 문제라고. 드워킨의 글 가운데 많은 것이 지금은 전기가 통하는 듯 짜릿하게 느껴지지만 그때는 내게 수치심을 갖게 만들었다.

• • •

나는 A-레벨 수업에서 《피로 물든 방》을 공부했지만, 25년이 지난 뒤에야 그것이 동일한 논쟁이 쏘아 올린 화살임을 깨달았다. 카터는《사드적 여성》과 같은 시기에 그 책을 썼는데, 훨씬 더 쉽게 썼다. 그 책은 같은 해 5월에 골란츠출판사에서 출간되었다. 그 책의 구성은《미녀와 야수》,《백설공주》,《푸른 수염》같은 동화에서 따온 것이지만, 그 역학관계는 확연히 사드의 계보를 따른다. 그녀는 케케묵은 배경을 끌어오고, 불길한 낡은 캐릭터 ─ 외딴 성, 잔인한 후작, 저주에 걸린 유순하고 순진한 처녀 ─ 를 계속 못살게 굴지만, 이내 줄거리를 혼란에 빠뜨리고, 온 사방에서 예상치 못한 문과 창문을 연다.

표제작에서, 결혼하는 족족 아내가 죽어 나가는 귀족이 새로 맞은 창백하고 젊은 신부는 남편이 잠가둔 공포의 방을 열고 들어갔다가 머리가 잘리고 피가 다 빠진 채 방부 처리된 예전 신부들의 시신을 보게 된다. 그녀는 자신이 다음번 시신이 될 것이 분명하다고 믿으면서 후회스럽게 말한다. "난 모든 움직임이 그 사람과 똑같이 억압적이고 전능한 운명에 지배되는 게임을 해왔어. 운명이 곧 그 사람이니까."[42] 그러나 이제는 그 믿음이 거짓이다. 이 사라진 여자들은 그들 마음이 내킬 때만 복종한다. 그들은 각자 나름의 운명을 갖고 있다. "칼날이 내려오지 않았고, 목걸이는 내 목을 절단하지 않았으며, 내 머리는 떨어져 구르지 않았다."[43]

《피로 물든 방》을 그토록 신나는 이야기로 만드는 것은 그 책이 성적 특질에 대해 문을 닫아걸거나 깨끗이 지워버리려고 하지 않는다는 점이다. 빨간 망토 소녀는 늑대에게 한 방 먹인다. 미녀는 야수가 되기를 선택한다. 그녀의 피부가 벗겨지고 아름다운 털이 드러난다. 드워킨이 동화에서 본 것은 여성혐오의 증거뿐이었지만, 카터는 프로이트가 인간 성의 가장 초기 단계를 형성한 것이라고 추정한 다형적 도착성을 찾아낸다. 여성혐오에 대한 그녀의 대답은 섹스를 거부하지 말고 변형시키라는 것이다. 오로지 사지가 멀쩡한 채로 침실을 나서고 싶다는 이유만으로 성애의 가능성을 미리 차단할 필요는 없다.

책에서 벌어지는 폭력은 자연 세계의 거친 틀 속에, 그 격동적인 계절과 수많은 소소한 죽음들 속에 위치한다. 말할 수 없이 황량한 한 이야기에서 한 백작은 피가 가득한 눈밭의 구덩이를 보며 진심으로 원하는 대상, 아름다운 나체 소녀가 나타나길 소원한다. 그녀는 죽고, 그가 그녀를 취하고, 절정에 이르러 그녀가 녹아 사라지고, 얼어붙은 땅바닥에 피투성이 흔적을 남긴다. 그것은 쓰고 버린다는 사드 스타일의 축소판이지만, 또 삶 그 자체의, 출생에서 죽음까지 가는 혹독한 길의 저속 촬영 버전이기도 하다.

1973년에 한 강간을 소재로 한 작업 이후, 아나 멘디에타 역시 특정 성별에 대한 특정 폭력 행위의 기록에서, 카터의 피로 물든 방들과 탈바꿈한 여자들과 괴상한 방식으로 맥을 같이하는 작업들로 옮겨갔다. 그해 여름, 그녀는 당시 연인이자 인터미디어 과정을 이끄는 한스 브레더와 함께 멕시코 오악사카 골짜기에 있는 유적지인 야굴로 갔다. 어느 날 아침 일찍 그녀는 오악사카 시장에 가서 긴 줄기가 달리고 아주 작은 흰 꽃잎이 무성한 꽃을 한 아름 사 왔다. 그녀는 한스와 함께 야굴로 가서, 옷을 전부 벗어버리고는 개방된 사포텍 무덤 안으로 들어갔다. 무덤 양쪽으로는 큰 바위들이 있었다. 멘디에타의 꼼꼼한 지시에 따라 한스는 그녀의 몸 전체를 꽃으로 덮어 거의 보이지 않게 했다. 역시 그녀의 지시에 따라 그가 찍은 사진에서는 꽃이 팔과 다리 사이에서 솟아오르고, 무덤으로부터 기운차게 만개한다.

1년 뒤, 오악사카에서 그녀가 한 다음 작업에서는 카터의 메아리가 더 강해졌다. 이번에 그녀는 시장 정육점에서 피를 구했다. 두 사람은 여섯 안뜰의 궁전Palace of the Six Patios에 가서 그녀는 미궁의 폐허에 드러눕고 한스는 그녀의 몸 가장자리를 따라 윤곽선을 그렸다. 그리고 그녀는 흙을 퍼내고 그 구덩이를 피로 채웠다. 이는 카터의 쓰디쓴 우화를 완벽히 재현한 것이었다. 지금은 테이트미술관에 소장된 사진을 보면, 처음에는 구름이 거의 가리고 있는 습한 초록색 산지 복판에 자리 잡고 있는 거대한 돌무더기 폐허가 보인다. 위로 처든 팔, 상처 난 동맥에서 나오는 피같이 붉게 젖은 모래로 만들어진 작고 흐트러진 신체 형태는 서서히 눈에 들어온다.

이런 이미지들이 멘디에타의 유명한 실루에타Silueta 시리즈의 시작이다. 1973년에서 1980년 사이에 그녀는 멕시코와 아이오와에서 실루에타 작업을 100번 이상 한다. 야굴에서 만든 것 같은 초기 버전에서 그녀는 자신의 몸을 사용했지만, 곧 150센티미터 정도 되는 자신의 등신대를 합판으로 만들어 폭스바겐 비틀 지붕 위에 묶고 다니면서 사용했다. 그것을 아이오와시티 외곽의 습지와 개울 지역으로 갖고 갔는데, 가장 자주 간 곳은 올드맨스 크리크와 데드트리에리어였다. 그곳에서 그녀는 등신대를 이용해 진흙, 눈, 모래에 판 인간만 한 크기의 구덩이에 염료나 꽃이나 피를 채웠다. 거기에 파라핀이나 화약을 쏟아붓고, 촛불처럼 그것에 불을 밝히고, 불에 타 흙과 섞이게 했다.

실루에타 시리즈는 일부러 방치되어 흙에 파묻히고 자연에 손상되다가 나중에는 결국 사라졌지만, 멘디에타는 사진과 영화라는 방식으로 보존했다. 이 숭고하고 으스스한 이미지에서 더 부각되는 것은 몸의 사라짐이다. 그것들은 확실히 무덤처럼, 또는 살인 현장처럼 보인다. 그러나 더 황홀하고 경이로운 해석도 함축되어 있다. 나무나 사슴으로 변한 소녀가 혼란스러운 증거를 뒤에 남기고 떠나는 오비디우스의 우화 같은 것으로 해석될 수 있는 것이다. 썩어가는 것에 관심을 갖는다는 점에서 일본 중세의 구상도를 상기시킨다. 구상도란 불교 명상을 위한 그림으로 귀족 여성의 시신이 부패해가는 아홉 단계를 묘사함으로써 불영속성의 본성을 드러낸다.

내가 실루에타를 알게 된 것은 기숙학교에 관한 영화를 찍은 바로 그 남자친구를 통해서였다. 나는 그 작품들이 아주 매혹적이며 도취시키는 성격도 있다고 느꼈다. 신체 형태가 녹거나 씻겨나가는 것을 보고 있으면 엄청나게 자유로워지는 느낌이었다. 마치 내 몸속에 뭉쳐 있던 매듭 같은 것이 풀어지는 듯했다. 그것들은 유동성을 증언했으며, 몸이 원래 가진 폭력성과 여성 혐오의 폭력성을 구별했다. 드워킨은 끝내 알아보지 못했던 그 차이를. "난 죽음과 삶을 갈라놓을 수 있다고 생각하지 않는다."[44] 멘디에타는 린다 몬테

노Linda Montano와 가진 인터뷰에서 이렇게 설명했다. "내 작업은 모두 그 두 가지에 관한 작업이다. 에로스와 삶과 죽음을 다룬다." 실루에타 시리즈는 특히 순환적 시간에 관한 것, 물질의 불영속성이라는 훨씬 더 큰 틀에서 폭력에 맥락을 부여하는 작업이다. 멘디에타 자신의 몸, 작고, 여성이고 쿠바인인 몸, 보편성에 대한 이야기. 그리고 그것을 받아들일지 말지는 보는 사람의 몫이다.

그녀가 포착한 것은 신체 변화의 확실성, 변이되고 해체되는, 시간을 통과하며 춤추는 모든 것이다. 멘디에타의 작업이 가지는 지속적인 힘은 폭력적 재료를 사용하면서도 해방의 가능성을 충분히 느끼게 한 방식에 있지만, 그럼에도 불구하고 그것이 곧 그녀 자신이 위험에서 벗어났다는 뜻은 아니다. 멘디에타는 폭력적이고 불확실한 상황에서 생명을 잃었고, 사건의 혼탁한 여파 속에서 그녀의 작업은 그녀가 자신의 죽음에 대해 책임이 있다는 법정 증거로 사용되었다.

멘디에타는 1978년에 뉴욕으로 이사했다. 그곳에서 그녀는 소호의 우스터가 97번지에 있는 여성갤러리 A.I.R.에 합류했다. A.I.R.은 1972년에 설립된 미국 최초의 여성만을 위한 비영리 갤러리였다. 그곳은 화가들이 이끌고 관리했으며, 비라고출판사가 그랬듯, 생산수단을 장악함으로써 미술에서 여성을 배제하는 풍조를 공격하려는 시도였다. 그 갤러리의 "짧은 역사" 설명에서 보듯, 그 이름은 상주하는 화가들Artists in Residence을 뜻하며, "여성 화가들이 이제 미술계에서 영속적인 거주자임을 선언한다".[45] 멘디에타는 처음에는 그곳을 아주 좋아했지만, 2년 뒤에는 탈퇴하면서 미국 페미니즘의 백인 중심적, 중산계급적 성격에서 좌절감을 느꼈다고 토로했다.

1983년에 그녀는 로마상을 수상하여, 자니콜로 언덕 위 높은 곳에 아름다운 건물군을 이룬 아메리칸아카데미에서 즐거운 1년을 보냈다. 라틴 문화에 돌아가 있는 것은 휴식이었고, 멘디에타는 펠로십이 끝날 때까지 영원의 도시*에 머물렀다. 1985년 1월에 그녀는 그곳에서 미국인 미니멀리스트 화가인 칼 안드레Carl Andre와 결혼했다. 두 사람은 이전 5년간 만났다 헤어졌다 했고 그는 계속 불성실했다. 9월경 그녀는 친구들에게 이혼하겠다는 이야기를 했다.

사랑과는 별개로 그녀의 삶은 순조로웠다. 로마에서 그녀는 실루에타 등 곧 사라져버리는 야외 작업을 중단하고 전시되거나 판매될 수 있는 물리적 사물인 스튜디오 조각으로 옮겨가는 중대한 변화를 맞는다. 그녀는 뉴욕의 뉴뮤지엄New Museum에서 중요한 전시회를 열 계획을 갖고 있었고, 로스앤젤레스의 맥아더파크MacArthur Park에 영구적으로 공공 전시할 용도로 작품을 만들어달라는 요청도 받았는데, 그때까지 만든 작품 중 가장 큰 작품이었다. 8월에 그녀는 몇 주 동안 뉴욕으로 돌아왔다. 그리니치빌리지 머서가 300번지의 호화 마천루 건물에 있는 안드레의 펜트하우스에서 머무르면서 스프링가 지하철역 근처 6번 대로에 있는 검소한 자기 아파트의 말썽쟁이 세입자를 내보내는 문제로 골머리를 앓았다.

---

* Eternal City, 로마의 별칭.

9월 8일 토요일 오전 5시 30분경, 멘디에타는 머서가 300번지의 침실 창문에서 34층 아래로 추락하여, 웨이벌리 플레이스에 있는 딜리온식료품점을 무참하게 부쉈다. 타르지로 덮인 지붕에 몸 형태 그대로 구멍이 날 정도였다. 그녀는 푸른색 비키니 팬티만 입고 있었다. 추락의 충격으로 중요한 뼈가 모두 부러졌다. 머리뼈는 함몰되고 오른팔 상박의 피부가 벗겨지고, 내장 기관이 전부 파열되었다. 그녀는 서른여섯 살이었다.

안드레는 5시 29분에 911 전화를 걸어 이렇게 말했다. "내 아내는 화가이고 나도 화가예요. 내가 아내보다 대중적으로 유명하다는 문제를 놓고 말다툼을 벌이다가 아내가 침실로 갔어요. 뒤따라갔는데, 아내가 창문 밖으로 나가버렸어요."[46] 새벽에 경찰이 시신을 발견한 뒤 찾아오자 그는 이렇게 말했다. "그러니까, 난 아주 성공한 사람인데 아내는 그렇지 않거든요. 아마 그 때문에 화가 났겠죠. 그렇다면 내가 그녀를 죽였다고 할 수도 있겠네요."[47] 아무도 그가 죽였는지는 묻지 않았다.

나중에 그는 그녀가 뛰어내렸다고 말했고, 더 나중에는 그녀가 침실 창문을 닫으려 하다가, 혹은 열려고 하다가 떨어졌다고 말했다. 그는 체포되었고, 그녀를 살해한 죄목으로 재판에 회부되었지만, 배심재판을 마다하고 묵비권을 행사했다. 극소수는 예외였지만 미술계는 그를 지지했다. 한 세대 전에 메일러가 아내를 칼로 찔렀을 때 문학계가 보인 반응과 똑같았다. 1988년 2월, 멘디에타가 죽은 지 거의 3년이 지난 뒤, 그는 무죄 판결을 받았다. 판사는 합리적인 의심 이상으로 안드레가 유죄임을 납득할 만한 증거가 불충분하다고 결론지었다. 뉴욕주 형사법이 특이한 탓으로 재판 기록은 봉인되었다. 그래서 오늘날 경찰 수사 기록과 재판 기록을 보려면 신문 보도를 찾아보거나 로버트 카츠Robert Katz가 1990년에 낸 책《벌거벗은 채 창문 곁에서Naked by the Window》를 읽는 수밖에 없다. 카츠는 재판에 참석했고, 모든 주요 관계자들과 끈질기게 인터뷰를 진행했다. 제목은 형편없지만 그의 책은 그 재판에 대한 현존하는 가장 자세한 기록이다.

현재 남아 있는 혼잡하고 상충하는 증거 파편들을 토대로 무슨 일이 벌어졌는지 확실하게 알아낸다는 것은 절대로 불가능하다. 그 거리의 어느 도어맨은 한 여성이 "안 돼, 안 돼, 안 돼, 안 돼"라고 비명 지르는 소리를 들었다. 침실은 매우 어질러져 있었다. 안드레의 코와 등과 팔에는 생생하게 긁힌 자국이 있었다. 멘디에타는 높은 곳을 매우 겁냈다. 고소공포증이 어찌나 심한지, 바티칸에 초청을 받아 시스티나성당 천장화를 보러 갔을 때, 매우 얻기 힘든 영광스러운 기회인데도 사다리를 올라갈 수 없었다. 결혼 생활은 잘되어가지 않았다. 그녀는 그를 떠나려던 참이었다. 그녀는 몸집이 아주 작아, 키의 4분의 3이 창턱 아래에 있었다. 밖으로 떨어지려면 그녀는 먼저 허공에 도약해야 했을 것이다. 그녀는 술에 취한 상태였다. 그도 취해 있었다. 그녀는 소다수 섞은 와인을 마시고 있었다. 안드레가 두 번째로 911에 전화했을 때 그의 음성이 너무 고음이어서 안내원은 여자가 말하는 줄 알았다고 했다. 침착하세요, 부인, 그녀는 말했다. 도어맨은 환청을 들었다. 멘디에타가 그날 밤 친구와 전화로 남편의 불륜에 대해 이야기했을 때, 대화의 일부는 그가 알아듣지 못하는 스페인어로 진행되었다. 그래, 그녀는 divorcio라는 단어를 썼는데, 스페인어를 모르는 사람이라도 알아들을 수 있는 단어였다. 그래, 그는 방에 있었다.

재판 과정에서 안드레 측 변호사인 잭 호핑거Jack Hoffinger는 멘디에타가 자신의 작품을 스스로 재현하여 자살하려 했다는 변론을 시도했다. "그녀가 자신의 신체를 사용하여 땅에 새긴 작품을 아십니까?"[48] 그는 한 증인에게 물었다. 그는 그녀 얼굴에 피가 흘러내리고, 그녀의 몸이 흙을 비집고 들어가 있고, 그녀가 흙 속으로 녹아들어가는 사진들에 대해 질문했다. "사진에서 그녀는 피를 쏟으면서 엎드리고 있는 여성 신체를 묘사했습니다."[49]

그는 멘디에타가 1973년에 멕시코에서 찍은 사진을 보았는지도 모른다. 그 사진에서 그녀는 옥상에 누워 완전히 피에 흠뻑 젖은 시트로 몸을 덮었고, 심장 위치에 소의 심장이 놓여 있다. 나는 이것이 뉴욕시에서 10년 뒤에 벌어질 일의 예고라고 하는 평론가와 변호사의 글을 여러 편 읽었다. 그러나 이것은 예고가 아니라 반복이다. 그녀 작업이 드러내려 한 것의 일부는 폭력과 죽음의 확실성, 그리고 비명횡사의 확률이 성별에 따라 결정된다는 사실이기 때문이다. 크리스 크라우스가 《아이 러브 딕》에서 말하듯이, "왜 사람들은 우리의 가치가 바닥에 떨어진 일을 우리가 직접 입에 올리면 그것이 여자가 스스로 가치를 떨어뜨리는 일이라고 생각하는 걸까?"[50]

이것은 드워킨의 질문이기도 했다. 또 포르노 전쟁에서 그녀가 패하기는 했지만 그 문제에 답을 얻은 것은 아니다. 그러나 드워킨은 또한 뭔가를 말했다. 《성교》의 서문에서 그녀는 이렇게 썼다. "복종을 거부할 수 있고 나는 그것을 거부한다."⁵¹ 멘디에타의 작업 역시 그 거부에 관한 것이 아니던가? 파괴의 확실성에 대한, 그리고 지속하고 저항하고, 미래를 비옥하게 할 확실성에 대한 작업. 꽃으로 변하는 여성, 먼지에서 솟아나는 여성. 세라 앤 오튼스처럼, 로즈 켈러처럼, 폭력의 대상이 되었던 모두처럼 그녀는 물건이 아니라 인간, 끝까지 가능성이 넘쳐흘렀던 인간이다.

멘디에타는 세계에 균열을 남겼고, 그녀의 부재는 여성에 대한 폭력이라는 전염병을 밟아 죽이지 못하고 실패를 계속한 데 대한, 예술계에서 여성이 배제되는 데 대한 저항의 집결점이었다. 두 가지 모두 특히 유색인종 여성에게 심하게 영향을 미친다. 1992년에 여성행동연합Women's Action Coalition 은 멘디에타의 이름을 내걸고 1차 집회를 개최했다. 500명의 여성이 다음과 같이 적힌 현수막을 들고 새 구겐하임미술관 개관식 밖에 모였다. "칼 안드레는 구겐하임에 있다. 아나 멘디에타는 어디 있는가?" 2015년에 새로운 세대의 활동가들인 노웨이브 퍼포먼스 테스크포스No Wave Performance Task Force 는 디아비컨Dia:Beacon미술관에서 열리는 안드레 회고전에 항의하여 같은 재단 산하의 디아첼시미술관 밖에 닭피와 내장을 흩어놓았다. 그 사이의 기간에, 또 부분적으로는 이런 활동이 계속되었기 때문에, 멘디에타의 탁월한 작품들이 마침내 마땅히 누려야 할 인정을 받기 시작했다.

살해당했든 아니든 간에, 멘디에타가 죽었다는 사실은 계속해서 여성혐오의 견고한 층위들을 드러낸다. 그녀의 사후 26년째인 2011년에 〈뉴요커〉에 실린 칭찬 일색인 칼 안드레의 약력에서, 인터뷰어는 멘디에타의 작업을 음울함으로 묘사했다. 그런 상황을 우리 스스로 초래했다고 믿는다고 상상해보라. 우리 자신의 파괴를 우리가 바라고 열망하고 갈구했다고 말이다. 그럼 이제 자신의 가치를 인식하고 있는 그녀가 중요한 아이디어라 부른 것들로 가득 찬 그녀의 공책을 보자. 그 아이디어들은 이제 영원히 실현되지 못할 것이다. 하지만 한 구절이 계속 떠오른다. 그것은 멘디에타의 정수, 음울함의 안티테제다. "150센티미터 크기로… 바깥에서… 구조물과 함께… 화산을 만든다."[52] 그녀는 몸이 동시에 여러 가지임을, 그것이 항상 유동적인 것임을 알고 있었다. "어떤 형체의 분출을 장기간 기록한다." 그녀는 이렇게 끄적였다. "어떤 형체를 만들어서 물이 산비탈을 흘러내릴 때처럼 반짝이게 하라."

찬란한 그물

몸이라는 제약, 제약을 넘는 몸

✧

우리는 모두 몸속에 갇혀 있는데,

이는 그 몸이 무엇을 할 수 있고, 무엇이 허용되며 금지되는지에 대해

상충하는 생각들의 그리드 안에 붙들려 있다는 뜻이다.

자유란 우리가 갖게 된 몸이라는 범주에 의해 파괴되는 일 없이,

혹은 방해받거나, 발이 묶이는 일 없이

살아갈 방식을 찾는 문제이기도 하다.

단단한 몸뚱이가 그물을 빠져나오기는 쉽지 않다. 여성해방운동은 결국 몸의 범주에 관한 것들을 다루게 되며, 저항하고 맞서 싸우는 방식들을 제안한다. 그러나 자유로 향하는 또 다른 길이 있다면 어찌할 것인가? 범주화를 아예 피하는 길이 있다면?

찌는 듯이 덥던 1967년 9월, 쉰다섯 살이던 애그니스 마틴은 화가로서의 생활을 접고 뉴욕을 영영 떠났다. 그녀는 긴 머리칼을 자르고 붓과 물감을 나누어줘버리고, 에어스트림 캠핑 트레일러를 연결한 닷지 픽업 트럭을 운전하여 황야로 나갔다. 하워드존슨식당 밖에 주차해두고 이틀 동안 잠을 잤을 때 외에는 멈추지 않았다. 한 해가 넘도록 그녀는 길 위에서 살았다. 사람 없는 국립공원에서 지내고, 강이나 호수가 있는 곳이라면 헤엄치고, 서쪽으로 크게 휘어 돌아 북쪽으로 가서 캐나다로 들어갔다가, 남쪽으로 뚝 떨어져 거의 멕시코까지 갔다.

그녀는 1968년에 정박할 곳에 닿았다. 뉴멕시코주의 소읍인 쿠바의 한 카페로 들어가서, 어디든 우물이 있는 임대 가능한 땅이 있는지 물어보았다. 카페 주인의 아내는 멀리 떨어진 메사* 대지 50에이커를 매월 10달러라는 소액으로 임대해주었다. 해발 1000피트 높이의 땅이었다. 전기나 전화선도 없었고, 물은 우물에서 길어다 써야 했으며, 제일 가까운 이웃은 10킬로미터 떨어져 있었다. 시내로 가려면 표지도 없는 흙길을 30킬로미터 운전해야 했다. 마틴은 망설이지 않았다. 삶이 거칠어지기는 했지만 그 대가인 확 트인 공간과 보는 사람이 없이 돌아다닌다는 감각만으로도 충분하고도 남았다.

그녀는 어도비 벽돌로 방 한 칸짜리 집을 짓는 동안 캠핑 트레일러에서 잠을 잤고, 그 뒤에는 폰데로사 소나무로 통나무집 스튜디오를 지었다. 그녀는 그곳에서 혼자서, 땅딸막하고 뺨이 붉은 개척자로서 살았다. 하지만 메사 고원에서 세상에 등을 돌리고 살면서도 마틴은 장애물 사이로 움직이며, 텅 빈 공간을 찾기 위해 브레이크를 밟고 코너링을 하는 사람이었다. 사막으로의 후퇴는 몸에서 탈출할 필요—병을 관리하고, 젠더를 비껴가고, 성을 앞질러야 하는 필요—와 단단히 묶여 있었다. "이제 목표가 자유라는 사실을 아주 명료하게 안다."[1] 그녀는 1973년에 이렇게 썼다.

그녀는 오랫동안 형상figure에서 벗어나려고 애써왔다. 물론 그에 뒤따르는 모든 고난으로부터도. 도시를 떠날 무렵, 마틴은 간소한

---

* mesa, 미국 남서부, 멕시코에 많은 건조한 탁상 대지.

그리드로 유명했다. 그리드는 형태로부터 최대한 멀리 떨어지는 추상의 한 양상이다. 그녀는 마흔네 살에 그리드를 처음 그렸다. 처음에는 물감을 긁어내 표현하고, 다음에는 밑칠 위에 물감을 칠한 가로세로 180센티미터 남짓한 크기의 캔버스에 연필로 그렸다. 캔버스는 흰색, 황갈색, 심해와 같은 푸른색, 금빛으로 칠해져 있었다. 그녀가 설명하기를 작품은 의도적으로 사람 크기로 만들었다. 그렇게 해야 감상자가 마틴이 그은 선들의 반짝이는 대양 속으로 곧바로 걸어들어가는 기분이 들 테니까.

마틴의 그리드 작업을 보는 것은 곧 물리적 형태의 착각을 유발하는 성격에 대한 실물 교육을 받는 것이다. 가까이 가서 보면 그것은 단순히 직사각형 칸 수천 개로 이루어진 하나의 그물이다. 그 작은 상자 일부에는 점이나 짧은 선이 들어 있기도 하다. 떨어져서 보면 그 선들이 갑자기 해체되어 물결치고 박동하는 안개로 변한다. 붙잡을 곳이 전혀 없다. 어떤 선도 다른 선보다 더 중요하지 않으며, 그래서 눈이 거침없이 움직일 수 있다. 감상자에게 일종의 황홀감을 안겨주는 눈의 자유, 물질 영역의 족쇄를 잠시 벗어던진 것 같은 경험이다. 본다는 경험은 한 순간 한 가지 방식만을 취할 수 있기 때문에, 그 그림이 항상 줄 것이 더 있다는, 충분히 파악되거나 이해될 수 없는 빈도로 박동하고 있다는 느낌이 든다.

해방시키는 효과가 있기는 해도 그리드는 엄연히 통제에 관한 것이다. 추상의 경험, 심지어는 경계 없음의 경험을 유도하지만, 그래도 그것은 고정되고 엄격한 경계로 구성된 미술이다. 그리드는 마틴에게 행복으로 가는 길로서의 겸허함이라는 도덕적, 영적 선언이면서 새로운 미학적 영토, 새로운 예술적 지평을 나타냈다. 그러나 하루하루, 1년 또 1년 시간이 흐르는 동안 해체되어 사라질 상자를 이루는 선들을 그리는 것에는 심리적 차원의 의미도 담겨 있었다. 오리냐 토끼냐*. 그리드는 항상 동시에 두 가지 모두이다. 빈 공간으로 통하는 문이자 그물 혹은 우리다. 그것이 당신을 풀어주는가, 아니면 잡아가두는가? 두 가지 모두 매력적이고 필요할 수도 있으며, 또 무섭고 위험하기까지 할 수도 있다.

마틴이 1967년에 뉴욕을 떠난 것은 아이디어가 고갈되었기 때문이 아니었다. 그 이전 헤에 디이앤 아버스Diane Arbus는 〈하퍼스 바자〉에 실을 미국 미술계에 관한 기사를 위해 마틴의 사진을 찍었다. 마틴은 퀼트 멜빵 바지를 입고 두꺼운 흰 양말과 물감이 튄 모카신을 신고 거의 비어 있는 화실 안 나무 의자에 앉아 있다. 그 차림은 화실이 장작 난로로는 도저히 감당할 수 없이 춥다는 것을 알려준다. 무릎 위에 맞잡은 손이 놓여 있고, 오른발이 안쪽을 향해 왼발을 불안스럽게 누르고 있다. 손수 집을 세우고, 거기에 전선도 연결할 수 있을 정도로 엄청나게 솜씨 좋은 사람인 그녀는 아버스의 렌즈 속에서는 지치고 겁내고, 비위를 맞추려고 애쓰고, 위태로울 정도로 방어력이 약해 보인다.

---

* 형태는 그대로지만 보는 이의 시각에 따라 다르게 보이는 게슈탈트 전환gestalt switch 의 설명에 자주 등장하는 오리로도 보이고 토끼로도 보이는 그림.

아버스는 미묘한 기술로 걱정스럽고 불길한 예감이 감도는 분위기를 만들어냈다. 마틴의 의자는 사진 가장 앞쪽에 대각선으로 놓였다. 마루 나무판의 선들이 방 뒤쪽에 있는 수수께끼 같은 어둠의 구역을 향해 모여들어 그녀가 끌려가는 것 같은 느낌을 준다. 아버스는 불안과 동요의 흐름에 거의 초자연적으로 관심을 기울였고, 때로 그런 흐름이 대상에 나타나지 않을 때도 그것을 전달하려고 했다. 또한 궤도의 선이 마틴의 그리드에 대한 알은체 정도로 더 일상적으로 읽힐 수도 있다. 그러나 그녀가 이번에 찾아낸 불안함에는 진짜 연원이 있었다. 이 사진의 존재 자체가 새로 얻은 마틴의 명성을 증명하지만, 그녀 자신은 낭떠러지 바로 끝에 서 있었다. 사진이 찍힌 지 몇 달 되지 않아 그녀는 정신증 발작을 겪었다.

그녀는 해리성둔주 상태로 말도 잃은 채 도시를 이리저리 돌아다녔다. 하루인지 이틀인지가 지나 경찰이 그녀를 데려다가 벨뷰병원에 집어넣었다. 그곳은 공립병원으로, 뉴욕의 노숙자와 보험 없는 사람이 가는 마지막 피신처였다. 그녀는 자신의 이름이나 주소를 알지 못했고 말도 할 수 없었으므로, 문이 잠긴 공공 폐쇄병동에 난폭하고 불안정한 환자들과 함께 갇혔다. 그곳에 있는 동안 그녀는 속박당했고, 약물을 다량 복용했고, 전기충격요법을 받았다. 이 논란 많은 처치법은 전류를 두뇌에 연결하여 발작이나 경련을 유발한다. 이 처치법으로 우울증과 긴장증이 완화될 수 있지만, 항상 효과가 있는 것은 아니고, 후유증으로 기억상실이 오는 경우가 흔하다.

나중에 마틴은 충격요법을 백 번 이상 받았다고 친구에게 말했다. 요즘은 환자들을 마취하고 근육이완제를 주사한 다음 전류를 연결하는 것이 통례지만, 1960년대, 특히 벨뷰처럼 재정이 빈약한 병원에서는 의식이 온전하게 있는 상태에서 끈으로 묶인 채 보조 처치 없는 전기충격요법이라는 야만적인 치료를 받았다. 실비아 플라스Sylvia Plath는 두 차례 전기충격치료를 받았고, 반자전적인 소설 《벨 자》에서 그 과정을 묘사했다. 첫 번째 치료는 끔찍했다. 소설 속 화자는 뭔가가 자신을 찢고 흔들어 이러다 뼈가 부러지겠다고 생각한다. 두 번째는 플라스가 매사추세츠주 매클린병원에서 받던 더 완화된 치료에 바탕을 둔 것으로, 그에 따라 은유적인 묘사도 더 부드러워졌다. "어둠이 나를 칠판의 분필 글씨처럼 지웠다."[2]

마틴은 성인 초기에 진단받은 조현병의 급성 발작 증세에 시달렸는데, 그녀는 그것을 황홀경trance이라 불렀다. 조현병은 보통 어떤 상태가 줄곧 지속되는 것이 아니라 예측 불가능한 주기의 급성 발작이 만성적으로 나타나는 것이 일반적이다. 다른 많은 환자처럼 마틴은 대체로 정상적이었고 대부분의 시간에는 제대로 생활할 수 있었지만, 그녀가 목소리라 부른 환청, 다변증多辯症, 약한 긴장증 등의 증상이 계속됐다. 이런 기본 상태가 일정 기간 지속되다가 급성 발작이 끼어드는데, 현실과 단절되는 이런 시기에 그녀는 편집증과 망상에 빠져 공포와 두려움에 사로잡혔다.

• • •

마틴이 아흔두 살이라는 고령으로 세상을 떠나고 3년이 흐른 2007년에 타오스의 하우드미술관에 있는 애그니스 마틴관을 찾아간 평론가 테리 캐슬Terry Castle은 특이한 은유를 구사했다. 마틴관은 마틴 본인이 설계한 곳이었다. 여덟 개의 벽면에 둘러싸인 방에 그림 일곱 점이 소장되어 있는데, 모두 부드럽게 빛나는 푸른색과 분홍색 띠들이 수평으로 층층이 쌓인 그림들이다. 캐슬은 이 특이한 공간을 "작은 오르곤 상자 같은 방, 희미하게 박동하는 에너지의 흐름으로 가득 채워졌지만 이상하리만치 품위가 있고, 접촉의 약속도 한껏 들어 있다"[3]고 묘사했다. 이 문장을 처음 읽고 나는 한없이 기뻤다. 라이히의 비운의 발명품에 대해 말하는 사람들은 항상 그것이 의학적·과학적 도구로서 실패한 점에 집중한다. 그러나 캐슬은 그것을 마틴의 그림과 비교함으로써 완전히 새로운 스펙트럼의 의미의 가능성을 열어젖힌다.

언뜻 마틴과 라이히는 극단적으로 거리가 먼 것처럼 보이지만, 두 사람에게는 기묘한 유사점들이 많다. 둘 다 접촉의 약속을 원동력으로 삼았다. 둘 다 모두 인간이 최대한 많이 접촉할 수 있기를 간절히 원했다. 그들은 사람들을 일종의 우주적 사랑에 연결하고 싶어 했고, 동시에 편집증에 시달리느라 그것을 달성할 능력이 저하되었다. 그들의 해방 도구—그리드, 오르곤 상자—가 작은 칸들, 우리, 벽장이라는 역설적인 형태를 취하는 까닭이 아마 그런 데서 설명될지도 모르겠다.

50대에 들어선 라이히 역시 미국 남서부의 휑히 트인 공간에서 편집증에 압도당하고 있었다. 그는 금속 파이프로 직접 만든 거대한 대포 모양 기구로 날씨를 통제할 수 있다고 믿었다. 공상과학소설에 나오는 무기 같은 클라우드버스터cloudbuster라는 이름의 이 기구를 그는 지구를 공격하는 외계인 우주선들을 상대하는 "본격적인 행성간 전투"[4]에 썼다. 그는 자신이 깨달은 내용에 대해 아이젠하워 대통령에게 자주 편지를 보냈다. 너무나 비밀스러워서 출판물에 실어 공개적으로 인정을 받지 않은 공식들이 담긴 편지였다. 그는 스스로를 보호하기 위해 예수와 갈릴레오처럼 감옥에 갇히게 될 것이라고 추측하면서도, 자신이 거기서 살해당하리라고 믿는다고 가족들과 아직 남아 있던 몇 안 되는 지지자들에게 말했다. 1957년 2월 23일에 아이젠하워에게 쓴 편지는 처량한 말투로 이렇게 끝맺었다. "나는 때로 알아보기 힘들고 복잡해지는 실재와 접촉을 유지하려고 최선을 다하고 있습니다."[5]

1930년대에 정치적 참여 성향이 강하고 명석하던 인물이 어쩌면 그토록 철저하게 불안정해질 수 있을까? 1933년에 베를린을 떠난 라이히에게 일어난 일들은 모든 몸은 더 큰 힘, 가끔은 너무 강력하여 견디지 못할 힘의 공격을 계속 받는다는 그의 믿음의 진실성을 심술궂게 입증한 비극이었다. 그해에 적들이 그가 조현병 환자라고 수군거리기 시작했지만, 그는 그 진단을 한 번도 인정하지 않았고, 또 그가 만난 어떤 의사도 그 진단을 확인해주지 않았다. 외계인들이 자기 집 위를 감시하고 있다고 확신했을 무렵인 1957년에 정신과의사 두 명이 그가 편집증 성향이 있고 정신이상이 될 수는 있지만 비정상은 아니라고 결론지었다. 그는 망상을 겪었다. 그런데 (마틴이 그랬듯) 그가 편집증 성향을 보일 만한 충분한 근거들이 없었던 것은 아니다.

전쟁으로 치닫는 기간 동안 라이히는 집과 일터와 나라를 잃었다. 아니와의 결혼 생활은 깨어졌고, 두 딸과 떨어졌다. 그러나 최악의 타격은 정신분석학계에서 축출당한 일이었다. 라이히는 베를린으로 떠나기 직전인 1930년에 프로이트와 마지막 사적 대화를 나누었다. 프로이트는 오스트리아의 아름다운 그룬티제 호반에 별장을 갖고 있었다. 라이히는 그곳으로 그를 찾아갔다. 그해 여름에 찍은 사진에서 프로이트는 늙고 약해져 매우 여윈 모습이었고, 딸 아나의 팔에 많이 기대어 있다. 아나는 가벼운 짧은 소매 녹색 드레스를 입고 있는데, 이와 대조적으로 그녀의 아버지는 스리피스 양복을 빈틈없이 갖춰 입고, 턱수염을 단정하게 깎았다. 그리고 작고 검은색의 물건―아마 안경집일 듯―이 조끼 호주머니에서 튀어나와 있다. 그가 일흔네 살, 턱에 생긴 암으로 심하게 고통스러워할 때였다.

1923년에 그는 악성궤양 진단을 받았다. 턱과 입천장의 오른쪽 부분을 잘라내는 대수술이 국소마취 아래 이루어졌다. 그 결과 그의 입과 비강이 하나의 큰 구멍으로 변했고, 오른쪽 귀가 들리지 않게 되었다. 그는 가족들이 "괴물"이라는 별명을 붙인 끔찍한 보철물이 없으면 먹지도 말하지도 못했다. 이 보철물 때문에 끊임없이 통증에 시달리고 짜증을 내어, 목소리도 마치 재갈을 문 것처럼 변했다. 세월이 흐르면서 그는 수술을 수십 번 받았다(그가 죽을 때까지 서른세 번). 라이히와 갈등하는 동안 프로이트가 심각한 신체적 고통을 겪었다는 것은 기억해둘 만한 일이다.

오르가슴 이론이 프로이트를 짜증 나게 만들었지만, 라이히가 정치로 이동했다는 사실이 그를 더 괴롭혔다. 라이히는 자신의 새 아이디어들에 대해 이야기하러 왔지만, 대화는 금방 중단되었다. "프로이트는 정치 이야기는 조금도 하고 싶지 않았다. 그는 매우 날카로워졌고 나 역시 날카로웠다."[6] 아무도 소리를 지르지는 않았지만, 서로 갈라서야 할 지점에 당도했다는 것은 분명했다. 라이히는 한 시간 반 정도 머물렀다. 떠나면서 돌아보니 프로이트가 창문가에서 "이리로 저리로 빠르게 이리저리 저리이리로" 걷는 모습이 보였다. 라이히는 성인이 된 후 내내 몸을 관찰하고 해석해왔다. 그가 본 프로이트의 마지막 모습은 우리에 갇힌 동물이라는 느낌이 압도적이었다.

두 남자는 그 이후 단둘이 다시 만난 적이 한 번도 없었지만, 그 뒤 몇 년 동안 프로이트는 라이히의 정치적 활동을 면밀히 주시했다. 프로이트는 정신분석학이 나치 치하에서 살아남으려면 완전한 정치적 중립성을 지키는 수밖에 없다고 생각했으므로, 라이히의 대중 활동과 공산당과의 연대가 위험하고 해롭다고 보았다. 히틀러의 무시무시한 전권위임법Enabling Act이 새 체제의 권력을 확인해주고 한 달 뒤인 1933년 5월 27일에 아나 프로이트는 편지에 이렇게 썼다. "아버지가 라이히에 대해 화가 난 것은 그가 정신분석학에 정치성을 요구한 사실 때문입니다. 정신분석학은 정치와는 무관해요."[7]

그해 봄, 새로 집권한 나치 정부는 베를린정신분석연구소에게 선택을 요구했다. 아리안화에 복종하거나 문을 닫거나 선택하라. 라이히는 폐쇄하자는 쪽을 지지하여 싸웠지만 투표에서 졌다. 유대인 분석가 대부분은 망명을 떠났으며(라이히도 이때 스키 관광객으로 가장하여 산을 넘어 달아났다), 연구소는 나치 동조자들이 지도부를 맡으며 유지됐다. 몇 년 안에 프로이트의 살아남은 서적들은 "독극물 선반"에 봉인되었으며, 좌파 이상주의의 온상이던 그 유명한 무료 클리닉은 엘리자베스 앤 던토의 표현에 따르면 "정신분석가가 환자들에게 사형 선고를 내리는 끔찍한 선별 센터"[8]로 변했다.

라이히는 파시즘 치하에서 중립으로 남아 있기가 불가능함을 알았지만, 정신분석학이 중도에 서야 한다는 프로이트의 입장은 요지부동이었다. 입을 닫지 못하겠다면 라이히는 떠나야 했다. 프로이트는 병이 너무 심해 1934년에 루체른에서 열린 국제정신분석학협회International Psychoanalytic Association, IPA의 연례 회의에 참석할 수 없었지만 그곳의 진행 상황을 주도했다. 당시 상황은 그가 얼마나 차갑고 무자비해질 수 있는지를 시사한다. 독일을 피하기 위해 보트로 덴마크에서 벨기에로 힘든 여행을 했던 라이히는 아나 프로이트와 IPA의 영국인 회장인 어니스트 존스Ernest Jones에게 불려가 사적으로 면담했다. 그들은 그의 정치적 작업이 정신분석학을 위험에 빠뜨리고 있으니 그에게 협회를 떠나달라고 요청했다. 그는 처음에는 거절하고, 파시즘을 수용한다고 그들을 비난했지만, 그들이 진심임이 명백해지자 결국은 받아들였다. 회의의 남은 기간 동안 그는 거칠어지고 외톨이가 되어 누구든 붙잡고 분노하고 공격해댔다. 동료들은 그가 미친 게 아니냐고 의심했지만, 나치를 위한 희생양이 되어야 한다면 나 역시 분노를 참지 못했을 것이다.

서른일곱 살 때 그는 까다롭지만 사랑하는 아버지 프로이트에게 쫓겨났다. 그 거부는 고통스럽고 충격적이었으며, 그의 작업을 근본적으로 망쳐놓았다. "나는 직업적으로 만난 친구들을 문자 그대로 전부 잃었다."⁹ 그는 《어려움에 처한 사람들》에서 이렇게 말했지만, 사실은 그 정도가 아니었다. 그는 자신의 맥락을, 20대 초반부터 자신의 집이었던 직업을 잃었다. 남은 세월 동안 그는 고립된 상태로, 그의 기이하고 일탈적인 신념을 제어하고 반박해줄 수도 있었을 어떤 연구소나 시스템에도 속하지 않고 일했다.

몇몇 분석가는 프로이트에게 거부당한 뒤에 무너지거나 자살하기까지 했지만, 라이히는 자신의 옳음을 입증하겠다고 단호히 결심했다. 그가 볼 때 사람들이 자유보다 파시즘을 선택한 이유가 분명히 있었다. 무엇이 그들을 고분고분하게 만들었을까? 베를린에서 행한 그의 정치적 작업은 결국 이룬 것이 너무나도 없었다. 사람들은 너무 억압되었고 너무 뻣뻣했고, 해방의 가능성 앞에서 겁에 질렸다. 그들의 생명에너지는 모두 갇혀버렸다. 그의 잘못은 그들이 살고 있는 구조를 고치려 했다는 것이었다. 그는 생각했다. 만약 문제의 본성이 생물학적인 것이라면? 이제 혁명은 신경 쓰지 말라. 해야 할 것은 리비도를, 생명의 에너지를 직접 다룰 길을 찾아내는 것이다. 부서진 사람이 만드는 세계는 부서진 세계다. 제약 없는 삶의 에너지를 가진 사람만이 진정한 자유를 다룰 수 있으리라.

1939년 여름, 그는 유럽을 떠나 미국으로 갔다. 선전포고가 내려지기 전 노르웨이를 떠난 마지막 배인 SS 스타방에르피오르SS Stavangerfjord호를 타고 홀로 여행했다. 예전 제자 두 명의 도움으로 그는 뉴욕시 뉴스쿨New School에서 의료심리학 부교수 자리를 제안받았다. 뉴스쿨의 망명대학 프로그램은 독일을 탈출한 유럽 학자와 지식인의 피신처를 마련하기 위해 기획되었다. (전쟁 직전의 이 기간에 비자와 일자리를 얻은 학자 180명 가운데 철학자 한나 아렌트Hannah Arendt도 있었다.)

라이히가 뉴욕에 도착하고 며칠 뒤 독일군이 폴란드로 진격하여 2차 세계 대전이 시작되었다. 3주 뒤, 1939년 9월 23일, 프로이트가 망명 중이던 런던의 메어스필드 가든스에 있는 아름다운 새 집에서 세상을 떠났다. 그는 의사들에게 다량의 모르핀을 달라고 요청했다. 그 전주에는 아스피린과 따뜻한 물병 이상의 강한 치료법을 전부 거부했지만, 더 이상 수술 불가능한 암 때문에 생기는 고통—그는 고문이라 불렀다—을 참아낼 마음이 없어졌기 때문이다. 이제는 관계 회복의 가능성이 사라졌다.

우울하고 주눅이 든 라이히는 수전 손택의 가족도 2년 뒤에 이사 오게 될 인기 있는 교외지역인 퀸스의 포리스트힐스에 집을 임대했다. 암이라는 문제가 그를 사로잡았다. 그는 프로이트의 종양이 포기와 절망이 신체적으로 발현된 것이라고 믿었다. 라이히를 거부하게끔 이끌기도 한 바로 그 침잠의 과정이 그런 결과를 낳았다고 말이다. 라이히는 암이 곧 삶에 등을 돌리는 것이라고 생각했다. 그것은 유럽을 휩쓸고 있는 폭력과 전체주의 물결의 생물학적 등가물이었다. 그는 자기 집 식당과 지하를 실험실로 바꾸어, 암에 걸린 생쥐로 실험했다. 그 기간에 쓴 일기는 암세포와 부패하는 조직, 종양에 관한 열띤 추측으로 가득하다. 《은유로서의 질병》에서 손택은 이렇게 말한다. "암의 심리적 발원에 관한 이론으로서 라이히가 제시한 저지된 에너지, 앞으로 나아가지 못하니 돌아서서 자신을 공격하여 세포를 미쳐 날뛰게 한다는 것은 이미 과학 소설이 즐겨 다루던 소재였다."[10] (그녀가 알게 되었는지는 확실치 않은데, 손택을 말년에 그토록 괴롭혔던 그 이론들은 PS144 학교에서 두어 블록 떨어진 곳에서, 그녀가 그곳 5학년 교실에 앉아 있는 동안 발명되었다.)

1940년 여름, 메인주에서 보내던 휴가 때 라이히는 스스로 자신의 커리어에서 최대의 계시라고 여긴 것을 얻었다. 그의 모든 추측과 암시가 몽땅 거기에 소모되었다. 그는 새 연인인 일제 올렌도르프Ilse Ollendorff와 함께 한적한 랭걸리 호반의 임대 오두막에서 머물고 있었다. 그곳 공기가 아주 맑았다. 어느 날 밤 호수 위의 하늘을 바라보던 그는 별 사이에서 뭔가가 반짝이는 것을 보았다고 생각했다. 갑자기 그는 자신이 찾고 있던 생명력은 어디에나 있으며, 성 엘모의 불* 같은 색을 띠고 풀과 꽃 사이에서 붕붕거리고 징징거리며 발산하는 에너지임을 깨달았다. 그는 그 속에서, "오르곤 에너지의 대양 바닥에"[11] 내내 서 있었던 것이다.

라이히가 메인주에서 본 것은 신비로운 환상처럼 들리지만, 그는 자신이 오르곤 에너지라고 이름 붙인 것이 프로이트의 리비도와 같은 것이라고 믿었다. 그것은 전혀 은유적인 것이 아니라 실재하고 만질 수 있고 측정 가능한 힘이었다. 트라우마가 생긴 결과 가두어진 것이 오르곤이요, 무언가 흐르는 감각을 유발하는 것이 오르곤이었다. 오르곤은 오르가슴을 발동시키는 힘이었다. 오르곤은 모든 생명을 추진하는 에너지였다. 라이히는 포리스트힐스에 있는 실험실에 행성 사이에 자유롭게 떠다니는 자원을 붙잡을 기계를 건설했다. 패러데이 상자Faraday cage(전자기장을 차단하는 격자형 울타리)의 설계를 대충 모델로 삼아 만든 오르곤 축적기는 한 사람만 들어갈 수 있는 크기의 목제 벽장으로, 강철 솜과 양털을 교대로 층층이 채워 넣은 소나무 패널로 벽을 만들고, 내부에는 아연 도금한 강철판을 댔다. 일종의 고립된 선베드 같은 기능을 하는 장치로서, 안에 들어간 사람에게 오르곤 에너지를 충전해주었다. 그럼으로써 원래 있던 에너지 자원에 활기를 불어넣고 병이나 감염과 스트레스로부터 회복력을 키울 수 있었다. 그렇다고 라이히는 주장했다.

그해, 고립되고 공격받는 느낌의 본보기라 할 기구 안에 앉은 라이히의 모습에는 이루 말할 수 없이 슬픈 점이 있다. 오르곤 축적기

---

* 폭풍 때 대기 속 정전기에 의해 뾰족한 물체의 끝부분에 생기는 밝은 빛, 즉 코로나 방전을 뜻하는 표현이다.

는 그의 정신 상태에 대해 그 자신이 깨달았을 법한 정도보다 훨씬 더 많은 것을 알려주었다. 홀로 앉아 외부 세계로부터 격리되고 보호되는 벽장 같은 모양의 해방 기구. 그것이 효과가 있다면 그가 더 이상 IPA의 회원이 아니든, 섹스폴이 실패했든, 프로이트가 죽었든, 그가 한때 사랑했던 모든 것으로부터 떨어져 있든 어떻든 상관이 없었다. 그의 기계는 그가 유럽에서 했던 공동 작업을 자동화할 수 있었고, 몸에 손을 대고 일대일로 대면 치료할 필요성과 집단으로 투쟁할 필요성 모두를 미리 제거한다. 그것은 그가 다른 사람들과 협업하거나 그들에게 거부당할 위험을 무릅쓸 필요가 없다는 뜻이었다. 라이히의 삶에서 가장 큰 아이러니 중의 하나는 신체적 접촉을 열정적으로 옹호하던 그가 그것이 전혀 필요하지 않도록 설계된 도구를 개발했다는 사실이다.

그러나 단지 새 도구를 발명했다고 해서 라이히가 세계를 바꾸려는 욕구를 잃었다는 뜻은 아니다. 그는 오르곤 축적기가 암과 파시즘 모두의 근원에 있는 정체와 억압의 과정을 뒤집을 수 있으며, 그의 환자나 지지자를 넘어 더 많은 청중이 그것을 활용하게 만드는 것이 자신의 임무라고 믿었다. 1940년대 초반에 그는 자신이 쓴 책들의 번역본을 자비로 출판하기 위해 오르곤연구소출판사를 세웠다. 그 책들은 새로 발견한 깜빡이는 푸른빛에 관한 내용을 더하기 위해 대략적으로 개정된 것들이었다. 《오르가슴의 기능》의 영문판은 1942년에 출간되었고, 1945년에는 《성격 분석 Character Analysis》과 《성 혁명》의 영문판이 나왔다. 이 책들은 성, 정치, 병, 신체에 관한 그의 생각을 새로운 세대의 사상가와 지식인 무리에게 전달했다. 폴 굿맨Paul Goodman, 윌리엄 버로스William Burroughs, 잭 케루악Jack Kerouac, 샐린저J. D. Salinger, 솔 벨로Saul Bellow, 노먼 메일러 등이 그들이다.

앨런 긴즈버그는 라이히에게 너무나 매혹되어, 자신은 동성애자 인데 떨쳐낼 수 없는 멜랑콜리와 우울증에 도움을 청하고 싶다고 편지를 보냈다. 라이히는 동성애자 환자를 치료하기를 거부했지만, 실험실 조수이자 비서 역할도 하던 일제는 답장을 하고, 라이히를 대신하여 도움을 줄 사람 셋의 명단을 보내주었다. 긴즈버그는 앨 런 콧Alan Cott을 선택했고, 오르곤 상자 안에서 매주 두 번씩 치료받 았다. 1947년 겨울에 긴즈버그는 말 그대로 벽장을 열고 나와* 곧바 로 아버지에게 가서 커밍아웃을 했다.

긴즈버그에게 "저 이성애자인 라이히 추종자들"[12]을 믿지 않는 다고 말하기는 했지만, 버로스 역시 암과 성격 무장에 관한 라이히 의 생각에 매료되었다. 그는 라이히의 《암의 생체요법》을 읽은 뒤 1949년 봄에 텍사스 파Pharr에 있는 어느 오렌지 숲에 첫 오르곤 상자 를 만들었고, 그 뒤 여러 개 더 만들었다. 이전 해에 출간된 《암의 생 체요법》에 상자 제작에 대한 설명도 담겨 있었다. 그는 옷을 입지 않 은 채 그 안에서 명상하며 굉장한 오르가슴을 연이어 누렸다. "잭, 그 는 분석학자 계보에서 유일하게 올바른 인물이야."[13] 그는 잭 케루 악에게 편지를 보내어 열광적으로 말했다. 몇달 뒤 그는 걱정스러

---

* 동성애자임을 밝힌 행위를 일컬어 흔히 '벽장closet에서 나오다'라는 표현을 쓴다.

운 어조로 케루악에게 다시 편지를 써 혹시 축적기가 원래 어떤 모양이어야 하는지, 무엇보다 창문이 필요한지 물었다(라이히의 설명에는 형태에 대한 부분이 빠져 있었다). 1957년에 버로스는 모로코 탕히에르에서 축적기를 하나 만들고 있었다. 20년 뒤 소호의 로프트에 안주해 있던 그는 자신이 만든 최신 축적기에 토끼털 코트를 씌웠다. "아주 유기체적이야. 모피를 씌운 욕조처럼 말이야."[14]

제임스 볼드윈이 이 시대와 그 과로한 참여자들에 대한 오해를 바로잡아주는 글인 "새로운 잃어버린 세대"에서 주장했듯이, 라이히의 아이디어는 비옥한 토양에 심긴 셈이었다. 전쟁을 겪은 사람들은 정치적 행동주의에 대한 열정을 지워버리고 쾌락 욕구의 날을 날카롭게 갈았다. 이런 상황에서 성적 해방이 사회 변화로 가는 길이라는 발상은 엄청나게 유혹적이었다. 볼드윈은 회상했다. "내 눈에는 사람들이 세상이 정치를 통해 더 나아진다는 생각으로부터 영적psychic, 성적인 건강을 통해 세상이 나아진다는 생각 쪽으로 방향을 바꾸는 것으로 보였고, 그 모습이 부흥회 통로를 걸어 내려오는 죄인들 같았다."[15] 자유연애를 추구하는 군중은 황홀해했지만, 볼드윈에게는 그들이 내향적이 되고 더 폐쇄되고 덜 너그러워지고 듣지 못하고 자만감에 꽁꽁 휩싸여버리는 것처럼 보였다. 라이히 본인에 대해서도 같은 말을 할 수 있었다.

본인은 당혹감을 떨쳐내지 못했지만, 라이히의 아이디어는 성적으로 해이한 반문화에 이론적 기초를 제공했다. 그러나 그는 이들을 완전히 싫어하지는 않았다 하더라도 의심의 눈길로 바라보고 있었다. 그는 그리니치빌리지의 보헤미안들 사이에 있으면 전혀 마음이 편하지 않았다. 그리고 1950년에 다시 한번 작업장을 옮겼다. 일제와 둘 사이의 어린 아들 피터, 성인이 된 딸 에바, 그리고 조수 몇명과 함께 오르곤 에너지를 처음 본 장소인 메인주의 소읍 랭걸리 외곽에 사두었던 땅으로 이사했다.

그는 자신의 새 왕국을 오르고논Orgonon이라 명명했다(그래서 케이트 부시의 끓어오르는 것 같은 노래 〈클라우드버스팅〉 첫 가사가 "난 지금도 오르고논의 꿈을 꿔I still dream of Orgonon "[16]다). 그는 그곳을 오르곤 에너지의 대담한 새 학문을 전파할 지휘본부로 여겼다. 그곳은 암을 종식시키고, 전쟁을 멈출 수 있을지도 모른다고(그는 또 다정하게 뉴욕에서보다는 그곳에서 살이 덜 찔 것이라고도 주장했다). 그는 대학교, 병원, 심지어 오르곤 축적기 공장도 세울 계획을 세웠지만, 그가 구상한 건물은 고도로 모더니즘적인 오르곤 에너지 관측소 이상으로 확대되지 못했다. 언덕 기슭에 세워진 그 건물은 가족의 집이자 학생들과 동료들이 연구하는 실험실이기도 했다. 떠들썩한 전성기에 찍은 사진에서 라이히는 체크무늬 셔츠를 입고, 반짝거리는 수수께끼 기계들이 갖춰진 실험실에 가득 모인 말쑥한 청년들에게 강의를 하고 있다.

도지 연못의 얼음같이 푸른 물 위로 높이 솟은 오르고논은 제임스 본드 영화에 나오는 악당의 거점처럼 보일지도 모르지만, 그를 감시와 침략으로부터 보호해주지는 못했다. 1947년에 밀드러드 에디 브래디Mildred Edie Brady라는 미모의 기자이자 자칭 소비자 활동가가 라이히를 인터뷰했는데, 그는 그 내용이 〈하퍼스〉와 〈뉴 리퍼블릭〉에 개재되는 줄도 몰랐다. 그녀는 그를 "섹스와 무정부 상태를 숭배하는 새로운 사조"[17]의 지도자라고 선언했다. 그러나 그는 한 번도 아나키스트인 적이 없었고, 비트 세대의 포르노그래피와 난교 풍조를 달성해야 할 목표가 아니라 만성 성 기능 장애의 한 징후로 보는 입장이었다. 설상가상으로 그녀는 그를 돌팔이 치료법, 암에서 흔한 감기에 이르는 모든 것을 치료할 수 있다는 상자를 팔고 다닌다고 고발했다.

이 기사와 그 뒤로 수없이 복제된 기사들을 통해 라이히는 수많은 일반 대중 앞에 소개되었다(크리스토피 디너에 의하면,《파시즘의 대중심리》는 1949년에 뉴욕공립도서관에서 가장 많이 대출된 도서였다). 그러나 그로 인해 의료기구의 검증 당국인 FDA의 관심도 끌게 되었다. FDA가 오르곤 축적기의 의학적 효율성을 의심하는 것은 정당했다. 그러나 그들은 그것이 대중에게 가하는 위험을 크게 과대평가했다. 1950년에 오르곤 상자는 300기밖에 없었다. 일부는 사용자가 직접 만들었고, 또 일부는 라이히로부터 구입하거나 임대된 것이었다.

더욱이 라이히를 향한 FDA의 공세는 그 소관 영역을 훨씬 넘어서서 음란함을 문제 삼았다. 조사 과정 내내 조사관들은 오르곤 축적기가 뭔가 다른 불법 활동을 은폐하기 위한 핑계라는 믿음을 끝끝내 떨쳐버리지 않았다. 혹시 라이히가 포르노 조직을 운영하는 건 아닌가? 매춘부 소개업을 하지는 않는가? 또는 아이들에게 자위 방법을 가르쳐주는지도 모른다. 설령 그가 비트족과 지식인의 오르가슴을 그저 용이하게 해주는 입장이라 해도 여전히 더럽고 위험하리만치 부도덕한 성 운동을 계속 밀어붙이고 있지 않나.

그 뒤 10년 동안 FDA는 라이히를 쫓아다니는 데 전체 예산의 4분의 1인 무려 200만 달러를 썼다. 조사관들은 그의 우편물을 감시하고, 은행 기록을 읽고, 그가 친구들에게 보낸 전보 사본을 불법적으로 가져갔다. 오르곤 축적기를 시험하기 위해 의사들과 의과대학들과 접촉했고, 오르고논에서 나체로 돌아다닌다는 근거 없는 지역 가십도 수집하고, 그가 고용한 여성들에게 그가 섹스에 대해 이야기했는지 물어보았다. 랠프 네이더Ralph Nader는 《화학적 잔치The Chemical Feast》를 써서 FDA의 수많은 실패 사례와 일관성 결여를 비판하면서, 라이히의 치료를 예로 들어 "특히 싫어하는 개인들의 위반 사례를 접하면 그것이 상대적으로 사소한 것일지라도 그 단체는 놀랄 만한 정력을 보여주었다"[18]고 지적했다.

1954년 2월 10일에 라이히는 인체의 병에 대한 사전을 만들 만큼 광범위한 질병을 치료할 수 있다고 주장한다는 이유로 금지령을 위한 고소장을 받았다. 그 병의 목록은 라이히의 여러 저서에 나온 25건의 사례사에서 이리저리 주워 모은 것들이었다. 원래 맥락에서는 실패 사례로 나온 경우가 많았으므로, 그것들을 치료했다고 주장했다고는 보기 힘들다. 그러나 이런 맥락은 고의적으로 차단되었다. 편집증적이고 고집이 센 라이히는 법정에 출두하기를 거부했다. 심지어 고소의 부정확한 부분을 지적해주지도 않고, 대신에 과학자로서의 자유를 거만하게 주장하는 4페이지짜리 선언서를 썼다. (그의 1947년 12월 13일자 일기에 적힌 내용은 훨씬 더 강력하다. "나는 잘못할 권리를 요구한다I request the right to be wrong."[19])

그 선언서는 도움이 되지 않았다. 판사는 연방식품약물화장품법Federal Food, Drug, and Cosmetic Act에 따라 금지령을 발령하고, 오르곤 축적기를 주 경계선을 넘어 반출하거나 인쇄물로 광고하는 일을 금지했다. 또한 오르곤연구소출판사에서 낸 《성격 분석》과 《젊은이의 성적 투쟁》을 포함하는 모든 책, 팸플릿, 저널을 폐기하라고 명령했다. 뿐만 아니라 라이히가 오르곤 에너지의 존재에 대해 논의하는 것 자체를 금지했다("영구히 금지하고 제한한다"[20]). 그의 지적 생활을 완전히 파괴하라고 요구한 것이다.

거대한 권력이 포위해오자 그는 그해 겨울에 열 살 난 아들 피터와 함께 클라우드버스터 두 대를 갖고 애리조나로 달아났다. 핍스Peeps라는 별명으로 불린 피터는 편집증 걸린 사병 부대의 병사로 자랐다. 언제나 거창한 제목을 좋아하던 그 아버지가 우주엔지니어부대Corps of the Cosmic Engineers라고 이름 붙인 부대의 하사, "죽음을 무릅쓴 우주선들과의 전투에 참여하는 최초의 인간 존재"[21]. 금지령으로 비참한 후유증을 겪으면서 아버지와 아들은 매일 밤 사막으로 나가 비행접시와의 열전을 벌였다.

• • •

　　라이히는 언제나 시대의 분위기에 비상하게 민감했다. 외계 침입자든 암세포든 물리쳐야 할 적에 대한 그의 강박증은 곧 당시 미국의 문화적, 정치적 분위기를 반영한다. 핵 이후 시대에 블랙리스트와 적색 공포, 비키니 환초에서의 핵실험, 매카시즘으로 편집증이 국민 생활의 기본 바탕에 흠뻑 배어들었고, 담배 연기처럼 어디에나 퍼져 있었다.

　　그가 사막에서 수제 대포를 갖고 자기 버전의 편집증 행동을 했을 수도 있지만, 또한 편집증의 희생자이기도 했다. 성에 관한 그의 사상의 본성 때문에 적어도 부분적으로는 그랬다. 당시는 체제 전복과 퇴화에 관한 공포가 공산당과 도착자라는 쌍둥이에게로 수렴되던 시대였다. 라이히는 오래전부터 공산주의(그는 이를 "적색 파시즘"이라고 불렀다)를 반대했으며, 이 무렵에는 공화당에 투표하는 사람이었는데도 여전히 의심의 대상이었다. 그가 그리는 성 해방의 전망이 아이젠하워 미국의 갈수록 심해지는 억압적이고 보수적인 새 질서에 위협을 제기했기 때문이었다.

　　애그니스 마틴은 라이히보다 열다섯 살 어렸지만, 역시 이 억압적 환경에 살았고, 역시 살아남기 위해 일종의 벽장을 사용했다. 자신의 프라이버시와 자유를 확보하기 위한 방안은 뉴멕시코의 메사로 이사하는 것 외에도 더 있었다. 그녀는 젠더와 성적 특질이라는 까다로운 구역 주위에 막강한 침묵의 바리케이드를 만들었고, 신체의 존재를 거부하거나 회피했다. 인터뷰에서는 여성이라는 사실 전체를 자주 부인했다. 당시의 다른 사람들은 여성성을 주장함으로써 해방감을 느꼈지만 그녀는 여성이라는 범주의 정체성으로 규정되기를 거절했다. 그녀는 로마 황제처럼 머리를 짧게 깎고, 농부들이 입는 오버롤 작업복과 티셔츠 같은 남녀공용의 제복을 입었다. 초등학생 같기도 하고 부치* 같기도 했다. 멘디에타가 아이오와에서 강간 장면을 재현하고 앤드리아 드워킨이 《여성혐오》를 완결 짓던 해에 그녀는 남자 화가들과 여자 화가들의 상이한 평판에 대한 질문을 자르면서 이렇게 선언했다. "나는 여자가 아니고 평판에 대해서는 상관하지 않아요."[22] 그리고 대답이 더 불가능하게 이런 말을 덧붙였다. "난 여자가 아니에요. 문손잡이예요."[23]

마틴은 여성들과 관계를 맺었지만, 레즈비언이라는 딱지로 규정되는 것에도 저항했다. 그녀가 세상을 떠난 뒤 연인이 밝히기 전까지 그녀의 성적 지향이 공개적으로 확인된 적이 없었다. 물론 누구든 반드시 벽장에서 나갈 필요는 없다. 힘겨운 정체성을 거부하든 프라이버시를 주장하든 각자 마음대로지만, 마틴이 자신의 성이라는 주제에 관해 대중 앞에 드리운 침묵과 은폐의 차단막은 그 차단막을 세우게 만든 상대 힘에 대한 질문 없이 표면적으로만 받아들여질 때가 너무 많았다.

마틴이 서른여덟 살이던 1950년에 미국에서는 매카시 상원의원

---

* butch, 중성적 스타일을 가진 레즈비언을 이르는 말.

이 공산주의를 상대로 한 것보다 여러 면으로 더 공격적이고 전면적인 마녀사냥이 시작되었는데, 그러면서도 역사에 남은 기록은 훨씬 적다. 데이비드 존슨이 탁월한 역사책 《라벤더 공포증The Lavender Scare》에서 설명하듯이, 그 숙청은 적색 공포가 일어난 해에 같은 방식으로 시작되었다. 국무성에 그들이 침투했다는 소문이 전국적으로 도덕적 공황의 불씨를 던졌다.* 1950년대에만도 7000명에서 1만 명 사이의 연방정부 직원들이 동성애자라는 의혹을 받아 직장을 잃었다. 많은 사람이 다시 일자리를 찾으려고 분투했고 자살한 사람도 많았다. 그 숙청에서 가장 큰 힘을 발휘한 것은 대통령이 된 지 석 달째인 아이젠하워가 1953년 4월 27일에 서명한 집행명령 제10450조였다. 그 명령은 마약중독자, 알코올중독자, 무정부주의자와 함께 동성애자들("성도착자들") 및 미국의 과업을 훼손하려는 성향이 있는 모든 사람을 연방 공무원으로 고용하지 못하게 막았다.

이는 동성애란 선천적으로 전복적이며 부도덕하다는 믿음을 법령으로 담아낸 것이다. 그것은 동성애자란 본질적으로 국가라는 가족에게 충실하지 못한 개인주의자라고 본다. 협박에 넘어가기 쉽다고 간주되는 성향 때문에 안보에 위협이 된다고 본 것은 말할 필요도 없다. 젠더 규범에 순응하지 못하는 점은 특히 그들에게 의심을 품게 되는 부분이다. 국무성 안보국장의 한 비서가 1953년 3월

---

* 매카시가 사회 각층에 침투한 공산주의자를 색출해야 한다는 이유로 많은 사람을 직장에서 쫓아내고 투옥시켰는데, 그로 인한 공포를 적색 공포라 한다. 라벤더 공포는 공산주의에 동조할 수 있다는 이유로 행해진 동성애자 색출과 그로 인한 공포를 뜻한다.

13일에 쓴 익명의 메모가 이런 의심의 사례를 보여준다. 그 메모는 동료 직원 열여덟 명을 안보에 대한 잠재적 위협으로 고발한다. 그중에는 굵은 목소리를 가졌거나 엉덩이가 거의 없다는 이유로 언급된 여성 직원들이 있었고, 한 남성은 피부가 여자 같고, 걸음걸이가 특이하고 여성스럽다는 이유로 언급되었다.[24] 이런 관찰 기록은 각 혐의자의 인적 파일에 추가되며, 모두가 추가 조사의 대상이 되었다.

이 기간에 많은 주가 새 법안을 제정하거나 동성애 행위를 불법화하는 기존 제도를 강화했다. 자기 집에서 단순히 같은 성별의 누군가와 섹스를 했다는 죄목으로 벌금형에서 수십 년 수감까지의 형벌을 받았다. 마틴은 1955년에 월리처 기금Wurlitzer grant을 받았을 때 "겁에 질렸다"[25]고 당시의 여자친구이던 크리스티나 윌슨Kristina Wilson이 회고했다. "그녀는 성적 성향이 밝혀지게 되면 자신의 커리어가 무너질 것이라고 생각했다. 당시에는 최대한 철저하게 은폐하는 것이 중요했다." 비밀은 의혹과 경멸의 압도적인 분위기에 저항하는 무장이었다. 그 분위기에서 호모라거나 남자 역의 여자 동성애자라는 소문이 돌면 전 생애가 무너질 수 있었다.

동성애혐오증은 의학 영역에도 침투했다. 1952년에 미국정신의학회American Psychiatric Association는《정신질환의 진단 및 통계 편람Diagnostic and Statistical Manual of Mental Disorders》초판을 출간했다. 그것은 정상적 행동과 비정상적 행동을 규정하는 막강한 도구였다. 책에 명시된 장애 가운데 "소시오패스적 성격장애sociopathic personality disturbance"[26]의 범주로 분류된 동성애가 있었다. 캘리포니아에서 합의에 따른 동성애 행위

로 고발된 남자는 정신병원에 평생 갇힐 수 있었고, 전기충격요법
과 전두엽절제술을 받고 거세될 수도 있었는데, 이는 다른 곳에서
도 널리 적용되던 "치료법"이었다. 1968년에 동성애homosexuality는 재
분류를 거쳐 성적 일탈의 범주에 들어갔고, 오랜 세월 저항과 행동
이 있은 뒤 1973년에는 마침내 그 매뉴얼에서는 빠지게 된다. 그러
나 "성적 지향성 장애sexual orientation disturbance", 그리고 "자아이질적 동성
애ego dystonic homosexuality"는 1980년대 후반까지 계속 남아 있었다.

이는 곧 마틴이 뉴욕에서 살던 10년 내내, 1957년에서 1967년까
지 그녀의 성적 특질이 공식적으로 병적인 것이었다는 뜻이다. 그
녀가 비자발적으로 정신병원에 있는 동안 내내 그 사실을 숨겼을
수도 있고 운 좋게 동정적인 정신과의사를 만났을 수도 있지만, 공
식적으로는 병의 신호로 분류되었다. 긴장증이나 환청과 매한가지
로, 충격치료법을 받아야 하는 그런 증후였다. 1959년에 뮤지션 루
리드Lou Reed는 퀸스에 있는 크리드무어정신병원에서 3일 간격으로
전기충격요법을 24차례 받았는데, 그 치료를 받은 이유 가운데 일
부는 그의 성적 성향이었다.

그 시기에 마틴은 로워 맨해튼의 부둣가 지역에서 살았다. 로버
트 라우션버그Robert Rauschenberg, 재스퍼 존스Jasper Johns, 로버트 인디애
나Robert Indiana, 엘즈워스 켈리Ellsworth Kelly 등이 포함된 동성애자 예술
가 공동체가 코엔티스 슬립 지역의 버려진 19세기 조선 노동자들의
로프트와 창고에 딱히 합법적이지는 않은 형태로 거주했다. 그곳은
문자 그대로 피신처였다. 마틴이 사우스가에 있는 아름다운 성당

같은 곳에 스튜디오를 얻기 전에 첫 스튜디오가 바로 그곳에 있었다. 그곳에는 난방이나 온수는 없었겠지만, 궁륭 천장과 이스트리버가 그대로 보이는 커다란 창문들을 자랑했다. 그녀는 시내에 갔다가 고양이들이 사는 이 물가로 돌아올 때는 모두 노래하며 왔다고 인터뷰어에게 이야기하면서, "마치 혼란 위로 솟은 산을 올랐던 것 같은 기분입니다"[27]라고 덧붙였다.

그녀는 코엔티스 슬립에 있던 기간에 적어도 두 여성과 관계를 맺었다. 조각가 크리사Chryssa와 직조예술가 레노어 토니Lenore Tawney 였는데, 그들은 이웃 스튜디오를 차지하여 작업했고, 그들의 비상한 창작물들은 마틴의 그리드만큼 단순하고 환희에 찬 선율을 반복했다. 그들은 마틴의 기묘하게 수다스러운 문체의 선례임이 분명한 거트루드 스타인Gertrude Stein의 글을 서로에게 읽어주었다. 마틴의 전기작가 낸시 프린센솔Nancy Princenthal의 좀 조심스러운 표현에 따르면, "슬립은 타오스*처럼 동성애자 남녀가 편안하게 있을 수 있는 장소로 유명했다. 비록 시대적인 제약 때문에 오늘날 수용 가능한 정도로 공개하는 것은 금지되었지만. 사실 마틴이 뉴욕에 있던 시절에 동성애자 화가와 이성애자 화가 사이의 긴장감은 간혹 공공연히 적대적으로 분출되곤 했다".[28]

문손잡이가 되는 편을 택하는 것도 놀랍지 않다. 그러나 편견이

---

* Taos, 뉴멕시코주 북쪽의 마을로, 19세기 말 이후 예술가, 문인들이 정착하기 시작하면서 예술인 마을로 명성을 쌓았다.

법령처럼 통용되는 것은 이성애자 화가들이 애용하는 마초적인 술집 시더 태번에서만이 아니었다. 매카시 시대가 끝난 뒤에도 편견은 여전히 법에 의해 보호되었다. 1960년대에 뉴욕에서 크로스드레싱은 불법이었고, 다른 성별을 흉내 낸다는 죄목의 범죄였다. 젠더의 전형성에 순응하지 않는 사람은 누구든 공격의 대상이 될 수 있었고, 동성 간의 섹스만이 아니라 사교 가능성까지도 제약하고 좌절시키는 데 법이 이용되었다. 드래그퀸, 부치, 여자 같은 남자와 성전환자는 각자의 성별에 적절한 의복을 세 가지 이하로 입고 있다는 죄목으로 정기적으로 시내의 게이바에서 검거되고 수감되었다.

현대의 게이 해방운동을 출범시킨 것은 크로스드레싱을 반대하는 이 금지령이었다. 1968년 6월 28일, 경찰이 크리스토퍼가에서 마피아가 운영하는 스톤월인Stonewall Inn을 급습했다. 그곳은 뉴욕에서 동성 커플이 춤추는 것이 허용되는 몇 안 되는 바 중의 하나였다. 이런 습격이 행해지면 일반적으로 크로스드레싱 고객들은 화장실로 끌려가서 여경들에게 굴욕적인 성별검사를 받았다. 그런데 이번에는 그들이 이를 거부했다. 군중이 바깥 거리에 모여들기 시작했다. 부치 레즈비언 한 명이 순찰차에 난폭하게 끌려 들어가지 않으려고 저항하자 군중은 폭발했다.

그날과 그다음 날 밤, 수천 명이 그리니치빌리지의 거리로 나와서 폭동 진압 경찰과 시가전을 벌였다. 앨런 긴즈버그의 집이 두어 블록 떨어진 곳에 있었는데, 그는 평생 처음 스톤월인에 용감하게 들어가서, 홀린 듯이 춤을 추었다. 집에 가는 길에 그는 한 친구에게 말했다. "거기 있는 남자들은 너무나 아름다웠어. 그들에게는 10년 전이라면 누구에게나 있던 상처받은 표정이 없었어."[29] 쿠퍼 스퀘어에서 헤어지면서 그는 작별 인사를 외쳤다. "페어리*를 보호하라."[30] 엄청난 변화가 다가오고 있었지만, 마틴은 그곳에 없어서 보지 못했다. 드래그퀸들이 벽돌과 쓰레기통을 던질 때, 그녀는 직면을 아예 피하면서 전국을 방랑하고 있었다.

· · ·

태어난다는 것은 다른 사람들과의 관계 네드워크 속에 놓인다는 것이며, 자연스럽고 필연적으로 보일지 모르지만 사회적으로 구축되고 엄격하게 감시되는 언어적 범주 속에 강제로 끼워 넣어지는 것이다. 우리는 모두 우리의 몸속에 갇혀 있는데, 이는 그 몸이 무엇을 의미하는지, 무엇을 할 수 있고, 무엇이 허용되며 금지되는지에 대해 상충하는 생각들의 그리드 안에 붙들려 있다는 뜻이다. 우리는 그저 배고프고 유한한 개인이 아니라 전형적인 유형이며, 우리가 살게 된 몸의 종류에 따라 엄청나게 다양한 기대와 요구와 금지와 처벌의 대상이 되는 존재다. 자유는 단순히 사드 스타일로 온갖 물질적 갈망을 채우는 문제가 아니다. 그것은 우리가 갖게 된 몸이라는 범주에 허용되는 영역 개념이 끊임없이 강화됨에 의해 파괴되

---

* fairy, 남자 동성애자.

는 일 없이, 혹은 방해받거나, 발이 묶이거나 파손되는 일 없이 살아갈 방식을 찾는 문제이기도 하다.

몸을 가졌다는 것embodiment이 일부 사람에게는 다른 사람들보다 더 위험하고 억압이 된다는 깨달음이 해방운동을 밀어붙인 동기였지만, 마틴이 불교에서 느낀 영속적인 호소력의 일부였을 수도 있다. 선禪과 도가 사상은 1950년대의 반문화 분위기에서 대단한 인기를 끌었는데, 마틴도 열성적으로 배우면서 자기 나름의 특이한 방식에 따라 평생 수련했다. 1970년대에 그녀는 강연을 하고 에세이를 쓰기 시작했다. 그 내용은 자신의 그림보다는 그림에 담고 싶었던 영적인 수업, 어린 시절에 배운 엄격한 장로교 신앙과 불교의 만남에 더 초점이 맞춰졌다. 사막의 신비가라는 그녀의 명성은 최면술 비슷하게 반복되는 이런 설법에서 나온 것이다. 그녀의 설법은 세상에 등을 돌릴 때 당신에게 오는 자유라는 주제로 계속 되돌아갔다.

불교는 물질의 영역이 환상이며, 몸의 시끌벅적한 요구에 봉사하는 것은 고통만 낳을 뿐이라고 가르친다. 마틴은 작품 활동과 영감에 관한 긴 에세이인 〈명경지수 같은 마음The Untroubled Mind〉에서 말한다. "욕구appetite의 만족은 불가능하다."[31] (이 말 자체는 성적 쾌락이 인간을 인도하는 충동이라는 것이 터무니없다는 주장에 반대하는 프로이트의 논의다.) 이 세계관에서 자제, 침묵, 부인 ─ 모두 벽장의 표어다 ─ 은 삶을 피하는 방법이 아니라 우리를 해방시키는 영적 차원에 들어가는 방법이다. 반야심경의 아름다운 말을 빌리자면, "색

즉시공공즉시색"이다. 자유는 물질세계를 포기한 결과로 얻어진
다. 그것은 그녀의 그림들이 행하는 것과 동일한 마술적 탈물질
화dematerialisation다. 고통스러운 범주가 사라지고, 위험한 신체는 뒤에
남겨진다.

2015년 8월에 테이트모던에서 마틴의 작품 전시회가 열렸다. 그
곳은 오래된 발전소를 거대한 오르곤 상자로 변형시켰다 할 만한
건물이었다. 내가 거기 갔던 날에는 비가 왔다. 친구가 늦어서 나는
미술관으로 향하는 흰 자작나무 오솔길에서 기다리면서 강물 너머
를 바라보았다. 젖은 사람들의 물결이 안도하며 문을 통과했다. 투
명한 우비를 입은 사람이 많았다. 아무도 유별나지 않았다. 모두가
날씨 때문에 익명의 존재가 되었다.

미술관 안으로 들어가는 것은 절벽에서 깊은 물 속으로 뛰어내리
는 것과 같았다. 그림들이 낮은 소리로 웅웅거렸다. 그림들은 건축
물이 모두 사라지고, 언어도 없어지고, 개념들이 치워지고 형태가
녹아 사라지고 난 뒤 세계가 어떤 모습일지를 보여주는 창문과도
같았다. 원하기를 멈춘다면 어떻게 될까, 나는 노트에 썼다. 순간이
당신을 붙잡게 내버려두면 어떨까. 그 며칠 전에 나는 오랜 연인과
예상치 못한 섹스를 했고, 내 몸은 아직도 쾌감과 혼란으로 울리고
있었다.

나는 〈흰 돌White Stone〉이라는 제목이 붙은 그림 앞에 한참을 그대
로 서 있었다. 전시실 건너편에서 보면 그 그림은 젖어 있고 반질거
리는 것처럼 보였다. 끝없이 확장되는 대양에 내리는 비. 나는 그 남

자를 1990년대에 불교 수련을 할 때 만났다. 수련 동기는 비슷했다. 회의주의와 치열함의 복합. 우리의 관계는 위험하고 황홀했다. 지금 돌이켜보면 우리는 일종의 포기를 찾던 중이었는데, 그 속으로 뛰어내릴 때마다 사악한 저류에 붙들려 나아가지 못하고 어둠 속에서 이상한 것들이 우리에게 와서 부딪혔다. 혐오aversion, 무지, 갈망. 고통으로 이어지는 세 가지 해로움*. 우리는 한적한 곳으로 캠핑을 가곤 했는데, 밤중에는 법당으로 쓰이는 텐트에서 예배를 올렸고, 흔들리는 촛불 빛 속에서 사람들이 한 명씩 일어서서 제단 앞에 납작 업드렸다. 사람들은 이 오체투지 동작을 스무 번 또는 백 번쯤 했다. 사람들이란 곧 나다. 자신을 지워버리기, 에고를 포기하고 모든 것을 놓아버리는 무아의 황홀경. 신에게 하는 절이 아니라 그냥 하는 절.

우리가 한 섹스도 그와 비슷했다. 세상에서 함께 떨어져 나갈 수 있을 것 같았다. 그는 물리학자였고, 가끔 실재의 원자 차원에 대해 말해주곤 했다. 그 차원에서 보면 외관과는 달리 견고한 것은 하나도 없다. 나무도 건물도, 우리 두 몸도 견고하지 않다. 그중에는 주어진 성별을 원치 않았던 동물이 적어도 하나가 있었다. 그 동물이란 곧 나다. 단단한 모서리도 실제로는 없었고, 그저 빈 공간 속으로 떨어지는 입자가 있을 뿐이다. 그것은 반야심경에 담긴 것과 같았다. "눈도, 귀도, 코도, 혀도, 몸도, 마음도 없다. 색도, 소리도, 냄새

---

* 탐貪, 진嗔, 치痴를 가리킨다.

도, 맛도, 촉각도, 우리 마음에 걸릴 것은 아무것도 없다."[32] 혹은 버지니아 울프가 《파도》에서 말한 것과 같다. "모든 것이 엄청난 소나기처럼 떨어지며 나를 녹인다." 그 안도감을 상상해보라.

그 그림은 젯소가 칠해진 흰 표면에 그리드가 그려져 있었다. 그 광택이 가까이 위치한 연필선들로 녹아들어가려면 아주 가까이 다가서야 했다. 화강암 같은 회색 선과 붉은 장밋빛의 선이 반복 교차했다. 전체는 은은한 빛을 발산하고 부드럽다. 손수 그은 선들이 딱딱하거나 차가울 수 있는 여지를 상쇄해준다. 바라보기에 좋은 그림이다. 2004년에 어느 마틴 회고전에 대한 리뷰를 〈뉴요커〉에 기고한 피터 셸달Peter Schjeldahl은 그녀의 그림이 그가 "개념의 교통 정체"[33]라 부른 것을 만들어낸다고 추정하면서 덧붙였다. "나의 분석적 능력은 내가 보고 있는 것이 이것인지 저것인지 결론을 내리려고 시도하다가 포기했다. 그리고 내 마음은 '영적'이거나 형언할 수 없는 상태에 순간적으로 휩싸여 함몰된다."

나는 확실히 어떤 것을 느끼고 있었다. 그 그림들은 온갖 감정의 빗장을 풀었고, 그중에는 즐거움, 슬픔, 갈망, 그리고 감사하는 마음도 있었다. 그것이 지각력의 문제라고는 생각하지 않았다. 그것은 그리드 그 자체의 구조와 관련되어 있었다. 그리드의 요점은 서로 다른 긴장들이 모두 균형을 이루고 있다는 점이다. 네 가지 다른 힘이 모두 균등하게 맞물린다. 우리는 이 점을 본능적으로 느낀다. 왜냐하면 선이 팽팽히 당겨지지 않으면 그냥 널부러지기 때문이다. 그림들은 너무 크고, 또 오랜 시간을 들인 지극히 꼼꼼하고 반복적인 노동의 산물임이 자명하여, 어떤 힘들이 장악되고 있는지, 어떤 종류의 갈망이 누그러지는지의 질문들을 하게 만든다.

마틴은 자신의 그림이 순수함에 관한 것이라고 자주 말했는데, 이는 곧 그녀가 어린 시절에 결부시키는 일종의 원시적인 개방성을 의미했다. "내 그림은 융합merging, 무정형formlessness에 관한 거야."³⁴ 그녀는 친구인 화가 앤 윌슨Ann Wilson에게 말했다. "사물 없는, 방해 없는 세계." 나는 그곳에 서 있으면서, 또 그 뒤로도 오랫동안 그 발언에 대해 생각했다. 우리 대부분은 사랑이나 섹스의 산물로서 융합을 경험하는데, 그것은 자아의 방어력을 잠식시키거나 없애버리는 힘을 갖고 있다. 사랑에 빠지거나 성교할 때 어지러이 광대한 황홀경을 느끼다가 자아와 타자 간의 경계선이 거품이 되어 사라진다. 사물 없는 세계에서 당신은 무엇과 융합될 것인가? 무?

어떤 면에서는 그렇다. 마틴이 옹호하던 종류의 융합은 타인과 이룰 만한 것이 아니다. 그것은 엄격한 자기부정의 산물이며, 훨씬 더 풍요로운 영적 실재 속으로 들어가기를 도와주도록 설계되었다. "자유로운 마음을 위한 고독과 독립."³⁵ 그녀는 1972년에 이렇게 썼다. 그녀는 항상 자립심의 옹호자였고, 큰 부자가 된 뒤에도 자신의 욕구와 자산을 계속 엄격하게 통제했다. 그녀는 절대로 원하는 것을 달성하거나 보살핌을 받으려고 다른 사람에게 의지하는 것을 허용하지 않았고, 혹시라도 스스로 경계를 늦추게 되면 상대를 금방 쫓아냈다. 뉴멕시코에 있을 때 포기한 세속사에는 낭만적이고 성적인 관계의 포기까지 포함되는 것으로 보였다. "15분간 신체를 비비

는 것."[36] 웃으며 한 말인지도 모르지만, 인터뷰어에게 이렇게 말한
적이 있다.

그녀에게 쾌감을 억제하는 것은 자아에서 자유로 나아가는 길이
며, 자기부정으로 가는 수도승의 수련법이었다. 그러나 커피와 바
나나로 연명하는 세월은 확연한 보상을 가져오는 영적 고행의 수단
이었지만, 바깥 세계가 범람해올 수도 있는 위험, 어디에나 있는 위
험에 방어하는 보호막이기도 했다. 인간, 동물, 음악, 심지어 식품도
그녀를 전복시킬 능력이 있었다. "난 관심이 분산되는 것을 감당할
수 없다. 개를 키우지 않는 것은 애정을 요구하기 때문이다."[37]

1940년대와 1950년대에 라이히가 오르곤 축적기와 클라우드비
스터를 만들고 있었을 때, 그의 과거 동료 한 무리가 마틴의 사물 없
는 세계에 좀 다른 빛을 던지는 아이디어들을 만들어냈다. 전쟁 전
에 라이히는 나중에 대상관계object relations 이론을 개발하게 되는 두
인물과 긴밀하게 일한 적이 있었다. 빈의 외래진료소에서는 멜라니
클라인Melanie Klein과 함께, 그리고 베를린폴리클리닉에서는 에디트
야콥슨Edith Jacobson과 함께 일했다. 클라인과는 가까운 사이가 되지
않았지만 야콥슨은 동료이자 정치적 동지였고 친구였다.

정신분석학적 개념으로서 대상관계란 개인이 다른 존재, 소위 사
물 세계와 관련을 맺는 능력을 가리킨다. 야콥슨이 1954년에 쓴 에
세이 《자기와 대상 세계》에서 설명하는 바에 따르면, 갓난아이 때
는 자아와 타자 간의 구별이 없다. 아기는 자신을 어머니의 일부로
체험한다. 그러다가 배가 고프고 기저귀가 젖고 위안해주기를 바라

는 등 사소한 좌절을 반복적으로 경험하면서 어머니가 별도의 독립적 존재임을 깨닫게 된다. 이 구별 과정 ─ 세계가 각자의 욕구를 가진 수많은 사람으로 이루어져 있음을 깨닫는 것 ─ 은 성숙기로 나아가는 힘든 길의 출발점이다.

그러나 전체적인 통합을 다시 이루고 싶은 갈망은 절대로 영영 사라지지 않는다. 우리는 모두 자궁 속 잃어버린 낙원을 복구하고 싶은 열망을 공유한다. 그곳에서 우리는 다른 사람의 몸속에 따뜻하게 수용되어 있었고, 사랑하는 대상과 자아 간의 구별이 없었고, 분리도 없었으며, 그러므로 갈망이나 상실의 가능성도 없었다. 1990년대 후반에 80대에 접어든 마틴은 이 원초적이고 헌신적인 상태를 찬양하는 그림 시리즈를 시작했다. 〈사랑을 사랑하는 어린 아이들Little Children Loving Love〉, 〈사랑에 대한 아기의 반응An Infant's Response to Love〉, 〈사랑에 대한 어린 소녀의 반응A Little Girl's Response to Love〉, 〈나는 사랑을 사랑한다I Love Love〉, 〈사랑을 사랑하기Loving Love〉, 〈사랑스러운 삶Lovely Life〉. 그 그림들은 거의 모두 수평의 줄무늬로 구성되어 있다. 그 줄무늬의 색은 테리 캐슬이 언젠가 아기 빨대 컵 색이라고 신랄하게 불렀던 연분홍, 노랑, 파랑으로 구성되었다. 아기들의 생활 영역이 대개 그런 색으로 꾸며진다.

이 낙원을 떠나 대상 세계, 타인들의 세계, 다른 신체, 다른 필요와 욕망의 세계로 가는 것은 피할 수 없는 거부와 결핍을 경험한다는 뜻이지만, 풍부한 보상이 있다. 가수 실베스터Sylvester가 "넌 날 엄청나게 진짜같이 느끼게 해you make me feel mighty real"[38]라고 노래할 때(여러

분은 하던 일을 잠시 멈추고 그를 유튜브라는 사자의 세계에서 불러올려 그 메시지를 다시 듣고 싶을지도 모른다), 그는 대상관계의 위치에 서 있다. 클라인, 야콥슨, 그리고 그들의 영국인 동료 도널드 위니콧Donald Winnicott이 가르친 것처럼, 분리되는 과정에서 얻는 중요한 보상 가운데 하나는 타인에게 이해됨을 통해 전해지는 실재감이다. 타인의 인정은 최초의 선한 객체인 어머니의 웃는 얼굴에서 시작한다.

그것은 물론 어머니가 선한 객체라고 전제할 때의 이야기다. 마틴이 자기 삶의 여러 부분에 대해 말을 아꼈지만, 어머니인 마거릿의 이야기를 할 때는 말이 많아졌다. 마거릿은 딸을 사랑하지 않고, 마틴은 어머니가 자신을 파멸시키려 했다고 믿었다. 그녀는 〈뉴요커〉의 인터뷰어와 이야기하면서, 하루 종일 집에 들어가지 못하고, 혼자서 흙바닥에서 놀아야 했던 일을 회상했다.

내 어머니는 아이를 좋아하지 않았어요. 그리고 날 아주 싫어했지요. 정말 얼마나 싫어했는지. 날 보는 것도, 내게 말하는 것도 견디지 못했어요. 내게는 말을 한마디도 걸지 않았지요. 내가 두 살 때 나를 뒤쪽 포치에 내놓고 집 안에 들여주지 않았어요. 세 살 때는 뒷마당에서 놀았는데, 문 쪽으로 가면 언니가 "넌 들어올 수 없어"라고 했죠.[39]

같은 인터뷰에서 마틴은 사물 없는 세계를 설명하며 감상자가 자신의 그림에 들어갈 수 있기를 얼마나 바라는지 이야기했다. "자연은 마치 커튼을 여는 것과 같아요. 그 안으로 들어갑니다. 나는 이런 특정한 반응, 사람들이 스스로를 버려두고 떠날 때 보이는 반응을 이끌어내고 싶어요."[40] 그녀의 작품은 아주 많은 방식으로 읽을 수 있지만, 그중의 하나는 분명 닫힌 문의 영구적인 개방이다. 그녀의 캔버스는 모두 약간씩 열려 있다. 누구든 들어갈 수 있다. 자신이 가진 것들을 놓아버리는 게 어떤 느낌일지 누구나 체험할 수 있고, 잠시라도 사랑의 세계에 융합될 수 있다.

• • •

마틴은 가라앉지 않고 살아남는 방법을 찾아냈지만, 모두가 그렇게 운이 좋거나 단호하지 않다. 야콥슨의 경험상 대상 세계로부터 물러남은 두 가지를 시사한다. 아주 어린 시절에 방치되거나 큰 상처를 입는 것, 또는 정신을 가장 원초적 단계로 도로 던져버리는 트라우마적인 경험이다. 그녀는 또 체질―지금은 유전적 소인이라 부르는 것들―이 끼어들 경우, 이렇게 방치됨으로써 아기가 정신병에 걸리기 쉬운 성향을 가질 수 있다고도 생각했다. "현실이 부인될 수 있고, 마법, 유아기적인 확신이 영구히 유지된다."[41]

이런 힘들이 한 사람의 인생을 어느 정도로 뒤엎을 수 있는지를 트럼프 행정부가 들어선 뒤 첫 가을이 되기 전까지는 명백하게 깨닫지 못했다. 그해 가을, 나는 국립의학도서관에 소장된 라이히의 자료들을 보러 워싱턴에 갔다. 그의 마지막 여자친구인 오로라 캐러Aurora Karrer가 수집한 것들이었다. 그녀는 1954년, 일제가 떠난 직후에 라이히를 만났으며, 항상 자신을 그의 아내라고 소개했지만, 두 사람은 실제로 결혼하지는 않았다.

워싱턴에 있으니 기분이 이상했다. 도서관은 국립보건원의 복합 건물군 중 한 곳에 있었다. 주위에는 사람이 거의 없었고, 호텔에서 읽은 신문에는 큰 타격을 입은 정부 부처들, 빈 책상이 늘어선 사람 없는 사무실에 대한 기사가 실려 있었다. SNS에서는 편집증이 주조가 되었다. 허리케인 마리아가 가한 타격의 후유증이 아직 남아 있었는데도 트럼프는 트위터에 자신이 벌이는 일을 긍정적으로 평가하는 보고를 올리고 있었다. 오전 5시 25분에 그는 이렇게 올렸다. "이제 푸에르토리코에서 아주 좋은 시간을 보냈다. 가짜 뉴스가 일부 있기는 하지만 대부분은 아주 따뜻하고 우호적인 반응을 보여주었다."[42] 한 시간 4분 뒤 그는 덧붙였다. "와우, 오늘은 가짜 뉴스 보도가 굉장히 많군. 내가 어떻게 행동하고 말하든 그들은 진실을 쓰지도 말하지도 않아. 가짜 뉴스 미디어는 통제 불능이다!"[43]

도서관 역시 거의 비어 있었다. 문 옆에 걸린 스크린에서는 경찰관 두 명에게 끌려가는 한 남자의 흑백 영상이 계속 나왔다. 나는 널빤지로 벽을 댄 열람실에 혼자 앉아 캐러가 수집한 문서들을 계속 읽어나갔다. 폴더들이 깔끔하게 분류—서신, 메모와 잡문, 소송—되어 있었지만, 끔찍이도 혼란스럽다는 인상을 받았다. 법률 자료와 신문 기사, 라이히의 가족들이 보낸 편지 등 문서 상당수에 캐러가 붉은색 볼펜으로 주석을 끄적여두었다. "빌헬름 라이히는 꿈의 세계에서 살고 있었다."[44] 그녀는 "미국에서 위대한 과학자가 수감되다"라는 제목의 기사에다 큼직한 글씨로 이렇게 적었다. 누구를 대상으로 썼는지는 분명치 않았지만, 모든 메모에는 그녀의 전체 이름인 오로라 캐러 라이히라는 서명이 있었으므로, 누가 정상적인지를 두고 벌어지는 다툼에 관해 독자에게 판단을 내려달라고 청원하는 것 같은 기묘한 인상을 주었다.

캐러가 독자들에게 알려주려 애쓴 것은 말년에 이른 라이히의 정신 상태였다. 그녀가 그와 어울리던 시절의, 흐트러져가던 라이히 말이다. "1956년에 WR은 자신이 우주인이라고 믿었다."[45] 이런 것이 전형적인 메모 내용이었다. "WR은 위대함에 대한 엄청난 망상이 있었다. 사람들은 자신의 삶이 공허하기 때문에 그를 믿었다."[46] 이런 페이지 사이사이에 흩어져 있는 것은 그가 모종의 침입자를 예상하여 오르가논의 부지 전체에 숨겨둔 것으로 보이는 메시지들이었다. 치료실 안 잠긴 강철 금고 속에 든 메모 한 장에는 이런 글이 적혀 있었다. "당신, 당신은 자신의 썩은 본성에 깊은 수치감을 느끼지 않는가. 당신은 내 영역에 닿을 수 없다."[47] 오두막 한 군데의 문에 붙여둔 또 다른 메모는 이렇게 경고했다. "조심해. 자살처럼 보이게 만들고 싶지? 안 그래, LM? 대리인을 써서!"[48] 마지막 줄에는 밑줄이 세 번 쳐져 있었다.

그가 단순히 편집증적으로 군 것은 아니었다. 1956년 당시 동료 한 명이 금지령을 어겼다가 고객으로 가장한 FDA 검사관에게 체포되었다. 5월 7일에 라이히는 법정모독죄로 유죄 판결을 받고, 1만 달러 벌금과 2년 수감형을 선고받았다. 6월 5일에 검정 양복을 입은 연방법원 집행관 한 명과 FDA 검사관 두 명이 오르고논에 나타났다. 그들은 라이히에게 금지령에 따라 축적기를 모두 부수라고 명령했다. 라이히는 열두 살 난 피터와 관리인인 탐 로스_{Tom Ross}에게 지시를 따르라고 말했다. 그들은 나사를 하나하나 풀어 축적기를 해체한 다음 관측소 아래의 삼각지대로 운반하여, 거기서 도끼로 깨부쉈다. 시간이 오래 걸렸다. 피터는 가슴이 찢어지는 듯한 회고록《꿈의 책A Book of Dream》에서 이렇게 썼다. "그 파편 더미는 찌그러지고 부서졌다. 강철 솜이 패널에서 삐져나와 회색 거품처럼 매달려 있었다."[49]

  그물이 죄어들고 있었다. 몇 주 뒤, FDA는 오르고논으로 다시 외서 라이히의 책 250권을 불태우는 것을 감독했다. 라이히는 장작불이 지펴지는 것을 지켜보았지만 손을 보태기는 거부했고, 조사관 한 명에게 자기 책이 나치에 의해 불태워졌는데, 그런 일이 미국에서 다시 일어나리라고는 생각하지 못했다고 말했다. 그 장작불은 더 큰 화염의 전주곡이었다. 8월 말, FDA 조사관은 뉴욕에 가서 그리니치빌리지의 오르곤연구소출판사가 보유한 모든 재고와 라이히가 쓴 수많은 글의 파괴를 감독했다. 서적과 인쇄물 6톤이 트럭에 실려 현재 휘트니미술관이 있는 장소에서 가까운 허드슨강변 갠스부트가의 소각로로 운반되었다. 소각된 서적 중에는《파시즘의 대중심리》처럼 금지령이 적용되지 않는 것도 여러 권 있었다. 그 전이든 후든 금지된 서적은 많았지만, 미국 역사상 국가 차원에서 허가한 도서 소각으로는 지금까지 그 사건이 유일하다. FDA는 1960년까지도 여전히 라이히의 위험한 책들을 추적하고 불태우는 일을 계속했다.

이런 파멸적인 사건에 대한 라이히의 반응은 스스로를 세계로부터 점점 더 깊이 차단하는 것이었다. 캐러의 기록에 따르면, 그해 여름 그는 주정뱅이 악당으로 전락했다. 제일 좋아하던 개 트롤을 쇠막대기로 때려 뒷다리를 부러뜨렸으며, 그 일을 누구인지 모를, 아마 우주에서 왔을 침입자의 짓이라고 미루었다. 1956년 8월 14일, 화요일. "빌리는 폭력적이고 위협적이다. 그가 누군가를 반드시 죽여야 할 것 같은 기분이라고 말했다. 그게 나를 말하는지도 모르겠다. 그는 술을 무척 많이 마시고 있다. 다음 날 아침 술이 깨면 자신이 협박하고 폭력을 휘둘렀다는 것을 기억하지 못한다."[50] 같은 페이지 뒷부분. "오라누어Oranur의 영향이라고 치부하지만 사실은 빌헬름 라이히의 난폭한 성질의 분출이다!(오라누어는 오르곤 에너지의 부정적 버전으로 라이히는 이것을 1950년대 초반에 발견했다고 주장했다)"[51] 1956년 10월에 쓰였지만 아마 전하지는 않았던 편지 한 장에서는 이렇게 덧붙였다. "난 얌전히 앉아 있다가 술 취한 당신에게 얻어맞거나 뺨을 맞거나 구타당할 생각은 없다."[52]

이런 페이지를 나는 끔찍한 기분으로 읽어나갔다. 라이히에 대해 밝혀주는 내용 때문만이 아니라 그가 죽은 뒤 캐러 또한 망상이 점점 더 심해진 것으로 보였기 때문이다. 수집 폴더 하나에서 그녀가 잘라내어 보관한 신문 기사 파일을 발견했는데, 1984년의 기사가 많았다. 그중 두 페이지에 라이히에 관한 기사가 실려 있지만, 다른 페이지에는 그에 대한 언급이 전혀 없었다. 파일을 스르륵 훑어보면서 나는 혼란스러웠다. 별점, 〈워싱턴 포스트〉에 실린 소피아 로렌이 출연한 NBC 영화 〈오로라Aurora〉에 관한 안내, 암세포를 죽이도록 설계된 오로라 다이 레이저Aurora Dye Laser에 관한 〈USA 투데이〉의 기사. 캐러는 마치 자신의 이름인 오로라를 매개로 하여 자신에게 신비한 메시지가 전달되는 것처럼 매 페이지마다 오로라라는 단어에 밑줄을 그었다.

편집증이 있는 사람은 음모가 있음을 확신하고, 온 사방으로 확장되는 거대한 연결망에 자신이 붙잡혔음을 안다. 누구도, 아무것도 믿을 수 없다. 언제 어디서 위협이 다가올지 모른다. 한밤중일 수도 있고, 낮일 수도 있다. 그래서 편집증에 걸린 사람은 항상 경계해야 하고, 모든 것을 포기하고 물러날 준비가 되어 있어야 한다. 이 물러남이란 라이히가 오르고논이나 애리조나로 이사한 것처럼 물리적인 것일 수도 있고, 외계인 침입자의 존재에 대한 그의 확신처럼 판타지 속으로 은둔하는 것을 의미할 수도 있다. 더 피해가 큰 측면으로는 감정적 관계의 단절을 의미할 수 있다. 1950년대에 라이히가 거의 모든 친구나 동료와 관계를 끊은 것이 그런 예다. 그는 호의와 사랑만이 아니라 다른 사람들에게서 얻을 수 있는 현실감각도 차단했다.

라이히가 오르고논의 여기저기에 숨겨둔 메모로 볼 때 그가 오래 전부터 주위 세계에 대한 믿음을 잃었다는 것은 자명하다. 그가 경험한 주위 세계는 그를 공격하고 위험을 숨기고 있었고, 그는 옳지만 그에게 동의하지 않는 모든 사람은 단지 잘못했을 뿐만 아니라 사악하고 부패했다. 이런 심리 상태에 있는 사람의 동반자는 신체적인 해를 입을 위험을 영구히 지게 된다. 반대나 모호한 태도가 더 이상 관용될 수 없기 때문이다. 사람은 선하거나 나쁘거나 둘 중 하나고, 천사이거나 배신자다.

라이히의 이런 면모를 본 것이 캐러만은 아니었다. 그의 두 번째 아내인 일제 올렌도르프는 그가 난폭해지고 소유욕이 강해졌으며, 심하게 술을 마시게 된 뒤인 1954년에 그를 떠났다. 한번은 그가 그녀를 너무 세게 때려, 고막이 터져버렸다. 그는 그녀가 은밀히 추악한 불륜을 저질렀다고 비난했지만, 그녀는 부정했다("전혀 사실이 아니에요."[53] 그녀는 죽기 얼마 전에 크리스토퍼 터너에게 말했다). 라이히는 그녀에게 고백문을 쓰게 강요했고, 이런 자료를 그가 쓴 그녀의 성적 행동에 대한 보고서와 그가 추종자들을 윽박질러 작성하게 만든 고발문과 함께 오르곤연구소의 공식 문서고에 보관하고 잠궈두었다. 마치 자신이 받은 심문 과정을 스스로 재현하고 있는 것 같았다. 그러나 이번에는 피해자가 아니라 가해자였다. 여성의 성적 자유의 옹호자가 호색하고 사나운 스파이, 자기 집안의 매카시가 되었다.

그가 재현한 것은 심문 과정만이 아니었다. 라이히는 혐오스럽던 자기 아버지의 역할도 했다. 1969년에 출간된 일제가 쓴 라이히의 전기에서 그녀는 라이히가 자기 어머니의 죽음과 관련된 혼란스러움을 끝내 해소하지 못했다고 주장했다. 강요가 있었다고는 해도 어머니의 불륜에 대해 아버지에게 알린 것은 그였고, 그 뒤에 이어진 폭력의 세월에 대해 평생 죄책감을 느꼈다. 점점 더 섬뜩해지는 어머니의 자살 시도에 대해서는 말할 것도 없다. 30대에 들어선 뒤에도 그는 자신이 어머니를 죽이는 악몽을 꾸다가 벌떡 일어나곤 했다. 그는 유럽을 떠나기 전에 정신분석을 세 번 받았지만, 그래도 어머니의 죽음은 도저히 감당할 수 없는 일이었다. 너무 고통스러웠다. 그 주제가 제기될 때마다 그는 슬그머니 피하거나 분석을 끝내버렸다. 일제는 죄책감 때문에 그의 성격에 강박적이고 가차 없는 면모가 더해졌다고 생각했다. 어떻게 해서든 옳아야 할 필요가 커졌다고 말이다. 인정하기는 힘들었지만, 그녀는 1950년대에 자기 남편이 현실감각을 잃기 시작했다고 짐작했다. 그가 스스로를 계속 현실로 불러오기는 했지만 "압박이 계속되자 그는 외계 영역으로의, 더 자애로운 세계로의 도피를 추구하지 않을 수 없었다". [54]

그 모든 것이 말로 표현할 수 없이 우울했다. 젊었을 때 라이히는 사회적 힘과 과거 트라우마의 그물이 어떻게 모든 개인의 행동을 형성하고 영향을 주는지를 알아본 사람이었다. 그러나 이제 그는 자신에게 일어나고 있는 일을 파악할 능력이 없는 것 같았다. 초기의 그는 그토록 과감했고, 굳건했고, 우리 중의 가장 약한 자들에게 영향을 미치는 여건들을 변화시키는 데 관심이 있었다. 그가 누적된 상실과 슬픔과 죄책감 아래에서 제정신을 잃은 것일까, 아니면 아무리 진보적인 남자라도 여성의 신체란 언제나 나쁜 감정을 쏟아버릴 수 있는 수용체라는 문화적 교훈을 지워버릴 수 없었을 뿐인가? "생물학적으로 그들이 남자이기 때문이 아니라 그들의 사회적 권력이 바로 이런 식으로 조직되기 때문이다."[55] 앤드리아 드워킨은 예전에 이렇게 말했다.

라이히는 그녀에게 그 가르침을 준 사람들 중 하나였지만, 권력이 작동하는 방식을 알고 있었다고 해서 그가 그 영향을 받지 않는다는 뜻은 아니었다. 그가 범한 최대의 오류는 자신을 외부 세계로부터 고립시킬 수 있다고 생각한 것이다. 그것은 불가능하다. 우리의 과거는 우리와 함께 남아 있고, 우리 몸에 자리 잡고 있으며, 우리는 싫건 좋건 간에 대상 세계 속에서 다른 인간 수십억 명과 함께 현실의 자원을 공유하면서 살아간다. 각각의 사적인 몸에 허용된 행동이나 존재 양식에 구체적이고 고통스럽게 제약을 가하는 힘들의 그리드로부터 당신을 보호해줄 수 있는 강철 상자는 없다. 도피는 없고, 숨을 수 있는 장소도 없다. 세계에 복종하거나 세계를 바꿔라. 내게 그 사실을 가르친 것이 라이히였다.

6

감방

갇혀야 했던 존재들

✧

라이히의 삶에서 가장 슬픈 점은

그가 감방에서 혼자 세상을 떠났다는 사실이다.

그러나 자유를 위한 평생의 투쟁이 감옥에서 끝맺었다는 사실은

그에게만 한정된 비극이 결코 아니다.

몸의 자유를 확대하고자 하는 사람은 누구나

감옥이라는 기관을 상대해야 한다.

감옥은 모든 종류의 해방운동을 제한하기 위해

국가가 휘두르는 가장 강력한 무기 가운데 하나이며,

그 자체로 여러 세기에 걸친 행동주의와 개혁의 초점이다.

1976년에 가수 케이트 부시는 어느 오컬트 서점의 서가를 훑어보다가 2년 전에 출간된 피터 라이히의 회고록인 《꿈의 책》을 보았다. 그녀는 그의 기묘한 어린 시절 이야기에 너무나 매료되고 영감을 받아 〈클라우드버스팅〉을 썼다. 그 노래는 희망과 상실이 혼합된 송가로서, 기이하고 몽롱한 낙관주의가 비탄과 불안의 큰 흐름을 관통한다. "난 지금도 오르고논의 꿈을 꿔. 울면서 잠이 깨지."[1] 그 노래는 이렇게 시작한다.

1980년대에 찍은 비디오에서 케이트 부시는 피터의 배역을 맡아 멜빵 작업복을 입고 더벅머리 가발을 쓰고 연기했다. 그녀는 도널드 서덜랜드Donald Sutherland가 라이히를 연기해주기를 원했고, 예고도 없이 그의 런던 호텔로 연락하여 그 역을 맡아달라고 설득했다. 그는 〈클라우드버스팅〉이 어떤 내용인지 알자마자 동의했다. 그는 라이히에게 매료되어 있었다. 막 베르톨루치Bertolucci 감독의 영화 〈1900년Novecento〉의 촬영을 마친 참이었다. 그것은 20세기의 이탈

리아에서 벌어진 공산주의와 파시즘 사이의 투쟁이 담긴 대작 역사
영화로서, 서덜랜드는 잔혹한 파시스트 앞잡이인 아틸라 멜란치니
역을 맡아 소년을 강간하고 소년의 머리를 벽에 짓이긴다. 그는《파
시즘의 대중심리》를 연기 안내서로 삼았는데, 베르톨루치는 이를
무척 싫어했다.

〈클라우드버스팅〉은 메인주가 아니라 옥스퍼드의 드래건힐에서
촬영되었다. 진짜 클라우드버스터를 찾아낼 수 없었으므로 〈에일
리언Alien〉의 작업을 했던 디자이너에게 주문하여 모형을 만들었는
데, 스팀펑크물에 나올 법한 거대한 트럼본 같았다. 부시와 서덜랜
드는 이 터무니없는 기구를 언덕 꼭대기로 밀고 끌고 올라가서 맑
고 푸른 하늘을 향하도록 설치한다. 하늘에는 이제 구름이 모여들
기 시작한다. 그때 부시가 검은색 차 한 대를 보는데, 오래전에 피터
가 오르고논에서 본 것과 똑같은 광경이다. 사랑하는 아버지를 데
려가서 구금하려는 정부요원들이 온다. 찌르는 듯한 현악기 소리.
그녀의 음성이 푹 낮아져 그르렁대다가, 여러 갈래로 갈라져 소리
친다. 연호하듯 노래하는 깊은 목소리들이 들리고, 아이들의 웃음
소리, 억압과 위협에 맞서는 리비도적 환희가 나온다. 반짝거리는
검은 구두를 신은 남자들이 서덜랜드를 체포하러 도착한다. 서덜랜
드는 구겨진 트위드 양복을 입은 전형적인 과학자의 모습이다(사실
라이히는 체크무늬 셔츠를 좋아했다). 그들은 그의 파일을 뒤지고, 시
험관을 내던지고, 그를 강제로 차에 밀어 넣는다. 언덕 위로 달려 올
라간 부시는 클라우드버스터 조종간을 쥔다. 서덜랜드가 차의 뒷창

문을 돌아볼 때 황홀한 빗줄기가 하늘에서 세차게 내린다.

〈클라우드버스팅〉은 라이히의 삶을 가볍게 허구화한 버전이지만, 그 곡이 실린 앨범 〈사랑의 사냥개Hounds of Love〉는 전체적으로 라이히 특유의 분위기를 강력하게 띠고 있다. 모든 노래는 억압과 굴복, 쾌락과 침잠 사이를 초조하게 오가는 하나의 역학과 씨름하는 것처럼 들린다. 내가 제일 좋아하는 곡은 최면술에 걸린 듯 기이한 타이틀송으로, 그 노래에서 사랑은 무시무시한 힘으로 표현된다. 주인공은 달아나려고 애쓰며, 도와달라고 애걸하다가 '신발을 벗어 호수에 힘껏 던진다'는 멋지고 즐거운 가사에 맞춰 아래로 뛰어내린다. 히치콕의 〈39계단The 39 Steps〉에서 영감을 얻은 이 영상에서, 사랑에 빠진 여자는 또다시 정부요원들의 추적을 받는다. 마치 욕망 그 자체가 무정부적이고 위험한 힘인 것처럼. 결국 부시는 요원과 같은 수갑에 채워지며, 필사적으로 달아나려고 애쓰면서도 복종하고자 하고 두려움과 욕망과 수치감의 상충하는 물결에 사로잡힌다. 쾌락과 사랑은 매혹적인 가능성만이 아니라 파괴적 상태이며, 도달할 수는 있지만 거기서 돌아올 수는 없는 장소다.

나는 그 노래들을 아주 좋아한다. 왜 오르곤 상자를 만들기 한참 전부터 라이히의 저작들에 그처럼 끝도 없이 논란이 잇달았는지, 이유를 밝혀주는 것 같다. 그가 보는 전망은 무섭다. 쾌락은 무서우며, 자유 또한 무섭다. 그것은 개인과 그 개인이 사는 사회 양쪽에게 심히 위협적인 일종의 개방성과 무제약성을 포함한다. 자유는 짓밟고, 옥죄고, 금지하고, 심지어는 파괴하고자 하는 정반대되는 갈망을 불러일으킨다. 이 역학을 이해하면 사람들이 몸이라는 감옥의 자물쇠를 열도록 간절히 도와주고 싶어 했던 라이히 본인이 어찌하여 결국은 감방에 갇히게 되었는지를 설명하기가 쉬워진다.

1957년 3월 20일, 그는 코네티컷주 댄버리에 있는 연방교도소(드라마 〈오렌지 이즈 더 뉴 블랙Orange is the New Black〉에 나오는 감옥의 토대가 된 곳)로 보내졌다. 이틀 뒤 그는 2년 형을 복역하기 위해 펜실베이니아주 루이스버그교도소로 이감되었다. 그 과정을 지켜본 사회복지사의 보고서에는 그가 "60세의 이혼한 백인 범죄자로, 종교가 없고 다니는 교회도 없다"[2]고 설명되어 있었다. 아마 그의 정신 상태, 혹은 공산주의자였던 과거에 대한 줄기찬 의혹 때문이었겠지만, 그는 독방에 갇혔다. 생애 최후의 여섯 달 동안 그는 오르곤 상자보다 별로 크지 않은 공간에서 혼자 살았다.

그는 기숙학교에 가 있던 피터에게 자신이 자주 운다고 말했다. 울음은 몸이 감정을 풀어놓는 방식이었다. 그는 울음을 훌륭한 유연제라 불렀다. 그는 소년 시절부터 건선으로 고생했는데, 스트레스가 심해지면 자주 그랬듯이 수감된 후로 증세가 심해져, 그의 피부는 붉은 상처로 뒤덮였다. 그는 증상을 완화할 바셀린을 요구하고 매주 여러 번 목욕하게 해달라고 했다. 그는 사람들과 친해지지 않았다. 다른 죄수들은 그가 복도를 걸어 다니거나 마당에 혼자 서 있는 것을 지켜보면서 그에 대한 가십을 주고받았다. 저 섹스 상자 남자는 분명 뭔가 있을 거야, 젊은 여자친구가 매력적인 걸 보면 알수 있지.

오로라는 라이히가 잡혀간 직후부터 면회를 신청했지만, 서면 허가를 받기까지 꼬박 30일을 기다려야 했다. 교도소장의 편지에는 앞으로 라이히와 그녀의 관계가 지켜야 할 조건들을 설정하는 한 페이지짜리 규정이 동봉되었다. 나는 워싱턴의 도서관에서 그 규정을 읽었는데, 폐소공포증을 느꼈다. 면회는 매달 세 시간으로 제한되었다. 루이스버그 시내와 교도소 사이에는 버스가 다니지 않았다. 소포, 선물, 서면 메시지를 주고받을 수 없었다. 면회 시간이 끝나면 모든 방문자는 교도소를 즉시 떠나야 했다.

피터도 면회 허가를 받았다. 《꿈의 책》에서 피터는 당시 루이스버그교도소가 어떤 모습이었는지를 아이의 관점에서 묘사했다. 잠긴 문 두 곳을 지나 들어가기 때문에, 어느 방향이든 철창을 통해 보게 된다. 현관 홀에는 죄수들이 만들어 용돈 벌이로 판매하는 싸구려 빗과 지갑이 들어찬 진열장이 있었다. 면회실에서 라이히는 플라스틱 의자에 앉았고, 피터는 반대편의 빨강과 초록 카우치에 앉았다. 사이에는 탁자가 있고, 경비대원들이 벽 근처에 서서 감시하고 있었다(라이히보다 10년 전에 수감되었던 맬컴 엑스는 수십 명의 죄수들이 석방된 뒤 제일 먼저 할 일은 감옥 밖 생활의 넝마로 남은 부분을 감시하는 이 경비대원들을 손봐주는 일이라고 말해주던 것을 기억했다). 라이히는 푸른색 데님 죄수복을 입었고 얼굴은 슬퍼 보였다. 그는 피터에게 학교 생활이 어떤지 물었다. 면회가 끝날 때 그들은 검정 고무 매트, "포옹의 런웨이"[3] 위에서 포옹할 허락을 받았다. 그런 다음 그는 다시 감방으로 끌려갔다.

피터가 아버지를 본 것은 그것이 마지막이었다. 10월에 학교에 독감이 유행하여 그는 매사추세츠주 셰필드에 있는 일제의 집에 가 있었다. 11월 3일, 전화벨이 울렸다. 어머니가 "오, 세상에, 오, 하느님"[4]이라고 울부짖는 소리를 듣자, 그는 무슨 일이 벌어졌는지 금방 알았다. 라이히는 침대에서 옷을 전부 입고 죽은 채 발견되었다. "아버지의 심장이 멈췄다"[5]고 피터는 썼다. "심장 발작 때문에 아버지가 잠에서 깼을지, 아니면 그냥 그렇게 가셨는지 알고 싶었다." 그들은 장례식에서 〈아베 마리아〉를 불렀고, 그 뒤 불쌍한 핍스는 아버지의 서재 마루에 누워 양탄자에 대고 아이의 기도를 속삭였다. "돌아와, 돌아와요."[6]

• • •

라이히의 삶에서 가장 슬픈 점은 분명 그가 감방에서 혼자 세상을 떠났다는 사실이다. 그러나 자유를 위한 평생의 투쟁이 감옥에서 끝맺었다는 사실은 그에게만 한정된 비극이 결코 아니다. 몸의 자유를 확대하고자 하는 사람은 누구나 감옥이라는 기관을 상대해야 한다. 감옥은 모든 종류의 해방운동을 제한하고 축소시키기 위해 국가가 휘두르는 가장 강력한 무기 가운데 하나이며, 그 자체로 여러 세기에 걸친 행동주의와 개혁의 초점이다.

라이히가 금지령을 깼기 때문에 루이스버그교도소에 있었다는 말은 그가 투옥된 이유는 알려주지만 그보다 훨씬 더 복잡하고 논란이 많은 이슈인 투옥의 목표까지 설명해주지는 않는다. 감옥이 고통스러운 처벌이나 억제 역할을 하는가? 위험인물을 사회 전반에서 격리시키는 공간, 혹은 범법자들이 갱생할 수 있는 공간의 기능을 갖는가? 그것이 자유와 관계가 있는가? 자유를 박탈할 때를 제외하고도? 라이히의 모순적 상자처럼, 가두기가 변형의 공간 역할을 할 수 있다는 전반적인 믿음에 진실이 조금이라도 있는가? 아니면 감옥이라는 제도가 이미 수많은 몸을 감옥에 집어넣은 바 있는 억압의 힘을 단단히 다질 뿐인가?

푸코의 유명한 주장처럼, 감옥의 이상한 점은 그것이 이미 국가가 국민을 다스리고 처벌하는 방법에서 이루어진 상당한 개혁의 결과라는 사실이다. 18세기 이전에는 투옥 자체가 처벌로 간주되지 않았다. 감옥은 그저 대기 구역에 불과했다. 일반적으로 수용인원이 많고 불쾌한 장소지만, 육체적인 응징, 진정한 응징의 예고일 뿐이었다. (푸코의 《감시와 처벌》의 첫 부분에는 이 응징에 수반되는 신체적 참혹함을 자세히 묘사하는 섬뜩한 열두 문장이 나온다. 이보다 더 심하게 구역질 나는 묘사가 힐러리 맨틀Hilary Mantel의 토머스 크롬웰 3부작을 이끈다.) 개인의 권리가 처음 명시된 계몽주의 시대 이전에는 감옥은 그 자체로 실용적인 처벌로 받아들여지지 않았다. 자유가 인권으로 간주되자마자 그것은 압수되거나 철회될 수 있는 소유물이 되었다. 그것이 이 격동기에 쓰인 사드의 리베르탱 소설들의 기본 역학이다.

사드 본인이 프랑스의 감옥에 거듭 유폐되던 1770년대에 영국의 감옥 개혁가 존 하워드John Howard 는 유럽 전역에 있는 정신병원, 채무자 감옥, 교도소 등 수백 군데의 교정 시설을 찾아다녔다. 그는 영국 감옥 여건을 외국 사례와 비교해보고 경악했다. 그곳에서 이루어지는 생활의 모든 측면은 돈에 지배되었고, 학대와 착취가 만연했다. 남녀가 제멋대로 섞여 갇혔고, 부유한 죄수는 식품과 술을 살 수 있었지만 빈민은 고문당하고 굶주리다가 죽는 일이 많았다. 1777년에 그는 《감옥의 상태The State of the Prison》를 출간했다. 그 책은 감옥이 설계되고 유지되는 방식만이 아니라 감옥이 달성하고자 하는 목표면에서도 중대한 변화를 가져왔다.

하워드는 감옥의 목적이 처벌이 아니라 회개와 갱생이라고 생각했다. 그래서 과밀하고 피폐한 여건이 악덕을 길러내는 온상이 되는 현실에 대해 우려했다. 제러미 벤담Jeremy Bentham, 엘리자베스 프라이Elizabeth Fry 같은 운동가들과 그의 주장은 부패하고 혼란스럽고 질병에 찌든 과거의 건물을 개혁하여 고도로 체계적이고 합리적이고 감독되는 현대적 공간으로 재건하는 데 기여했다. 그 뒤로 70년 동안, 영국의 거의 모든 감옥이 허물어지고 재건되었다.

하워드가 세운 비전의 핵심 요소 가운데 하나는 재소자들을 한데 모아둘 것이 아니라 개별 감방에 두어야 한다는 것이었다. 요즘 우리는 독방 수감을 가장 심한 처벌로 생각하지만, 하워드는 퀘이커 교도였고, 고독에 대한 그의 주장은 중개 없이 신과 직접 접촉할 필요가 있다는 믿음에서 나왔다. 그는 감방에 있는 죄수들을 수도원의 수도승처럼 생각했고, 침묵과 격리가 도덕적 갱생 작업을 이끌 것이라고 생각한 것이다. 그는 노동 역시 자유로 가는 길로서, 사람들에게 죄로부터 벗어난 미래를 준다고 보았다. 사드의 소설을 읽는 수많은 방법 중의 하나는 그것을 이런 소위 해방적 계몽주의 사상의 풍자로, 고분고분한 몸─선택이나 보상의 여지도 없이 자본을 섬기는 규율 바르고 지시에 잘 따르는 새 노동력─을 만들어내는 권위주의 시스템으로서의 현대 감옥의 실상을 밝히는 글로 읽는 것이다.

19세기에 등장한 감옥 시스템은 하워드의 비전에 담긴 엄격성은 그대로 있었지만, 희망적인 이상은 빠져 있었다. 1829년에 미국 동부주립교도소Eastern State Penitentiary에서 공식적으로 확립된 것으로 영국에서도 금방 채택된 펜실베이니아 시스템 혹은 분리수감제separate system에서는, 수감자는 완전히 따로따로 갇히고 노역이나 생활도 개별적으로 한다. 오스카 와일드가 1895년에 심각한 풍기문란의 죄목으로 징역형을 받았을 때, 그가 형기를 치른 교도소 세 곳─펜톤빌, 원즈워스, 레딩─ 모두 분리수감제에 따라 설계되고 운영되었다. 〈데일리 크로니클〉에 보낸 편지와 시에서 와일드는 비참한 상황을 증언했다.

각각의 죄수는 딱딱한 판자 침대가 있고 수도시설은 없는 아주 작은 감방에 갇혔다. 공기에서는 하수구 악취가 풍겼고, 마찬가지로 역겨운 식사가 굶어 죽지만 않을 정도로 나왔으며, 그걸 먹고 와일드는 설사병에 걸려 생명이 위독할 지경까지 갔다. 무의미하고 고통스럽고 반복적인 활동으로 시간을 보냈다. 수감된 첫 달 그는 하루에 여섯 시간씩 쳇바퀴에 묶여 일했고, 20분 돌린 뒤 5분 쉬었다. 그러고 나면 타르를 칠한 낡은 로프를 풀어 뱃밥*을 만들었는데, 그의 서툰 손은 갈라지고 피를 흘렸다. 운동장에서 동료 죄수들과 몇 마디 위로의 말을 나누면 사흘간 빵과 물만 먹는 처벌을 받았다. 모든 접촉이 차단된 상태였으니, 갇힌 이들의 정신 상태가 나빠지는 것은 이상한 일도 아니었다. 분리수감제가 용도폐기된 주된 이유는 비타협적으로 운영되던 그 제도하에서 죄수들이 미쳐버렸기 때문이었다.

대안도 별로 더 나을 것이 없었다. 1818년에 뉴욕주의 오번교도소에 도입된 침묵 시스템은 최근까지도 미국과 유럽 전역에 광범위하게 적용된 수감 양식을 확립했다. 동일한 죄수복과 수감자들이 동료 수감자들을 볼 수 없도록 중앙 복도 양쪽으로 감방을 설치하는 설계 혁신도 그 양식에 포함된다. 죄수들은 고립되어 살았고, 하워드가 주장한 대로 형기 전체를 침묵 속에서 보냈지만, 일할 때는 "합동으로" 했으며, 교도소는 생산품들을 팔아서 수익을 얻었다. 그것은 하워드가 원했던 갱생이 아닌 명백히 처벌의 형태였다. 그들은 끊임없이 감시되었고, 오늘날의 우호적인 한 해설가의 말에 따르면, "언제나 경계를 늦추지 않는"[7] 환경에서 살았다. 계속되는 채찍의 위협 아래 굴욕스러운 회색 줄무늬 죄수복을 입은 몸뚱이들이 시선을 돌린 채 따닥따닥 붙어 발맞추어 걸었다.

1825년에, 오번교도소의 독방에 갇혀 있던 한 여성 죄수가 임신

---

* 목조선에서 물이 새어들지 못하게 막는 재료.

했다가 남자 간수에게 채찍질을 당해 죽은 사건이 일어나 큰 파문을 일으켰다. 그 뒤에 열린 대배심 재판은 여성 죄수에 대한 채찍질을 불법으로 판정했고, 하워드가 주장한 대로 여성들을 남성들과 분리수감하는 길이 열렸다. 그러나 처벌, 과밀도 수용이나 지저분한 생활 여건 등 도덕성에 관한 논쟁에서의 문제는 죄수는 인간으로서 마땅히 누릴 권리를 누릴 자격이 없다고 생각하는 사람이 많다는 점이었다. 20세기 초반에 개혁자들은 다른 전술을 시도해보았다. 1920년대의 성 해방론자들이 우생학적 논거를 써서 자신들의 주장을 보수 진영이 소화하기 쉽게 만들었던 것과 똑같이 감옥 개혁자들은 재범률이라는 기준에서 본 처벌의 실패에 초점을 맞추기 시작했다. 범죄자들을 잔혹하게 대하기보다는 그들을 당당하고 경제적으로 유용한 시민으로 바꿀 수 있다면 어떨까? 혹시 교육이 범죄를 종식하는 왕도는 아닐까?

라이히가 형기를 치르던 기관은 이런 새 개혁운동을 수용한 곳이었다. 1932년에 세워진 루이스버그교도소는 당시 가장 현대적이고 영향력이 큰 교도소였고, 그 뒤 40년 동안 미국 감옥 설계의 표준이 되었다. 그곳은 서스쿼해나 강가의 높은 곳에 지어졌고, 회랑과 가로수가 늘어선 마당 때문에 키리코Giorgio de Chirico의 그림과도 비슷한 완고하고 살짝 불길한 느낌의 외형을 갖게 되었다. 수도원이나 작은 특수 학교라고 착각할 수도 있다. 그곳이 개소된 직후에 교정국은 소책자를 발행하여 루이스버그를 수감의 달라진 비전의 본보기로 찬양하며, "감옥에서는 일만 하고 놀이가 없으면 음울해지고, 음모나 도착증이나 폭동으로 이어진다. 오락이 없으면 정상적인 인간도 기분이 나빠지고 짜증을 내게 되며, 신경이 위험스럽게 곤두서게 된다"[8]고 썼다.

당시 그곳의 시설은 수감시설 위주인 지금의 황량한 풍경을 보면 상상도 못할 만큼 사치스러웠고 그중에는 극장, 야구장, 교실 열 개, 도서관이 있었다. 심장병 때문에 라이히는 도서관에서 일하도록 배정되어, 에머슨의 수필과 샌드버그의 네 권짜리 링컨 전기를 빌려 감방에서 열심히 읽었다. 고개를 들어 위를 쳐다보았더라면 펼친 책 모양을 새긴 스투코 천장을 볼 수 있었을 것이다. 교육이 가진 해방의 힘을 나타내고자 하는 장식이었지만 일생의 작업이 막 불에 타서 사라진 남자에게는 별 효과가 없었으리라.

진보적 감옥의 목표는 삶을 바꾸는 데 있었는데, 그 가능성이 최대한으로 입증된 사례로 《맬컴 X의 자서전The Autobiography of Malcolm X》만 한 것이 없다. 그 속에 기록된 변화가 교정국이 예상했던 바로 그런 것은 아니었다고는 해도 그렇다. 1946년에 맬컴 리틀Malcolm Little이라는 젊은 사기꾼 포주가 10년 형을 받고 보스턴 소재 찰스타운 주립교도소에 수감되었다. 그의 죄목은 열네 가지에 달했는데, 그중에는 절도죄와 침입죄도 있었다. 아직 스물한 살이 채 안 되었고 수염도 제대로 나지 않았는데, 드러내놓고 성질이 너무 사납고 공격적이어서 감옥 내에서 그의 별명은 "사탄"이었다. 그는 형기 내내 육두구와 몰래 들인 진정제 넴부탈에 취하고 간수를 저주하고 싸움질을 하면서 지냈을 수도 있었다. 빔비Bimbi가 없었더라면 말이다.

빔비는 도둑이었고, 맬컴만큼 키가 컸으며, 누구에게도 머리를 조아리지 않았던 인물로, 사람들을 매료시키는 그의 평정심은 확실히 교육의 산물이었다.

분명히 머리는 좋았지만 맬컴은 고등학교를 8학년에 자퇴했다. 이는 인종차별로 파괴된 어린 시절의 유산이었다. 아버지 얼리틀Earl Little 목사는 마커스 가비*의 만국흑인진보협회Universal Negro Improvement Association의 조직책이었고, 백인 비밀결사대 큐클럭스클랜Ku Klux Klan, KKK의 공격 대상이었다. 네브래스카에서 살던 시절 어머니 루이즈가 그를 임신했을 때, 말을 탄 KKK 사람들이 횃불을 들고 집에 쳐들어와 가족들을 시외로 내몰았고, 소총 개머리판으로 창문 유리를 다 부쉈다("백인 아메리카에 온 환영 인사였다"[9]고 민권운동가 베이어드 러스틴Bayard Rustin이 〈뉴욕 헤럴드 트리뷴〉에 실린 《맬컴 X의 자서전》리뷰에서 건조하게 말했다). 리틀 가족이 그 뒤에 미시건주 랜싱에 구한 집은 불에 탔다. 맬컴의 가장 이른 기억은 권총 소리와 연기 냄새에 잠이 깼던 기억이었다. 그들 가족은 건물이 무너지기 직전에 가까스로 탈출할 수 있었지만, 백인 경찰들과 소방관들은 집이 타서 허물어지는 동안 아무 일도 하지 않고 지켜보기만 했다.

1931년, 맬컴이 여섯 살이었을 때 아버지가 세상을 떠났는데, 린치 때문임이 거의 확실했다. 두개골에 칼이 박혔으며, 몸은 전차 궤

---

* Marcus Garvey, 자메이카 출신의 흑인운동가로, 흑인들은 아프리카로 돌아가서 정착해야 한다고 주장했다.

도로 질질 끌려가서 거의 두 동강이 나 있었다. 리틀 목사의 여섯 형제 중 다섯 명도 백인들에게 살해되었다. 루이즈는 먹여 살려야 할 아이들 여덟 명과 함께 남겨졌다. 남편은 생명보험을 들어두었지만 보험회사는 그가 자살했다고 우기면서 보험금 지불을 거부했다. 돈은 거의 없었고, 루이즈는 아이들을 위탁가정에 보내려는 복지부와 장기 전쟁을 시작했다. 그녀는 자선을 거부했다. 돼지고기 선물을 거절하자 사람들은 그녀가 미쳤다고 했다. 그러나 그녀가 속했던 교파인 제칠일안식일교회에서는 돼지고기를 금지한다. 그녀가 어떤 남자와 사랑하는 사이가 되자 상황은 좀 안정되었지만, 그 남자가 떠나자 그녀의 징신 상태는 불인정해졌다.

그녀는 혼자서 중얼거렸고, 요리도 청소도 하지 않았다. 맬컴은 어른이 되어 자서전을 쓰면서 루이즈 리틀의 불행한 삶에 관해 묻혀 있던 온갖 세세한 내용을 기억해내려고 밤늦도록 오락가락 걸어 다니며 애를 썼다. 그는 당시의 상황을 "우리의 닻이 허물어졌다"[10]고 묘사했다. 결국 그녀는 신경쇠약으로 쓰러졌고, 아이들의 의사에 반하여 미시건주 캘러머주의 주립정신병원에 보내졌다. 가족들이 살던 집에서 110킬로미터 떨어진 그곳에서 그녀는 26년간 수용된다. 그녀가 이송된 뒤 아이들은 사법부의 보호대상자가 되었고, 지역 판사에 의해 여러 위탁가정으로 흩어졌다. "백인이 흑인 남자의 아이들을 맡아 돌본다니! 합법적인 현대판 노예제일 뿐이었다. 아무리 친절한 의도에서 나온 거라고 해도 말이다."[11]

이렇게 흩어진 뒤 맬컴은 학교에서 퇴학당했고, 랜싱에서 20킬로미터 떨어진 메이슨에 있는 소년 범죄자 위탁가정으로 보내졌다. 그는 그곳에서 아주 쓸모 있게 처신했고 누가 보아도 워낙 머리가 좋았으므로, 다른 아이들처럼 감화교육원reform school이 아니라 메이슨 중학교에 가도 좋다고 허락받았다. 그곳에서 그는 몇 명 안 되는 비백인 학생 중 하나였고, 학급 수석이었으며, 반장이었지만, 자신이 "분홍색 푸들"¹² 같은 마스코트임을 항상 알고 있었다. 명랑하고 가차 없는 인종주의가 그를 괴롭혔고, 제일 좋아하던 영어 교사가 변호사가 되겠다는 그의 꿈을 듣고는 더 현실적인 목표—목수 같은 것—를 세워야 한다고 말하자 그는 학교를 자퇴하고 보스턴으로 갔다. 그러고는 "그저 그런 정신 나간"¹³ 경범죄자의 삶으로 흘러 들어갔다.

감옥에 들어간 그는 무엇이 희생되었는지 깨달을 시간을 얻었다. 빔비의 격려를 받으며 통신교육 강좌로 영어, 다음에는 라틴어를 공부했고, 거리에서 사는 동안 흐려지고 뒤죽박죽이 된 기본 지식을 복원했다. 그의 여러 형제는 분리주의 계열인 이슬람 민족Nation of Islam에 가담하여 활동했는데, 편지를 통해 지도자 일라이자 무하마드Elijah Muhammad의 사상을 맬컴에게 소개했다. 무하마드는 백인은 악마이고 흑인은 세뇌를 받아 진실한 역사를 잊었다고 설교했다. 나중에는 무하마드에게 환멸을 느끼게 되지만, 그 당시 맬컴은 그의 가르침을 통해 마음과 영혼 모두를 구원받았다.

1948년에 누이 엘라Ella가 손을 써서 그를 찰스타운 남쪽 50킬로미터 지점에 있는 수감자들의 갱생을 목표로 하는 진보적이고 실험적 교도소 노퍽프리즌콜로니로 옮겼다. 루이스버그보다 5년 먼저 지어진 노퍽교도소에도 마찬가지로 아주 훌륭한 도서관이 있었는데, 그 지역의 백인 백만장자인 루이스 파크허스트Lewis Parkhurst의 개인 소장 서적을 바탕으로 만들어졌다. 파크허스트는 역사와 종교에 특별한 관심이 있었고, 노예폐지론과 반노예제 자료를 풍부하게 수집했다. 맬컴 엑스가 자신이 가진 한정된 길거리 은어들로는 무하마드의 경이적인 가르침을 전달하고 논의할 수 없어 좌절하다가 책을 읽기 시작한 것은 이곳에서였다. 그는 사전을 처음부터 끝까지 베껴 쓰면서 어휘력을 늘렸다. 처음에는 글쓰기가 너무 서툴러 글자를 제대로 끄적거릴 수도 없을 정도였다. 매일 한 페이지씩 쓰면서 각각의 새 단어가 세계의 다른 부분을 열어주었고, 마침내 20만 단어를 익히고, 지식에 의해 진정한 해방을 얻었음을 최초로 느끼게 되었다. 이제 그가 빌린 책들이 이해되었다. 더 이상 대충 읽고 말거나 건너뛰거나 어림짐작하고 넘어갈 필요가 없었다. 그는 끊임없이, 걸신 들린 듯 책을 읽었다. 윌 듀랜트의 《문명 이야기》, H. G. 웰스의 《역사의 개요Outline of History》, 그레고르 멘델의 《유전학의 발견Findings in Genetics》, 듀보이스의 《흑인 민중의 영혼Souls of Black Folk》, 패니 켐블의 《조지아 대농장 주민의 일기Journal of a Residence on a Georgia Plantation》, 칸트, 쇼펜하우어, 니체 등.

그 감옥은 독서를 통해 죄수들을 갱생시킬 수 있는 힘을 어찌나 크게 믿었는지, 수감자 누구든 책에 관심을 보이기만 하면 추가로 책을 빌리도록 권장했다. 맬컴 엑스는 매일같이 침상에 누워 독서를 통해 과거를 파헤쳤다. 그는 노예제에 대해 읽었고("노예제의 참상에 대해 읽기 시작했을 때 얼마나 충격이 컸는지 절대 잊지 못할 것이다."[14]), 냇 터너Nat Turner의 반란*, 헤로도토스, 아편 전쟁, 영국의 인도 지배, 마하트마 간디에 대해 읽었다. 백인은 악마인가? 세계 역사는 그렇다고 증언했다. 10시에 소등된 뒤 그는 감방 문 앞 바닥에 앉아서 복도에서 들어오는 희미한 빛으로 58분의 추가 시간 동안 생각을 이어가다가 간수들이 한 시간 간격으로 하는 순찰을 시작할 때 침상에 뛰어들곤 했다. 그는 독서에 어찌나 몰두했는지 복역 기간에 대해서도 모두 잊어버렸다. "내가 갇혀 있다는 생각도 하지 않은 채 여러 달이 지나갔다."[15] 그는 20년 뒤에 이렇게 썼다. "사실 그때까지 내 삶에서 그토록 진정으로 자유로웠던 적이 한 번도 없었다."

그를 자유롭게 만든 것은 지식이었다. 읽은 책 한 권 한 권이 깊게 뿌리박혀 있고 가려져 있던 인종주의의 또 다른 측면을 드러냈다. 그의 전 생애는 이 적나라한 새 빛 속에서 재고되어야 했다. 부모를 잃고 감옥에 갇히기까지, 예전에는 비극이나 불운으로 보였던 일들이 백인우월주의의 전 세계적, 범역사적 시스템, 한 종류의 신체가 다른 종류의 신체를 그로테스크하고 강압적으로 지배하는 사태의 결과임이 드러났다. 이는 앤드리아 드워킨이 《성 정치학》을 처음 읽고 얻은 것과 같은 유형의 깨달음이었다. 감방에 갇힌 맬컴은 자

---

* 1831년에 냇 터너가 주도한 반란으로, 70명의 노예들이 주인들을 비롯한 백인 수십 명을 죽인 사건을 말한다.

신이 태어나서부터 감옥에 있었음을 볼 수 있었고, 반격할 가능성에 대해 생각할 수 있게 되었다.

인종주의에 대한 혁명적 분석은 노퍽교도소 당국이 기대했던 종류의 갱생이 아니었다. 맬컴은 찰스타운으로 돌아가 형기의 마지막 해를 보냈다. 특권이 사라졌다고 착잡해하지도 않았다. 그는 무하마드의 사상을 수용할 수 있을 것으로 보이는 모든 흑인 수감자에게 자신이 얻은 지식을 전하면서 시간을 보냈다. 학생이던 그는 이미 앞으로 수십 년 동안 민권운동 조직의 큰 상징이 될 교사로의 변신을 이루었다.

• • •

감옥은 맬컴 엑스가 자유로워진 곳이었지만, 그렇다고 해서 그가 그 기관을 긍정했다는 말은 아니다. 정반대다.

다른 인간에게 깊은 연민을 느낀다고 주장하는 사람이라면 타인을 철창에, 우리에 가두는 데 표를 던지기 전에 오래, 오래 생각해야 한다. 감옥이 없어야 한다는 말은 아니다. 그러나 철창은 없어야 한다. 철창 속에서 인간은 절대 개혁되지 않는다. 그는 절대 잊지 않을 것이다. 철창의 기억을 절대로 완전히 떨치지 못할 것이다.[16]

그 철창은 기억 속에서, 혹은 마음속에서 실제로 무슨 작용을 하는가? 감옥이 주는 영향은 무엇인가? 재범률에 대해서가 아니라 우리 속에 갇힌 그 개인에게 어떤 영향을 미치는가? 맬컴 엑스가 노퍽 교도소의 도서관에서 독서를 통해 돌파구를 뚫고 있을 동안 라이히의 옛 친구이자 동료였던 에디트 야콥슨이 논문 한 편을 발표했다. 그것은 수감 생활이 죄수에게 어떤 심리적 영향을 미치는지 찾아내려는 정신분석가의 최초 시도 가운데 하나였다. 본인이 감옥에 갇힌 경험이 있는 분석가가 직접 쓴 것으로는 확실히 최초다.

그녀는 1930년대에 베를린에서 라이히와 함께 활동한 일련의 사람들 중 한 명으로, 특히 그의 아내 아니와 친했다. 베를린에 가기 전에는 정치에 대해 생각한 적이 거의 없었지만, 노동계급 환자들을 치료하다가 정치화된 2세대 분석가들인 '킨더'를 베를린정신분석연구소에서 만나게 되었다. 그녀는 섹스폴에 합류했고, 슈베비세가에 있던 라이히의 아파트에 모여 파시즘에 직면한 정신분석학의 미래를 논의하던 분파 그룹의 일원이었다. 그들은 해변에서 주말을 함께 보내기도 했다.

베를린정신분석연구소가 아리안화된 뒤, 라이히를 포함한 유대인 분석가들은 거의 모두 망명했다. 베를린에 남은 사람은 야콥슨 뿐이었다. 그녀가 남은 것은 부모가 당면한 위험을 인정하지 않으려 했기 때문이기도 했다(그녀는 나중에 자신의 부모가 《나의 투쟁》을 읽지 않았다고 우울하게 말했다). 라이히가 덴마크로 가고 킨더의 다른 사람들이 흩어진 상태에서 그녀는 사회주의자 저항 그룹인 노이베긴넨Neu Beginnen에 가담하여, 각자의 집 여기저기서 모여 외국 뉴스를 함께 들고 정치범을 지원하기 위한 자금을 모으며 사람과 돈을 국경 밖으로 빼냈다. 그녀는 존이라는 가명을 썼고, 자기 집에서 회의를 주최하기도 했는데, 나치 정부 치하에서 이런 활동은 불법이었다.

1935년 10월 24일, 야콥슨은 노이베긴넨의 다른 멤버 몇 명과 함께 게슈타포에게 검거되었다. 그다음 달에 수십 명이 더 체포되었다. 머그숏에서 야콥슨은 병자 같은 형색이었지만 단호했고, 머리는 헝클어지고 옷은 구겨졌으며, 눈 주위에 멍으로 보이는 검은 자국이 있었다. 동료들은 미칠 지경이 되었다. 유럽 전역으로 날아다닌 편지에서 그들은 그녀가 고문당했을 가능성이 있다고 말했다. 이미 사람들이 조직적으로 살해되기 시작한 다하우*에 보내지지 않은 것이 그나마 다행이라는 이야기도 있었다.

그녀는 게슈타포가 소송을 준비하는 동안 거의 1년간 붙들려 있었다. 그동안 그녀는 일기를 써서 외로움과 공포감을 기록했다. 그녀는 어머니에 대한 죄책감과 앞으로 닥칠 재판에 대한 두려움에 시달렸다. "내가 결국 풀려나더라도 밖에 누가 남아 있겠는가. 나를 사랑해줄 누군가가 아직 있겠는가."[17] 그녀는 자문했다. "누가 나를 잊어버렸을까?" 그녀는 자신이 기르던 닥스훈트를 그리워했고, 홀로 갇혀 있으면서 설탕물로 파리를 꾀어 손가락에 앉게 훈련시켰다. 그녀가 잃어버린 대상 세계의 서글픈 잔재였다.

---

* 다하우 강제수용소를 말한다.

그녀가 체포된 이유 중 하나는 동료 활동가 리젤 팍스만Liesel Paxmann을 치료했다는 것이었다. 리젤은 철학자 아도르노Adorno의 제자로서 그룹의 전령 역할을 했고, 국경에서 체포된 뒤 살해되었거나 자살했다. 거듭된 심문에도 불구하고 야콥슨은 비밀유지의무를 저버리지 않았고, 환자의 정치적 작업에 대한 정보를 넘겨주지 않았다. 1936년 9월 8일, 그녀는 "반역을 모의했다"는 죄목으로 2년 3개월형을 선고받았다. 그녀의 다른 죄목으로는 정치범들에게 식품과 의류 구입비로 매달 5마르크를 보냈고, 나치에 반대하는 환자들을 치료한 일도 포함되었다. 이는 불법인 동시에 새로이 아리안화된 독일 정신분석학회에 의해 명시적으로 금지된 행동이었다.

야콥슨이 투옥된 여파로 빈정신분석학회는 나치 치하에서 정신분석학의 명맥을 유지하기 위해 더 극단적인 입장을 취하게 되었다. 어떤 회원도 불법 정치 활동을 할 수 없도록 금지했는데, 반파시스트 저항 활동도 포함되었다. 특히 아나 프로이트는 야콥슨이 "분석학 운동을 위험에 빠뜨렸다"[18]고 분개했으며, 그녀를 학회에서 추방하자는 논의가 제기되었는데, 이는 이전 해에 라이히를 축출했던 유화 방침의 또 다른 사례였다.

베를린-모아비트구치소와 그 뒤에 이송된 실레지아의 야보르 감옥에 있던 100명 가량의 여성들에게서 야콥슨은 수감 생활이 미친 영향을 관찰할 수 있었다. 야콥슨은 영웅적인 의지력을 발휘하여 쓴 글을 친구를 통해 몰래 내보냈고, 그 친구는 1936년에 마리엔바드에서 열린 국제정신분석협회 회의(청중석에 라이히가 있었다)

에서 그 글을 낭독했다. 그다음 해에 그녀는 그레이브스병*과 당뇨병으로 건강이 매우 나빠졌고, 라이프치히의 병원으로 옮겨졌다. 그곳에서 1938년에 그녀는 탈출에 성공했다. 그녀는 아니 라이히의 새 남편의 도움을 받아 미국으로 갔고, 뉴욕에서 새로이 정신분석학자로 완전히 자리 잡았다. 웨스트 96번가에 얻은 아파트에서 그녀는 참고할 서적이 전혀 없는 상태에서 작성된 감옥 논문 초안을 고쳐 썼다. 〈수감 생활이 여성 정치범에 미친 심리적 영향에 대한 관찰Observations on the Psychological Effect of Imprisonment on Female Political Prisoners〉은 1949년에 마침내 출판되었다.

체자레 롬브로조Cesare Lombroso와 그가 진개한 생래적 범죄인 이론**을 비롯해 범죄심리학을 검토한 사람은 많다. 하지만 야콥슨이 시도한 것은 더 급진적인 것이었다. 그녀는 그 공식을 뒤엎고 싶었다. 감옥에 있는 사람의 심리가 아니라 감옥이 그 사람에게 미치는 심리적 영향을 보려는 것이었다. 이렇게 해야만 투옥이 원래 목표했던 효과를 조금이라도 달성할 수 있는지 제대로 평가할 수 있다고 그녀는 주장했다. 그녀는 보통 사람들이 투옥이라는 신체적 여건에 놓일 때 어떤 일이 일어나는지 알고 싶었다. 관찰자가 참여자이기도 했다는 사실이 유리하게 작용할지도 모른다고 그녀는 생각했다. "감옥에 감금된 상태에 대한 심리적 반응을 다른 어떤 상황에

---

* 갑상샘항진증의 한 형태.
** 롬브로조는 환경과 관계 없이 범죄를 저지를 수밖에 없는 유형의 인간이 있으며, 그들에게서 공통된 신체적·정신적 특질이 나타난다고 주장했다.

서보다 더 밀접하게 직접 관찰하고 지켜볼 드문 기회였다."[19]

그녀의 설명은 여건과 인물에 대한 묘사로 시작한다. 여성들은 20세에서 60세 사이의 다양한 연령대다. 대부분은 육체노동자, 숙련공, 직공의 딸이나 아내였다. 고등교육이 필요한 직업을 가진 사람의 아내나 딸이 10퍼센트쯤 있었을 것이다. 그리고 본인이 그런 직업을 가진 경우는 극소수였다. 재판받기 전 그녀의 생활 여건은 매우 나빴다. 감방은 아주 작았고, 식사도 형편없었으며, 운동할 기회는 드물었고, 끊임없이 심문받고 구타당했다. 그녀가 복역했던 국립교도소는 훨씬 나았다. 면회, 변호사, 편지가 허용되었고, 감방은 더 컸으며, 죄수는 육체노동과 지적 노동 중에서 고를 수 있었다. 여성 대부분은 집단으로 수용되었고, 낮에는 작업장에서 일하고 너무 많은 사람들 사이에서 잠을 잤다. 지식인 죄수는 혼자 일할 때도 있지만, 복역 기간 전체를 홀로 지내는 것은 반역죄로 고소된 사람들뿐이었다. 오번교도소와 마찬가지로 대화가 허용되지 않았고, 수감자는 휴식시간 30분을 제외하면 침묵 속에서 일해야 했다. 나치 치하에서 저녁의 오락 시간은 폐지되었고, 대부분 사람들은 오스카 와일드가 40년 전에 레딩감옥에서 했던 것과 똑같이 열 시간 동안 뱃밥을 만들었다.

"자기애적 보호벽에 갑작스럽고 난폭한 공격"[20]을 받아 체포된 다음, 충격과 박탈이 줄줄이 이어졌다. 끔찍한 새 환경, 일상 활동이 제한되고 옷과 안경 같은 개인 물품의 결핍, 익숙한 관계로부터의 단절, 고립되거나 거꾸로 접촉이 끔찍하게 강요되는 상황은 죄수의 정신 상태에 극적인 영향을 미치며, 대상관계를 처참하게 깨뜨리게 된다고 야콥슨은 생각했다. 방치되고 철저히 무력해진 죄수는 심각하게 퇴화되며, 성격의 토대를 이루던 구조가 거대한 파도에 휩쓸리듯 침식되어버린다.

그런 신호는 어디에나 있었다. 죄수들은 공포증, 공황 발작, 불안, 초조함, 불면증으로 시달린다. 그들은 이름과 장소를 잊어버린다. 지금 같으면 외상성스트레스라 불릴 상황의 결과로 신체적 징후가 나타난다. 심장 박동수 증가, 축축한 손, 두드러기, 갑상선중독증, 월경불순 같은 증상들이다. 야콥슨은 많은 사람이 친구들과 친척들에 대한 죄책감에 시달린다는 점도 포함시켰다. 정치 활동의 전통이 있는 집안 출신의 죄수들은 그런 상황이 주는 시련을 훨씬 더 잘 이겨내긴 하지만 말이다.

가장 불행한 징후 가운데 하나는 탈인격화였다. 1958년 6월에 야콥슨은 그 주제를 더 깊이 탐구하는 두 번째 논문을 제출했다. 그 논문은 지금은 외상후스트레스장애의 특징으로 여겨지는 징후를 이해하려는 초기 시도 중의 하나였다. 죄수들은 하나같이 자기 몸이나 그 일부분—관절, 성기, 얼굴, 방광—이 더 이상 자기 것이 아닌 것처럼 느껴진다고 불평했다. 이런 "낯설어진 신체 부위"[21]는 실제보다 더 크게 또는 작게 느껴지거나, 마비되거나 이질적인 것으로, 심지어는 죽은 상태로 느껴지기도 한다. 사람들은 자신 밖에 나간 듯한 느낌, 혹은 완전히 다른 누군가가 동작과 말을 하는 것을 지켜보는 듯한 느낌을 묘사했다. 감옥의 압박감 아래에서 같이 묶여 있던 신체와 정신의 매듭이 풀려버린 것이다.

그것은 단순히 철창 속에 갇혔기 때문에, 감옥의 물리적 환경에 속박된 탓으로 생기는 결과는 아니었다. 야콥슨의 논지에서 가장 중요한 요소 가운데 하나는―그리고 21세기의 대량 투옥 기조에도 여전히 해당되는 것은― 죄수들이 겪는 심리적 현상이 인간들 간의 역학관계가 낳은 결과라는 사실이다. 스스로의 경험을 통해 깨우친 야콥슨은 다른 많은 해설자가 알지 못하는 것을 알고 있었다. 감옥이 어떤 시스템이나 윤리에 의거하여 지어졌든 간에 결국은 사람을 가두기 위한 시설이며, 그 감정적 분위기를 만들고 유지하는 가장 중요한 요소는 교도소장도, 설계자도, 법률도 아니고 경비대$_{guard}$다. 매일매일의 방침을 결정하고, 규율을 유지하고 처벌을 내리는 것은 교육받지 않고 준비되지 않고 훈련받지 않은 그들이다. 그들은 누구는 봐주고 누구는 탄압하며 가학적인 프레임을 창출하여, 아무리 굳건한 수감자라 해도 퇴보하지 않을 수 없고 절망적이고 암울한 결과를 피하기 힘들게 만든다.

야콥슨이 제시한 사례들은 지금까지도 감옥과 관련해서 익히 듣는 이야기로, 트럼프 치하의 미국 억류센터들에 수용된 이민자 가족들이 어떤 대우를 받았는지에 대한 서술과도 특히 심하게 일치한다. 이 문제는 그녀가 야보르감옥의 "청결과 질서에 관한 모순된 교육 시스템"[22]이라고 묘사한 것과 관련되어 있다. 경비대는 몸에 관련된 물건들에 관해 엄격한 방침을 유지했다. 담요는 정확하게 똑바로 펼쳐야 했고, 타월은 특정한 방식으로 개켜야 했으며, 오물통의 양철 뚜껑은 반짝거릴 때까지 윤을 내야 했다. 이런 의식을 조금이라도 위반하면 심한 처벌이 내려졌다. 그러나 단정함에 대한 집착이 수감자의 몸에까지 연장되지 않았다. 수감자 모두의 몸은 의도적으로 더러운 상태로 유지되었다. 이들은 상체만 씻을 수 있었고, 옷을 전부 벗으면 처벌받았다. 샤워는 매주 한 번 하는데 물을 충분히 주지 않았다. 비누도 구하기 힘들었고, 감옥 전체에 빈대가 들끓었다. 하수도도 없었고, 여성 100명이 있는 곳에 화장실은 둘뿐이었다. 문도 없었고, 언제나 기다려야 했기 때문에 만성변비, 방광염, 설사가 만연했고, 제대로 씻지 못하기 때문에 문제가 더 심해졌다. 그것은 몸에 굴욕을 가하는 시스템이었고, 그로 인해 몸이 몸으로부터 소외되는 결과를 낳았다.

고문에 대한 이정표 격인 저서,《고통받는 신체The Body in Pain》에서 일레인 스캐리Elaine Scarry 는 고문이 반드시 폭력을 행해야 하는 것이 아니며 그저 몸을 몸 자체와 대립하게 만드는 것만으로도 실행될 수 있다고 지적한다. 가장 일상적이고 소박한 습관이나 매일 해야 하는 일들을 수치와 불편함과 고통의 경험으로 만드는 것이다. 갇혀 있는 상황에서는 아기 때처럼 신체의 필요가 충족되지 못하면 금방 견디기 힘들어진다. 화장실이나 씻는 시설을 없애버리고, 잠을 자지 못하게 하고 음식과 물을 주지 않거나, 수감자에게 어떤 자세로 꼼짝도 않고 있으라고 요구하는 것 등은 모두 폭력을 쓰지 않고도 강한 감정적 불편함과 신체적 불편함을 순식간에 유도하는 기술이다.

이것은 와일드도 겪은 경험이었다. "힘든 노동, 힘든 대우, 단단한 침대"*[23]라는 선고를 받은 죄수 4099번은 자기 몸이 기본적으로 요구하는 것들로 인해 고통에 시달렸다. 그는 매트리스도 베개도 없는 나무 판자 침대에서 자야 했기 때문에 심한 불면증으로 고생했다. 음식을 소화시킬 수도 없었다. 그는 나중에, 그 음식은 "건강한 성인 남자라 한들 무슨 병에든 걸릴 만한"[24] 것들이라고 말했다. 수감되고 첫 석달 동안 그는 이질과 영양실조로 체중이 거의 13킬로그램이 줄었다. 귀에 염증이 생겼는데 교회에 강제로 출석했다가 쓰러졌고, 고막 농양이 터졌다. 교도소 의사는 기본적인 소독도 해주지 않았고, 결국 와일드는 내무부장관에게 청원서를 써서, 귀에서 고름이 계속 흘러나오고 소리가 거의 들리지 않는다고 알려야 했다.

• • •

투옥, 굴욕, 통증, 잔혹성, 신체 기능—특히 먹는 것과 배설하는 것—에 대한 강압적 규제. 사디즘과 감옥 간의 관련성은 전혀 우연이 아니다. 사드 후작은 총 26년을 감옥에서 보냈다. 어떤 시설은 사치스러웠지만, 대부분은 지하 감옥이나 다름없는 공간이었다. 야콥슨처럼 그도 공포, 외로움, 결핍을 일상적으로 경험했다. 그가 감옥에서 쓴 편지를 읽으면 그들이 활동이나 음식, 휴식 같은 신체적 필

---

* 원문은 hard labour, hard fare, and a hard bed로 'hard'가 반복해서 쓰인 구절이다.

요를 충족시키고자 하는 욕망에 시달려 몸부림치는 모습을 무시할 수가 없다.

와일드처럼 그도 환기와 온기, 빛을 갈망했다. 그는 하루에 한 시간 야외에서 걷게 해달라고 거듭 요청했다("가장 절실하게 필요한 것은 신선한 공기다"[25]). 난로와 양초, 간이침대, 이불, 털 댄 실내화도 요청했다. 고통스러운 치핵 때문에 말 털로 채운 방석과 수시로 흐르는 코피를 막기 위한 특대형 베개, 그리고 겨울에 쓸 소 골수 연고를 달라고 애걸했다. 그의 요청은 대부분 받아들여지지 않았거나, 받아들여지더라도 만족할 만한 수준이 아니었다.

그가 제일 열렬하게 원했던 것은 유리로 만든 22센티미터짜리 특수 딜도 같은 성적 도구였는데, 창피스러워하는 아내를 윽박질러 주문하도록 강요했다. 다른 것들은 욕심쟁이 아이가 바라는 것과 비슷했다. 블라이턴 스타일의 풍요의 뿔*. 초콜릿 케이크, 마시멜로 시럽, 브르타뉴산 버터, 잼 같은 것들을 보내달라는 간청은 야콥슨이 말한 "장기간 독방에서 지낸 수감자에게서 특히 흔하게 보이는 유형의 퇴화"의 증거다. 사드와 가장 큰 관련이 있을 것 같은 결과로 현실감각 상실, 자유에 대한 위험한 백일몽, 그리고 섹스에 대한 조야하고 도착적이기도 한 강박이 있다. 애그니스 마틴은 이렇게 말한 적이 있다. "완전한 무력감으로 인한 패닉 때문에 사람들은 환상

---

* 영국의 아동문학가 에니드 블라이턴Enid Blyton을 뜻하며, 풍요의 뿔은 과일이나 꽃 등을 가득 얹은 동물 뿔 모양의 장식물을 말한다.

속의 극단으로 내몰린다."[26]

　수감 생활이 낳은 심리적 결과에 대한 야콥슨의 분석은 사드의 심리 상태를 설명하는 데 도움이 되는 정도에 그치지 않는다. 그것은 그의 소설을 다시 보게 하는 눈도 제공한다. 감옥이라는 맥락에서 그 소설들을 보면 여성혐오보다는 몸 자체가 더 큰 동력으로 작용한다. 《소돔의 120일》의 경우 이런 판단은 특히 타당하다. 그 소설은 1785년 가을, 바스티유에서 37일간, 밤 시간에, 저녁 7시에서 10시 사이에 미친 듯이 써내려간 작품이었다. 사드는 아주 작은 양피지 조각들을 한데 붙여 만든 12미터 길이의 좁은 두루마리에 깨알 같은 글씨로 지독한 판타지 소설을 썼다. 매일 밤 쓰고 나면 두루마리를 말아 감방 벽의 깨진 틈새에 숨겼다. 그 속에서 그는 미장아빔*, 감옥 속 감옥의 환상을 창조했다. 잠기고 봉인된 실링성, 그곳에서는 어떤 희생자도 절대 탈출하지 못한다.

　그의 상상 속 실링에서 벌어진 행동들은 신체적 공포의 백과사전이라 할 만하다. 단지 몸에 일어날 수 있는 수많은 나쁜 일만이 아니라 몸을 갖고 있음으로써 생기는 공포감, 몸이라는 덫에 걸린 상태가 유발할 수 있는 공포를 포함한다. 사드의 소설이 욕망을 충족시킬 수 있느냐에 대한 이야기라는 것은 맞지만, 뭔가를 필요로 한다는 이유로, 끈질기고 견딜 수 없는 요구를 그토록 많이 갖고 있다는 이유로 몸을 처벌하려는 충동이 그 소설에 더 강력한 활기를 불어

---

*　mise en abyme, 그림 속의 그림이나 극 속의 극과 같은 격자 구조 기법 중 하나.

넣는다. 먹고 배설하고 숨 쉬기. 감옥에서 계속되는 고통의 원인인 모든 신체 기능들이 그의 소설에서 체계적으로 비천해지고 부인된다. 적어도 이것이 사드의 미궁을 지나가는 한 가지 길이다. 그것을 침범할 수 없고 건드릴 수 없음에 대한 판타지로, 유아론唯我論과 지배의 판타지로 읽는 것. 그 판타지 자체가 무력함과 결핍의 산물이다. 단지 감옥이 가학적이라는 말이 아니다. 감옥이 곧 사디즘이라는 역사적 개념이 태어난 곳, 몸 그 자체가 어떤 식으로 일종의 감옥이 되는지를 드러나게 하는 결핍의 장소였다는 것이다.

야콥슨은 논문의 결론에 이르러 첫 단락에서 제기한 질문으로 돌아간다. 감옥은 효과가 있는가? 가장 정상적인 수감자에게도 그것이 미치는 해로운 심리적 영향을 감안한다면, 그것이 어떤 목적에든 봉사할 수 있을까? 항상 신중한 그녀는 감옥이 도움이 되는 사례가 드물게나마 있다고 인정한다. 맬컴 엑스를 상기시키는 한 사례에서 그녀는 감옥이 특별히 강하고 지적인 사람에게서 "진정으로 건설적인 발전"[27]을 촉구할 수는 있다고 인정한다. 그들이 어린 시절에 접할 수 있었던 것보다 더 풍부한 자원을 접할 경우에는 그렇다. 그러나 이런 "예외적인"[28] 사례가 수감 생활이 대다수에게 심리적으로 이득을 준다는 생각으로 이어지면 안 된다고 덧붙인다.

다른 모든 사람에게 감옥은 비참한 실패다. 그것은 오로지 비행非行 성향을 강화할 뿐이라고 그녀는 주장한다. 죄수가 처한 그 가학적 세계는 유아적 행동으로 빠져드는 결과를 낳는다. 죄수와 경비대의 관계가 크게 변하지 않는 한, 또 음식, 빛, 운동, 보건위생, 친교, 섹스, 자유로운 이동 등 몸이 원하는 것들의 결핍 상태가 종식되지 않는 한 감옥은 교정적인 기능도, 갱생을 위한 제도로서의 기능도 하지 못한다. 절대. 야콥슨은 결론짓는다. "범죄자의 사회적, 문화적 발전은 결핍, 가학적 수단과 무의미한 노역에 의해 이루어질 수 없다. 또 윤리적, 종교적 호소만으로도 이루지 못한다."[29]

• • •

감옥은 수감자를 개선시키지 못하지만, 수감자는 감옥을 개선시킬 수도 있다. 심지어 감옥이 세계를 바꿀 지렛대 역할을 할 수 있으리라는 기대를 품었던 적도 있었다. 1945년 8월 3일, 한 젊은 양심적 병역거부자가 경비가 삼엄한 켄터키주의 애슐랜드연방교도소에 16개월간 수감되어 있다가 루이스버그교도소로 이감되었다. 베이어드 러스틴은 31세의 흑인 게이로, 2차 세계 대전의 참전이나 평화주의자가 택할 수 있는 그 어떤 비전투적 활동에도 참여하기를 거부한 결과 3년 형을 선고받았다.

애그니스 마틴보다 닷새 먼저 태어났고, 존 하워드처럼 퀘이커교도로 자랐으며, 간디에게 영감을 얻은 그는 근본적으로 폭력에 반대했다. 평화주의 단체인 화해를위한연대Fellowship of Reconciliation의 젊은 총무였던 그는 전쟁 초반에 미국 전역을 돌면서, 수천 명의 젊은 아프리카계 미국인들에게 비폭력 직접행동의 메시지를 전파했다. 그중에는 마틴 루서 킹의 미래 아내인 코레타 스콧Coretta Scott도 있었다. 징병위원회에 보낸 편지에 그는 분명하게 이렇게 썼다. "전쟁은 잘못입니다. 예수님의 말씀에 따르면 차별_segregation_과 분리_separation_는 지속적 폭력의 기초입니다. 신의 법을 기꺼이 따르지만, 국가의 법을 어겨야 하는 것이 안타깝습니다. 그 결과가 어떤 것이든 받아들일 준비가 되어 있습니다."[30]

러스틴은 10대 이후 짐 크로 법*에 맞서 싸워왔다. 라이히처럼 그도 공산당에 가입해 젊은 한 시절을 보냈지만, 환상이 깨어졌다. 그는 인종주의가 몸을 감옥으로 만든다는 것을 알았고, 탄압의 위기를 바꾸는 데 도움이 된다면 투옥도 겁내지 않았다. 1940년대 초반에 있던 양심적 병역거부자들의 대량 투옥은 루이스버그와 댄버리 같은 교도소들을 차별에 반대하는 투쟁의 발원지로 만들었다. 러스틴 서한집의 편집자인 마이클 롱_Michael Long_이 평한 대로, "러스틴이 연방감옥 시스템을 2차 세계 대전 기간에 급진적 평화주의자들이 수행한 가장 흥미진진한 작업의 중심지로 여겼다는 데는 의심의 여지가 없다."[31]

애슐랜드교도소에 들어오고 몇 주 뒤, 이 젊은 흑인은 교도소 내의 인종적 불공평성의 문제를 논의하기 위해 백인 교도소장 해거먼_R. P. Hagerman_과 만나게 해달라고 요구했다. 그 뒤에 아주 특별한 편지를 보냈는데, 그 편지는 차별에 대한 반대를 차분하게 주장했고

---

* 짐 크로_Jim Crow_ 법은 미국 남부 인종차별법의 통칭으로, 공공장소에서 흑인과 백인의 분리와 차별을 규정한 법이다. 1876년에 시작돼 1965년까지 유지되었다.

이어서 교도소 공동체 내에서 인종주의를 종식시키기 위한 교육 프로그램을 시작하자는 일련의 제안을 내세웠다. 그가 직접 가르칠 수도 있다고.

해거먼은 어안이 벙벙해졌다. 다음 날 그는 교정국장에게 다소 조리 없는 편지를 써 보내고, "그럴싸하고 번지르르하게 알랑거리는"[32] 새 죄수가 폭동을 부추길 계획을 세우고 있다고 주장하면서, 이 "극도로 유능한 선동가"를 댄버리로 이감할지 물어보았다. 그 편지에는 한 하급교도관이 쓴 보고서가 첨부되어 있었는데, 그 교도관은 러스틴이 배관 시스템을 향해 이상한 전복적 노래를 불렀다고 말했다. 그 노래는 "아름다운 자연 풍경과 루이지애나의 꽃에서 풍기는 향기로운 냄새"[33]를 묘사하면서 시작하지만 "눈알이 튀어나온 인간의 몸뚱이가 매달려 있고 살이 타는 악취로 가득한 비극"으로 끝맺더라고 했다. 그는 빌리 홀리데이Billie Holiday가 부른 〈이상한 열매Strange Fruit〉를 한 번도 들어본 적이 없음이 분명했다.

몇 주 지나자 해거먼이 러스틴에게 느끼는 감정이 달라졌다. 그는 일요일 오후 몇 시간 동안 구역 E에서 인종 간 격리를 해제하는 실험을 하자는 설득에 넘어갔다. 러스틴은 백인 구역에 들어간 유일한 흑인 죄수였다. 러스틴이 나타나자 허들스턴이라는 남자가 화가 나서 걸레 자루로 공격했다. 그의 친구들은 싸움을 막으려고 애썼지만 러스틴은 그들에게 비켜달라고 부탁하고 허들스턴이 자루가 부러질 때까지 자신을 때리도록 내버려두었다. 그러자 허들스턴은 부들부들 떨면서 바닥에 쓰러졌다. 러스틴의 팔목은 부러졌지만 사기는 높아졌다. 며칠 뒤 한 친구에게 보낸 편지에서 그는 공격받은 일보다 자신이 주도하여 상연한 오페레타에 대해 훨씬 더 신이 나서 설명했다. 그리고 그 공격은 비폭력 저항의 도덕적 권위를 입증함으로써 교도소장에게 자신의 입장을 공고히 밝혀주었다고 했다. 편지 끝에서 그는 물었다. 중고 만돌린을 구해줄 수 있어? 그는 16세기 발라드 연주를 배우고 싶어 했다.

그는 계속하여 차별을 조금씩 깎아 없앴다. 극장도 분리되어 있었다. 좋아, 영화를 보지 않겠어. 그의 편지가 검열되거나 아예 배달되지 않았다. 좋아, 주저앉아서 자체 검열하기보다는 편지를 더 많이 쓰고 특권을 전부 잃겠다. 특정한 책을 배송받을 허가를 요청하지 않을 것이다. "나는 그들이 내 것을 강탈하도록 힘을 보태지 않을 거야." 그는 백인 연인 데이비스 플랫Davis Platt에게 편지를 썼다. "그들은 정의를 방해하고 있어. 그들은 수감자와 수감자의 기본권 사이에 서 있지. 감옥 시스템 전체에 저항해야 해!"[34]

구역 E에서 격리를 폐지하자는 그의 캠페인이 막 성공하려던 찰나에 치명적인 사건이 발생했다. 부소장 한 명이 해거먼에게 러스틴이 구강성교를 하는 것을 수감자 두 명이 보았다고 보고했다. 보고서가 제출되었고, 교도소 징계위원회는 러스틴을 독방에 가두라고 지시했다. 그는 날조된 이야기라고 주장하며 의자를 붙들고 버티다가 교도관 세 명에게 끌려 나갔다. 며칠 뒤 교도소의 정신과의사는 그가 "선천적 호모"[35]라고 평가했고, "높은 목소리, 과도하게 꾸민 행동거지, 엄청난 우쭐거림 등 이 수감자의 전반적인 남자답지 못한 행동으로 보건대, 굳이 프로이트가 오지 않더라도 진단할 수 있는 상황이다"라고 덧붙였다. 라벤더 공포가 아직은 퍼져 있지 않았지만 젠더 위반의 징후는 이미 성적 일탈의 공식적 표시로 간주되고 있었다.

그것은 러스틴의 생애 내내 반복될 역학관계의 시작이었다. 평화주의운동에서든 민권운동에서든 그가 동성애자라는 사실은 그가 큰 역할을 한 캠페인을 위험에 빠뜨리거나 파괴할 수도 있는 불발탄으로 여겨졌다. 마틴과는 달리 그는 스스로를 제약하는 비밀의 삶을 전혀 원하지 않았고, 일부일처제에도 흥미가 없었다. 그의 동료 레이철 호로비츠Rachelle Horowitz가 언젠가 평했듯 "그는 들어가야 할 벽장이 있는 줄을 전혀 몰랐다".[36] 화해를위한연대에서 함께 일한 동료들이 그에게 강압적이고 불편한 내용의 편지를 보내어 빈축을 살 만한 욕망을 단념하거나 여자와 결혼을 하라고 간청했을 때, 그는 도서관에서 비협력, 파업, 농성, 시민불복종의 역사를 읽고 있었다.

"이런 것들이 우리가 가진 유일한 무기이기 때문이다."[37] 그는 친구에게 편지를 썼다. 1945년 6월, 그는 식당에서 인종 간 격리를 없앨 때까지 그곳에서 식사하기를 거부한 혼성 그룹을 이끌었다. "우리는 기꺼이 자유의 대가를 치를 것이다."[38] 그는 전체 수감자들에게 보낸 공개 서한에서 이렇게 썼다. 그 대가는 루이스버그로의 이감이었다. 그곳에서 그는 즉각 식당의 격리를 폐지하기 위한 단식투쟁에 들어갔으며, 그 결과 너무나 앙상해져 감옥 병실에서 튜브로 음식을 공급받았다. 8월 6일에 히로시마에 원자탄이 떨어진 소식을 무스티*에게 듣고 나서야 그는 저항을 멈추고 남은 형기를 조용히 복역하기로 결정했다. "바깥에서 나를 필요로 한다."[39] 그는 교도소장에게 선동을 공식적으로 그만두겠다고 전한 편지에서 이렇게 설명했다(라이히 역시 원자탄 때문에 경악했으며, 일기에 그처럼 위협적인 무기는 절대로 평화를 가져오지 못한다는 분노를 터뜨렸다. 그리고 이상하게도 그것을 살인하는 죄수라고 표현했다).

러스틴이 복역한 교도소는 루이스버그가 마지막이 아니었다. 뉴욕으로 돌아가자마자 플랫과 함께 어느 아파트로 이사한 그는 유명한 1961년 프리덤 라이드**의 원조 격인 화해의 여정 Journey of Reconciliation 을 기획하기 시작했다. 그 직전에 모건 대 버지니아 재판에서 대법원은 주州간 버스에서 흑백 좌석을 분리하는 것은 위헌이라고 판단했는데, 이 여정은 그 판결의 집행을 요구하기 위한 움직임이었다. "부당한 사회법과 행동양식은 대법원이 공정한 판결을 내린다고 해서 바뀌지 않는다."[40] 러스틴은 〈루이지애나 위클리〉에서 이렇게 강조했다. "사회 진보는 투쟁에서 나온다."

1947년 봄에 러스틴과 백인 동료 조지 하우저 George Houser 의 인도 하에 남부로 간 사람들의 사진이 있다. 그들은 양복을 깔끔하게 차

려입고 코트를 팔에 걸치고 있으며, 손에는 수트케이스를 들고 있다. 다른 사람들보다 키가 큰 러스틴은 뒷줄에 서 있는데, 보타이를 매고 멋지게 차려입은 미남이다. 그들은 두세 명씩 인종을 뒤섞어 팀을 이루어 버지니아, 노스캐롤라이나, 테네시, 켄터키를 두 주 동안 돌아다닐 계획을 세웠다. 흑인 라이더*는 앞쪽의 백인 구역에 앉고, 백인 라이더는 뒤쪽의 짐 크로 구역에 앉았다. 그들은 만약 체포되면 평화롭게 경찰서로 가서 유색인의발전을위한전국협회the National Association for the Advancement of Colored People, NAACP 소속의 변호사들 중 가까운 곳에 있는 변호사에게 연락하라는 지시를 받은 상태였다. 그 협회는 그 캠페인에 법률적 지원을 해주기로 약속되어 있었다.

러스틴은 버스에서 노래했고, 매일 밤 프리덤 라이더들이 머물게 된 마을에서 열정적인 대화를 나누었다. 노스캐롤라이나에 도착할 때까지는 예상보다 폭력 사태가 적었다. 채플힐 버스 정류장에서 그들은 주州간 여행을 금지하는 지역의 짐 크로 법을 위반한 죄목으로 붙잡혔다. 백인 택시운전사들이 떼 지어 모여들어 린치를 가했고, 라이더들은 동정적인 지역 목사에 의해 구조되었다. 택시운전사들은 뒤따라와 목사가 사는 집 창문에 돌을 던지고, 집을 불태우겠다고 협박했다. 그중 아무도 체포되지 않았지만, NAACP 변호사들이 최선을 다했음에도 불구하고 라이더들은 그대로 기소되었다.

---

* 이 캠페인을 위해 버스에 오른 사람들을 프리덤 라이더freedon rider, 즉 자유의 탑승자라고 한다.

1949년 3월 21일, 맬컴 엑스가 노퍽교도소 도서관에서 노예제의 역사를 읽고, 라이히가 FDA에게 추적당하던 시기에, 러스틴은 노스캐롤라이나주의 록스버로에서 22일간의 노역형을 치르기 시작했다. 그해 여름 〈뉴욕 포스트〉에 발표된 죄수들이 사슬로 함께 묶인 채 일하는 이 비참한 형벌에 대한 그의 서술에는 같은 해에 야콥슨이 제기한 문제가 고스란히 담겨 있다. 그 죄수들은 오물 속에서 살았다. 매주 그들에게는 바지 한 벌, 셔츠 한 장, 양말 한 켤레, 속옷 한 벌, 수건 한 장이 지급되었는데, 그것으로 비와 진흙탕 속에서 힘든 노동을 하며 한 주를 버텨야 했다. 다른 모든 것 ― 빗, 솔, 면도기, 칫솔, 연필, 종이, 우표, 담배 ― 은 개인이 구입하거나 훔치거나 없이 살아야 했다. 흡연을 위해 15분씩 딱 두 번 쉬면서 하루에 열 시간씩 일하는 것은 신체적으로 힘들었지만 뱃밥 만들기나 쳇바퀴 돌리는 것만큼이나 무의미한 노동이었다. 어느 날 러스틴이 속한 그룹은 길에 구덩이를 팠는데, 다른 그룹이 그 구덩이를 도로 메우리라는 것을 그들도 알고 있었다.

야콥슨이 주장한 대로 죄수들은 모든 면에서 경비대가 통제하는 가학적 환경에 처해 있었다. 이들은 경비대장과 대원들의 공격적인 감시를 받으며 일했고, 대원들은 권총과 엽총으로 무장하고 있었다. 첫날, 러스틴은 대장이 죄수 여러 명의 얼굴을 때리는 것을 보았다. 죄수가 옆의 죄수에게 욕을 하자 대장은 경비대원에게 또 누가 욕을 하거든 발에 총을 쏘아 불구로 만들라고 말했다. "무슨 말씀." 대원이 대답했다. "난 발은 안 겨눈다고. 심장과 간이 더 좋지. 그래야 제대로 배울 거 아냐."⁴¹ 경비대원들은 지루해지면 수시로 제물한 명을 골라 고문을 가했다. 러스틴은 경비대원이 오스카라는 소년의 가슴에 소총을 겨누고, 춤추라고 명령해놓고 웃으면서 구경하는 것을 여러 번 보았다.

공식적인 처벌 또한 와일드의 시절에 그랬던 것과 똑같이 불쾌했다. 중범죄를 저지른 남자들은 가죽 채찍으로 맞거나 "구덩이"에 집어넣어졌다. 구덩이란 불빛이 없는 독방으로, 그곳에서 죄수들은 하루에 물과 소다크래커 세 개로 연명해야 하며 나올 때쯤이면 체중이 몇 킬로그램씩 줄어들었지만, 그래도 힘든 노역에 바로 합류해야 했다. 경범죄를 저지른 죄수들은 철창에 묶였다. 그들은 감방 수직 쇠창살에 수갑으로 묶여 선 채로 며칠씩 버텨야 했고, 화장실에 갈 때만 잠깐씩 풀려나곤 했다. 그들의 발과 손목이 부어오르고 고환도 부어올랐다. 이 처벌의 수평 버전은 눕혀놓고 사지를 고정하는 것four-pointing인데, 지금도 미국의 감옥에 널리 퍼져 있다. 그중에서도 특히 루이스버그는 오래전에 개혁적 이상을 포기했고, 지금은 평균 주차 공간보다 크지 않은 공간에 수감자를 정규 인원의 두 배로 집어넣는 것을 특기로 하는 곳이다.

핵심이 무엇인가, 러스틴은 궁금했다. 이런 식으로 대우한다고 해서 개선되거나 치유되는 사람이 없다는 것은 분명했으며, 그럼으로써 사회도 보호받지 않는 상태로 방치되었다. "이 남자들, 그리고 비슷한 인간 수천 명이 바로잡히지 않은 채 오히려 원한이 고조되고 복수심으로 가득 차서 사회로 돌아오기"⁴² 때문이었다. 감옥은 명백히 공짜 노동을 만들어내고, 처벌이라는 가면 뒤에서 노예제를 계속 시행하기 위한 불가피한 시스템이었다. 그 남자들 중 많은 수가 돈 한 푼 없이 출옥했다가 얼마 지나지 않아 다시 부랑죄로 체포되어 돌아왔다.

이 경험으로 러스틴은 야콥슨과 같은 결론에 이르렀다. 응징이나 억제는 비인간적일 뿐만 아니라 무의미하다는 것이다. 폭력은 폭력을 영속화하고, 무한한 보복의 순환을 유지하며, 사람들로부터 인간답게 처신할 능력을 빼앗는다. 감옥이 성공하기 위한 유일한 원칙은 갱생이다. 그 자신과 함께 갇혀 있던 남자들에게 의미 있는 노동과 교육, 의료와 적절한 음식이 주어진다면 어떤 일이 벌어질까. 그는 독자들에게 물었다. "인간관계가 여전히 인과법칙에 따라 움직인다면, 그 대답은 분명해 보인다."[43]

• • •

그러나 인간관계에서 명료한 것은 하나도 없다. 우리는 모두 많은 것을 원하며, 그런 것들이 언제나 맥락을 같이하거나 서로 연관되어 있지는 않는다. 사슬에 묶인 징역형에 대한 러스틴의 서술이 노스캐롤라이나주의 징벌 관행의 개혁을 이끌어냈지만, 다음번의 수감 사태는 그의 정치적 신념으로 인한 결과가 아니었고, 그나 다른 사람의 자유를 확대해주지도 못했다. 1953년 1월 12일, 그는 패서디나에서 강연을 했다. 그날 밤 그는 시내를 걸어가고 있었는데,

차에 탄 23세의 백인 남자 두 명을 만났다. 그가 그들을 유혹했을 수도 있고, 추근댔을 수도 있다. 어쨌든 결과를 볼 때 그는 차에 타 동승자에게 구강성교를 해주다가 경찰에 발각되었다. 세 사람 모두 풍기문란죄로 체포되어 로스앤젤레스카운티교도소에 보내졌다. 이 사건은 전국 신문에 보도되었고, 러스틴은 화해를위한연대에서 물러나도록 강요당했다. 생애의 마지막 날까지 그는 맹세코 자신이 덫에 걸렸다고 주장했다.

베이어드 러스틴이 유명해지지 않은 것은 이 사건 때문이다. 이로 인해 그의 평판이 무너졌고, 남은 커리어에 떨칠 수 없는 긴 그늘이 드리워졌다. 그는 민권운동의 가장 위대한 설계자 가운데 한 사람으로 비중이 커지고 있었으며, 여러 단체와 연대를 맺고 민권운동의 가장 중요한 캠페인 몇 개를 이끌었지만, 주요 지도자로서의 역할은 한 번도 맡지 못했다. 그의 성적 지향성에 결부된 편견 때문에 탁월한 전략가이자 전술가인 러스틴은 눈에 보이지 않는 곳에서 작업해야 했고, 다른 몸들을 감옥에서 해방시키려고 애를 쓰는 와중에도 본인은 계속 축출되고 존재가 지워졌다.

1955년에 러스틴은 앨라배마 몽고메리의 활동가들로부터 그 지역 버스에서 자행되는 차별에 보이콧을 할 계획이니 진행을 도와달라고 초청받았다. 화해의 여정이 민권운동 방식을 확립했다면, 몽고메리 버스 보이콧은 거기에 불을 붙였고, 저지할 수 없는 전국적인 저항의 물결을 만들어냈다. 몽고메리에 있는 동안 러스틴은 강한 카리스마를 발휘하는 젊은 설교자를 소개받았는데, 나이는 고작

26세였지만 대중 연설 재능이 놀라웠다. 마틴 루서 킹 주니어는 간디를 읽기는 했지만 비폭력 직접행동에 대해 제대로 이해하지 못하고 있었다. 그의 멘토 역할을 맡아 평화주의의 원리와 실천을 알려준 것이 러스틴이었다. 그때까지도 킹은 집에 총기와 무장 경호원을 두고 있었는데, 러스틴은 폭력은 더 많은 폭력을 초래할 뿐이라고 설명하면서, 그런 것에 의지하지 말라고 권했다(이 믿음은 러스틴이 맬컴 엑스 및 이슬람 민족과 충돌하는 주요 쟁점이다. 그들은 국가가 허가한 백인우월주의의 극단적 폭력 때문에 자기방어가 필수적이라고 믿었다).

킹 일가와 함께 일하기 시작하기 전에 러스틴은 개인사를 털어놓고, 체포된 경위와 자신이 골칫거리가 될 수 있음을 설명했다. 그가 보기에 킹은 한 번도 게이를 만난 적이 없었지만, 카리스마적인 경험과 지도력의 소유자를 물리칠 의향도 없었다. 1950년대 후반에 두 사람은 긴밀하게 함께 일하여 남부기독교지도자회의의Southern Christian Leadership Conference, SCLC를 설립했다. 그것은 인종차별에 맞서 싸우는 지역 그룹들의 연합체로서, 킹이 초대회장을 지냈다.

두 사람의 관계가 끝나기까지는 10년도 걸리지 않았다. 민권운동이 훼손된 여러 방식 중의 하나는 지도부의 성적 불성실성의 증거를 폭로하여 신임을 떨어뜨리는 연합작전이었다. 혼외 연인이 여럿 있었던 킹은 이런 공격에 특히 약했다. 1960년에 아프리카계 미국인 하원의원인 애덤 클레이턴 파월Adam Clayton Powell은 러스틴과 킹이 연인임을 밝히겠다고 위협하면서 러스틴이 민주당 전당대회에서 하려고 준비 중이던 시위를 막으려고 했다. 그 주장은 사실이 아니었지만 킹의 조언자들은 러스틴을 멀리하고 시위를 취소하는 편이 현명하다고 경고했다. 킹 본인의 성적 개인사에 관한 증거가 적대적 언론에 누출될 위험을 지는 것보다 그 편이 낫다는 것이다. 킹이 "갈등하고" "괴로워하며" "불편해한다"[44]는 것을 알고 있던 러스틴은 과업의 더 높은 목표를 위해 SCLC에서 물러났다.

그는 1963년에 워싱턴 행진, "미국 역사상 가장 큰 자유를 위한 시위"[45]를 주최하기 위해 다시 받아들여졌다(맬컴 엑스의 견해는 좀 달라서, 그것을 워싱턴 소극笑劇이라 불렀다. 백인들에게 금세 접수되었고 그들의 손으로 통제되었다는 것이다). 러스틴의 성적 지향성을 둘러싼 논쟁이 지속되어 그는 공식적인 운영자 지위에서 대리역으로 내려앉았다. 이같이 신중한 태도를 보였음에도 차별주의자인 백인 상원의원 스트롬 서먼드Strom Thurmond는 여전히 러스틴을 공격하여 그 행진의 신뢰성을 깎아내리려고 했다. 행진을 15일 앞둔 8월 13일에 서먼드는 상원에서 공격을 감행하여, 러스틴의 전과와 수감자 기록을 전부 다 낭독했다. "죄목은 성도착이었습니다."[46] 그는 성토했다. 상원 내에서 낭독했기 때문에 그 내용이 의회 기록에 영구히 남게 되었다. 지금도 기록을 읽을 수 있으며, 막 지나간 시대에 대한 사악한 기념물이다.

적어도 이번에는 운영자들이 러스틴 편에 섰다. 마지막 순서로 킹의 연설을 배정한 것은 그였다. 많은 군중이 일찌감치 흩어지지 않도록 연출 감각을 발휘한 것이다. 그가 옳았다. 무더웠던 1963년

8월 28일 오후, 일요일에 교회에 갈 때 입는 가장 좋은 옷을 입고 내셔널몰에 모인 미국인 25만 명 앞에서 킹이 모든 운동의 희망을 존엄하게 요약하기 시작했다. "내게는 꿈이 있습니다I have a dream" 연설에서 그는 자신의 네 아이가 피부색이 아니라 각자 성품에 따라 판단되는 나날을, 마침내 몸이라는 감옥에서 해방되는 나날을 꿈꾸었다.

러스틴의 문제는 이 시기에 동성애가 신체적 유전 문제로도, 고를 수 있는 합당한 선택지로도 이해되지 않았다는 데 있었다. 오히려 그것은 성격적 요소로 간주되었다. 말하자면 그것을 바탕으로 연대와 공동 투쟁이 일어나야 한다고 생각하기보다는 개인적인 약점으로 여겨졌다는 것이다. 세월이 흐른 뒤 그는 민권운동에 불륜과 난교가 득실거렸는데도("그 모텔들에서 벌어지는 쓰레기 같은 짓들은 전부 허용되었다."⁴⁷) 오직 동성애만이 도덕적 결점으로 취급되었다고 평했다.

흑인이며 동성애자라면 두 개의 십자가를 지는 셈이라고 그는 생각했다. 심지어 라이히까지도 언급하기를 거부한 엄혹한 사각지대에서 살아가는 일이었다. 친구인 제임스 볼드윈처럼 ─ 가장 달변의 해설자였음에도 단상에 오르지 않았으며, 마찬가지로 피부색이 같은 사람들로부터는 광적인 동성애혐오증의 대상이 되고, 같은 성적 지향성을 가진 사람들로부터 광적인 인종주의의 대상이 되었던 ─ 러스틴은 모든 진영에서 외부인이었다. 그는 생애가 끝날 때까지 그 점에 대해 분노했다. 죽기 몇 달 전인 1987년 여름에 그는 한 인터뷰어에게 말했다.

내가 생각하기에, 함께 일하는 수많은 사람 사이에도 상당히 많은 편견
이 있다는 데는 의문의 여지가 없습니다. 하지만 물론 그들은 자신이 편
견을 갖고 있다고는 절대로 인정하지 않겠지요. 그것이 운동에 피해를
줄까 봐 겁났다고 말할 겁니다. 사실 이미 알려졌고 숨길 게 없었어요.
폭로할 것이 있지 않은 한 운동에 해를 입힐 수 없습니다. 그들은 또 말
을 더 하면 내게 해가 된다고도 말했죠. 그들은 나를 그윽하게 바라보고
는, 정말 치욕을 더 겪고 싶은 건 아니겠지?라고 말했어요. 글쎄요, 난
치욕스럽지 않았습니다.[48]

러스틴에게서 가장 감탄할 만한 점 한 가지는 스스로를 가두는
간수 노릇을 하기를 거부했다는 것이다. 그는 설사 따돌림당하고
처벌받을지언정 벽장 속에서 살기를 거절했다. 그의 이야기는 감옥
이 단순히 하나의 기관이 아니라 그 밖에서의 처신까지도 통제하는
일련의 태도들이 단단하게 형상화된 것임을 간파하게 한다. 맬컴
엑스처럼 러스틴은 복종하기를 거부했고, 그럼으로써 일종의 자유
를 얻었다. 철창 속에 갇혀 있을 때에도.

그러나 감옥이 사회에까지 넓게 확장되는 것임을 인정한다고 해
서 감옥의 권력 자체가 감소하지는 않는다. 러스틴이 이 발언을 했
을 때쯤 미국 교도소의 상황은 그나 라이히가 루이스버그에서 복
역하던 때보다 훨씬 더 억압적으로 변했다. 1975년에 교정국은 개
혁 정책을 공식적으로 폐기했으며, 1984년에는 양형개혁법Sentencing
Reform Act에 따라 연방교도소에서의 가석방제도가 폐지되었다. 그로

인해 수감 인원이 급증했다. 교도소 시스템이 훨씬 더 많은 사람에게 더 오래 적용되었으니 말이다. 대략 같은 시기에 마약과의 전쟁, 복지 후퇴, 높아진 경범죄 형량, 최소 의무 형량과 삼진아웃 정책 등이 시행되어 범죄율은 줄었음에도 여러 주에서 수감자 수는 크게 증가했다. 이런 수많은 변화가 흑인에게 불균형적으로 영향을 미쳐, 과거의 혐오스러운 노예제가 그대로 복제된 것 같은 양상을 만들어냈다.

2016년경, 미국의 교정시설 수용인원은 230만 명이었는데, 전 세계 수감 인원의 20퍼센트였다. 그중 4분의 1은 판결도 선고도 받지 않은 채 갇혀 있었는데, 내부분은 보석금을 낼 형편이 되지 않기 때문이었다. 또 절반을 훨씬 넘는 수가 강력범죄를 저지르지 않았다. 뿐만 아니라 수감 인구의 인종 구성은 전국의 인종 구성과 달랐다. 감옥정책이니셔티브*가 2010년 인구조사 자료를 사용하여 행한 계산을 근거로 할 때, 아프리카계 미국인은 미국 인구의 13퍼센트를 차지하지만, 총 수감 인원의 40퍼센트에 달했고, 히스패닉계는 전체 인구의 16퍼센트였지만 수감 인원의 19퍼센트였다.

갇혀 있는 230만 명의 몸뚱이. 그들을 모두 어디에 수용하는가? 신세대 모델 시설에는 도서관과 야구장이 갖춰져 있지 않았다. 그보다는 감시, 징벌, 감각 차단이 우선했다. 소위 문제가 많거나 다루기

---

* Prison Policy Initiative, 형법을 주로 다루는 비영리, 비당파적 싱크탱크. 과도한 처벌이나 광범위한 형법 적용이 미치는 악영향을 시정하고, 공정한 판결을 위한 변론 캠페인을 벌이기도 한다.

힘든 수감자는 완곡어법으로 "관리상의 무기한 격리"라고 알려진 독방에 여러 해, 심지어 한 번에 몇십 년도 가두어둘 수 있었다. 이런 최고 보안 교도소와 특별관리구역은 영혼을 개혁하거나 새 삶을 시작하게 하기 위해 지어진 것이 아니었다. 그런 시설의 업무는 개혁 불가능한 몸을 생산하는 것이며, 그들이 갇혀 있는 곳의 조건이 점점 더 가혹해지는 것을 정당화하는 것 외의 업무 목적이 없다.

감옥폐지론자이자 민권운동가 앤절라 데이비스Angela Davis가《감옥은 시대에 뒤졌는가Are Prisons Obsolete?》에서 주장했듯이, 감옥의 현실을 상상하거나 감옥에 갇히면 어떤 느낌일지 상상하기를 좋아하는 사람은 아무도 없다. 그것은 공포의 연원이므로, 우리는 차라리 "타인의 몫으로 할당된 운명, 악행자들의 몫으로 할당된 운명으로서의 감옥에 대해 생각한다".[49] 그러나 라이히와 맬컴 엑스, 야콥슨과 러스틴의 이야기가 뭔가를 알려준다면, 어떤 인간의 몸이든 국가에 의해 유죄가 될 수 있다는 것이다. 범죄를 저질러서가 아니라, 특정한 몸 자체를 범죄적이라고 지정했기 때문에 말이다. 데이비스는 다시 말한다. "우리는 더 많은 수의 사람을 권위주의 체제와 폭력, 질병, 심각한 정신적 불안정을 유발하는 격리 기술들로 얼룩진 고립된 존재로 기꺼이 전락시키려는가?"[50] 라이히가 구상한 변화에는 감옥을 무너뜨리는 일은 없었지만, 현재와 같은 감옥, 애초에는 전혀 위험하지 않았던 몸들을 가두는 사일로가 존재하는 상황에서 공통의 자유가 어떻게 달성될 수 있을지 생각하기 힘들다.

7　　　블록/스웜

'다른 몸'이라는 수사학

◇

파시스트가 권력을 장악한 경로 가운데 일부는
대중을 두 유형으로 쪼개는 것이었다.
규율 바르고 질서 있고 국가에 복종하는 대중과
혼란스럽고 관습을 거스르는 감화가 필요한 대중.
이러한 수사학은 나치가 권좌로 가는 길을 닦아주었다.
그리고 지난 10년 동안 그 수사학은 또다시 주류 정치에 스며들었다.

1988년 여름, 열한 살이던 나는 어머니와 어머니의 친구들과 함께 첫 번째 저항 행진에 참가했다. 게이 프라이드 행진에 지금은 많은 기업이 참여하지만, 당시에는 은행이나 항공사나 경찰서가 후원하는 장식 차량이 없었다. 우리는 국회의사당 건물을 지나쳤다. 몸뚱이들의 바다가 웨스트민스터 다리를 건너며 연호했다. "둘, 넷, 여섯, 여덟, 당신의 하원의원은 정말 이성애자인가?" 대처 수상의 옷차림을 한 드래그퀸이 팔러먼트광장에 선 가로등 기둥을 기어올랐다. 핸드백이 팔꿈치에서 덜렁거렸고, "매기매기매기, 아웃아웃아웃"*을 힘차게 외쳤다. 지방자치법령 섹션 28이 막 의회를 통과했고, 에이즈 위기가 시작된 지 7년째였으며, 그해의 행진에는 3만 명이 참가했다.

학교에서 월요일 오전에 쓰던 "주말을 어떻게 보냈니?"라는 에

---

* 대처 수상의 퇴진을 요구하는 구호다.

세이에 그 행사에 대해 썼던가? 아마 안 썼을 것이다. 섹션 28은 무엇보다도 게이 가정이 겉으로 드러나는 것을 억제하기 위한 조치였고, 특히 학교가 그 적용 대상이었다. 그 법령이 제정된 계기는 덴마크의 작가 수산네 뵈슈Susanne Bösche가 쓴 동화책 한 권이 불러일으킨 도덕적 패닉이었다. 연출된 흑백사진을 사용한 동화책 《제니는 에릭과 마틴과 함께 산다Jenny Lives with Eric and Martin》는 어린 딸과 함께 사는 게이 커플의 일상적인 주말 생활을 그린다. 영어로 출판된 직후에 그 책은 소위 "미친 좌파"(노동당이 운영하는 시의회와 그들이 내놓은 강간 위기 센터와 아시아 여성들의 피신처 같은 무모한 발상 등을 포함한 다양성을 위한 사업안들)에 대한 타블로이드 공격에 지속적으로 휘말렸다. 여러 신문이 아이들에게 도착적인 생활양식을 주입하는 캠페인의 일부로서 그 책이 초등학교에 배부되었다고 보도했다. 〈더 선〉은 1면에 "학교에 들어간 고약한 책: 학생들이 게이 연인의 사진을 본다"는 제목으로 그와 같은 기사를 실었다. 그런데 실제로는 런던 교육 당국이 학생용이 아니라 교사용으로 그 책 한 권을 구입했을 뿐이었다. 그때의 소동과 잘못된 정보는 요즘 트랜스젠더 아이들을 둘러싼 보도와 다르지 않다.

나는 진짜 레즈비언 가정에서 살았는데도 당시 영국의 다른 모든 학생처럼 《제니》를 한 번도 본 적이 없다. 지금 대영도서관에 소장된 그 책을 보면(그곳에는 두 권이 있었지만 한 권은 도난당했거나 엉뚱한 곳에 꽂혀 있다), 보수파가 무엇 때문에 불안해했는지 알기는 어렵지 않다. 에릭과 마틴은 머리가 헝크러진 젊고 잘생긴 히피들이며,

웃통을 벗거나 가죽 재킷을 입고 있을 때가 많다. 그들은 많은 시간을 침대에서 빈둥대며 보낸다. 한 페이지에는 마틴이 깃털 이불 속에서 졸고 있다. 에릭은 그의 곁에 늘어져 있는데, 딱 봐도 옷을 입고 있지 않다. 제니는 인형을 들고 그의 무릎께에 바싹 파고들어 있다. 모두 아주 유럽 스타일로, 대놓고 에로틱하지는 않지만 특정한 영국적 감수성이 극히 꺼리는 일상적인 신체적 편안함을 보여준다. 이어지는 페이지들에서 그 가족은 구멍 난 자전거 바퀴를 고치고, 저녁을 누가 만들 것인지를 놓고 말다툼을 벌이고, 빨래를 돌린다. 재미난 내용이다.

빨래방에서 제니를 태운 카트를 끌고 집으로 돌아오는 길에 에릭과 마틴을 한 이웃 여자가 귀찮게 한다. "너희 게이들! 눈에 띄지 않게 집에 처박혀 있을 것이지. 으윽!"[1] 그녀는 야유한다. 제니는 겁에 질린다. 집에 돌아와, 제니는 왜 그 여자가 화를 냈는지 에릭에게 물어본다. 그는 두 남자가 서로를 사랑하는 것을 이해하지 않는 사람들이 있다고 설명한다. 그는 제니에게 설명해주기 위해 분필을 가져와서 뒷마당 포석에 만화를 그린다. 팔다리가 막대기처럼 그려진 여자가 손을 맞잡고 있는 막대기 남자 둘에게 소리를 지르지만, 이번에는 막대기 남편이 그녀의 잘못을 지적한다. 그 남편은 역시 게이인 자기 친척들의 이야기를 해주며 친절하게 설명한다. "좋아하는 사람과 함께 사는 것이 절대 나쁜 일일 수 없어."[2]

"좋아함"이라는 그 겸손한 표현에 동의하지 않기는 힘들다. 그러나 1987년에 영국 국민의 74퍼센트는 동성애가 대부분, 혹은 언제나 잘못이라고 생각했다. 이는 5년 동안 13퍼센트 증가한 수치였는데 대체로 에이즈를 둘러싼 부정적 보도의 산물이었다.《제니》의 문제는 하원에서 여러 하원의원들이 제기한 것으로, 교육부장관 케네스 베이커Kenneth Baker도 뜻을 같이했다. 베이커는 규제가 느슨한 사회를 비난하면서 동성애에서 낙태에 이르는 모든 종류의 성적 일탈을 짓밟겠다고 약속했다. 1987년 10월에 열린 보수당 전당대회에서 수상은 기조연설을 하며 "긍정적 이미지"를 심어주는 방침[3]이라는 완곡한 표현을 써서 공격했다. "전통적 도덕적 가치를 존중하도록 배워야 할 필요가 있는 아이들이 자신들이 게이가 될 박탈 불가능한 권리를 가졌다고 교육받고 있습니다. 그런 아이들 모두가 삶을 건전하게 시작해야 합니다."[4]

섹션 28은 그 뒤 두달도 지나지 않아 지방자치법 수정안으로 제안되었다. 그 조항은 지방정부 당국이 동성애에 대한 자료를 널리 알리거나 출판하지 못하게 금지했으며, 국립학교에서 "확장된 가족 관계로서 동성애의 수용가능성"[5]을 가르치는 것을 장려하지 못하게 막았다. 그것은 1988년 5월 24일에 입법화되었으며, 2003년에야 폐지되었다. 아이젠하워 시대 미국에서의 집행명령 10450조, 혹은 프로이센 형법의 175조처럼, 그것은 구체적이고 물질적인 결과를 낳았으며(에이즈 시대에 어느 때보다도 더 절실하게 필요했을 게이 청소년 그룹과 전화상담서비스에 대한 자금 지원 차단도 그런 결과에 속한다), 증오에 가득 찬 분위기를 유발했다.

학교에서 동성애를 긍정적으로 논의하는 일은 있을 수 없다고 주장함으로써 그 법령은 정반대 결과를 확실하게 끌어냈다. 동성애 혐오증이 제어되지 않고 흘러넘쳤다. 푸프poof, 레저lezzer*, 네가 에이즈로 죽으면 좋겠어. 게이나 전형적인 성별 유형에 맞지 않는 아이들을 대상으로 하는 속어가 급류처럼 쏟아졌다. 아직도 내 몸에서는 학창 시절이 느껴진다. 근육이 모두 뭉치고 긴장하며, 내 성별에 대해 느끼는 불편함은 물론, 소위 가족 상황이 밝혀지는 상황에 대비한다. 나는 여자아이가 아니고 뭔가 어중간하게 이름 붙일 수 없는 어떤 존재다. 돌이켜보면 이 불행한 유산이 있었기에 라이히의 무장 개념이 내게 그토록 강한 충격을 주었는지도 모른다.

그러나 웨스트민스터 다리 위로 행진하던 그 모든 몸들의 느낌도 내게 남아 있었다. 섹션 28과 관련해서 이상한 것 중 하나는 성소수자가 눈에 띄지 못하도록 막으면서도 성소수자 행동주의의 피뢰침 역할도 했다는 점이다. 나에게는 라이히가 제시한 역학관계의 정수를 이해하게 해주는 관문이기도 했다. 정치 세계가 몸을 감옥으로 만들 수 있지만 몸 또한 정치 세계를 재편할 수 있다는 것에 대해서. 1988년에 두 번, 레즈비언 운동가들은 그들을 눈에 띄지 않는 곳에 두기 위해 새로 강화된 장벽을 돌파했고, 문자 그대로 뉴스 속으로 뛰어들었다. 2월 2일, 의회가 그 법안을 놓고 투표하던 바로 그날, 여성 넷이 상원의사당으로 몰래 숨어들었다. 결과가 발표된 직후 몇 초 지나지 않아 그들 중 두 명이 — 동네 시장에서 구입하여 레

---

* 각각 남자 동성애자 여자 동성애자를 뜻하는 은어.

즈비언의 제복이나 마찬가지던 방수 점퍼 속에 숨겨 들여온—빨랫줄을 타고 방청석에서 내려왔다.

5월 23일, 법안이 통과되기 전날 저녁, 또 다른 여성 네 명이 생방송으로 저녁 6시 뉴스를 송출하던 BBC 스튜디오로 쳐들어갔다. 한 명은 자기 손목에 찬 수갑 한쪽을 카메라에 채웠으며, 카메라는 불길하게 흔들거렸다. 진행자 수 롤리Sue Lawley가 텔레프롬프터를 보고 계속 뉴스를 읽어나갔지만 쿵쿵거리는 소리와 함께 입이 막힌 채 "법안을 중지해!"라고 부르짖는 소리를 들을 수 있었다. 결국 그녀는 말을 끊고 소음에 대해 사과하면서, "난입자가 있는 것 같습니다"[6]라고 덧붙였다. 뒤쪽에서는 다른 진행자인 니컬러스 위첼Nicholas Witchell이 여성 한 명과 씨름하는 소리가 들렸다. 그녀를 끌어내리려고 애썼지만 그녀의 손목이 책상에 수갑으로 채워져 있었기 때문에 쉽지 않았다. 우리는 믿지 못할 정도로 기뻐하면서 그 요약본을 밤새도록 보았다. 다음 날 〈데일리 미러〉의 헤드라인은 "BBC맨이 레즈비언을 깔고 앉다Beeb Man Sits on Lesbian"[7]였다.

빨랫줄을 타고 내려오던 모습은 내 생각보다 더 깊이 각인되었다. 열여덟 살 무렵 나는 환경 직접행동에 깊이 빠져 있었다. 대부분의 경우 비폭력 직접행동이란 문제되는 공간을 몸으로 점거하는 것을 뜻한다. 우리는 무기 박람회장 밖에 주차된 차량들 앞에 드러누웠다(이런 일에 처음 참가한 나는 아드레날린이 분출하여 가슴이 벅차올랐으나 경찰 두 명에게 체포되어 철창에 갇혔다). 우리는 석유회사 건물 지붕에 기어올라갔고, 도로 건설 프로젝트의 길목에 텐트를 쳤다.

러스틴이 말했듯이, 이런 시민불복종 운동의 힘은 몸의 육체적 취약성과 직접 연관성이 있다. 저항하는 자의 위치가 더 위험하거나 위태로울수록 그 효과가 분명 더 강해진다. 그것이 유발하는 대중 홍보 면에서나 그들을 떼어내기 위한 비용 면에서나 그렇다.

나는 도로 점거 시위에 너무 깊이 개입하느라고 대학교를 아예 자퇴했다. 새로 얻은 집은 우회도로를 내기 위해 벌목될 예정인 너도밤나무 숲속 나무 위에 만든 집이었다. 그곳에서는 아침에 차 한 잔을 마시려면 로프를 타고 9미터 아래로 내려와야 했다. 로프는 만화 속의 뱀처럼 검정과 녹색으로 되어 있었다. "삶에 대해 걱정하는 것은, 더 나은 세상을 만들어낼 책임을 느끼는 것은 화가가 할 일이 아니다."[8] 애그니스 마틴은 예전에 그렇게 말했다. "이건 아주 심각한 관심 분산이다." 다들 얼마든지 그렇게 말할 수는 있겠지만, 이 행성에서 벌어지는 일에 나는 책임감을 느꼈고, 내 몸을 있을 법하지 않은 곳에 둠으로써 더 나은 세상을 만드는 데, 아니면 최소한 이미 존재하는 손상된 것을 보존하거나, 임박한 기후변화의 종말을 되돌리는 데 기여할지도 모른다는 믿음은 중독에 가까웠다.

지금에 와서 생각해보건대, 전 세계적으로 인터넷 사용이 일반화되기 이전 시기에, 기후과학에 대한 인식과 신뢰가 지금보다 훨씬 덜할 때, 사람들이 지구를 위해 노력하고 보호하려 애쓴 정도는 놀라운 수준이었다.

도로 시위는 1990년대 내내 이어졌고, 영국 전역의 위험에 처한 숲에 저항 캠프가 솟아났다. 솔즈베리 힐, 페어마일, 트위퍼드 다운,

뉴베리. 공동체는 긴밀했고, 부족 같았으며, 환경에 영향을 적게 주는 행동을 실험했고, 모닥불에서 요리하고 캔버스 천막에서 잠자는 등 흙에 가까운 생활을 했다. 15킬로미터에 달하는 뉴베리 우회로 현장을 따라 모여든 캠프를 추방하기까지 석 달이 걸렸는데, 시위자들은 콘크리트를 채운 드럼통에 자기 몸을 묶고, 나무 위쪽 가지에 설치한 위태로운 판자 위에 앉았다. 데번의 페어마일에 있는 고대 숲 지대에서는 시위대가 땅속 12미터 깊이까지 미궁 같은 좁은 땅굴을 파고, 군데군데 잠글 수 있는 문을 달았다. 레이더를 갖춘 동굴탐험대가 그들을 모두 추적하여 내쫓는 데 일주일이 걸렸다. 주州 장관 대리가 땅굴을 판 사람들이 썩은 나무로 통로를 보강했다고 불평했지만, 그런 위태로움이 핵심이었다. 길퍼드 외곽에 있는 과학적 가치가 높은 장소인 스트링어 코먼Stringer's Common에 세운 캠프에서 나도 하루 동안 그런 지지대 없는 땅굴을 판 적이 있다. 땅속을 기어다니면서 내 몸이 간신히 들어갈 만한 공간을 파 들어갔고, 등 위로는 3미터 두께의 푸슬푸슬한 흙이 있었다. 다시 되풀이하기에는 너무 무서운 경험이었다.

이런 종류의 행동주의는 또 다른 강력한 법이 통과되는 바람에 더 복잡해졌다. 섹션 28처럼 1994년에 제정된 형사사법및공공질서법Criminal Justice and Public Order Act은 황색 언론이 벌인 소란 때문에 탄생했다. 이번 소란은 영국 역사상 가장 큰 불법 레이브 파티*와 관련되어 있었다. 1992년 5월, 지역 경찰이 뉴에이지 여행자들 그룹이 매년 개최하는 에이번 프리 축제Avon Free Festival를 막았다. 그것은 모든 종류의 유목민적인 방랑 생활 스타일을 미리 방지하려는 장기 작전의 일부였다. 색칠된 앰뷸런스와 버스에 탄 허름한 여행자와 히피 무리는 여러 카운티에서 거부당하고 우스터셔의 캐슬모턴으로 내몰렸다. 언론이 그 사태를 널리 다룬 덕분에 음향 시스템 수십 개가 재빠르게 그들에게 합류했고, 버킷 모자와 엄브로** 후드티를 입은 축제 죽돌이들 약 3만 명이 뒤따랐다. 이들은 화창한 공휴일 주말 동안 디오니소스 신도들처럼 모든 절제를 놓아버린 채 춤을 추며, 맬번 힐스의 장엄한 풍경 속에서 환각제와 빠른 음악에 탐닉했다.

그곳은 캐슬모턴 지역의 공유지였기 때문에 경찰은 모인 사람들을 몰아낼 권력도 없었고, 그럴 인원도 부족했다. 이해할 만한 일이지만 지역 주민들은 96시간 계속 이어진 테크노 음악은 물론 마구 쳐들어온 그들 무리에 경악하여, TV 카메라 앞에 서서 군대를 불러오라고 투덜거렸다. 황색 언론들은 입에 거품을 물고 흙먼지와 마약과 소음을 묘사했다. 한 기자는 엑스터시가 사람들이 선 자리에서 그대로 배설하게 만든다고 했다. 〈텔레그래프〉는 "히피 부족들이 동네를 점령했다"고 보도했고, 〈타임스〉 지면에서 제임스 댈림플James Dalrymple은 광란자들이 말을 잡아먹었다고 했다(그의 기사는 불쾌한 어조로 레이브 파티의 지도부가 흑인 미국인 남자와 아름다운 혼혈 여성[9]이었다고 언급하면서, 이미 열이 오른 타블로이드지 스타일의 문장

---

* rave, 옥외나 빈 건물에 모여 빠른 음악에 맞춰 춤추고 즐기는 밤샘 파티로, 초기에 마약을 복용하는 사례도 잦았다.
** 축구 관련 스포츠 용품을 기반으로 하는 영국의 의류 브랜드.

에 인종적 타자화*를 추가했다. 그런데 캐슬모턴에서는 그 어떤 중심 조직도 없었다는 점에서 그 뒤에 이어진 상업적 축제들과 차이가 있었다).

그런 신문들을 지금 훑어보고 있으려니 이상한 느낌이 들었다. 줄지어 이동하는 뉴에이지 여행자들의 행렬은 1960년대 이후 웨스트 컨트리**의 도로에서 늘 보이던 풍경이었다. 나도 그처럼 살면서 20대를 보냈고, 지붕 위에 굴뚝을 용접해 붙인 뉴에이지 여행자의 차량이 도로를 터덜거리며 달려가는 것을 마지막으로 본 게 언제인지 지금은 기억이 나지 않는다. 캐슬모턴은 마지막 업적, 자유라는 단어의 두 가지 의미를 숭배하는 삶의 방식의 찬란한 끝이었다. 움직임의 자유, 이익 추구의 동기나 책임 없이 어떤 일을 할 자유. 하위문화들 간의 예상치 못한 융합은 선거에서 실패하여 권력을 탈환하려고 애쓰던 보수당에게 신속하게 이용되었다.

캐슬모턴의 여파로 제정된 1994년의 형사사법 조항은 경찰에게 무허가 캠핑과 무단침입을 막을 새로운 권력을 주었고, 가중침입죄라는 새로운 죄목을 만들어, 곧 도로 시위자, 태업자, 파업자를 단속하는 데 널리 적용된다. 레이브 파티에 관련된 법안은 특정 음악을 "반복적인 비트의 연쇄 방출"[10]이라 규정해 범죄로 취급하려는 시도로 악명이 높아진다. 터무니없게 들릴 수도 있지만, 그 법에 의거하여 경찰은 야외집회를 해산시키고 주최자들에게 벌금형과 수감

* racial othering, 인종을 기준으로 누군가를 자신과 본질적으로 다른 존재로 여기거나 그렇게 취급하는 행동.
** 영국 남서부 지역.

형을 부과할 허가를 받았다. 그 이후 시기에는 상업적인 댄스 행사가 많이 열렸지만, 스파이럴 트라이브Spiral Tribe, 서커스 워프Circus Warp, 서커스 노멀Circus Normal의 음향에 맞춰 춤추는 자유로운 레이브 파티는 더 이상 없었다. 더 이상 카나리 워프 지역이나 라운드하우스 술집이 일시적으로 자율 구역이 되는 일도 없었고, 한 주 내내 비트가 계속 울리는 일도 없었으며, 브리티시 레일에서 전기를 끌어다 쓰는 일도 없었다. 입장권을 사거나 글래스턴베리*에서 보는 종류의 울타리 장벽을 세울 필요도 없이 폐창고에서, 혹은 밤중에 몸뚱이들이 야외에서 땀 흘리며 광란에 물드는 일도 더 이상 없었다.

향수에 잠기는 것처럼 보이고 싶지는 않다. 나는 그렇게 광란한 적은 한 번도 없었지만 저항 문화에 물들어 있었고, 학생 때 입던 회색 치마와 밤색 상의만큼이나 당시의 제복이나 마찬가지던 군화와 무지개색 스웨터를 내다버린 지는 오래되었지만, 그래도 넘치도록 많았던 그 당시의 유혹에 여전히 매력을 느끼는 사람이다. 나무 타는 냄새만으로도 그 모든 것이 되살아난다. 나무 위, 캔버스 천막 아래에서 살아가는 소설 같은 즐거움, 캠프로 걸어 돌아가는 동안 들려오던 산짐승의 울음소리, 자본주의를 저주하는 주문, 모든 것에 스며든 마녀 같은 분위기. 그런 것들이 당시 상황의 한 부분에 불과하다는 것을 나는 안다. 또 다들 많이 먹었던 지로스**와 스페셜 브

---

*   Glastonbury, 영국 서머싯주 필튼에서 매년 6월 5일간 열리는 세계 최대 규모 록페스티벌이다.
** gyros, 그리스식 케밥이라 할 음식.

루 맥주도 잊지 않았다. 아니, 내가 정말 그리워하는 건 희망이다. 도로 시위자들의 더 큰 진실은 기후변화의 흐름을 아직은 되돌릴 수 있을 것으로 보이던 시절에 그들이 살았다는 사실이다. 그들이 본 그 미래가 차압당한 데 내가 느끼는 슬픔은 세월이 흐르면서 더 커지고 더 괴로워지기만 했다.

　형사사법안이 통과되어 법률로 제정된 뒤 사태는 더 폭력적으로 변했다. 시위 행진과 거리 집회가 열릴 때는 항상 뒷길에 시위 진압 버스가 보였다. 조심해, 누군가가 말한다, 시작하니까. 경찰이 등장하고, 검은 군단이 진압용 방독면과 방패를 갖추고 어깨를 맞대고 조금씩 전진힌다. 검은 옷을 입은 아나기스드 그룹 클래스워Class War 의 청년들이 얼굴에 수건을 동여매고 앞줄로 뛰어가서 벽돌을 던지기 시작한다. 내 친구 사이먼은 뉴베리에서 경비대원에게 깔아뭉개지고 소화기로 얻어맞아 다리가 부러졌다. 사람들은 경찰의 첩자 때문에 편집증에 걸렸는데, 세월이 흐른 뒤에 보니까 다른 신분으로 위장한 첩자가 없는 곳이 없었다. 친구와 데이트를 하는 사람, 회의에서 제안을 하는 사람, 병 던지는 사람, 심지어 1990년대에 가장 유명했던 영국 판례 가운데 하나인 맥도널드 명예훼손 재판으로 이어진 맥도널드를 비판한 소책자를 만드는 데 손을 보탠 사람 중에도 첩자가 있었다.

　최근에 스트링어 코먼에 모인 시위자들의 추잡함에 대해 지역민들이 한탄했다는 기사를 찾았다. 우리가 그토록 야단스럽게 보호하겠다던 새들과 작은 포유류들이 우리가 거기 있어서 오지 못했다

고 주장한 것이다. 그 20년 뒤, 총리 보리스 존슨Boris Johnson은 2019년
에 멸종저항* 운동가들이 트래펄가광장에 모인 것을 두고 코에 피
어싱을 달고 "대마 냄새 풍기면서 노숙하는"[11] 비협력적 떠돌이
들uncooperative crusties이라고 묘사했다. 우리가 더러웠다는 것은 사실이
다. 몸을 씻을 기회라고는 양동이에 담아 온 물뿐이었으니까. 그러
나 플라스틱 쓰레기로 가득 찬 오염된 강물과 바다의 사연이 등장
할 때마다 표면으로는 흠잡을 데 없이 깔끔해 보이는 삶이 실제로
는 대규모의 악화와 오염을 초래하고 있음이 자명해진다. 새 옷, 새
자동차, 세탁기, 공장식 농장, 그 모든 것의 공급망 어딘가는 비용을
치르고 있다.

　나는 1990년대 이후 시위 장면들을 지켜보기가 힘들어졌다. 특
히 뉴베리에서 쫓겨나던 모습이 그랬다. 마치 미래가 다른 방향으
로 갔을 수도 있는 순간을, 지금 이 행성 전체에 벌어지고 있는 일의
축소판 버전, 빠른 속도로 돌린 버전을 그대로 지켜보는 것 같은 느
낌이 들었기 때문이다. 한 여성이 불도저 앞에 드러누워 있고, 그러
다가 진흙탕 위로 질질 끌려간다. 멀쩡한 숲에 사람들이 수없이 많
이 있었지만, 나무들이 베여 넘어간다. 이제는 A30도로의 회전교차
로에 홀로 서 있는 거대한 미들 오크** 한 그루만 남았다. 그것은 동
물원에 있는 동물처럼 무의미하고 고립되어 보인다.

----

* 　Extinction Rebellion, 기후 대책을 요구하는 국제환경단체와 그 운동을 말한다.
** 　Middle Oak, 도로 중앙에 홀로 남았다 하여 붙은 별명이다.

· · ·

　시위를 직접 보는 것. 특히 그 시위가 진실하게 보도되지 않거나 폭력적으로 진압되었을 경우, 직접 보게 되면 순진함을 벗고, 눈에 보이지 않는 권력 구조 앞에 노출되고, 예전에는 의심 없이 받아들이던 가정과 신념에 의문을 던지는 결과를 낳을 수 있다. 1990년대에 내가 라이히의 글에 그토록 큰 충격을 받았던 이유 가운데 하나는 그 또한 그런 깨달음을 경험했기 때문이었다. 1927년에 서른 살이 되었을 때 라이히는 빈에서 벌어진 시위를 목격했는데, 곧 학살로 변했다. 그것은 그의 이상한 삶에서 하나의 전환점이 되는 시건, 그 이후에 일어난 온갖 일에도 불구하고 여전히 빛을 발하는 계시의 순간이었다.

　오스트리아에서 양차 대전 사이는 시위와 반시위의 시절, 성난 몸뚱이들이 길거리에 모여드는 시절이었다. 1920년대에 전국을 통제하는 권력은 보수적이고 군주제를 지지하는 기독교사회당이었지만, 붉은 빈* 그 자체는 사회주의의 거점이었고, 2차 세계 대전으로 폐허가 된 이후 유럽 전역에서 퍼져나갈 복지국가의 모델이었다. 1927년에 정치 상황은 너무나 험악해져서, 거의 모든 소도시와 마을에서 거의 일요일마다 제복 입은 민병대들, 모자에 붉은 카네이션을 꽂은 슈츠분트**와 너무 큰 검정 뇌조 깃털이 챙에 꽂혀 있는

<hr />

*　사회민주당이 우세를 점하던 시절의 빈을 이르는 말.
**　Schutzbund, 좌파 진영의 준군사조직 공화수호동맹을 짧게 이르는 말.

올리브그린색 보네트를 쓴 하임베어*의 행진이 있었다.

이런 시위 중 하나가 7월 봉기의 촉매가 되었다. 1927년 1월 30일, 슈츠분트는 빈 남쪽 65킬로미터 지점에 있는 소읍인 샤텐도르프에 모였다. 행진을 한 뒤 돌아가던 길에 오스트리아 정부와 연합한 극우파 반유대주의 민병대 조직인 프론트켐페어Frontkämpfer가 잘 드나드는 술집 한 곳을 지나쳤다. 술집 주인의 아들들이 창문에 서 있다가 지나치는 행렬 뒤에다 소총을 쏘아 1차 세계 대전에서 한쪽 눈을 잃은 퇴역병 마티아스 크스마리츠Matthias Csmarits와 여덟 살 난 조카 요제프 그로싱Jpsef Grossing을 죽였다.

크스마리츠의 장례식에는 제복 입은 슈츠분트 수천 명이 참석했고, 그의 죽음을 기려 15분간 전국 파업이 행해졌다. 7월 5일에는 사건에 관련된 프론트켐페어 세 명이 대중폭력죄로 재판에 회부되었다. 그들은 총격은 인정했지만 자기방어였다고 주장했으며, 9일 뒤에는 배심원에 의해 무죄로 석방되었다. 우파 신문인 〈디 라이히스포스트Die Reichspost〉는 "공정한 판결"이었다고 선언했지만, 그 판결에 대한 분노가 특히 빈에서 쏟아졌다. 그럼에도 그 도시를 장악하고 있던 사회민주당은 공식적으로 그 평결에 항의하지 않기로 결정했는데, 이는 부분적으로는 배심원 재판이라는 새 제도를 뒤엎고 싶지 않았기 때문이었다.

대부분의 사람들은 일하러 나가느라 다음 날 이른 아침까지 재판

---

* Heimwehr, 우파 진영의 향토방위대.

결과에 대해 듣지 못했다. 첫 신문이 배포되자 그 소식은 도시 전역으로, 공장 현장과 창고들로 퍼졌다. 오전 8시, 노동자들은 자발적으로 평화시위를 열기로 결정했다. 그들은 전기를 끄고 모든 대중교통 수단을 멈추었다. 도시 전역이 정지 상태가 되자 수만 명의 사람이 모여 답답함과 불편함을 토로했다. 그 도시에 파견 온 영국 기자 게다이G. E. R. Gedye에 따르면, 이 단계에서 군중은 평화로웠고, 거리에서 서로 밀치고 지나가면서도 웃고 농담하며 분위기도 좋았다고 한다.

오전 10시, 기마경찰이 사람들을 해산시키려고 나서서 권총을 군중에게 빌포하고, 그들 속으로 달려들이가 행진을 막았다. 좁은 길에 많은 사람이 갑자기 밀려들어 혼란이 빚어졌다. 행진자들은 막대기와 돌멩이, 공사 현장에서 집어 온 판자와 철봉으로 무장하여 경찰서로 치고 들어가서, 잡혀 있던 사람들을 전부 풀어주었다(이는 스톤월 항쟁Stonewall Riots 때와 상황이 아주 비슷했다. 그때도 수적으로 밀린 경찰이 스톤월인 안에서 바리케이드를 치고, 밖에 있는 동성애자들이 돌멩이와 거리에서 주운 폐기물로 무장하여 공격해 들어갔다). 경찰서에 불을 지른 시위자들은 경찰에 몰려 법원 앞 광장까지 갔고, 몇 명이 법원을 습격하여 불을 질렀다. 그때쯤에는 군중이 2만 명으로 불어난 상태로, 소방차를 들여보내기를 거부했고, 그럴 수도 없었다.

게다이가 권총 한 발이 발사되는 소리를 처음 들었던 때와 대략 같은 시간에 환자 한 명이 격앙된 상태로 라이히의 진료실에 도착했다. 그는 도시의 노동자들이 파업을 일으켰고, 경찰은 무장했으며, 사람들이 죽고 있다고 말했다. 라이히는 진료를 취소하고, 거리에서 무슨 일이 벌어지는지 함께 보러 나갔다. 온 사방에서 사람들이 대학을 향해 조용히 걷고 있었다. 대열을 지어 반대 방향으로 행진하는 슈츠분트들을 지나치면서 라이히는 매우 놀랐다. 나중에 알고 보니 그들은 사회민주당으로부터 분쟁에 개입하지 말고 병영으로 돌아가라는 지시를 받았다. 그들 5만 명은 빈의 노동 인구를 보호하기 위해 존재하고 훈련된 병력인데도 말이다.

라이히는 시내를 가로질러 가는 길에 경찰본부를 지나쳤는데, 그곳에서 트럭에 실린 소총이 분배되는 광경을 보았다. 불타고 있는 법원에서 보면 의사당 건너편인 라타우스공원을 지날 때 소총이 발사되는 획-타닥 하는 소리가 처음 들렸다. 이제 군중은 비명을 지르면서 옆 골목에서 뛰어나오거나 들어가고 있었다. 그들은 흩어졌다가 다시 무리를 이뤘고, 질주하는 말에 쫓겨 다니는 겁에 질린 몸뚱이의 무리였다. 경찰은 대부분 총기 사용법을 배운 적이 없었으며, 소총을 배로 받치고 왼쪽에서 오른쪽으로 무작위로 쏘아댔다. 그들은 남녀노소 모두에게 총을 쏘았다. 그들 대부분은 라이히처럼 불구경을 하러 나온 사람들이었다. 경찰은 앰뷸런스에도, 소방차에도, 또 적십자요원들에게도 쏘았고, 심지어 서로에게도 쏘아댔다.

사람들의 물결이 패닉에 빠져 길거리를 질주했고, 칼을 머리 위로 치켜든 기마경찰이 그들을 뒤쫓았다. 법원에서 연기가 치솟았다. 하늘은 붉게 변했고, 대기에서는 종이 태운 냄새가 났다. 소총 발사 소리가 나고 야유와 비명이 뒤를 이었다. 한 남자가 도전적으로 코트 자락을 열었다가 가슴에 총을 맞았다. 부상자 앞에 무릎을 꿇었던 한 여성은 뒤통수에 총을 맞았다. 나중에 알려진 바로는 경찰청장이 경찰관 600명에게 덤덤탄을 지급했다고 한다. 그것은 탄체가 터지면서 납 알갱이가 넓은 범위로 퍼져 지독한 상처를 내고 충격 효과를 키우는 탄약으로, 가까운 거리에서 발사되면 피해가 특히 심하다.

라이히는 아내 아니를 데리러 집으로 달려갔고, 두 사람은 대학교로 함께 돌아갔다. 길거리에는 경찰 군단이 나와 있었다. 라이히가 지켜보는 동안 그들은 조금씩 조금씩 군중을 향해 나아갔다. "느리게, 아주 느리게"[12], 할머니 발걸음Grandmother's Footsteps 놀이를 하는 아이들처럼. 50보쯤 거리에 오자 그들은 발포하기 시작했다. 수십 명이 땅바닥에 쓰러져 누웠다. 라이히는 아니를 붙잡고 나무 뒤에 숨었다. 눈에 보이는 광경을 믿을 수 없었다. 의도적으로 사람들의 머리 위쪽을 겨냥하는 경찰이 한둘 있었지만, 대부분은 그냥 사람들을 쏘아 쓰러뜨리고 있었다. "그건 두 적대적 그룹 사이에서 벌어지는 시위가 아니었다. 수만 명의 사람들과 무방비 상태의 군중에게 총을 쏘아대는 경찰 집단이 있을 뿐이었다."[13] 그는 회고록《어려움에 처한 사람들》에서 이렇게 썼다.

어두워지자 그는 황량한 거리를 헤매면서 충격에 빠져 울고 있는 낯모르는 사람들을 보았다. 그들은 대부분 보이지 않는 친구나 가족을 찾고 있었다. 89명이 사망했고 1000명이 병원에 있었으며, 의사들은 치명적인 상처를 봉합하려고 애썼다. 불과 1미터 거리에서 발포된 경우도 있었다. 동요하고 탈진한 그와 아니는 가족이 사회민주당 지도부와 관련이 있는 한 친구를 찾아가보기로 했다. 자신이 본 것을 이야기하고 긴급 대응책을 세우고 싶었다. 하지만 그가 가서 본 것은 당황스러울 정도로 제대로 된 저녁을 차리고 있던 상황이었다. 식탁에는 꽃과 촛불이 있었다. "그 피비린내 나는 사건들은 그 방과 접점이 없는 것 같았다."[14] 그는 나중에 회상했다.

손님들이 도착했고, 유혈사태에 대한 이야기가 나오기는 했지만, 라이히는 상황을 직접 본 사람은 그중 아무도 없다고 확신했다. 그들은 마치 으레 괴테를 논의하는 것과 같은 태도로 이야기했다. 교양 있고, 절제되고, 지적이고, 예절 바르게 행동했다. 그는 격렬한 비현실감에 휩싸여, 반짝이는 식탁을 뒤엎고, 접시를 마루에 내던질까 상상했다. 집 밖에서는 아직도 교외와 시내 거점에서 저항이 불타오르고 있었지만, 다음 날 아침, 파업은 우파인 하임베어에 의해 진압되었다. 그 뒤 여러 달 동안 하임베어는 이탈리아 파시스트들과 잃어버린 제국주의적 영광을 복구하고 싶어 하는 지역 기업가들로부터 자금 지원을 받았다. 몇 해 안에 그들 대부분은 나치와 동맹을 맺게 된다. 라이히의 친구들이 저녁 식탁에 앉아 있을 때 극우파는 오스트리아의 권좌로 가는 길을 오르기 시작했다.

• • •

라이히가 빈의 길거리에서 본 것들은 그에게 계속 남았다. 그는 군중이 받은 잔혹한 대우와 로봇 같은 경찰이 연출한 광경을 떨쳐 낼 수 없었다. 그는 아직은 몰랐지만, 그것은 곧 유럽에 일어나게 될 일의 환영이었다. 왜 군중은 공격자들에 비해 훨씬 인원이 많았는데도 스스로를 방어하지 않았을까? 시민 질서가 이런 종류의 폭력을 기초로 세워졌고 유지되어왔다면, 환자들로 하여금 그런 질서에 적응하라고 주장하는 정신분석이 어떻게 환자에게 도움이 될 수 있다는 걸까? 그리고 무엇보다 시급한 문제는 어떤 권력이 경찰로 하여금 무방비한 시민들에게, 라이히가 말한 대로 토끼들에게 총을 쏘듯이 발포하도록 만들었는가 하는 것이다. 라이히는 《어려움에 처한 사람들》에서 분노에 차서 이렇게 썼다. "이딘가에 거대한 기만이 숨겨져 있다."[15]

프로이트 역시 난관에 봉착했다. 시위가 벌어진 동안 그는 빈에 없었고, 몇 주 뒤에 라이히가 필라슐러*를 찾아가서 보니 프로이트가 그 학살을 불의不義가 아니라 개탄스러운 일로, 경찰이 아니라 노동자 측의 잘못으로 본다는 것은 분명해졌다. 그해 봄 내내 그는 종교에 관한 글을 쓰고 있었는데, 7월 15일 사건에 대한 그의 불쾌함이 글에 배어들었다. 9월에 끝을 맺고 11월에 발표한 〈환상의 미래The Future of An Illusion〉에서 그는 정신에 대한 직접적인 탐구에서 눈을 돌려 소년 시절부터 그를 매료시켰던 영역인 문명 그 자체에 대해 질문을 던졌다. 그는 "문명이 보편적인 인간의 관심사라고는 하지

---

* Villa Shuler, 프로이트가 머물던 별장 이름이다.

만 사실 모든 개인은 문명의 적이다"[16]라고 썼는데, 아마 법원 밖에 모여 울고 소리 지르는 군중을 생각하면서 썼을 것이다. 그는 비합리적이고 격렬한 대중을 설득하여 문명이 요구하는 본능적인 희생으로 이끌기 위해서는 훈련된 지도자가 무척 중요하다고 주장했다. 그 글이 파시즘을 지지하는 논의는 아니었지만, 라이히가 갈망하고 실현되기까지 얼마 남지 않았다고 믿었던 평등주의 혁명을 지원하지 않은 것은 분명하다.

2년 뒤, 프로이트는 라이히와의 전투를 확고히 한 저서 《문명 속의 불만》에서 이 논의를 다듬었다. 그 책에서 그는 개인 권리를 제한하는 것은 악취 나는 전쟁터가 아닌 세상, 최강자가 약자를 짓밟거나 고문하거나 죽이지 않는 세상을 위해 지불해야 할 필요 비용이라고 설명한다. 호모 호미니 루푸스*라고 그는 결론지으면서 음울하게 덧붙인다. "문명은 정복된 마을에 주둔한 부대처럼 개인을 약화시키고 무장을 해제하며 그를 감시할 내적 권한을 설정함으로써 개인의 위험한 공격성을 극복한다."[17]

라이히도 그 비용을 지불할 가치가 없다고 생각하지는 않았다. 다만 그 부대가 문제라는 의심이 들었다. 7월 15일의 사건에서 그를 가장 괴롭힌 것은 정의를 위해 행진한 군중이 아니라 경찰의 행태였다. 그들은 마치 잠든 채로 명령을 따르는 것처럼, 수치심도, 독자적 행동력도 없는 존재처럼 행동했다. "이성과 판단력이 결여된

---

* Homo homini lupus, 인간은 인간에게 늑대라는 의미.

어리석고 바보 같은 자동기계, 기계 인간들!"¹⁸ 그는 이탈리아 전선에서 장교로 복무할 때의 자신의 행동에도 그런 점이 있었음을 인지했다. 빈의 거리에서 자신이 목격한 것은 자연스럽거나 불가피한 존재 질서가 아니었다고 그는 확신했다. 이는 가부장적 자본주의의 산물이었다. 그것은 아이가 태어나는 순간부터 경직되고, 비유동적이고 성적으로 억압되고 권위주의적인 관계 모델을 세우며, 학살 행위에서 그 절정에 도달한다.

나는 이것이 라이히와 프로이트가 결별하게 된 진짜 핵심이라고 생각한다. 그들은 정신분석학적 테크닉의 차이가 아니라 인간 본성에 대한 상충하는 견해 때문에, 자유에 뒤따라오는 것에 대한 두 가지 비전 때문에 논쟁했다. 빈의 사건으로 인해 프로이트는 인류가 무정부주의적이고 무모한 자아로부터 스스로를 보호하기 위해 문명―무장 경찰, 억압적 법률 등―을 필요로 하며, 개인 자유에 대한 타협이 요구되더라도 공동체 안정성의 확대를 위해 그럴 만한 가치가 있음을 납득했다. 반면 라이히는 인간이 원래 혐오스럽다거나 잔인하다고 믿지 못했다. 이런 행동은 그들이 그 속에서 살도록 강요당하는 불평등하고 기형적인 시스템의 결과라고 생각했다. 자유는 부대를 세우는 것이 아니라 허물어뜨림으로써 얻어진다고.

인간 본성의 정수에 대한 성찰이 얼마나 이득을 주는지 나는 모른다. 그러나 문명은 아직도 모든 몸에게 동일한 수준의 안전을 제공하지 못하며, 자유에 대한 제약도 모든 몸에게 같은 수준으로 적용되지 않는다고 확신한다. 프로이트의 페시미즘은 더 현실적인 입장처럼 보일 수 있지만, 그가 안정을 위해 기꺼이 치르고자 했던 대가 가운데 나치에 대한 유화적 태도도 포함되어 있음을 잊지 말도록 하자. 반면, 더 나은 세상에 대한 라이히의 믿음은 파시즘에 대해서는 반드시 저항해야 함을 보게 해주었고, 그런 신념 때문에 그의 후반 생애는 수많은 재앙에 파묻히게 되었다.

그러나 7월 15일 사건으로 사유가 흔들린 사람은 라이히와 프로이트만이 아니었다. 권리를 빼앗긴 대중의 문제는 양차 대전 사이에 가장 현저하게 대두되고 널리 논의되던 이슈 가운데 하나였고, 군중과 이성과 권력에 대한 열정적인 토론에서 폭동은 주요 증거물이었다. 그것은 정치가들의 주 관심사였고, 소설과 이론 작업에 영감을 주었다. 라이히 같은 사람들은 경찰의 행동을 위험 신호로 본 반면, 어떤 사람들은 법원의 방화를 무법적이고 제멋대로 굴게 내버려두는 붉은 빈의 폐단을 보여주는 것으로, 대중이 위험할 정도로 통제 불능이 되었다는 신호로 보았다.

자전거를 타고 군중과 합류한 22세의 어느 화학도에게 7월 15일은 결정적인 날이었다. 그 이후 다가올 모든 것, 나중에 노벨상 수상자로 절정에 달하게 되는 작가로서의 커리어를 포함한 모든 앞날의 전조가 담긴 완벽한 미니어처였다. "53년이 지났다." 엘리아스 카네티Elias Canetti는 회고록《귓속의 횃불The Torch in my Ear》에서 이렇게 썼다. "그날의 소요는 아직도 내 뼛속에 남아 있다. 그날은 내가 신체적으로 체험한 혁명에 가장 가까운 것이었다."[19] 불타는 법원 건물 곁에 서 있던 그는 특히 구슬프게 울던 한 남자에게 충격을 받았다. "서류가 타고 있어! 서류들이 몽땅!"[20] 서류보다 사람이 더 중요하다고. 카네티가 잘라 말했다. 그리고 그 일화는 그가 1935년에 쓴 그로테스크한 소설 《이단 화형식Auto-da-fé》의 씨앗이 되었다. 그 소설에서 학자 페터 키엔은 인간 및 그들의 요구로부터 철저하게 멀어져, 결말에서는 사랑하던 서재에 스스로를 가두고 불을 질렀다.

라이히처럼 카네티는 그날 몸소 경험한 것으로 볼 때 군중 행동에 대해 이제까지 읽어온 모든 이론이 헛소리였다고 느꼈다. 프로이트와 귀스타브 르봉Gustave Le Bon이 군중의 폭력과 비합리성이 문명에 대한 위협이라고 충분히 쓸 수야 있겠지만, 그가 겪은 융해의 경험은 황홀했고 거의 숭고할 정도였다. 사람들이 주위에서 쓰러지고 죽어갔지만, 그는 자신이 더 이상 한 개인이 아니라 자체의 존엄성과 욕망을 가진 야생 유기체의 일부로 포섭되어 휩쓸리는 것을 느꼈다. 그날에 대한 그의 서술은 게다이의 것처럼 보도문이 아니라 나I 에서 우리We로 넘어가는 의식의 급격한 변화를 수반하는 시공간의 파열을 표현하는 형이상학적인 글이었다.

모든 것이 물러났고 온 사방에 눈에 보이지 않는 구멍이 생겼다. 그러나 전체 구조는 사라지지 않았다. 설사 당신이 갑자기 어딘가에 혼자 버려지더라도 당신을 잡아당기고 물어뜯는 것들을 느낄 수 있다. 왜냐하면 어떤 소리가 어디에서나 들리기 때문이다. 리드미컬한 어떤 것, 사악한 음악이 대기 속에 있다. 그걸 음악이라 부를 수도 있고, 들으면 기분이 고양되는 것 같다. 내 다리로 걸어 움직이는 것 같지 않다. 마치 나와 공

멍하는 바람을 타고 있는 것 같다.[21]

역사 이래 불신과 비방의 대상이었던 군중을 일종의 생물로 느끼게 되자, 그 경험이 그를 찔러댔고, 방대하고 장르를 규정할 수 없는 논픽션 작품 《군중과 권력》의 추진력이 되었다. 카네티를 좋아했던 손택은 이 책을 "정치적 악몽의 시학"[22]의 상세한 서술이라 설명했다. 카네티의 주장에 따르면 군중은 하나가 아니라 여럿이다. 쇠스랑을 든 폭도들도 있고 제물이나 희생자가 된 무리도 있다. 군중은 전율할 수도 황홀경에 빠질 수도 좀비 같을 수도 있다. 겁을 먹을 수도 격렬할 수도 있고, 무계획적으로 퍼져나갈 수도 규율에 따를 수도 있다. 그것은 사육제 같은 분위기를 띨 수도 있고 공포를 초래할 수도 있다. 카네티의 주장에서 가장 중요한 요소 하나는 군중이란 복잡하고 꼼꼼히 검토할 필요가 있다는 견해다. 그는 군중이 — 선거권을 가지고 분명하게 표현하는 개인과는 정반대로 — 원초적이고 비합리적이라는 널리 퍼진 믿음을 거부했다. 군중은 언어로 소통하는 것은 아닐지라도 미묘한 희망이나 공포감을 표현하지 않는 것은 아니다.

나는 여러 다른 종류의 군중 속에 있어보았지만, 폭도라 불릴 만한 것 속에 꼭 한 번 있었다. 1997년의 뉴베리 시위에서, 최후의 캠프가 쫓겨난 날의 1주년 기념일에 벌어진 일이었다. 그 집회는 경찰이 엄격하게 관리했으며, 구획된 울타리 속에서 열렸다. 안개가 매우 짙게 꼈고, 울타리에 가까이 가서야 건설 현장이 눈에 보였다. 충격적인 변형이었다. 지형 전체가 뒤엎어지고 옮겨졌다. 땅속으로 거대한 구덩이가 파였으며, 그 가장자리에 미들 오크가 서 있었다. 그곳에 있던 온전한 숲에서 남은 비참한 잔재였다.

내가 생각하기에, 그 나무의 모습이 사람들을 자극한 것 같다. 누군가가 울타리에 구멍을 냈고, 모두가 울타리를 통과했으며, 기마 경찰과 눈에 잘 띄는 색의 조끼를 입은 안전요원이 뒤따랐다. 아마 채굴기와 크레인에 기어오른 사람들이 1000명쯤 되었을 것이다. 나는 꼬리가 달린 호랑이 무늬 바지(우리 젊은 시절의 취향이 좀 난감하기는 하다)를 입고 있었고, 불도저에 기어올라서 사람들이 창문을 깨뜨리고 임시 건물에 불을 지르는 것을 지켜보았다. 인개는 끝까지 흩어지지 않았고, 분위기는 이상했다. 야생성과 절망이 조용히 뒤섞여 있었다.

바깥 사람들의 눈에 우리는 어떻게 보였을까? 프로이트는 뭐라고 생각했을까? 가끔은 군중 속에 있는 몸들이 개인이라는 것, 저마다 복잡한 역사를 가지고 있고 저마다의 동기로 참여하게 된 개인들이라는 것을 기억하기가 힘들 때가 있다. 오스트리아 소설가 하이미토 폰 도더러Heimito von Doderer가 부르주아 빈의 파노라마를 담은 《악령The Demons》의 마지막 장에서 7월 15일 시위가 소재로 등장했을 때, 군중은 공동체의 정체성을 용맹하게 거부하는 개별 캐릭터들이 지닌 사연의 무의미한 배경으로 다루어진다. 그는 군중을 등장인물들을 한데 모으는 방법으로 사용하고, 끔찍한 무질서를 배경으로 그들의 서사—결혼! 상속!—를 말끔하게 한데 묶는다. 쌍안경으로 사건을 지켜보고 있는 화자에게 군중은 만화경 속의 소용돌이치는 점들처럼 보였다. 검은 시신들이 군데군데 놓여 있는.

도더러는 한동안 나치 당원이었다. 비록《악령》을 쓸 무렵에는 탈당하기는 했지만, 군중을 뭔가 어설픈 존재로 보는 그의 감각은 군중을 이리저리 주무르고 조형할 필요가 있는 원재료로 여기는 파시스트의 방식(괴벨스는 그것을 화가와 물감의 관계로 규정했다)과 공통점이 있다. 스테판 욘손Stefan Jonsson이 양차 대전 사이의 대중에 대한 탁월한 설명인《군중과 민주주의Crowds and Democracy》에서 주장하듯이, 파시스트가 권력을 장악한 경로 가운데 일부는 인간을 두 유형의 대중으로, "블록block"과 "스웜[떼]swarm"으로 쪼개는 것이었다. 그에 따르면 전자는 극도로 규율 바르고 질서 있고 국가에 복종한다. 후자는 혼란스럽고 관습을 거스르므로, 더 큰 정치적 통일체body politic를 오염시키지 않도록 감화, 제거, 근절이 필요하다.

> 블록은 무장한 대중, 훈련되고 규율 바르고 군인과 군대와 인종과 국가를 대표하는 단위에 들어맞는 형태로 극심하게 재단된 대중이다. 또 한편으로는 스웜이 있다. 그것은 아직 억압되지 않고 규율이 없고, 그 존재가 파시스트적 질서의 위계 단위를 해체할 위협이 되는 대중이다. 유대인 대중, 집시 대중, 혹은 히스테리컬한 여성 대중, 완고한 공산주의자 대중이며, 그들 모두는 혼혈혼, 위반, 여성성, 평등주의와 결부되어 있다.[23]

라이히가 7월 15일의 빈에서 흘끗 본 것이 일반인이 상이한 두 그룹으로 나뉘는 과정이었다. 그 과정이 그의 눈 바로 앞에서 발생했다. 스웜의 수사학은 나치의 정체성을 강화하는 데 기여하여 권좌로 가는 길을 닦아주었다. 바람직하지 않은 몸을 벌레, 해충, 퇴화된 쓰레기로 규정하는 것은 홀로코스트로 직결되는 사고방식이다. 더 최근에 벌어진 인종학살 행위도 그런 사고방식으로 설명된다. 르완다를 보라. 1994년 봄, RTLM 민영방송에서 방송된 인옌지inyenzi, "바퀴벌레를 박멸하라"는 외침은 곧 100만 명 이상의 투치족을 살해하라는 신호였다. 투치족은 이웃이던 후투족에게 마세테 칼, 총, 못 박힌 곤봉으로 살해되었다. 그런 살해 행위 가운데 블록, 즉 조직된 대중인 민병대에 의해 자행된 것이 많았고, 인테라하므웨Interahamwe(함께 공격하는 이들)와 임푸자무감비Impuzamugambi(같은 목적을 가진 이들)가 그 예다.

그러나 스웜의 수사학은 단순히 20세기의 잔혹 사건에만 국한되는 것이 아니다. 지난 10년 동안 그것은 또다시 주류 정치에 스며들었다. 2015년 여름 칼레 국경지역 상황에 대한 토론 도중에 당시 영국 총리였던 데이비드 캐머런David Cameron은 "사람들이 떼swarm 지어 지중해를 건너와서 영국에 오고 싶어 한다. 영국에는 더 좋은 일자리가 있기 때문이다"[24]라고 말했다. 이 같은 스웜[떼]의 개념이 브렉시트 옹호자들의 수사학에 만연하며, 2012년부터 적대적인 분위기와 정부 정책을 몰아간 사고방식의 공리였다. 그런 정책에 따라 수천 명의 난민과 안식처를 구하는 사람들이 추방되고 비자 발급이 거부당하거나 얄스우드와 모턴 홀 같은 영리 목적의 이민자 추방 센터에 무한정 억류되었다.

　미국에서 트럼프 역시 이민자를 묘사할 때 걸핏하면 "동물"[25]이라는 단어를 쓴다. 그는 이민자가 미국에 "쏟아져 들어와서 감염시켰다"[26]면서, 그들이 "괴물"[27]이라고 주장했다. 또한 멕시코 국경에 대해 이렇게 말했다. "걸어오는 것들을 보라. 그건 침략_invasion_이다."[28] 이런 소위 침략에 맞서서 그는 준군사조직인 ICE 병력을 고용하여 이민자 아이들을 절박한 부모와 격리하고, 그들을 역시 영리 목적으로 운영되는 울타리에 가두었다. 이민자들은 더럽고 적정 수용인원이 초과된 방, 콘크리트 바닥에서 잠든다. 전등은 꺼지지 않고, 의약품도, 비누도, 칫솔도 없으며, 침구도, 충분한 음식도 없다. 창문 하나 없는 창고에 500명의 몸뚱이가 수용되고, 텍사스 사막의 텐트촌에 아이들 2800명이 수용되었다.

　침략, 살인자, 동물, 벌레, 포식자. 이와 같은 오래된 판타지가 스스로 영속화한다. 더러움과 오염과 무절제한 성과 멈출 수 없는 질병을 촉발하는 용어로 살아남는다. 그들이 온다. 알 수 없고 침략적이고 오염시키고, 당신 것을 빼앗고, 당신을 감염시킬 그들이 온다 (물론 트럼프는 코로나-19를 "중국 바이러스"라는 별칭으로 부른다). 이동의 자유는 도둑질로 개념이 바뀌고, 순수성에 대한 공격으로 간주되기도 한다. 그것은 혼혈혼에 대한 공포, 상이한 종류의 몸이 너무 자유롭게 섞이는 것에 대한 공포이기도 하다. 이런 적대적인 분위기에서는 프로이트가 옳았다고, 문명이 의도적인 공격성에, 증오의 달콤한 리비도적 전율에 다시 한번 무너지고 있다고 믿기가 쉽다.

• • •

무엇이 블록을 움직이게 하는가? 그들의 행동 동기는 무엇인가? 2017년 8월 11일, 백인우월주의자, KKK 단원, 네오나치, 민병대원 약 500명이 다음 날 열릴 우파 집회를 위해 버지니아주 샬러츠빌에 모이기 시작했다. 명목상으로 "흑인 생명도 중요하다" 운동가들이 남부 도시들에 있는 남부연합 지도자들의 동상을 철거하려는 데 반대하여 조직된 시위였다. 그날 밤, 그들은 횃불을 들고 "유대인이 우리 자리를 차지하지 못한다"와 "피와 흙"을 외치면서 버지니아대학교 캠퍼스를 가로질렀다. 그들은 서로의 팔을 끼고 토머스 제퍼슨 동상을 둘러싸고 있던 몇 안 되는 반시위자 그룹을 공격했고, 사건에 대해 질문하던 기자 한 명을 쓰러뜨렸다.

다음 날 아침 시위자들과 이제는 그들의 두 배가 넘는 반시위자들이 연합군 지휘관이자 노예 소유주였던 로버트 리 장군의 동상이 있는 리공원에 모였다. 집회 참가자들은 거의 모두 남자였다. 버튼다운 셔츠를 입고 MAGA 모자*를 쓴 백인 남성들, 스와스티카를 들

* 트럼프의 2016년 대선 구호인 '미국을 다시 위대하게Make America Great Again'를 써넣은 야구 모자.

고 눈가에 딱 붙는 선글라스와 헬멧을 쓴 백인 남자들이었다. 버지니아주는 법규상 총기를 남에게 보이도록 소지해도 되는 주였으므로 그들 중 많은 수가 무기를 갖고 있었고, 전투 장비와 배낭을 메고 있는 민병대원 그룹은 길모퉁이와 유대교 회당 밖에 위협적인 분위기를 풍기며 서 있었다.

공원에서 금방 폭력이 터져 나왔고, 반시위자들은 주먹에 맞고 목이 졸리고 최루탄 스프레이를 뒤집어썼다(일부는 비폭력으로 대응했고, 일부는 맞서 싸웠다). 집회가 시작되기 한 시간 전인 11시에 시 당국은 긴급 사태를 선언했고, 한 시간 뒤에는 경찰이 공원을 정리하기 시작했다. 이 혼란스러운 과정에서 스무 살 난 반시위자가 대안기사단형제회Fraternal Order of the Alt-Knights, 전통주의노동당the Traditionalist Workers Party과 남부연맹the League of the South 의 멤버들에 의해 공원의 차고로 끌려가서 막대기와 철봉으로 두들겨맞았다.

13시 45분, 한 백인우월주의자가 반시위자 군중 속으로 차를 몰고 들어가 사람들을 들이받고 고속으로 후진하여 더 많은 사람들을 쳤다. 신문 보도를 보면 공중으로 몸뚱이가 완전히 날아오르고, 신발들이 흩어지는 것을 볼 수 있다. 그는 헤더 헤이어Heather Heyer 라는 젊은 여성을 죽이고 열아홉 명에게 부상을 입혔다. 그날 늦게 대통령은 그 사건에 대해 "여러 측면에서, 여러 면에서 증오, 편협함, 폭력이 보란 듯이 지독하게 자행되었다"[29]고 비난했다. 그가 백인우월주의자들을 가려내기를 거부하자 나치 웹사이트인 〈데일리 스토머Daily Stormer〉의 편집자는 "컥cuck과는 반대"[30]라고 만족스럽다는 듯이 결론지었다 (컥은 대안우파*가 쓰는 속어로, '오쟁이 진 남자'를 뜻하는 커콜드cuckold의 준말이자, 나약한 진보주의자를 가리킨다)."

수백만의 사람들이 그랬듯이 나는 이런 사건들이 트위터에서 실시간으로 전개되는 것을 지켜보았다. 횃불 행진이 담긴 똑같은 사진들이 계속 다시 게재되었다. 뱀처럼 구부러지는 빛의 행렬, 광신적인 젊은 얼굴들이 어둠 속에서 빛나고, 팔을 치켜올리며 나치식으로 인사한다. 블록이 돌아왔다. 증오를 숭배하고, 그들의 특권이 취소될 수도 있다는 생각에 분노한다. 페미니스트들이 섹스의 기회를 없앨까 봐, 유색인이 직업이나 집이나 자동차를 갖게 될까 봐 분개한다. 그것이 그들의 생득권임에도. 대부분의 행진자들은 나보다 어렸다. 단정하게 머리를 자르고 폴로 셔츠를 입은 백인 소년들, 얼굴은 활기차고, 스스로 공포의 원인이 되고, 자신의 몸을 추악한 위협으로 전환시키는 데서 나오는 전율감의 파도를 타고 있다.

그 뒤의 불안정한 몇 주 동안 내 마음속에는 어떤 그림이 계속 떠오르고 있었다. 검은 차에 타고 있는 KKK 단원 셋. 추상표현주의 화가 필립 거스턴Philip Guston이 1969년에 그린 그림 〈도시의 경계City Limits〉였다. 그것은 크레이지 캣** 스타일로 학살의 여파를 그린, 일종

---

* alt-right, 2017년 미국에서 떠오른 신우익 세력을 말한다. 이들은 주류 보수 또는 주류 우파와 달리 유럽 혈통 백인의 문화적 우월성을 주장하는 인종차별적 보수주의를 내세운다.

** Krazy Kat, 미국의 만화가 조지 헤리먼George Herriman이 1911년에 그린 풍자만화 시리즈의 주인공인 검은 고양이.

의 농담 같아 보였다. 자동차는 우습게 생겼다. 형태나 크기를 비슷하게 보이려는 시능도 없이 그려진 뚱뚱한 트랙터 타이어들을 끼우고 쿵쾅거리며 나아간다. 그 안에 머리 위가 뾰족한 세 형체가 비집고 앉아 있다. 수상쩍은 붉은 얼룩이 찍힌 누덕누덕한 흰색 망토를 뒤집어쓴 광대 같은 모습이다. 그들 중 한 명은 장갑 낀 뚱뚱한 손으로 싸구려 여송연을 들고 있으며 담배 연기를 뻐끔거린다. 모두 똑바로 앞을 보고 있고, 그들의 눈은 빛을 반사하지 않는 매끈한 검정색이다. 검은색 물감이 칠해진 이 작은 구역을 제하면 화폭 전체는 흘러넘치는 느낌이다. 격동적으로 내리치고 휘두른 더러운 핑크색과 걸쭉하게 흐르는 진홍색에 정말 흠뻑 잠겨 있다. "피의 강물"이라는 표현이 떠오른다.

같은 연작에 속하는 다른 그림들에서, 복면을 뒤집어쓴 남자들은 만화에 나올 법한 고물 자동차를 타고 사람 없는 마을을 돌아다닌다. 손에는 시가를 쥐고 있고 빵빵하게 부푼 작은 말풍선 연기가 머리 위에 떠돈다. 두 명은 검은 물에 목까지 잠긴 채 서 있고, 손은 선홍색이다. 가끔 무기를 들고 있기도 한다. 구운 감자 같은 불룩한 벽돌, 손수 만든 십자가와 총, 르완다 학살에서 쓰인 것 같은 못 박힌 기다란 나무 막대기. 1970년에 그린 〈나쁜 습관Bad Habits〉에서는 KKK 단원 한 명이 채찍으로 등을 긁고 있고, 복면에는 진홍색 얼룩이 여기저기 튀어 있다. 항상 주위에는 사람이 한 명도 없다. 버려진 신발 더미가 계속 높아진다(샬러츠빌의 사진을 보았을 때 잠재의식 속에서 거스턴을 떠올린 것은 이 신발들 때문이었는지도 모른다). 신발에 종아리가 붙어 있는 경우도 많다. 녹색 바지, 퉁퉁한 분홍색 발목, 말할 수 없는 사건이 끝난 후 버려진 쓰레기들이다.

그 흘러넘치는 듯하고 울퉁불퉁하게 표현한 색채는 거스턴이 예전에도 쓰던 것이었지만 그 형체들은 처음이었다. 그 형체들은 위기에서 출현했다. 샬러츠빌과 빈 시위처럼, 사람들을 충격에 빠뜨리고 악질적이고 은폐된 방식으로 사태가 뒤바뀌게 된 역사 속 한 사건으로부터 출현했다. 1968년 4월 4일, 마틴 루서 킹이 멤피스의 로레인모텔 발코니에서 총에 맞았다. 그해 봄 내내 시위가 이어졌다. 8월에 거스턴은 시카고에서 열린 민주당 전당대회에서 벌어진 베트남전 반대 시위를 TV로 지켜보았다. 거의 모두 비폭력적이었고 거의 모두가 젊은이였던 시위자 1만 명이 2만 3000명에 이르는 경찰과 주방위군의 곤봉에 구타당하고 있었다.

그해 여름, 애그니스 마틴이 황무지에서 야영하고 있을 때 거스턴은 뉴스를 계속 보면서 우드스톡에 있었다. 그가 본 상황은 자신이 그려온 정교한 추상화의 가치에 의문을 품게 만들었다. "나는 어떤 인간인가."[31] 그는 질문했다. "집에 앉아서 잡지를 보고 모든 것에 절망 섞인 분노를 품는다. 그러고는 화실로 가서 파랑에 빨강을 매치시킨다고?" 순수성과 그것이 갑부들에게 던지는 연금술적인 매혹은 그만하라(같은 시기에 그는 추상화를 보면 항상 밍크코트 냄새가 풍긴다고 말했다). 라이히처럼 그는 자신이 무시하고 넘어갈 수 없는 어떤 것을 보았다. 잔혹함의 환상을 제대로 파악하고 싶었다. 그는 자유를 위해서가 아니라 그것을 박탈하려고 싸우는 몸뚱이가 되면 어떤 느낌인지 알아내고 싶었다.

사람들은 그가 그린 KKK 그림을 보고는 웃었지만, 거스턴은 그 것이 나타내는 위협을 경시하지 않았다. 그는 과거의 KKK에 대 해 알고 있었다. 로스앤젤레스에서 살던 어린 시절의 그에게 그들 은 정체 모를 악의 힘이었다. 그는 1913년 유대인 이민자 집안의 일 곱째 아이이자 막내로 몬트리올에서 태어났다. 1919년에 가족이 로스앤젤레스로 이사할 무렵, 남북전쟁 기간에 활동하다가 이후 에 사라진 백인우월주의자 그룹 KKK가 부흥하기 시작했다. 그들 은 좀비 군단처럼 1915년에 되살아났다. 그들의 부흥에 영감을 준 것은 KKK를 미국의 영웅으로 묘사한 그리피스D. W. Griffith의 거창한 무성영화 〈국가의 탄생Birth of a Nation〉이었다. 1920년대 중반에는 미 국 내 KKK 단원 수가 약 450만 명에 이르렀다. 그들은 유대인과 아 프리카계 미국인 사이에 "퇴화의 동맹alliance of degeneracy"이 있다고(퇴 화degeneracy 또한 도무지 사라지지 않는 용어다) 믿었으며, 거스턴의 가족 에게는 공포의 대상이었다.

KKK의 제2차 출현의 가장 무서운 점 가운데 하나는 증오와 폭력 을 일상화했다는 점이다. 그것들을 즐길 만한 것으로 만들고 가정 에 끌어들이고 편안하게 느끼게까지 했다는 점이다. 구타, 십자가 불태우기, 살인, 린치, 매춘부와 떠돌이와 낙태 집도 의사에게 타르 를 칠하고 깃털 붙이기* 등을 하던 미국 중산층 자경단원들은 피크

---

* 공개적으로 모멸감을 주는 형벌.

닉 행사도 개최하고 야구 팀도 후원했다. 맬컴 엑스를 임신하고 있던 루이스 리틀 같은 여성을 공격하고, 그녀의 남편에게 린치를 가해 시신을 전차 궤도에 놓아두는 사람들이 또한 자선 행사를 열고 주 박람회*에서 밴드 연주도 했다.

거스턴이 KKK와 처음 직접 대면한 것은 그들이 파업 파괴자로 위장했을 때였다(다른 인종 외에 그들이 가장 흔하게 노리는 과녁으로 노조 조직가와 공산주의자가 있었다). 가난한 노동계급 가족 출신인 거스턴은 화가가 되기까지 하물 배달 트럭운전수나 기계공 등 각종 육체노동 일자리를 전전하며 생계를 이었다. 그런 일자리에는 노조가 없었고, 노동 시간은 하루에 열다섯 시간이 넘을 때가 많았다. 열일곱 살이 되었을 때 거스턴은 파업에 참가했다가 KKK가 파업을 분쇄하는 위력을 목격했다. 같은 해인 1930년에 그는 〈음모가들Conspirators〉이라는 제목의 드로잉을 선보였다. 지금은 없어진 어떤 그림을 위한 밑그림이었다. KKK 단원들의 집회를 묘사한 이 그림에서 단원들은 도시 성벽 옆에 한데 뭉쳐 있고, 감상자로부터 긴 겉옷으로 감싼 등을 돌리고 있다. 성벽 건너편에는 그들이 자행한 지독한 일의 증거가 있다. 십자가 처형(인간의 신체지만 잘린 목 부분이 기묘한 벌레 같다)과 벌거숭이 나무에 매달린 린치 당한 흑인 남자. 이 새로운 골고다의 앞쪽에는 KKK 단원 한 명이 마치 참회하거나 깊은 생각에 잠긴 것처럼 머리를 숙이고 장갑 낀 흰 손으로 굵은 검

---

* state fairs, 미국의 각 주들이 매년 개최하는 박람회.

은색 로프를 만지작거리고 있다.

열여덟 살이 되었을 무렵 거스턴은 급진파 정치에 깊이 개입하고 있었다. 베이어드 러스틴보다 한 살 어린 거스턴은 대륙 정반대편에서 러스틴이 참여한 것과 동일한 투쟁에 여러 번 참여했다. 1931년에 두 사람은 스코츠버러 소년들Scottsboro boys에 대한 인종주의적 투옥에 항의하는 공산주의자 그룹에 참여했다. 스코츠버러 소년들이란 백인 여성 두 명을 강간한 죄로 억울하게 기소당한 아프리카계 미국인 10대 소년 아홉 명을 말한다. 거스턴은 공산당 계열의 단체인 존리드클럽John Reed Club의 할리우드 지부로부터 스코츠버러 사건에서 영감을 얻은 벽화를 그려달라고 요청을 받았다. 그는 프레스코화 연작을 만들어 벽에 설치했는데, 모두 아프리카계 미국인에게 가해지는 폭력을 묘사하는 내용이었다. 1933년 2월 12일에 로스앤젤레스경찰청의 레드 스쿼드Red Squad―파업을 분쇄하고 노조 활동가와 좌익 급진파에 대한 첩보 활동을 위해 설립된 경찰정보조직―의 악명 높은 수장 윌리엄 하인스William F. Hynes가 와서 납 파이프로 벽화를 때려부쉈다. 레드 스쿼드 대원 한 명은 소총을 꺼내어 벽화 속의 흑인 신체 하나하나의 눈과 성기에 총을 쏘았는데, 이 행동은 거스턴을 오래오래 괴롭혔다. 같은 해에 그는 예술적 분위기를 가진 할리우드의 서점인 스탠리로즈갤러리에서 전시회를 열었다. KKK의 활동을 묘사한 그림들이었는데, KKK 단원 한 무리가 잠시 들러 그림 두 점을 찢었다.

1930년대에 거스턴은 미술이 가두 시위나 데모만큼 세계를 직접 바꿀 수 있는 힘이라고 믿었다. 베트남전 반대 시위자들을 주방위군이 구타하는 광경을 TV 생중계로 지켜보던 1968년에 그는 그런 꿈을 포기한 지 이미 오래였지만, 그렇다고 해서 화가가 등을 돌려도 된다는 뜻은 아니었다. 증인이 되어야 한다고 그는 계속 말했지만, 그가 말한 의미는 단순히 사건들이 전개되는 동안 기록하는 것 이상이었다. 모든 사람, 심지어 인종주의적인 간수에게서도 선함을 찾아내려 했던 러스틴과 달리 거스턴이 하고 싶었던 것은 잔혹함을 지니고 산다는 게 어떤 느낌일지, 찢어진 옷자락 틈으로 세상을 엿보는 게 어떤 느낌일지 알아내는 일이었다.

그는 KKK가 가진 힘의 원천 가운데 하나가 익명성임을 본능적으로 알았다. KKK의 망토와 복면은 그들을 알아보지 못하게 보호해주지만, 개인성의 은폐는 더 중요한 제2의 역할도 가진다. 균일하고 규율 잡히고 모두가 똑같은 KKK 단원들은 각자 자동적으로 전체를 대변하는데, 이는 군인이나 돌격대원이나 주방위군 각자가 전체 힘의 환유적 존재인 것과 마찬가지다. 이것은 블록이 가진 불가사의한 증식 지향적multiplicatory 본성이다. 그것은 개인individual들이 아니라 영구히 대체가능한 동일한 단위unit들로 구성되어 있다. 거스턴의 복면들이 만화의 유령이나 할로윈 의상처럼 보이는 것은 우연이 아니다. 그 의상을 입으면 한 개인으로서는 일시적인 사망 상태에 들어가게 된다. 그것은 공감하고 관심을 기울일 수 있는, 얼굴 있는 피조물의 정체성을 끊어내고 비인간적 군대 속의 도구, 라이히가 빈에서 목격한 무한한 재생과 대체가 가능한 "바보 같고 어리석은 자동기계"를 선택하는 것이다.

백색 의상은 무성적$_{sexless}$이기도 하다. 복면에는 입이 없으니, 곧 어떤 욕구도 없다는 말이다. 그들에 관련된 모든 것은 그들의 순수성을 입증하고, 스윔[떼]을 이루는 동물의 몸뚱이들과 그들 단원을 구별하기 위한 것이다. 이 역학관계가 인종주의에서, 여성혐오에서, 반유대주의에서, 동성애혐오증에서, 빈민과 장애인혐오에서 얼마나 자주 되풀이되는지 보면 우습다. 적의 몸뚱이는 항상 저급한 원재료로 만들어졌고, 음란하거나 탐욕적이며, 욕심 많고, 원시적이고 통제 불능이고, 전염성이 강하고, 넘어오려 하고, 인간 이하이거나 일종의 역겨운 젤리 같은 살덩이로 전시된다. 편견의 원동력이 몸 그 자체에 대한 공포에 뿌리를 둔 것인지 궁금해진다. 어쨌든 사드가 포착했듯이 몸은 끔찍한 장소일 수 있다. 개방되어 있고 충족시킬 수 없고, 구제 불능이고 의존적이다. 증오는 이런 파괴적인 공포를 다른 몸으로 옮겨놓는 수단이자, 오염되고 가망 없을 만큼 상호의존적인 살덩이의 삶으로부터 벗어나 당당히 자주성을 주장하는 수단이기도 하다.

거스턴이 KKK 그림에서 한 일 가운데 하나는 블록의 힘이 가진 이런 측면, 그들이 사용하는 무기인 공포의 연원이 되는 측면을 거부하는 것이었다. 그는 그들을 인간화하지 않았다. 그들을 호감을 가질 만한 존재로 만들지 않았다는 말이다. 그들로부터 투사되어 나오는 힘, 복면이 가진 불길한 광휘를 빼앗을 정도였다. 그가 그린 망토는 얼룩이 져 있고 올챙이배처럼 불룩한데, 분명 그들 자신의 저열한 입맛을 통제하지 못한 흔적이다. 그들은 담배 연기를 내뿜고, 주위에는 길고 짧은 담배꽁초, 재와 빈 술병이 널려 있다. 사실 그들은 술을 많이 마시고 골초인 거스턴과 많이 비슷해 보인다. 1974년에 그가 설명했듯이, 그 그림들은 자화상이었다.

나는 스스로를 복면 뒤에 있는 존재로 여긴다.⋯내가 하려던 것은 이전처럼 KKK를 그리는 것, 그들을 보여주는 것이 아니었다. 악이라는 발상이 나를 매료시켰다. 카자키 기병대에 합류하여 그들과 함께 지내고, 그들에 대한 이야기를 쓴 이사크 바벨Isaac Babel과 다소 비슷하다. 내가 KKK와 함께 살고 있다고 상상할 정도였다. 악해지면 어떤 기분일까? 그렇게 계획하고 구성을 짜려고 했다.[32]

정말 특이하고 위태로운 행동이다. 그는 그들을 이해하기 위해 자신을 공격할 수도 있는 존재로 위장했을까, 아니면 자기 안에 잠재된 폭력성의 크기를 측정하려 했을까? 비평가 에런 로즌Aaron Rosen은 이렇게 평했다. "피해자가 자신의 잠재적 가해자로 자신을 위장시킨다면, 가해자에 대해 누구보다도 잘 이해하게 되지만, 그 역할을 인간화하는, 심지어 그 역할에 유혹되기까지 하는 대가를 치르게 된다."[33] 그것은 위험한 게임이며, 예술을 자신이 피해자와 가해자, 판사와 배심원의 역할을 다하는 법정으로 다루는 것이다.

거스턴이 말하듯이, 이 작품에는 선례가 있다. 러시아 작가인 이사크 바벨은 유대인이라는 정체성을 숨기고 소련-폴란드 전쟁 동안 종군기자로 반유대주의적인 카자키 기병대와 함께 다녔다. 그는 그들이 출동할 때 함께 말을 타고 나갔고, 전투가 끝난 뒤 함께 술을 마셨으며, 냄새 나는 검과 안장의 난장판 속에서 그들과 함께 잤다. 그는 자신이 본 모든 것을 기록했다. 불탄 유대인 마을, 강간당한 주민들. 1926년에 발표한 그의 단편집 《기병대》는 폭력, 지루함, 용기가 가득 뒤엉켜 있다. 1930년에 거스턴은 자신의 그림 〈음모가들〉을 "I. B"에게 헌정했다. 그는 바벨의 역설적인 절제력, 스스로 보여준 공포로부터 엄격히 거리를 둔 데 찬탄했다.

카자키는 고대사에 나오는 존재 같은 명칭이지만, 거스턴에게는 KKK만큼이나 아주 가까이에 있었던 악의의 원천이었다. 그의 부모들은 우크라이나에서 벌어진 유대인 학살을 피해 캐나다로 이주했다. 그들은 1905년에 바벨의 고향이기도 한 오데사에 있던 집을 떠났는데, 카자키 기병대와 검은 백인대라고 불린 차르파 민병대의 유대인 고문과 학살이 가속화되던 때였다. (라이히 역시 이런 분위기에서 나고 자란 사람이었다. 그로부터 10년 뒤, 그리고 650킬로미터 떨어진 곳에 러시아가 침공했을 때 자신의 농장을 탈출한 라이히가 뒤를 돌아보았을 때, 언덕이 "카자키 기병대로 온통 시커멓게"³⁴ 뒤덮여 있었다.)

소년 시절 거스턴은 카자키 기병대를 피해 지하실에 숨는 이야기를 들으며 자랐다. KKK 연작을 그리면서 그는 가족의 과거 속 황량한 방으로 이어지는 자신만의 길을 상상할 허가를 자신에게 주었다. 1970년의 그림 〈지하실Cellar〉. 징 박은 구두 네 켤레에 다리가 붙어 있다. 몇 개는 우스꽝스럽게 공중으로 뻗쳐 있고, 몇 개는 불쾌할 정도로 헐렁하게 꺾여 있으며, 쓰레기통 뚜껑과 의자가 어지럽게 널려 있다. 그는 지하실로 뛰어드는 사람들을 그렸다고 말했지만, 내가 앉아 있는 곳에서 보면 그들이 붙잡힌 것처럼 보인다. 홀로코스트의 여파 속에서 작업하던 유대인 화가로서 거스턴은 인간이 끼칠 수 있는 해악이 무한하다는 것을 알고 있었다. 프로이트가 말했듯이, 인간은 다른 인간에게 늑대다. 1973년에 칠레에서 벌어진 쿠데타 직후에 쓴 편지에서 거스턴은 말했다. "우리의 삶 전체는 (내가 기억하는 한) 가장 극악하게 잔혹한 인종학살의 참상으로 이루어져 있다. 우리는 이 지옥의 목격자다. 희생자들을 생각하면 견딜 수 없다. 가장 헌신적이고 진지한 방식으로 그리고, 쓰고, 가르치는 것은 이 절망적인 시절에 우리가 가진 창조적 삶에 대한 가장 내밀한 긍정이다."[35]

KKK 단원과 스스로를 동일시하는 거스턴의 기분이 더 복잡해지는 것은 이 지점이다. 알고 보니 그 역시 복면을 쓰고 있었다. 그 또한 폭력 행위를 저질렀다. 1935년에 그는 자신의 이름을 필립 골드스타인Phillip Goldstein에서 필립 거스턴으로 바꾸었다. 그는 초기 작품에 서명을 새로 그려 넣었고, 개명했다는 비밀을 생애 말년까지 감추었다. 그는 자신의 전기를 쓴 도어 애슈턴Dore Ashton에게 그 사실을 언급하지 말라고 부탁했고, 그녀는 그 요청을 들어주었다. 그 사실은 1980년에 샌프란시스코현대미술관에서 열린 그의 회고전 카탈로그에 실린 에세이에서 비로소 밝혀졌다. 1960년대에 들어 그 결정은 그를 괴롭히기 시작했다. 그가 유대인임을 스스로 은폐하고,

아리아인이 되려 했던가? 실제로는 아니었더라도 그렇게 한 것처럼 보이지 않았는가?

그의 딸 무사Musa는 대학교에 갈 때까지 아버지의 본명을 알지 못했다. 슬픔에 찬 그녀의 회고록《밤의 스튜디오Night Studio》에 따르면, 그녀는 아버지의 가족에 대해 전혀 알지 못했다. 그녀는 고모나 삼촌을 한 번도 만난 적이 없었다. 사진도, 앨범도 없었다. 오로지 "아버지는 이름을 바꾼 일을 엄청나게 안타까워했고, 그것을 수치스럽고 비겁한 행동으로 여겼다. 그리고 2차 세계 대전 후, 홀로코스트가 밝혀진 뒤, 유대인으로서의 정체성을 회복하는 것이 아버지에게 매우 중요해졌지만 되돌리기에는 너무 늦었을 터였다. 아버지의 명성은 이미 새 이름과 함께 확립되어 있었다".[36]

개명改名은 최소한 연속적 정체성의 단절이며, 일종의 살인까지는 아니더라도 과거와 미래로 자신을 두 조각 내는 일, 과거의 존재가 단호하게 삭제되는 일이다(거스턴은 관련 자료를 전부 비밀 금고에 넣고 자물쇠로 잠가두었다). 그것은 앞에 놓인 삶을 열망하는 태도를 나타내는 동시에, 누가 혹은 무엇이 폐기되는지 질문을 불러일으킨다. 거스턴은 주된 동기가 화가이자 시인 무사 매킴Musa McKim에 대한 사랑이었다고 말했다. 그는 이름을 바꾸고 2년 뒤에 그녀와 결혼했다. 그는 유대교를 믿지 않는 유대인이라는 정체성을 숨기려 하지는 않았지만, 자신이 필립 골드스타인인 한 그녀의 부모가 자신을 받아주지 않을 것이라고 생각했다.

더 이상 필립 골드스타인이 아니라는 사실은 아버지와의 관계를 바꾸는 일, 부계를 통한 정체성의 영원한 표시를 지워버리는 일이었다. 개명에 마음이 끌린 데는 이유가 있었고, 또 그것이 배신처럼 느껴질 만한 이유도 있다. 루이스 혹은 울프라고도 알려진 거스턴의 아버지 리브_{Leib}는 미국에서 전혀 행복하지 않았다. 오데사에서는 대장장이였고, 몬트리올에서는 철도기계공이었지만, 로스앤젤레스에서는 폐품장수로 일하면서 매일같이 마차를 끌고 도시의 쓰레기를 모아 팔았다. 1923년인지 24년인지 불확실하지만 리브는 가족이 살던 건물의 서까래에 로프를 걸고 목을 매어 자살했다. 그를 발견한 것은 막내아들 필립이었다. 거스턴은 가끔 친구들에게 묻곤 했다. "그렇게 된 아버지를 봤을 때 기분이 어땠을지 상상할 수 있겠어?"[37]

거스턴이 진지하게 그림을 그리기 시작한 것은 리브가 죽은 뒤였다. 처음부터 그는 그림을 자신을 움직이고, 재발명하는 동시에 지워버리는 방법으로 보았다. 일요일이면 형들과 누나들이 자녀들을 데리고 어머니의 아파트에 왔다. 그는 자신이 어디 있는지 알리지 말고, 친구들과 외출했다고 거짓말해달라고 어머니에게 부탁했다. 전구 하나가 켜진 벽장에 숨어 형제들이 이야기하는 소리를 들으면서 안전하고 초연한 기분을 느꼈다. 라이히의 마술 축적기의 또 다른 버전인 "이 사적인 상자"에서 그는 책을 읽고 그림을 그렸다. 어른이 되어서도 그는 "숨겨지고 낯설게 느끼기"[38]를 갈망했는데, 그것은 가명_{假名}을 쓸 때 반드시 따라오는 기능이다.

리브의 죽음이 자세히 보자면 비극인지 안식인지 누가 알겠는가? 거스턴 그림의 개인적 면모를 논의한다고 해서 그런 면모가 그림의 풍부한 정치적 의미를 짓밟거나 덮어버린다는 말을 하려는 것은 아니다. 그것이 뜻하는 바는 그가 화폭에 그린 사물들이 중립적인 것으로 간주될 수 없다는 것이다. 로프, 전구, KKK 단원, 카자키 기병대. 모든 것에는 의미가 부여되어 있고, 심히 개인적이면서 동시에 지구에서 일어나는 사건들이 서로 영향을 미치며 쓰러지는 도미노의 결과다. 그림 〈음모가들〉에서 KKK 단원이 만지작거리는 로프는 필립 골드스타인이 본 아버지가 목을 매달았던 바로 그 로프는 아니겠지만, 우리를 역사에 묶어두고 시대에 붙들어두는 로프임에는 틀림없다. 거스턴의 그림들이 우리에게 말하는 것은 악이 특정한 시대의 특정한 몸에만 국한되지 않는다는 것이다. 그것은 시간의 흐름 속에서 피처럼 흐르고, 배어 나오고 얼룩을 만든다. 역사는 항상 집에 와서 보금자리를 튼다. 과거의 폭력에 굴하지 않는 삶이 있을 가능성은 없다.

샬러츠빌의 대나무 횃불이 던지는 불그스레한 빛 속에서 이런 의미들은 고통스럽도록 명료해 보였다. 거스턴은 외부 세계만이 아니라 자기 속에도 백인우월주의를 지지하는 동기가 있는지 알아보려고 애썼다. 화가로서 그보다 더 의미 깊은 작업은 생각하기 힘들다. 그러나 그가 1970년 11월에 뉴욕의 말버러갤러리에서 KKK 그림들을 처음 선보였을 때, 평론가들과 동료들은 모두 그가 추상화에서 이탈한 데 대해 분노한 반응을 보였다(리 크래스너Lee Krasner는 "당혹스럽다"[39]고 말했다). 그의 친구 여러 명은 그에게 등을 돌렸고, 거의 만장일치로 혹평을 받았다. 가장 심하게 혹평한 〈뉴욕 타임스〉의 힐턴 크레이머$_{Hilton Kramer}$는 그가 "서툰 척하는 저명인사"[40]이며, 원시주의를 가장하여 이미 퇴조한 정치적 회화 분야에서 유행을 따라잡으려 한다고 비난했다.

"마치 교회를 떠난 것 같았다." 거스턴은 회상했다. "나는 한동안 파문당한 상태였다."[41] 그가 왜 숭고하고 보는 이를 전율하게 만드는 순수 색채의 영역을 포기하고 그처럼 주먹을 휘두르는 선정적인 작품을 하게 되었는지 아무도 이해하지 못했다. 몇십 년 뒤 〈뉴요커〉에 기고한 피터 셸달은 세련됨에서 비천함으로의 이행 때문에, 쓰레기 더미로의 의도적인 투신 때문에 개인적으로 배신감을 느꼈다고 기억했다. 그리고 도대체 무슨 의미가 있는가? 1970년이다. 로버트 휴스$_{Robert Hughes}$는 〈타임〉에서 KKK는 더 이상 위협적인 존재도 아니라고 불평했다.

그토록 제멋대로에 확신 가득한 존재가 된다고 상상해보라. KKK 전시회가 열리기 두 주 전에, 민권운동가 앤절라 데이비스가 FBI에게 체포되었는데, 그로부터 한 달도 못 되어 제임스 볼드윈이 감옥에 있는 그녀에게 보내는 유명한 공개편지를 썼다. 그 편지에서 그는 인종주의는 백인 미국인들이 백인이라는 속성으로 도피하기를 멈추지 않는 한 절대 끝나지 않을 것이라고 말했다. 그는 그 속성이란 백인으로서의 경험과 다른 인종의 경험 사이에 "악의적인 거리"[42]를 두는 것이라고 설명했다. 일부 인간들이 다른 인간들을 떼거지로, 쓰레기로 보게 하는 것이 바로 이 거리이며, 블록으로 하여금 그 뻔

뻔스러운 작업을 하도록 몰아붙이는 것도 이 거리다. 그것은 없어지지 않을 것이다. 적어도 우리의 침묵이 무엇에 기여하는지를 우리 모두가 바라보고, 거스턴이 그랬듯, 잔혹성이 계속 발생하는 사각지대 속을 들여다보기 전까지는 없어지지 않는다.

8

22세기

실패로 쌓아 올린 미래

✧

더 좋은 세상을 원했다고 말하라.

그것을 위해 싸웠다고 말하라.

자유가 꿈이었다고 말하라.

사람들이 점유하고 있는 몸의 종류 때문에 좌절하지 않고

증오받지 않고 살해되지 않는 세상을 꿈꾸었다고 말하라.

당신이 실패했다고 말하라.

그 미래를 실현시키는 데 실패했다고 말하라.

내가 본 것 중에서 라이히의 오르곤 상자와 제일 비슷한 것은 뉴욕시 라파엣가에 있는 어떤 공간이다. 내가 가장 심하게 내 몸속에 갇혀 있다고 느꼈을 때, 자유로움을 느낄 거의 유일한 방법은 조스 펍Joe's Pub에 가서 저스틴 비비언 본드Justin Vivian Bond를 보는 것이었다. 그는 트랜스젠더 가수이며 행위예술가로서, 마법 같은 매력이 있었고, 안전성의 경계를 멀찍이 벗어나 같은 공간에 있는 모든 사람을 느슨하게 만들고 어딘가 낯설고 새로운 곳으로 이동한 것같이 느끼게 해주는 재주가 있었다.

내가 비브Viv를 처음 알게 된 것은 10년 전, 라이히적인 감수성이 뚜렷한 2006년의 영화, 〈숏버스Shortbus〉에서 공연진행자로 나왔을 때였다. 그 영화의 주인공 소피아는 오르가슴을 느끼지 못하는 섹스테라피스트다. 그녀는 해결책을 찾으려고 애쓰다가 브루클린의 한 섹스 살롱에 가게 되는데, 그곳은 다양한 남녀 동성애자들이 드나드는 곳이다. 섹스 장면은 넘치도록 많았고, 심지어 누군가의 엉덩이에 국가를 불러젖히는 장면도 있었지만, 그 영화는 자유연애에 대해서는 무척 회의적이었고, 다자간 연애 이야기가 아니라 세상 속에서 성을 지닌 몸으로 사는 것의 힘듦에 대한 우울한 설명이었다. 여러 등장인물, 특히 도미넌트 성향의 여성인 세버린은 진짜 감정을 숨기는 방법으로 섹스를 이용한다. 섹스라는 행위 자체가 반드시 사람들을 연결해주는 방법이거나 외로움의 치유법이지는 않다. 차라리 그것은 라이히의 방식대로 말하자면, 해방의 근원으로 제시된 다른 사람에게 자신을 여는 능력이다. 기쁨으로 가는 문이 되는 감정적 연약함이다. 오래 고대되었던 소피아의 오르가슴을 포함해 모든 섹스는 진짜이고 흉내 내는 것이 아니며, 섬세하고 불안정하며 적나라한 분위기를 더해준다.

비브는 그 영화에서 굉장히 멋있게 나왔다. 나이나 성별을 초월한 미의 화신으로, 스팽글 드레스와 팔꿈치까지 오는 긴 장갑을 끼고, 노곤하고 염세적인 맵싸한 분위기를 풍기는데, 엄청나게 유혹적이다. 내가 넌바이너리*라는 개념을 처음 접한 것은 몇 년 뒤 뉴햄프셔에서 친구 조지프와 함께 소파에 앉아 그 영화에 대해 이야기하고 있을 때였다. 조지프는 난교 장면에서 카메오로 출연했다. 내가 비브에 대해 뭔가를 말했고, 그는 내 묘사를 부드럽게 정정해주면서, 비브를 가리키는 대명사는 그$_{he}$가 아니라 v라고 알려주었다.

그때 나는 내 성별을 목에 걸린 올가미처럼 느끼고 있었다. 아직

---

* non-binary, 이분법적 성에 속하지 않는 제3의 성.

그 용어를 몰랐다 하더라도 나는 넌바이너리였다. 나의 내면은 항상 남자아이, 여성 역의 게이 소년 같다고 느꼈으며, 나 자신을 어떻게 느끼는지와 내가 어떤 존재여야 하는지 사이의 불협화음이 너무나 고통스러워서, 내 방 밖으로 전혀 나가고 싶지 않을 때가 많았다. 10년 전, 트랜스젠더라는 이슈는 지금에 비하면 거의 눈에 띄지도 않고 널리 논의되지도 않았으며, 그에 관한 논의는 남성에서 여성으로, 여성에서 남성으로의 전환에 초점이 맞춰져 있었다. 그것은 한 걸음 전진이었지만, 어느 성별에도 들어맞지 않을 때는 어떻게 해야 하는가의 문제는 다루지 못했다. 내가 성초월자trans person로서 원한 것은 남녀 구분 자체를 아예 벗어나고 싶다는 것이었다. 그 구분은 본인이 그 속에 포함될 때는 너무나 자연스러워 보이고, 포함되지 않을 때는 너무나 부자연스럽고 난폭하게 강요된 것으로 보인다. 나는 찬란하고 단속받지 않는 히르슈펠트의 4300만 가지 성별, 뛰어들어 헤엄쳐나갈 수 있는 그 무언가를 원했다.

여성으로 분류된 몸에 벌어지는 일들을 증오하면서도 엄격하게 대립하는, 분홍과 파랑으로 구별되는 두 성별이라는 개념에 회의적일 수 있다. 앤드리아 드워킨조차도 그 사실을 알고 있었다. 지금은 그녀가 젠더라는 개념을 구체화한 사람이라고 여겨지지만, 그녀가 실제로 하고 싶었던 것은 남녀라는 구분을 아예 없애는 것이었다. 그녀와 같은 입장이라고 주장하는 트랜스젠더혐오자들이 뭐라고 하든 말이다. "암컷과 수컷, 남자와 여자라는 양극적 역할 규정인 섹시즘을 없애고 싶다."[1] 그녀는 《성교》에 이렇게 썼다. "하나의 개념으로서의 남녀양성공유자androgyny에는 어떤 성적 억압의 의미도 설정되어 있지 않다. … 그것은 여성, 남성, 그리고 차츰 모습을 드러내는 다수, 즉 나머지 우리들에게 열린 자유로 향하는 길인지도 모른다."

비브는 당시 가장 눈에 잘 띄는 넌바이너리 인물이었다. v라는 대명사를 창조함과 동시에 성별 포괄적 경칭인 Mx를 발명한 개척자였다. 지금은 그 개념이 워낙 많이 쓰여 내가 거래하는 영국의 은행에서는 선택지에 Mx를 포함하고 있다. 자기 고유의 젠더를 고집하는 사람을 만나는 것은 너무나 흥분되는 경험이어서 머리가 어질어질해졌다. 갇힌 것 같은 기분은 이스트빌리지를 가로질러 조스펍에 갈 때마다 덜어지기 시작했다. 라피엣가에서 큰 계단을 올라가면서 심장이 조금 더 빨리 뛰었다. 나는 항상 앞쪽의 테이블에 대개 친구 한두 명과 함께 앉았다. 버번을 마시고, 나를 무겁게 짓누르는 것들이 변형되기를 기다렸다. 그 현상이 일어날 것이라고 한 번도 확신하지는 못했지만 항상 일어났고, 그런 다음에는 무엇이 일어났는지 정확하게 말할 수가 없었다. 오로지 어떤 제약이나 구속이 사라졌음을, 내 몸에 생명이 흐르는 것을 느꼈을 뿐이다.

당시 비브는 케이트 부시의 2005년 앨범 〈에어리얼Aerial〉의 끝부분에 수록된 이어진 노래 두 곡을 공연에서 부르곤 했다. 첫 곡은 사람 없는 해변에서 달빛을 받으며 옷을 입지 않고 헤엄치던 일을 꿈꾸는 듯 묘사하는 내용으로, 관능적인 쾌락의 증언이었다. 그러다가 해가 뜨고, 분위기가 바뀌어, 마력이 흐르고 흉포해진다. 비브는 혼돈의 가장자리에 서서, 그곳에서 소용돌이치는 에너지의 검은 매듭을 통제한다. 그것은 물리적 에너지다. 공간이 팽창하는 느낌이다. 나는 그 곡을 들으면 항상 로르카Federico García Lorca가 생각난다. 그는 두엔데*에 대한 유명한 강연에서 플라멩코 가수 파스토라 파본Pastora Pavon의 이야기를 했다. "그녀는 노래의 골조를 뜯어버리고 그럼으로써 타오를 듯 격렬한 두엔데를 불어넣는다."2 몇 단락 지나 그는 덧붙였다. "이 탈출이 완결되면 모두가 그 영향을 느낀다."

나는 그 노래를 듣는 것이 아주 좋았지만, 그것은 마지막 곡인 〈22세기〉에서 휘몰아치는 영적 격동의 전주곡에 불과하다. 비브는 그 노래를 항상 똑같은 방식으로 소개했다. "이것은 엑수마Exuma라는 바하마 부두교 사제가 부른 노래지만, 나는 내 경험과 내 민족의 경험에 대해 말하는 노래라고 느껴요."3 그런 다음 v는 "하HA"라고 툭 내뱉고는 코브라처럼 흔들거리며 죽어가는 사람의 쉰 목소리로 이미지들에 관해 이야기를 시작한다. 1970년에 엑수마는 컴컴한 유리를 보다가 앞으로 몇십 년의 세월에 대한 기묘한 잿빛 환상을 보았다. 그는 모든 것이 종말론적 무질서로 빠지는 그 세계를 예언했다. 그 세계는 매우 빠르게 닥쳐왔다. 말이 혼란스럽게 뒤엉키고 격동과 불안정의 환상이 공연장의 공기에 위험하게 감돈다. 1990년대의 전염병이라고 하면 나는 에이즈를 상기하고, 지금이라

---

* duende, 플라멩코 노래를 하고 춤을 추면서 예술적인 몰입이 정점에 달하는 무아지경의 경지.

면 물론 코로나를 떠올린다. 남자가 여자가 되고, 여자가 남자가 된다. 동물의 해방, 여성의 해방, 질병의 종식, 태어나지 않는 아이들, 자신을 신으로 섬기는 인간, 산소 없는 공기. 그것은 닥쳐오고 있었고 지금도 온다. 찬란하고 무시무시하다. 비브의 매끈하게 쪽진 머리가 뒤로 젖혀지고, 높이 치켜든 팔이 미래를 그러쥔다.

· · ·

〈22세기〉의 작곡자는 오베아*의 남자 엑수마**였겠지만 그 노래의 가장 유명한 버전은 니나 시몬Nina Simone의 것이다. 그러나 그 버전은 역사에서 거의 완전히 사라졌다. 그녀는 1971년 2월에 앨범 〈해가 떠오른다Here Comes the Sun〉를 녹음할 때 그 노래도 녹음했지만 앨범에 수록되지 않았고 세션 기록에도 남지 않았다. 그 노래가 다시 관심을 받게 된 것은 1998년이 되어서였다. RCA 레코드사 자료들로 편집 앨범을 만들던 어느 조사원이 그 노래를 우연히 발견했는데, 나는 그 곡이 어두운 한구석에서 음험하게 박동하고 있었으리라고 상상해본다.

시몬은 아주 어설픈 가사로도 깊은 수위의 감정을 찾아낼 수 있었다. 또 그런 감정의 물꼬를 정치적 목표를 향해 터줄 수 있었다.

---

* Obeah, 카리브해 연안 지역에 전해 내려오는 죽은 영혼을 달래는 관습.
** Exuma, 오베아 전통에 영향을 많이 받은 바하마의 음악가, 작가.

그녀의 레퍼토리 가운데 제일 위력이 큰 곡들은 복잡한 감정을 표현하게 해주는 곡들이었다. 분노와 증오와 쓰라림과 함께 갈망을, 또 절망과 짝지어진 기쁨을 표현할 수 있게 허용하는 노래들이었다. 과거에 그녀는 자신의 음역대가 넓지 않지만, 그르릉대는 소리를 꿀처럼 바꾸고, 다시 바꾸는 등 목소리를 변형시킬 줄 안다고 말한 적이 있다. 〈해적 제니Pirate Jenny〉와 〈망할 미시시피Mississippi Goddam〉처럼 〈22세기〉도 거친 음색으로 부르는 노래다. 그녀가 계속해서 보여주는 해방의 환상이 보복과 처벌, 그리고 마침내 심판의 날이 오는 9분짜리 판타지에 담겨 있다. 엑수마의 종말론 노래는 그녀가 이리저리 베어내면서, 인간이 사라진 이후의 미래, 몸을 괴롭히던 모든 범주가 해소된 미래에 대한 예언이 되었다.

기타, 셰이커, 나무로 된 타악기가 톡탁거린다. 그러다가 철제 드럼이 반복되는 음을 들려준다. 그녀는 여유롭게 들어오며, 박동하는 칼립소 리듬calypso rhythm을 배경으로 멀찌감치서, 숨 쉴 수 없는 공기, 변형되고 상처 입은 사람들에 대한 고통스러운 환상을 펼쳐낸다. 모든 것은 변하고, 변하고, 변한다. 젠더는 불안정해졌고, 우익이 좌익에 빠져들고, 권력을 쥔 사람은 더 이상 통제력이 없고, 시간 그 자체가 뒤집어진다. 그녀의 음성은 위협적이고, 절대적인 권위를 갖고 있으면서도, 임박한 재난을 애도하는 비가悲歌에서 뭔가 기쁜 느낌을 억지로 쥐어짠다. 그녀가 가사 없이 굽이치는 곡조를 "아아" 하고 부를 때 드럼은 부글거리면서 느리게 또 빠르게 울부짖는다. 개와 죽음, 결혼의 종말, 신의 종말. 그녀는 전도사처럼 고함 지르고, 권력자들에게 저주를 퍼붓는다. "날 네 방식대로 휘두르려고 하지 마. 너의 날, 너의 시대는 사라질 거야."[4] 끝에 다가가면서 그녀는 빠른 속도로 불꽃 튀듯 읊어대는 스캣*으로 넘어가고, 언어 그 자체가 뜻 없는 음절과 소리로 부서진다. 복종을 초래하는 모든 것이 더 이상 존재한다고 말할 수 없는 세계. 그것은 자유가 무시무시한 것과 마찬가지로 무시무시하다.

시몬이 부른 버전의 〈22세기〉는 필립 거스턴의 KKK 그림이 다룬 것과 동일한 정치적 순간을 다룬 아티팩트다. 시몬의 〈22세기〉는 1960년대 후반, 지도자 여러 명이 암살되고 투옥당하여 민권운동이 붕괴된 것처럼 보이던 시절, 충격적인 사건들에 대한 반응으로 등장했다. 노래하는 니나는 절망을 솔직하게 드러내는 여성이었다. 그녀의 매니저로 일하던 전직 경찰 앤디 스트라우드Andy Stroud와의 결혼이 막 깨어졌다. 그녀는 버릇처럼 유나이티드 스네이크 오브 아메리카United Snakes of America라 부르던 곳을 떠나서 망명한 참이었는데, 친구인 제임스 볼드윈이 그랬듯 그녀도 망령에 쫓겨 달아난 것이었다. 회고록《네게 주문을 건다I Put a Spell on You》에서 설명했듯이, 그런 망령들은 그녀의 뒤에 주렁주렁 달려 왔다. 아버지, 언니, 민권운동, 마틴 루서 킹, 맬컴 엑스, 결혼과 희망, 그 모든 것들이 시체였다.

그녀가 민권운동에 발을 디딘 것은 늦은 편이었지만, 참여하기로 결정한 뒤에는 혼신의 힘을 다했다. 앤드리아 드워킨처럼, 맬컴 엑

---

* scat, 뜻이 없는 음절에 선율을 붙여 열정적으로 부르는 재즈의 즉흥 가창법.

스처럼, 자신이 겪고 목격한 불의가 있는 그대로의 현실이 아니라, 사건들의 자연스럽고 영구한 질서가 아니라 배제와 패권 위에 구축된 의도적인 시스템임을 깨닫고 그 충격을 소화시키는 데 시간이 좀 걸린 것이다. 그런 상황은 저항을 맞이할 수 있고 개조될 수도 있었다. 노스캐롤라이나주의 트라이언에서 보낸 유년 시절에 대해 그녀가 기억하는 것은 침묵이었다. 모든 사람의 눈에 보이는 인종주의에 대해 아무도 아무 말을 하지 않았고, 그녀는 그 침묵이 폭력의 산물임을, 이야기되지 않는 만연한 물리적 위협의 결과임을 그 시절에도 알고 있었다. "내가 자라온 방식 때문에 나는 내가 겪었던 싸움과 정의를 위한 더 넓은 투쟁을 연결하여 생각하지 않았다."[5] "웨이먼Waymon의 방식은 편견에 등을 돌리고 최선을 다해 자신의 삶을 사는 것이었다. 인종주의의 존재를 인정하는 것 자체가 일종의 패배 같았다."

당시 그녀의 이름은 시몬이 아니었다. 손택보다 한 달 뒤인 1933년에 태어났을 때의 이름은 유니스 웨이먼Eunice Waymon이었고, 여덟 자녀 중의 여섯째였다. 유능하고 사랑해 마지않던 아버지가 그녀가 세 살 때 장폐색으로 거의 죽을 뻔했다. 그녀는 길고 고통스러운 회복기간 내내 아버지의 간호자 역할을 맡았다. 달걀과 설탕으로 묽은 음식을 만들어주고, 흉한 수술 자국을 하루에 열 번가량 씻겼다. 어머니는 백인들 가정의 가정부로 일하면서 가족을 먹여 살려야 했다. 어머니 메리 케이트 웨이먼Mary Kate Waymon은 감리교 전도사였고, 차갑고 목적의식이 뚜렷한 여성이었다. 시몬의 표현으로는 "광신자"[6]였으며, 세속적인 모든 것을 경멸하고, 대중가요도 죄악이고 오염 요소라고 여겼다. 가족 전체가 음악성이 있었지만 유니스는 보기 드물게 뛰어난 재능의 소유자였다. 다리가 페달에 닿지도 않던 때에 F장조로 〈우리가 다시 만날 때까지 신께서 너와 함께 계시리라God Be with You 'Til We Meet Again〉의 선율을 처음 짚어낸 순간부터 그녀가 미국 최초의 흑인 피아니스트가 되는 것은 소명召命이었다. 그녀는 이 소명에 평생 집착했다. 비록 어른이 되었을 때는 적어도 자기 이전에 그 호칭에 적합한 여성 세 명, 헤이즐 해리슨, 나탈리 하인더스, 필리파 스카일러가 있었음을 분명히 알았을 테지만.

그녀의 유년 시절에 일종의 단절이 생겼다. 그녀를 주위의 모든 사람들로부터 잘라내는 선이 그어졌다. 피아노 교습비를 낼 여유가 없었지만 어머니가 청소를 해주는 집들 중 한 곳의 안주인이 1년간 교습비를 내주겠다고 제안했다. 그녀가 미즈 매지Miz Mazzy라 부른 피아노 선생이 수업 1회당 75센트에 바흐를 소개해주었고, 집에서는 도저히 받지 못했던 애정과 관심을 어찌나 많이 주었는지, 유니스는 미즈 매지를 "내 백인 엄마"[7]로 여기게 되었다. 세월이 흐른 뒤 미즈 매지는 시 단위의 기금을 모아 그녀가 음악 교육을 계속 받을 수 있게끔 트라이언의 시민들을 부추겼고, 답례로 정기연주회를 마련하고자 했다(시몬의 전기작가 네이딘 코호다스Nadine Cohodas에 의하면, 그 기금에 참여한 사람은 두 명뿐이었는데, 둘 다 부유한 백인 여성이었다).

흑인 신동인 유니스는 공공 자산이었고, 그런 재능을 갖지 못한 자에게는 단단하게 잠겨져 있었을 문을 열고 들어갈 허가증을 받은 선택받은 자였다. 그것은 그녀의 긴 고립의 시작이었다. 말없이 아무도 곁에 없이 매일 여섯, 일곱, 여덟 시간 연습하는 외로움이 배가 된 까닭은 그녀와 같은 피부색을 지닌 사람에게는 치명적으로 위험한 경계를 건너오도록 초대되었기 때문이었다. 그녀가 짐 크로 법의 시절에 차별의 현실을 잊어도 되는 처지였던 것은 아니다. 도시 프로젝트의 중심인물일지는 몰라도 그녀 역시 잡화점 안에 백인 아이들이 있으면 바깥에서 구운 치즈 샌드위치를 먹어야 했다. 이 굴욕은 그녀가 아무리 부유해진 뒤에도 떨쳐내지 못했다.

저항하려는 시도를 전혀 하지 않았다는 말은 아니다. 1944년에 그녀는 트라이언도서관에서 독주회를 열었다. 전원 백인만 참석하는 행사였지만 그녀는 부모님이 참석해야 한다고 주장했다. 피아노에 앉은 그녀는 앞줄 좌석에 앉아 있던 부모님이 어느 백인 부부에게 자리를 양보하는 것을 보았다. 그녀는 청중들에게 자신이 볼 수 있는 곳에 부모가 앉지 않으면 연주하지 않겠다고 발언했다. 둘은 원래 자리로 돌아올 수 있었지만 킬킬거리는 웃음소리가 들려왔다. 그녀가 무대 위에서 그런 비웃음을 당하는 것은 그때가 마지막이 아니었다. 열한 살 때의 일이었다.

니나는 아메리칸 드림을 믿으면서 성장했다. 노력과 재능이 있으면 어떤 몸을 갖고 있든 상관없이 예외 없이 성공을 이룰 것이라고. 이 강력한 환상은 1951년 4월까지 유지되었다. 그날 그녀는 어린 시절부터 간절한 목표였던 필라델피아의 커티스음악원에 입학을 거부당했다. 처음에는 자신이 충분히 뛰어나지 않았기 때문이라고 믿었지만, 사람들은 그녀에게 그 결정이 인종주의적이라고 계속 말했다. 어쨌든 자신에게 문이 열리지 않는다는 사실을 깨달음으로써 유니스 웨이먼은 제2의 자아를 창조하지 않을 수 없었다. 그 도플갱어는 세계적으로 유명한 스타가 된다.

재능이 나아갈 길이 막혔다는 것은 자금원뿐만이 아니라 분출구도 필요하다는 의미였다. 1954년 여름, 그녀는 니나 시몬이라는 새 이름으로 애틀랜틱시티의 어느 바에서 연주하기 시작했다. 어머니 메리 케이트가 항상 종교음악과 반대되는 개념으로서 '현실 음악'이라 부르던 것을 자신이 연주하는 것을 알게 하고 싶지 않았기 때문에 가명을 쓴 것이다. 그녀는 시폰 이브닝드레스를 입고 연주하는 동안 손님들에게 완전히 조용하라고 요구하고는 술 취한 아일랜드인들이 가득한 바를 연주회장 분위기로 바꿔놓았다. 원래는 노래할 생각이 없었지만 퍼시픽 대로에 있는 미드타운바앤그릴의 주인은 바로 첫날부터 노래를 하지 않으려면 그만두라고 요구했다.

음악은 그녀가 감정을 잠시 담아둘 수 있는 임시 공간이었다. 노래란 자신의 기적 같은 재능에 비하면 너무 작고 너무 피상적임을 그녀도 알고 있지만 그 속에 분노와 슬픔과 자기혐오감을 쏟아 넣었다. 그녀는 자신이 배운 모든 것을 그 속에 집어넣었고, 하나의 곡조가 여러 시간 동안 감돌게 만들고, 다른 누구도 도달하기는커녕 상상도 못 할 재주나 지성의 경지로 끌고 갔다. 연주는 처음부터 게토이자 덫이었고, 그녀의 몰락의 표현이자 부당한 외부 세계를 상기시키는 것이었지만, 동시에 그녀가 원래 품었던 환상을 재현할 수 있는 장이기도 했다. 연주회장은 한 번도 그랬던 적이 없었다. 자신이 원했던 범주를 거부당하자 그녀는 범주라는 것 전체를 거부했고, 노래 한 곡 안에서도 수시로 블루스에서 재즈로, 가스펠에서 소울 음악으로 돌아다녔으며, 피아노 반주는 항상 바흐에 다시 닿을 길을 갈망하고 있었다.

곧 그녀는 뉴욕의 클럽에서 연주하고, 음반을 내게 되었다. 곧 그녀는 붉은 가죽으로 좌석을 씌운 철회색 메르세데스 오픈카를 타고 그리니치빌리지를 돌아다니게 되었다. 붉은 모자를 쓴 여왕이었다. 1950년대 후반에는 명성과 돈이 따라왔지만, 그것은 생각만큼 축복은 아니었다. 그녀는 활동하던 초년에도 청중을 원했지만 사람들의 눈길을 항상 원한 것은 아니었다. "나는 백인일 수 없고, 백인들이 멸시하거나 멸시하라고 배운 모든 것처럼 보이는 그런 유색인 여자다."[8] 그녀는 날짜가 기록되지 않은 메모에 되뇌었다. "내가 남자였다면 그리 큰 문제가 아닐지도 모른다. 하지만 난 여자고, 야유하거나 인정하거나 무시하는 대중 앞에 언제나 나가 있다."

두 번 결혼하고 딸을 하나 얻은 뒤에야 그녀는 민권운동에 진심으로 관심을 갖기 시작했다. 자신이 일기에 털어놓던 참상들이 그 자체로 정치적인 것임을 깨달은 것이다. 그녀는 로사 파크스와 그녀가 벌인 몽고메리 버스 보이콧에 대해 알았고, 작가 제임스 볼드윈과 랭스턴 휴스Langston Hughes 와도 친해졌지만, 극작가 로레인 핸즈베리Lorraine Hansbury 가 없었더라면 그녀 자신의 경험이 계속 존속하는 노예제라는 유산에 연결되어 있음을 보고 인종과 계급의 현실을 깨닫지 못했을 것이다. 핸즈베리는 매우 뛰어나고 역동적인 젊은 레즈비언이었는데, 스물일곱 살 때 《태양 속의 건포도》를 썼다. 그것은 아프리카계 미국인 여성이 쓴 것 중 브로드웨이에서 공연된 최초의 작품이다. "우리가 만나면 한 번도 남자나 옷에 대해, 혹은 다른 무의미한 것들에 대해 이야기한 적이 없었다."⁹ 시몬은 그들의 전기가 튀는 듯한 우정에 대해 이야기했다. "항상 마르크스, 레닌, 혁명의 이야기, 진짜 여자들이 할 만한 이야기였다."

1963년, 워싱턴 행진이 있던 해는 정치적 각성이라는 기준에서 그녀에게 전환점이 되고, 참여에 대한 거리낌을 마침내 떨쳐버린 순간이었다. 4월 12일, 성금요일에 마틴 루서 킹이 인종차별에 반대하는 비폭력 시위에 가담했다는 죄목으로 체포되어 버밍엄감옥에 갔혔다. 16번가의 침례교회(그 도시 최초의 흑인 교회이자 운동의 조직 본부였다)에서 시청을 향해 걸어가던 시위자들은 경찰견과 곤봉에 공격당했고, 소방전 물에 흠뻑 젖었다. 그들이 시청에 가려던 목적은 시장에게 차별 문제를 논의하도록 촉구하려는 것이었다. 킹과 다른 버밍엄 시민 50명이 감옥에 있는 동안 니나는 시카고에서 공연하고 있었다. 로레인은 즉각 이것이 경망스러운 행동이라고 지적했다.

두 달 뒤인 6월 12일, 케네디 대통령이 시민권헌장을 선포한 지 두 시간 뒤 민권운동가 메드가 에버스Medgar Evers가 총격으로 숨겼다. 에버스는 NAACP, 즉 유색인의발전을위한전국협회the National Association for the Advancement of Colored People의 미시시피 지부 현장 총무였으며, 그곳 해변과 버스, 공원에서 인종차별을 몰아내기 위한 대규모 시위들을 주최하는 데 기여한 사람이었다. 그 모든 시위는 스와스티카를 들고 거스턴의 그림에 나오는 KKK 단원들이 썼을 법한 수제 무기로 무장한 백인 주민들의 폭력 대항에 부딪쳤다. 에버스는 제임스 볼드윈의 가까운 친구였다. 볼드윈은 에버스와 함께 한 흑인 남자를 죽인 백인 살해범을 밤중에 찾아다닌 일을 소재로 희곡 《미스터 찰리를 위한 블루스Blues for Mister Charlie》를 쓴 바 있다.

에버스는 다음 날 시위자들에게 나누어줄 티셔츠를 한아름 들고 귀가하다가 자기 집 진입로에서 백인시민자치회 멤버의 총에 맞았다. 티셔츠에는 짐 크로는 없어져야 한다JIM CROW MUST GO는 명문이 찍혀 있었다. 그가 사망한 병원 역시 인종차별을 행했고, 그가 출혈로 죽을 지경인데도 처음에는 받아주지 않았다. 오래전, 그의 소년 시절에, 아버지의 친구 한 명이 백인 여성과 이야기했다는 이유로 살해되었다. 피에 젖은 옷이 여러 달 울타리에 걸쳐져 있었는데, 에버스는 평생 그 광경이 눈에 밟혔다고 말했다. 인종주의가 실제로 무엇인지를 알려주는 직관적인 상징이었다.

그 죽음처럼 에버스의 암살은 시몬에게서 뭔가의 불씨를 당겼지만, 더 심한 일이 일어나게 된다. 그녀는 순회공연 리허설 때문에 8월 28일에 열린 워싱턴 행진에 갈 수 없었다. 대신 뉴욕시 교외인 마운트버넌에 구입한 저택에서 TV로 실황중계를 보았다. 18일 뒤 그녀는 차고 위의 작은 방에 혼자 앉아 노래 연습을 하다가 라디오에서 KKK 단원 네 명이 버밍엄 16번가 침례교회에 다이너마이트를 설치하여 어린 소녀 네 명을 죽게 했다는 소식을 들었다. 그날 늦게 시내에서는 살인 사건이 두 건 더 발생했다. 백인 경찰관 한 명이 남부연합기를 휘날리고 술병을 던지는 백인들이 가득한 차에 돌을 던지던 열여섯 살 난 흑인 소년에게 총을 쏘았고, 남부연합기 스티커를 잔뜩 붙인 스쿠터를 타고 가던 백인 두 명이 형의 자전거 손잡이에 앉아 가던 열세 살 난 흑인 소년을 끌어내려 총을 쏘았다. 샬러츠빌에서 휘날렸던 바로 그 남부연합기는 최근에 노예제 시절에 대한 향수는 아니더라도 민권운동 반대의 상징물로 부활했다.

애디 메이 콜린스, 신시아 웨즐리, 캐럴 로버트슨, 캐럴 드니즈 맥네어, 조니 로빈슨, 버질 웨어. 모두 사망했고, 모두 이이였다. 로레인이 그녀에게 말하려고 애쓰던 것이 바로 이것이었다. "나는 갑자기 깨달았다." 시몬은 《네게 주문을 건다》에서 이렇게 썼다. "1963년의 미국에서 흑인으로 산다는 게 무슨 뜻인지를."[10] 그녀는 분노 때문에 정신이 나간 채 차고로 내려갔다. 남편 앤디가 들어와서 본 것은 그녀가 수제 권총을 만들려고 애쓰는 모습이었다. "니나, 당신은 살인에 대해 아무것도 몰라. 당신이 가진 것은 오로지 음악뿐이야."[11] 그가 말했다. 한 시간 뒤 그녀는 〈망할 미시시피〉 악보를 들고 다시 나타났다. 그 노래를 부를 때 그녀는 마치 버밍엄 살인자들에게 "총탄 열 개"[12]를 퍼붓는 것 같은 기분이 들었다.

민권운동에 더 깊이 참여하게 되면서 그녀의 공연은 변했다. 더 이상 대중적 엔터테이너가 아니었다. 그녀는 자유의 투사가 되었고, 음악을 "정치적 무기"[13]로 썼으며, 자신의 종족을 규합하고 자금과 교육을 제공했다. 민권운동에서 그녀는 전율을 느꼈다. 희망도 많고 논의할 것도 많았다. 비폭력이 정말 최선의 기법인가? 분리주의가 꼭 필요한가? 어떤 종류의 미래 사회가 창조되어야 하는가? 그녀 자신의 성향은 베이어드 러스틴과 NAACP가 권장하는 다른 뺨도 대주라turn-the-other-cheek는 기독교적 입장보다는 스토클리 카마이클Stokely Carmichael과 휴이 뉴턴Huey Newton이 설파하는 전투적인 블랙파워* 쪽에 가까웠다. 마틴 루서 킹을 만났을 때 첫 인사도 하기 전에 그녀는 불쑥 말했다. "난 비폭력주의자가 아닙니다."[14] ("괜찮아요. 자매님."[15] 그가 대답했다.)

커티스음악원 입학을 거절당한 뒤 처음으로 그녀의 삶은 의미 있게 느껴졌다. 그녀는 활동가로 임하며 성인이 된 뒤 내내 결여되어 있던 존엄성과 목적의식을 갖게 되었다. 한 인터뷰어에게 그녀는 자유를 추구하는 노래를 부르는 것은 "세계를 변화시키는 데 기여한다. … 청중을 감동시키고, 그들이 전 세계에서 내 종족에게 해온 일을 의식하게 만든다"[16]라고 말했다. 1964년에 조직가 버넌 조던Vernon Jordan이 왜 더 많이 개입하지 않는지 묻자 이렇게 반박했다. "빌어먹을, 내가 바로 민권이야."[17] 노래는 총이 아니며 그림은 데모

---

* Black Power, 흑黑아프리카인 또는 아프리카인의 후계자들이 주축이 되는 민족 해방과 자결 쟁취 운동. 1966년 3월에 미시시피주에서 흑인의 투표권 등록을 요구하며 가두 시위가 벌어졌을 때 SNCC(학생비폭력조정위원회)의 회장 카마이클이 내세운 슬로건으로, 흑인들이 참된 자유를 얻기 위해서는 흑인들 스스로가 정치적·경제적 권력을 갖고 자기들의 문제를 자기들의 힘으로 해결하지 않으면 안 된다는 의미를 담았다.

가 아니다. 하지만 그것들이 외부 세계에 아무런 영향을 미치지 않는다는 뜻은 아니다. 1969년에 가진 라디오 인터뷰에서 시몬은 예술가가 정치적 태도를 취해야 한다고는 생각하지 않지만, 그들이 살고 있는 현실을 보여주는 것은 그들의 임무라고 생각한다고 말했다. 그녀는 미국 사회를 설명하면서 치유하려면 적출해야 하는 암에 비유했는데, 라이히의 곡조가 흐르는 말이었다. "그러나 난 그걸 치료하는 의사가 아니에요. 내가 할 수 있는 건 아픔을 드러내는 거죠. 그게 내가 하는 일이에요."[18]

세월이 흐르면서 그녀는 음악이 무엇을 할 수 있는지 많이 생각했고, 건반 앞에 앉아서 입을 열 때 발생하는 기묘한 교류를 이해하려고 애썼다. 그녀가 부른 노래 몇 곡은 명백히 카타르시스를 준다. 시몬이 커버한 〈해적 제니〉가 그렇다. 이 곡은 브레히트의 〈서푼짜리 오페라Threepenny Opera〉에 나오는 노래로, 라이히가 베를린에 온 해부터 그 도시의 어디서나 들려오던 노래이기도 했다. 시몬은 보이지 않는 존재로 힘들게 일하는 것에 대해 자신이 아는 모든 것을 하녀 제니의 목소리에 쏟아부으면서, "난 침대를 정리하면서 머리 수를 세고 있어"[19]라고 보복적 살인 난투극의 전주곡을 읊조린다.

〈망할 미시시피〉의 가사도 보복적인 음표를 두들긴다. 가끔 그녀는 "우리는 모두 죽을 거야we're all going to die"라고 부르는데, 그것은 린든 B. 존슨Lyndon B. Johnson 대통령 행정부의 신중한 행보에 대한 항의다. 시신은 계속 쌓여가는데 법은 점진적 변화를 향해 기어가고 있다. "너무 느려." 니나와 그녀의 악단이 함께 외친다. 때때로 대명사를 우리에서 너희로 바꾸고, 예언에서 위협으로 넘어간다. "오 그러나 이 나라 전체는 거짓말로 가득해/너희는 모두 죽을 거야, 파리처럼 죽을 거야."[20] 그녀는 1964년 5월 17일에 카네기홀에서 노래했는데, 가사를 들은 청중들의 불편해하는 소리가 점점 더 커졌다. 그녀는 영화제작자 피터 로디스Peter Rodis에게 공연에서 그 노래를 불렀을 때에 대해서 말했다. "나는 그들이 부서지기를 원했어요. 낡은 이념과 음흉함을 품고 있는 그 우아한 사람들의 소굴에 들어가서 그들을 미치게 만들고 싶었습니다."[21] 이에 대한 반응으로 부서진 음반들이 담긴 상자가 그녀의 음반 회사로 보내졌고, 남부의 여러 주의 라디오에서 그 노래의 방송이 금지되었다.

그러나 보복하겠다는 환상만이 시몬이 한 활동의 전부가 아니었다(또 무대에서 전한 위협이 수백 년간 실재해왔고 지금도 진행 중인 잔혹한 현실을 따라잡지도 못한다). 그녀는 자칭했듯이 불타오르는 여자였을지도 모르지만, 구약성서의 음조에 항상 좀 더 부드러운 것, 접촉에 대한 갈망이 섞여 있었다. 노스캐롤라이나주에 살던 유년 시절에 그녀는 부흥회에서 몇 시간씩 피아노를 치곤 했으며, 회중은 "그냥 이리저리 내달리면서 방언을 내뱉고 간증했으며, 전도사는 그 모든 영적 에너지를 모아 다시 사람들에게 던져주었다. 여자들은 황홀경에 너무 심하게 빠져 병원에 가야 할 정도였다".[22] 그녀가 1960년대의 연주회에서 느끼기 시작한 것이 바로 이것, 그녀와 청중 사이에서 움직이는 신비스러운 에너지였다. 마치 군중 속의 모든 몸 하나하나가 힘의 근원이며, 그녀가 그것들을 한꺼번에 켜는 공동의 스위치를 찾아낸 것 같았다.

그녀의 일기에 따르면, 섹스는 공연을 하는 "힘의 원천"[23]이었고, 연주회장을 오르곤 상자로 변신시키는 방법이었다. 그녀가 두엔데에 대해 쓴 로르카의 글을 읽은 적이 있는지는 모르지만, 그녀가 자신의 생각을 설명하려고 애쓸 때 꺼낼 수 있는 최선의 비교는 투우였다. 그녀는 바르셀로나에서 어느 찌는 듯이 더운 날 오후에 투우를 본 적이 있었고, 황소가 마침내 죽자 충격을 받아 토했다. 진짜 피 흘리기, 라고 그녀는 말했다. 누군가 넋이 나가서 입에 거품을 물고 황홀경에 빠지는 상황을 가리킬 때 트라이언*에서 쓰던 용어였다. 그것은 "변형된다는 바로 그 감각, 뭔가 깊은 것, 아주 깊은 어떤 것을 기리는 감각이었다. 내가 공연에 대해 알게 된 것이 바로 이것이었다. 내게 사람들로 하여금 내면 깊은 곳에서 느끼게 만드는 능력이 있다는 것. … 그리고 청중이 걸려들었을 때, 항상 알아챈다. 마치 공기 중에 떠도는 전기에 감전된 느낌이기 때문이다. 나는 황소의 혼을 빼놓는 투우사였고, 몸을 돌리고 걸어가고, 이 거대한 동물에게 등을 돌릴 수 있었다. … 그리고 사람들은 투우사를 보러 오듯 나를 보러왔다. 내가 낭떠러지 가까이에서 연주하며, 언젠가 떨어질지도 모른다는 걸 알았기 때문이다".[24]

흥미롭게도 이 말은 수전 손택을 연상시킨다. 손택은 암과의 첫 투쟁 후 죽음을 황소로, 이기고 싶은 검은 황소로 표현했다. 두 사람

---

* 니나 시몬의 고향인 노스캐롤라이나주의 소읍.

의 차이는 시몬은 자기 혼자만을 위한 행동이 아니었다는 점이다. 나는 그녀의 공연을 한 번도 본 적이 없지만, 쇼를 보고 가끔 그 전기를 느낄 때가 있다. 카네티는 여러 종류의 군중이 있다고 말했는데, 가끔 어쩌다가 거대한 동물처럼 느껴지는 군중 속에 있었던 적이 있었다. 그것은 섹스의 황홀감과 비슷한 경험이었고, 짐스러운 개인의 몸을 떨쳐버리고 밀려드는 야성적인 집단과 섞이는 기쁨이었다. 시몬은 그러한 감정을 전하고 또한 받았다. 연주하는 동안 잡담을 하거나 일어서는 청중에게 고함을 치는 것은 그 때문이었다. 그녀는 그들의 집중, 관심을 필요로 했고, 그것을 원재료 삼아 변신할 수 있었다. 그것은 긴 여행을 위한 연료였다.

시몬의 지향점에 대해 말하자면, 나는 그녀가 1960년대에 하던 것은 청중을 그들의 가장 고통스러운 느낌 속으로 끌어내리는 것이었다고 생각한다. 그것은 분노와 비탄과 공포와 상처와 절망을 지나서 다시 기쁨으로 나아가는 위험하지만 카타르시스를 안겨주는 길이었다. 50년 뒤 비비언 본드가 라피엣가의 조스펍에서 한 것과도 같은 작업이다. 비브는 자유를 노래했다기보다는 스스로 유연하게 변형함으로써 그것을 재현했다. 물 흐르듯 즉흥적으로 이런저런 분위기로 빠져나가는 그녀의 능력을 통해, 첨언하고, 끼어들고, 속이고, 멀어지고, 정곡을 찌르는 능력을 통해. 라이히는 환자들의 감정 무장, 모든 인간 신체에 존재하는 트라우마적인 역사를 뚫고 들어가기 위한 일종의 횟불을 개발했다. 나는 시몬이 노래로 한 것도 똑같은 일이라고 생각한다.

"모두가 반쯤 죽어 있어요."[25] 그녀는 1969년에 한 인터뷰어에게 말했다. 그것은 다시 한번 라이히 철학과 매우 비슷하게 들리는 표현이었다. "모든 사람이 모든 사람을 피합니다. 온 사방에서, 거의 모든 상황에서, 거의 언제나 그래요. 나는 알아요. 나도 그 모든 사람 중의 하나이고, 내게는 그게 끔찍합니다. 그래서 나는 항상 그저 사람들을 열어주어 자신을 느낄 수 있고, 그들이 다른 누군가에게 열려 있게 해주려고 합니다. 그게 전부예요. 그것뿐이죠."

요즘 우리는 개방opening up의 정치적 효과에 회의적인 편이다. 아무것도 상관하지 않는 히피족의 상투어처럼 들린다. 하지만 시몬의 친구 제임스 볼드윈은 1972년에 민권운동에 대해 비관적으로 쓴 책《이름 없는 거리No Name in the Street》에서 감정적 폐쇄성에 관한 같은 견해를 더 멀리 끌고 간다. 라이히의 글을 읽는 독자들 가운데 그는 항상 가장 꾸준하게 통찰력을 발휘한 독자였다. 푸코처럼 볼드윈도 오르가슴이 폭력을 종식시킨다는 라이히의 주장을 회의적으로 보았다. 하지만 참담한 내용을 담은 이 책에서 그는 라이히를 언급하면서 사적 생활에 대한 단속이나 억압이 대중 세계에서 가장 위중한 결과를 낳는다고 주장했고, 그것을 인종주의 그 자체의 근본 원인으로 지목했다.

미국에서 나는 언제나 바닥 모를 깊은 감정적 빈곤에 충격받았다. 인간을, 인간의 접촉을 어찌나 무서워하는지 어떤 미국인도 공적 태도와 사생활 사이에 실용적이고 유기적인 연결을 이룰 수 있을 것으로 보이지 않을 정도다. 사생활의 이런 실패는 미국 대중의 행동에, 그리고 흑백 관계에 가장 파괴적인 영향을 미쳐왔다. 미국인들이 그들의 사적 자아에 대해 그토록 겁에 질리지 않았더라면 그들은 절대로 그들이 "니그로 문제"라 부르는 것에 그토록 목을 매지 않았을 것이다. 그들이 자신들의 순수성을 지키기 위해 발명해낸 이 문제는 그들을 범죄자로, 괴물로 만들었고, 그들을 망치고 있다.²⁶

시몬의 32세 생일인 1965년 2월 21일에 맬컴 엑스가 오듀본연회장에서 열린 강연회에서 분리주의 진영인 이슬람 민족 멤버 세 명에게 암살되었다. 그는 이전 해에 이 단체를 탈퇴했는데, 부분적으로는 다른 민권 그룹과 협력하고 싶어서였다. 시몬은 그를 한 번도 만난 적이 없었고 그 점을 내내 후회했지만, 그의 임신한 아내 베티 샤바즈Betty Shabazz는 알고 있었다. 샤바즈는 얼마 지나지 않아 딸 여섯을 데리고 시몬이 사는 마운트버넌으로 이사왔다. 딸들 중 둘, 쌍둥이인 말리카와 말락은 아버지가 살해된 뒤에 태어났다.

맬컴이 죽고 한 달 후에 시몬은 뉴욕에 예약되어 있던 수익성 높은 일정을 줄줄이 취소하고 악단과 함께 앨라배마로 날아갔다. 그곳에서 선거권 획득을 위해 셀마부터 몽고메리까지 이어진 세 번째 행진이 끝나는 시점에 열리는 공연에 참여했다(당시 앨라배마에서 흑인 시민은 한 해 중 이틀 동안 유권자 등록을 할 수 있었고, 등록하는 데는 한 시간 걸렸다). 그날 밤, 그녀는 그 지역의 흑인 장의사가 기부한 빈 관들로 만들어진 무대 위에서 공연했다. 어떤 무대였든 간에, 체크무늬 치마를 입고 그 위에 서서, 퍼붓는 빗속에서 지치고 아픈 발로 서서 빽빽이 모인 3만 5000명의 군중에게 사랑과 분노를 돌려주었다.

당시의 화제는 혁명이었다. "만약 혁명이 일어난다면"이 아니라 "언제 일어나는가" 하는 문제였다. 빈 시위 이후의 라이히처럼 시몬은 왜 다들 일어나서 싸우지 않는지 이해할 수가 없었다. 그녀는 더 이상 흑인 교회에 폭탄을 던지고, 활동가를 살해하고 노예제를 공개적으로 그리워하는 사람들이 평화롭게 자유를 넘겨줄 가능성이 있다고 믿지 않았다. 그걸 원한다면 빼앗아야 한다. 그녀가 지적했듯이 KKK단은 비폭력이 아니었고, 경찰 역시 그랬다.

민권운동은 그녀에게 목적만 준 것이 아니었다. 그것은 그녀 자신의 복잡하고 사적인 감정의 물꼬를 뭔가 더 큰 것을 향해 틔우게 해주는 방법이기도 했다. 그녀는 인종주의의 유산인 자신의 우울증, 계속 사라지지 않던 자신이 추하다는 생각을 바꿀 수 있었고, 그것들을 〈가진 게 없지만/내게 삶이 있어요Ain't Got No/I Got Life〉라든가 〈젊고 재능 있는 흑인Young, Gifted and Black〉 같은 기쁨과 자부심의 송가로 전환할 수 있었다. 그러나 끊임없는 순회공연은 부정적인 영향을 미쳤다. 나쁜 감정이 계속 스며들었다. 밤새 잠을 전혀 자지 못할 때가 많았고, 노랫말이 끝없이 그녀 머릿속에서 울려댔다. 그것이 수천 명의 에너지를 끌어내는 도관으로 작용할 때는 좋았지만 사람들이 집으로 돌아가고 홀로 분장실 전신 거울에 비친 자신의 유령 같은 얼굴을 바라보면서 무엇을 했겠는가? 술이 도움이 되었다. 아니, 도움이 되는 것 같았다. 또 약도 그런 것 같았다. "잠 자기 위한 수면제+무대에 올라가기 위한 노란색 알약."[27]

언젠가 그녀는 섹스가 따뜻하고 열려 있는 인간 존재가 되게 해주는 더 나은, 유일한 약이라고 쓴 적이 있었다. 일기에서 양성 모두에 대한 성욕이 있음을 인정했고, 앤디와의 관계가 나빠지는 과정 역시 기록했다. 그는 차가운 사람이었고 그녀를 개처럼 부려먹었다. 그는 그녀가 애정을 애걸하게 만들었고 가끔 폭력도 휘둘렀다. 그녀는 그의 폭력에 큰 충격을 받았고 견딜 수 없다는 것을 알았다. 한두 해 뒤 암스테르담에서 드워킨이 남편에게 구타당하기 시작하면서 깨달은 것과 마찬가지였다. "사람들은 내가 죽었고 내 유령이 버티고 있는 줄을 모른다."[28] 시몬은 날짜가 없는 일기에 이렇게 썼다. 현실과의 관계가 이어졌다 끊어졌다 했다. 1968년에 그녀가 빌 코즈비와 함께 순회공연을 하던 중에 앤디는 의상실에서 머리칼을 갈색으로 분장하던 그녀를 찾아갔다. 그녀는 환각 상태였고, 잠시 그를 꿰뚫어볼 수 있었다. 여러 해 뒤 그녀는 양극성장애로 진단받고 약을 복용했지만, 1960년대에 그녀가 할 수 있는 것은 일하는 것뿐이었다. 그녀가 노래하는 동안 주위 세계가 타락하든 말든 상관없었다.

맬컴 엑스가 죽고 9개월 뒤인 1965년 11월에 그의 자서전이 출간되었다. 그녀는 그 책을 아주 좋아했지만, 그의 교육이 진보적 감옥에서 이루어졌다는 내용은 고통스러웠다. 감옥이 이미 운동을 깨부술 전술로 이용되고 있었기 때문이었다. 러스틴과 그의 동시대인들은 체포됨을 비폭력 저항의 기법으로 이용했었다. 감옥에 집어넣으라는 외침은 비타협적인 몸을 국가가 해결해야 하는 신체적인 문제로 대두시켰다. 그러나 1960년대 후반에 와서 국가는 투옥을 하나의 무기로 재구성하고, 흔히 거짓 죄목을 붙여 형기를 대폭 장기화하도록 제도화했다. 투옥의 위협은 민권 활동 참여 의지에 찬물을 끼얹는 효과가 있었고, 오늘날까지 이어진 대량 투옥과 장기간 독방 투옥—두 가지 모두 유색인들에게 불공평한 영향을 끼쳤다—시대의 출발점을 찍었다.

감옥에 가지 않은 민권운동 조직가 대부분은 코인텔프로Cointelpro라 알려진 FBI의 감시와 침투, 신뢰성 훼손 프로그램의 대상이 되었다. 그것은 공공연히 민권운동을 훼손하고 방해하려는 의도로 고안된 프로그램이었다. 그 실행 가운데 가장 악질적인 것도 아닐 예를 하나 들자면, FBI는 마틴 루서 킹의 호텔 방을 2년간 도청하여 그의 불륜행위들을 녹음했는데, 그는 이를 은폐하려고 미친 듯이 애쓰다가 언론에 노출될 위험을 막기 위해 러스틴과의 협력을 중단했다. 1964년 11월 21일에 FBI는 익명의 편지를 보내 킹이 3주 뒤 노벨평화상을 수상하기 전에 자살하지 않는다면 녹음테이프를 언론에 유출할 것이라고 경고했다. 그를 표현한 말 중에는 더럽고filthy, 악하고evil, 동물적animal이라는 단어가 있었다.

1960년대 후반, 시몬은 과거의 동료들이 모두 죽었거나 "추방당했거나 투옥되었거나 지하로 숨었다"[29]고 느꼈다. 랭스턴 휴스는 죽었다. 로레인 핸즈베리는 서른네 살 때 위암으로 죽었다(친구인 볼드원은 라이히 스타일로 의심했다. "그녀가 본 것들 때문에 스트레스가 더 심해져서 죽었을 것이다. 로레인의 헌신은 사람을 죽이기에 충분하고도 남는 것이었으니까."[30]). 맬컴 엑스는 서른아홉 살에 죽었다. 휴이 뉴턴은 감옥에 있었다. 스토클리 카마이클은 감시당하고 있었고 여행 금지 처분을 받았다.

최후에 온 타격이 최악이었다. 시몬은 롱아일랜드에서 공연 준비를 하고 있었는데, 사람들이 TV 주위에 모여 있는 것이 보였다. 1968년 4월 4일, 마틴 루서 킹이 총에 맞았다고 뉴스 진행자가 전했다. 워싱턴, 디트로이트, 뉴욕, 시카고를 포함한 125개 도시에서 시위가 벌어졌다. 맬컴처럼 그도 서른아홉 살이었다. 사흘 뒤, 미국이 여전히 불타오르고 있는 와중에 시몬은 웨스트베리 음악축제에서 공연했다. 그녀는 〈망할 미시시피〉를 불렀고, 또 악단의 베이스 연주자가 킹을 위해 쓴 노래도 불렀다. 그녀는 청중에게 그 곡을 그날 처음으로 익힌 곡이라고 말했다. 계속 노래를 끊고 청중에게 발언했고, 때로는 드러내놓고 흐느껴 울었다. "우리가 얼마나 많은 사람을 잃었는지 알고 있습니까?"[31] 그녀는 청중에게 물었다. 죽은 이들의 이름을 열거했는데, 그중 많은 수가 그녀 자신의 가까운 친구들이었다. "더 이상 잃을 수는 없어요. 그들은 한 명씩 한 명씩 쏘아 죽이고 있습니다." 그녀가 3년 뒤에 〈22세기〉를 녹음했을 때 그녀 안에서 들끓고 있던 것이 바로 이것, 솔직한 절망이었다.

・・・

더 좋은 세상을 원했다고 말하라. 그것을 위해 싸웠다고 말하라. 그리고 그것이 파탄이 났다고, 사람들이 돌이킬 수 없이 파괴되었다고, 죽었다고 말하라. 자유가 꿈이었다고 말하라. 사람들이 점유하고 있는 몸의 종류 때문에 좌절하지 않고 증오받지 않고 살해되지 않는 세상을 꿈꾸었다고 말하라. 몸이 힘이나 기쁨의 원천이 될 수 있으리라고 생각했다고 말하라. 해악이 없는 미래를 상상했다고 말하라. 당신이 실패했다고 말하라. 그 미래를 실현시키는 데 실패했다고 말하라.

페미니즘에서 게이 해방으로, 또 민권운동으로, 지난 세기의 투쟁은 그 심장부에서 볼 때 당신이 점유하는 몸의 종류에 기초한 억압으로부터 자유로워질 권리를 얻으려는 투쟁이었다. 원하는 곳에 살고, 원하는 곳에서 일하고, 좋아하는 곳에서 먹고, 폭력이나 죽음의 위험 없이 좋아하는 곳을 걸을 수 있는 것. 임신을 중단할 수 있고 공공장소에서 키스하고, 감옥에 갇힐 위험 없이 합의하에 섹스할 수 있는 것. 승리는 힘들게 얻어졌지만, 영구히 보장되지는 않았다. 이미 사라지고 있다.

아마 프로이트가 옳았는지도 모른다. 아마 인간에게는 격세유전적인 요소가 있는지도 모른다. 억누를 길 없는 폭력 의지, 우리와 그들이라는 대립 개념을 만들고 싶어 하는 본능적 욕망, 좋은 몸과 나쁜 몸 사이의 경계를 강요하려는 욕망, 순수성과 퇴화와 혼혈과 오염에 대한 강박이 그것이다. 그렇지만 자유로운 몸이라는 꿈은 사라지지 않는다. 그것은 윙윙거리면서 허공을 맴돈다. 꿀처럼 달콤한 냄새를 풍긴다. 이 글을 쓰는 동안 홍콩에서 교사로 일하는 친구와 함께 저녁 식사를 하러 갔다. 그는 2019년 말 홍콩에서 발생한 저항에 대해 설명하면서, 자기가 가르친 학생 몇 명이 가면을 들고 걷지 말아야 할 거리를 걸었다는 이유만으로 감옥에 갇혔다고 말했다. 시위protest라는 단어를 포함하여 많은 것이 금지되었다. 그래서 서로 통신할 때 학생들은 대신에 꿈꾸기dreaming라는 말을 썼다. 그들 중 한 명이 내 친구에게 말했듯이 꿈꾸는 것이 위험한 줄 알지만, 꿈꾸는 것은 내게 희망을 준다.

자유는 당신에게 무엇을 의미하는가. 영화제작자 피터 로디스가 시몬에게 물은 적이 있었다. 그 장면에서 그녀는 마운트버넌에 있는 자기 집 마루에 앉아 있다. 갈색 밀랍 염색 드레스를 입고 커다란 귀고리를 달고 카우치에 기대어 있다. 머리칼은 짧고 얼굴에는 굉장히 풍부한 표현들이 담겨 있다. 1969년의 영상이니 그녀는 서른여섯 살이었고 무척이나 침체되었던 때였다. 킹이 죽은 뒤이고 유나이티드 스네이크스 오브 아메리카를 떠나기 전인 괴로운 시기였지만, 그래도 활기에 가득 찬 것 같다. "내게 자유가 무엇이냐고요?"[32] 옷자락을 만지작거리면서 묻는다. "당신과 같아요. 당신이 말해주세요." 인터뷰어가 웃고, 마다하고, 그녀도 웃는다. 그녀는 무릎을 손으로 감싸고 머리를 천천히 흔든다. "그냥 느낌입니다. 그저 느낌. … 무대 위에서 정말로 자유롭다고 느낀 적이 두어 번 있었어요. 그건 좀 다른 거지요."

그녀는 자세를 똑바로 하고, 얼굴을 카메라 쪽으로 돌린다. "그건 정말 좀 다른 일입니다." 이제 손바닥이 보이게 손을 들고, 앞쪽의 공간을 훑는다. "마치, 마치." 그러다가 표현한다. "내게 자유가 무엇인지 말해줄게요. 두려움이 없는 것! 그러니까 정말로 아무 두려움이 없는 겁니다." 그녀는 자신이 말하는 것에 거의 충격받은 표정을 하고 머리에 손을 댔다. "만약 내가 그런 반생을 얻을 수 있다면…." 머리를 다시 흔든다. "두려움 없는." 더 부드러운 음성으로 말했다. "많은 아이들이 두려움이 없어요. 그게 제일 비슷한 표현입니다. 내가 그걸 묘사할 수 있는 유일한 방법이에요. 그게 전부는 아니지만 정말, 정말로 뭔가를 느끼는 겁니다." 인터뷰어는 새 질문을 던지기 시작하지만 그녀는 자신이 방금 표현한 것을 검토하는 데 완전히 몰입했다. 여전히 머리를 흔들고, 조금 웃으면서 내려다본다. 인터뷰어가 계속 말하는데 그녀는 불쑥 앞으로 몸을 기울이더니 손을 내밀었다. "새롭게 보는 방식! 뭔가를 보는 새로운 방식이에요."

라이히처럼 시몬 후반생의 비극도 그녀가 알코올중독이나 정신병과 씨름한 데 있지 않았다. 한동안 가난했다거나, 불행하게 터전을 떠나 살아야 했다거나, 가끔 난폭해졌다거나 공연이 혼란으로 끝났다거나 하는 것이 아니다. 그녀가 자유를 위해 투쟁했으나 그녀의 생애 동안 자유가 실행되지 않았다는 것, 그녀가 바랐던 방식으로는 오지 않았다는 것이었다. 프랑스에 살고 있을 때 그녀는 1990년대의 민권운동에 대한 질문을 받고는 쓰라린 어조로 말했다. "민권운동은 없습니다. 모두들 사라졌어요."³³ 그리고 생애가 끝나갈 무렵에도 그녀는 옛날 노래를 불렀다. 브라질 상파울루에서, 2000년 4월 13일. 지금은 불후의 모습이 된 머리를 틀어 올린 모습으로 피아노 앞에 앉아 〈사랑의 왕은 죽었다The King of Love is Dead〉를 노래한다. 절망에 찌든 착각할 수 없는 음성에 힘이 여전히 넘쳐흐른다. 끝부분에서 그녀는 노래를 중단하고 군중에게 직접 말한다. "지금은 2000년입니다." 그들에게 말한다. "이 인종 문제로 더 이상 허비할 시간이 없습니다." 그 말을 주문처럼 세 번 되풀이한다. "시간이 없습니다, 시간이 없습니다. 시간이 없습니다."³⁴

라이히의 꿈, 드워킨의 꿈, 시몬의 꿈. 그들이 꿈꾼 더 나은 세계들은 아직 하나도 이루어지지 않았다. 방해받지 않는 몸의 공화국, 형태의 계급제에 의해 지체되지 않고 다른 나라로 자유롭게 옮겨다닐 수 있는 공화국은 없다. 그 목표가 언제 달성될지 알 길은 없지만, 내가 뭔가를 확신할 수 있다면 자유는 공통된 노력이며, 수백 년에 걸쳐 수많은 사람의 손으로 구축된 협업이며, 살아 있는 모든 사람 하나하나가 방해하거나 전진시키기를 선택할 수 있는 노동이라는 사실이다. 세계를 개조할 수 있다. 우리는 어떤 변화든 영원하리라고 단정할 수 없다. 모든 것은 취소될 수 있고, 모든 승리는 다시 싸워 얻어야 한다.

나는 아직도 오르곤 상자를 믿지 않지만 라이히가 영속적 진리 두 가지에 도달하는 길을 찾았다고 생각한다. 역사의 무게는 우리의 사적인 몸속에 남는다. 우리 모두는 자신이 갖고 태어난 종류의 몸에 뒤따르는 규칙과 법률의 일그러진 그리드 내에서 작동하는 개인적이고 또한 물려받은 트라우마의 유산을 갖고 다닌다. 동시에 우리에게 무언가가 스며들 수 있으며 우리가 타인의 삶에 수수께끼 같은 영향을 미칠 수도 있다. 앤절라 카터가 사드에 대해 말한 것처럼 "너의 자유를 인정하지 않는 나의 자유가 너를 더 부자유하게 만든다면" 당연히 그 반대 역시 사실이다. 그것이 샬러츠빌 행진자들이 1963년의 워싱턴 행진자들과, 혹은 2020년 봄 전 세계 여러 도시에 모여든 "흑인 목숨도 중요하다" 시위자들과 구별되는 점이다. 백인우월주의자들이 생각하는 것과는 반대로, 다른 사람들의 자유를 부정할 권리를 주장히는 것은 자유를 추구하는 운동이 아니며, 타인의 건강을 보호하기 위해 고안된 마스크 쓰기를 거부하는 것 역시 마찬가지다.

나는 〈22세기〉를 자주 듣는데, 그럴 때면 내 몸 전체에 공포감이 유독한 안개처럼 스미는 것을 느낀다. 미래를 바라보면 내 눈에도 잿더미가 보인다. 앞에 놓여 있는 것, 특히 자원이 줄어들면서 발생하지 않을 수 없는 잔혹 행위들로 점철된 일상은 두렵다. 시간이 너무나 부족하다. 이미 토양은 오염되었고, 빙하는 녹고 있고, 해양은 플라스틱으로 뒤덮였다. 이미 새로 출현한 역병으로 인해 우리 생명이 어떻게 값이 매겨지고 보호되는지에 관한 극심한 불평등성이 노출되었다. 이 글을 쓰느라 앉아 있는 매일매일, 몸의 차이로 인해 몸이 입는 피해의 이야기가 더 들려온다. 위태로운 몸, 무한한 자원을 지닌 학대받은 몸. 벌어지는 일들 때문에, 또 자본주의라는 것이 얼마나 변화시키기 어려운가 하는 것 때문에 나는 절망했다. 그것은 내가 원하는 세계, 차이를 소중히 하는 세계가 아니다. 감옥 같은 행성이 아니라 수풀 같은 행성을 나는 원한다.

폭력은 하나의 사실이다. 하지만 조스펍에 앉아 비브를 보거나 니나 시몬의 노래를 들을 때마다 나는 내 주위 공간이 확대되는 것을 느꼈다. 하나의 몸이 다른 몸에게 해줄 수 있는 것이 이것이다. 공유되는, 내면까지 침투하는 자유를 표현하는 것. 자유는 과거의 부담을 짊어지지 않는다는 뜻이 아니다. 그것은 미래로 계속 나아가고 항상 꿈꾸고 있는 것을 뜻한다. 자유로운 몸이 온전하거나 손상되지 않거나 현 상태를 유지할 필요는 없다. 그것은 항상 변하고 변하고 변한다. 결국은 유동적인 형태다. 잠시 두려움 없이, 공포를 느낄 필요 없이 하나의 신체 안에 살아가는 것이 어떤 느낌일지 상상해보라. 우리가 무엇을 할 수 있는지 상상해보라. 우리가 구축할 수 있는 세상을 상상해보라.

감사의 말

먼저, 친애하는 내 에이전트 리베카 카터가 아니었더라면 이 책은 존재하지 않았겠지요. 고마워요, 당신의 넘치는 믿음과 지칠 줄 모르는 작업 덕분이에요. 아주 힘든 일이었지요! 미국의 에이전트인 PJ 마크에게도 감사 인사를 전합니다. 그는 현재 원고가 어떤 상태인지, 뭐가 문제인지 파악하는 능력이 있는 것 같아요. 두 분 모두에게 정말 깊이 감사드립니다.

큰 감사를 전해야 할 사람은 크리스토퍼 터너입니다. 그는 라이히의 완벽한 전기를 썼고, 이 책을 써나가는 동안 너그럽게도 정말 많은 도움을 베풀어주셨지요. 라이히에 대해 어떤 불분명한 점을 지적해도 크리스는 이미 그 점을 검토했더군요. 그러니 라이히의 초상이자 문화 일반에서 그가 맡은 역할에 대한 서술인《오르가스마트론에서의 모험》이 그토록 흥미진진할 수밖에요.

피카도르출판사에 있는, 또 있었던 모든 직원들에게 감사드립니다. 폴 베걸리, 필립 귄 존스, 조지 몰리, 제러미 트레버션, 라비 미르

찬다니, 개비 쿼트러미니, 폴 마르티노비치, 니컬러스 블레이크, 스튜어트 윌슨. 전부 고마워요. 내 편집자 키샤니 위디야라트나에게 큰 감사를 전합니다. 그녀는 내가 해답을 찾아낼 때까지 계속해서 왜?라고 물어주었습니다. 이 책은 여러분이 참여했기 때문에 그만큼 더 풍부해졌고, 그 점에 크게 감사드립니다.

노턴출판사의 여러분. 특히 내 편집자 질 비알로스키, 드루 와이트먼, 에린 시너스키 러벳에게 감사드립니다.

특별히 고마움을 전할 분은 오르고논으로 갈 때 함께 가준 존 피트먼입니다. 그 여행길은 또 완전히 새로운 이야기입니다. 세라 슐먼에게도 고맙습니다. 모가도르에서 달걀 요리를 먹으면서 라이히에 대해 나눈 대화는 참 고마웠어요.

초고를 읽어준 분들에게도 감사드립니다. 그분들의 이름은 다음과 같아요. 조사 여행에 함께 가주고, 이 책을 포함하여 내 책의 절반에서 카메오로 등장해주고 함께 논의해준 조지프 케클러, 프로이트는 몸을 가질 필요가 있었다고 말한 찰리 포터, 모든 것에 대해, 특히 감자 이야기를 해준 제니 로드, 급진적인 연결자이자 메모를 훌륭하게 쓰는 맷 울프, 전염병이 도는 동안에도 빈틈없이 편집을 계속해준 프란체스카 시걸, 다른 사람들보다 섹스에 대해 훨씬 더 잘 알고 있는 로런 카셀, 전율을 안겨주는 내 친구이며 영국 전역의 도서관이 문을 닫았을 때 《벨 자》에 나오는 참조문을 찾아준 샹탈 조페, 특히 내게 거스턴의 개인사를 이용해보라고 제안한 진 해나 에델스타인. 친애하는 로런 존 조지프, 항상 그렇듯이 세라 우드에게 고맙습니다.

《에브리바디》를 쓰는 동안 나는 윈덤 캠벨상을 수상했습니다. 작가의 인생에서 현금이 있을 때와 없을 때의 차이란 말로 표현하기 힘들어요. 마이클 켈러허와 매건 에커가 해준 모든 지원에 대해, 또 도널드와 샌디에게도 감사합니다.

이 책에 담긴 생각들은 1990년대부터 계속 발전시켜오고 있었고, 오랫동안 논의를 거치면서 형성되어왔습니다. 특별한 순서가 있는 것은 아니지만 모두에게 감사를 전합니다. 아나 멘디에타와 필립 거스턴을 내게 알려준 토니 가미지, 지금껏 수십 년 동안 몸에 대헤 나와 이야기를 나누어온 릴리 스티븐스. 나무 위의 집에 함께 살던 동지들인 톰 드 그룬발트와 터모라 제임스. 밥 디킨슨, 셰리 와서먼, 데이비드 더니, 리치 포터, 칼 윌리엄슨, 메리 매닝, 캐럴 빌리어스, 닉 데이비스(언제나), 닉 블랙번, 앨릭스 핼버스타트, 데이비드 아지미, 브라이언 딜런, 에밀리 래버지, 존 데이, 알리 스미스, 에스미 조페, 잭 파트릿.

약초학을 공부하던 시절의 스승님들인 피터 콘웨이와 줄리언 바커에게도 감사드립니다.

독일어로 쓰인 에디트 야콥슨의 감옥 일기를 내게 번역해준 리베카 메이 존슨에게 큰 감사를 드립니다.

하우저와 워스에서 일하는 에일린 코커리와 에밀리 로스럼에게, 또 게티박물관의 재키 번스에게, 그리고 어맨다 윌킨슨에게 감사를 전합니다.

오로라 캐러 라이히 컬렉션이 소장된 국립의학도서관의 직원들에게, 브릴도서관의 넬리 톰슨에게, 또 BL카페라는 살짝 어울리지 않는 분위기에서 사드 후작의 문제를 나와 논의한 윌 맥모런에게 감사드립니다.

내 가족들, 데니즈 랭, 키티 랭, 피터 랭, 트리샤 머피. 모두 고마워요.

그리고 물론 사서이자 시인이자 교섭자인 사랑하는 이언 패터슨에게 고맙습니다.

옮긴이의 말

자유를 향한 여정을
기록한다는 것의 의미

올리비아 랭의 책을 여는 것은 미술관에 들어가는 것과 같다. 아니, 좁은 의미의 미술관이 아니라 장르에 구애받지 않고 여러 분야의 작품과 인물이 등장하는 아주 넓은 범위의 갤러리라고 할까. 랭의 글을 읽으면 4D 실사 체험관에 들어간 것 같은 느낌이 든다. 거기서는 예술품을 수동적으로 감상하는 것이 아니라 체험한다.

그 갤러리에 전시되는 작품을 선별하는 어떤 기준이 있다. 랭에게서 예술의 가장 중요한 점은 인간을 자유롭게 하는 데 기여하며, 억압하는 것에 저항하게 만들고 그것을 까발리는 능력이다. 가려졌던 것을 보이게 하고, 들리게 하고, 체험함으로써 얽매여 있던 상태에서 풀려나게 하는 능력이다. 그러므로 작품들은 억압을 얼마나 투철하고 명료하게 직시하는가, 그것을 떨쳐낼 방법을 어떤 식으로 제시하는가 하는 기준에 따라 채택된다.

억압의 가장 일차적인 것이 몸에 대한 것이다. 레즈비언 어머니 밑에서 성장한 랭은 사회가 일반적으로 요구하는 여성성과 조화하지 못했고, 개인적, 사회적으로 다양한 방식으로 행해지는 몸에 대한 억압과 치열하게 맞서왔다. 몸속에서 사는 것이 왜 그리 어려운가. 자신에게 주어진 몸에 가해지는 제약으로부터 어떻게 해방될 수 있는가.

그 질문에 대한 대답을 찾기 위해 랭은 철학자이자 정신분석가인 빌헬름 라이히를 글의 중심축으로 세웠다. 라이히는 몸 그 자체를 이해하고 싶어 한 사람이다. 자유로운 몸, 이것이 그의 평생의 이상이었다. 랭은 라이히의 사상과 삶을 따라가면서 몸에 대한 억압의 상이한 측면들, 질병, 성, 저항 운동, 감옥을 하나로 잇고 20세기의 여러 인물과 사건을 관찰했다. 병과 몸의 관계를 이야기한 수전 손택과 캐시 애커, 그리고 여성 해방의 다양한 관점을 다룬 케이트 밀렛과 앤드리아 드워킨, 여성에 대한 폭력을 사람들의 눈앞에 끌어내놓은 화가 아나 멘디에타, 감옥과 몸의 증인인 맬컴 엑스와 베이어드 러스틴. 그리고 인종적 폭력을 그림과 노래로 형상화한 필립 거스턴과 니나 시몬 등등.

라이히는 더 나은 세상을 원했고, 그것이 가능하다고 믿었다. 그의 사상에서는 성이 핵심이다. 성은 인간에게 주어진 몸으로 이룰 수 있는 자유다. 라이히는 거기서 엄청난 해방의 가능성을 보았고,

성의 올바른 실현과 오르가슴을 통해 자유가 실현되며, 사회도 자유로워진다는 생각을 굽히지 않았다. 이러한 주장으로 많은 비웃음을 사기도 했지만, 라이히가 추구한 것은 오르가슴이라는 판타지가 아니라 여성이 억압과 두려움 없이 성을 누릴 수 있는 세상이었음을, 랭은 강조한다.

조금씩이라도 나아지고 있겠거니 생각했던 세상이 오히려 뒷걸음질 치고 있음을 알게 될 때, 조금씩이라도 나아져야 하지 않겠나 했던 기대가 깨어지고 나아질 가망이 없다는 느낌에 짓눌릴 때 우리는 이렇게 해야 할까. 이 질문은 올리비아 랭의 이 책을 끌고 나가는 또 하나의 동력이다. 20세기에 벌어진 위대한 해방운동에서 이룬 것처럼 보이던 몇 가지 승리가 차례차례 뒤집히고, 이미 지나간 시대의 것이라 생각했던 침략 전쟁이 다시 벌어지고 있으며, 난민 문제, 인종 문제가 개선되지 않고, 신보수주의가 팽배하는 지금의 세계 상황을 도대체 어찌 해야 할까. 그리하여 랭은 자유의 가능성을 다시 묻는다. 그것이 과연 가능한가. 우리는 실패했는가. 이 물음에 대답하기가 쉽지 않은 지금, 이 책은 랭의 다른 글보다 분노와 슬픔이 더 진하게 배어 있다.

1990년대에 랭은 환경 파괴를 막으려던 영국의 점거 운동가들과 함께 활동했다. 덤불 속에 천막을 치고 살았고, 숲의 벌목을 막기 위해 직경 1미터도 안 되는 땅굴을 직접 파고 들어가서 저항하기도 했다. 이런 행위는 여성에 대한 폭력 현장을 재현하는 아나 멘디에타의 작품 활동처럼 권력이 덮고 지워버리려는 것들을 보게 하기 위한 행동이었다. 그리고 파괴하지 못하게, 덮어버리지 못하게 막는 것이 예술의 역할이라면, 그렇다면 현실은 실패로 가득하더라도 예술 속에는 한 가지 가능성이 남아 있다는 것이 랭의 신념이다.

랭은 1960년대에 니나 시몬이 부른 노래가 청중을 그들의 가장 고통스러운 느낌 속으로 끌어내리는 것이었다고 생각한다. 라이히는 환자들의 감정을 꽁꽁 묶어두는 무장, 인간 신체에 존재하는 트라우마적 역사를 뚫고 들어가기 위한 일종의 횃불로서 오르곤 이론을 개발했다. 랭에 의하면, 시몬이 노래를 통해 한 일도 그와 똑같다. 그것은 분노와 비탄과 공포와 상처와 절망을 지나서 다시 기쁨으로 나아가는 위험하지만 카타르시스를 안겨주는 길이었다. "모두가 반쯤 죽어 있어요. 그래서 나는 항상 그저 사람들을 열어주어 자신을 느낄 수 있고, 다른 누군가에게 열려 있게 해주려고 합니다. 그게 전부예요." 그것이 글과 미술과 음악이 세상에게 할 수 있는 전부라고 랭은 생각한다. 그리고 그것은 매우 큰 전부다.

"우리의 삶 전체는 내가 기억하는 한 가장 극악하게 잔혹한 인종 학살의 참상으로 이루어져 있다. 우리는 이 지옥의 목격자다. 희생자들을 생각하면 견딜 수 없다. 가장 헌신적이고 진지한 방식으로 그리고, 쓰고, 가르치는 것은 이 절망적인 시절에 우리가 가진 창조적 삶에 대한 가장 내밀한 긍정이다." 필립 거스턴의 이 말은 곧 랭이 쓰는 글의 본질이고 목표다.

랭의 글은 읽기가 절대 쉽지 않다. 글이 어려워서가 아니라 흡인력이 워낙 강하여 나도 모르게 저자의 발길과 손끝을 따라가면서 작품들을 더듬게 되기 때문이다. 읽는 데 필요한 에너지 소모가 크다. 읽고 나면 어떤 소용돌이에 휘말렸다가 간신히 빠져나온 느낌이다. 그런데 이번 책은 그 정도가 좀 심한 편이다. 온몸으로 참혹한 사건들을 감당해온 사람들의 이야기이기 때문인가. 읽으면서 나도 따라서 격해지지 않기기 힘들었다. 그래도 이런 글을 쓰는 사람이 있고, 이런 글을 쓰게 만드는 작품을 만드는 사람들이 있으니, 그나마 괜찮은 세상인가. 읽기만 하는 나는 그 세상에 무임승차하는 셈이 아닌가 싶지만, 랭의 글을 읽고 나면 항상 이 사람을 알게 되어 감사하다는, 다행이라는 마음이 든다. 랭의 책을 또다시 소개할 기회를 주신 어크로스 출판사와 언제나 든든한 마무리 투수 같은 편집자 이경란님께도 감사드린다.

2022년 9월
김병화

미주

1. 해방의 기계

1 Local Government Act 1988.

2 Peter Reich, *A Book of Dreams* (John Blake, 2015[1974]), p. xi.

3 William Burroughs, *Naked Lunch* (John Calder, 1964[1959]), p. 207.

4 William Burroughs, *The Ticket That Exploded* (John Calder, 1968), p. 76.

5 Andrea Dworkin, *Intercourse: Twentieth Anniversary Edition* (Basic Books, 2007[1987]), p. 179.

6 Kate Bush, "Cloudbusting", *Hounds of Love*(1985).

7 Katie Roiphe, *The Violet Hour: Great Writers at the End* (The Dial Press, 2016), p. 44.

8 James Baldwin, "The New Lost Generation", *Collected Essays* (Library of America, 1998), p. 663.

2. 아픈 몸

1 Edward St Aubyn, *At Last* (Picador, 2011), pp. 171-2.

2 Myron Sharaf, *Fury on Earth: A Biography of Wilhelm Reich* (Da Capo Press, 1994), p. 51.

3 Sigmund Freud, ed. Jeffrey Moussaieff Masson, *The Complete Letters of Sigmund Freud to Wilhelm Fleiss, 1887-1904* (Harvard University PRess, 1985), p. 398.

4 Wilhelm Reich, *The Function of the Orgasm* (Panther, 1968), p. 44.

5 Wilhelm Reich, *Reich Speaks of Freud*] (Pelican Books, 1975[1967]), p. 47.

6 Christopher Turner, *Adventures in the Orgasmatron* (Fourth Estate, 2012), p. 22.

7 *Norton Grim and Me*, dir. Tony Gammidge (2019).

8 Susan Sontag, *As Consciousness Is Harnessed to Flesh: Journals and Notebooks 1964-1980* (Farra, Strauss and Giroux, 2012), pp. 233-4.

9   Jonathan Cott, *Susan Sontag: The Complete Rolling Stone Interview* (Yale University Press, 2013), p. 41.

10   Susan Sontag, *As Consciousness Is Harnessed to Flesh*, p. 220.

11   David Rieff, *Swimming in a Sea of Death* (Granta, 2008), p. 23.

12   Susan Sontag, *As Consciousness Is Harnessed to Flesh*, p. 217.

13   David Rieff, *Swimming in a Sea ot Death*, p. 29.

14   앞의 책, p. 34.

15   앞의 책, p. 35.

16   앞의 책, p. 35.

17   앞의 책, p. 35.

18   Denis Donoghue, *New York Times*, 1978년 7월 16일.

19   Susan Sontag, *Illness as Metaphor and AIDS and uits Metaphors* (Penguin Modern Classics, 1991), pp. 97-8.

20   David Rieff, *Swimming in a Sea of Death*, p. 33.

21   Susan Sontag, *As Consciousness Is Harnessed to Flesh*, p. 223.

22   David Rieff, *Swimming in a Sea of Death*, p. 36.

23   Lorena Munoz-Alonso, "Adele Mailer, Visual Artist Once Stabbed by Husband Norman Mailer, Dies at 90", *Artnet*, 2015년 11월 26일.

24   Susan Sontag, *Illness as Metaphor*, p. 23.

25   *Safe*, dir. Todd Haynes (1995).

26   앞의 영화.

27   앞의 영화.

28   앞의 영화.

29   Todd Haynes, *Bomb*, 52집, 1995년 여름.

30   Julia Leyda, ed. *Todd Haynes: Interviews* (University Press of Mississippi, 2014), p. 91.

31   Susan Sontag, *Illness as Metaphor*, p. 14.

32   Kathy Acker, "The Gift og Disease", *Guardian*, 1997년 1월 18일.

33   Wilhelm Reich, trans. Vincent R. Carfango, *Character Analysis* (Farrar, Straus and Giroux, 1990[1933]), p. 154.

34   Chris Kraus, *After Kathy Acker* (Allen Lane, 2017), p. 44.

35   Nina Burleigh, "Kathy Acker", *Chicago Tribune*, 1988년 8월 28일.

36   Kathy Acker, "The Gift of Disease", *Guardian*, 1997년 1월 18일.

37   "Susan Sontag Found Crisis of Cancer Added Fiece Intensity to Life", *New York Times*, 1978년 1월 30일.

38   Jonathan Cott, *Susan Sontag: The Complete Rolling Stone Interview*, p. 8.

39 Audre Lorde, *The Cancer Journals* (Aunt Lutte Books, 1997[1980]), p. 7.

40 Avital Ronell, Amy Scholder, Carla Harryman, Avital Ronnell, eds., *Lust for Life: On the Writings of Kathy Acker* (Verso, 2006), p. 15.

41 Chris Kraus, *After Kathy Acker*, p. 267.

42 Kathy Acker, "The Gift of Disease", *Guardian*, 1997년 1월 18일.

43 David Rieff, *Swimming in A Sea of Death*, p. 16.

3. 성적 행동

1 Christopher Isherwood, *Goodbye to Berlin* (Hogarth Press, 1954[1939]), p. 296.

2 Norman Page, *Auden and Isherwood: The Berlin Years* (Macmillan Press, 1998), p. 86.

3 Michael Peppiantt, *Francis Bacon: Anatomy of and Enigma* (Constable, 2008[1996]), p. 35.

4 Norman Page, *Auden and Isherwood: The Berlin Years*, p. 14.

5 Christopher Isherwood, *Christopher and His Kind: 1920-1939* (Magnum, 1977[1976]), p. 10.

6 앞의 책, p. 16.

7 앞의 책, p. 13.

8 앞의 책, p. 24.

9 앞의 책, p. 39.

10 앞의 책, p. 22.

11 앞의 책, p. 18.

12 앞의 책, p. 20.

13 앞의 책, p. 32.

14 Heike Bauer, *The Hirschfeld Archives: Violence, Death, and Modern Queer Culture* (Temple University Press, 2017), p. 40.

15 Charlotte Wolff, *Magnus Hirschfeld: A Portrait of a Pioneer in Sexology* (Quartet Books, 1986), p. 256.

16 Elena Mancini, *Magnus Hirschfeld and the Quest for Sexual Freedom* (Palgrave Macmillan, 2010), p. 62.

17 Charlotte Wolff, *Magnus Hirschfeld*, p. 91.

18 Peter C. Engelman, ed., "Sanger's Hunger Games: A Post-War German Odyssey", *The Margaret Sanger Papers Project Newsletter*, No. 61, 2012년 가을.

19 앞의 자료.

20 Wilhelm Reich, trans. Mary Boyd Higgins, *Passion of Youth: An Autobiography, 1897-*

1912 (Farrar, Straus and Giroux, 1988), p. 43.

21 앞의 책, p. 175.

22 Christopher Turner, *Adventures in the Orgasmatron*, p. 94.

23 Wilhelm Reich, *Reich Speaks of Freud*, p. 37.

24 Benjamin Moser, *Sontag: Her Life* (Allen Lane, 2019), p. 175.

25 Wilhelm Reich, *Reich Speals of Freud*, p. 32.

26 Elizabeth Ann Danto, *Freud's Free Clinics* (Columbia University Press, 2005), p. 95.

27 Wilhelm Reich, *Reich Speaks of Freud*, p. 51.

28 Wilhelm Reich, trans. Philip Schmitz, *People in Trouble* (Farrar, Straus and Giroux, 1976[1953]), p. 108.

29 앞의 책, p. 118.

30 앞의 책, p. 148.

31 Norman Haire, ed., *World League for Sexual Reform: Proceedings of the Third Congress* (Kegan Paul, Trench, Tribuner & Co., 1930), p. 591.

32 Wilhelm Reich, *People in Trouble*, p. 17.

33 Patrick Wintour, "Genetics outweighs teachng, Gove adviser tells his boss", *Guardian*, 2013년 10월 11일.

34 Alison Bashford and Lesley Hall, eds., *The Oxford Handbook of Eugenics* (Oxford University Press, 2010), p. 5.

35 Wilhelm Reich, *People in Trouble*, p. 109.

36 앞의 책, p. 111.

37 Charlotte Wolff, *Magnus Hirschfeld*, pp. 404-405.

38 Theresa May, Conservative Party Conference, 2016년 10월 5일.

39 Ralf Dose, *Magnus Hirschfeld: The Origins of the Gay Liberation Movement* (Monthly Review Press, 2014), p. 77.

40 Elena Mancini, *Magnus Hirschfeld and the Quest for Sexual Freedom*, p. 69.

41 Charlotte Wolff, *Magnus Hirschfeld*, p. 252.

42 Christopher Isherwood, *Christopher and His Kind*, p. 21.

43 앞의 책, p. 96.

44 앞의 책, p. 152.

45 앞의 책, p. 109.

46 앞의 책, p. 124.

47 Atina Grossman, *Reforming Sex: The German Movement for Birth Control and Abortion Reform, 1920-1950* (Oxford University Press, 1995), p. 151.

48 앞의 책, p. 152.

49 앞의 책, p. 152.

50 앞의 책, p. 146.

4. 위험으로부터

1 *Daily Iowan*, Vol. 106, No. 203, 1974년 5월 14일.

2 Kate Millett, *Sexual Politics* (Columbia University Press, 2016[1970]), p. 158.

3 Barbara Hardy, "De Beauvoir, Lessing-Now Kate Millett", *New York Times*, 1970년 9월 6일.

4 Angela Neustatter, *Hyenas in Petticoats: A Look at Twenty Years of Feminism* (Penguin, 1989), p. 24.

5 Stephanie Rosenthal, ed., *Traces: Ana Mendieta* (Hayward Publishing, 2013), p. 90.

6 앞의 책, p. 90.

7 Howard Oransky, ed., *Covered in Time and History: The Films of Ana Mendieta* (University of California Press, 2015), p. 82.

8 Andrea Dworkin, *Letters From a War Zone* (E. P. Dutton, 1989), pp. 331-2.

9 앞의 책, p. 330.

10 Andrea Dworkin, ed., Johanna Fateman and Amy Scholder, *Last Days at Hot Slit* (Semiotext(e), 2018), p. 296.

11 Simone Weil and Rachel Bespaloff, *War and the Iliad* (New York Review od Books, 2007), pp. 3-5.

12 Jacqueline Rose, "Feminism and the Abomination of Violence", *Cultural Critique*, Vol. 94(2016, 가을), pp. 4-25.

13 Andrea Dworkin, *Last Days at Hot Slit*, pp. 314-15.

14 앞의 책, p. 20.

15 Andrea Dworkin, *Pornography: Men Possessing Women* (The Women's Press, 1981), p. 100.

16 앞의 책, p. 70.

17 Andrea Dworkin, *Last Days at Hot Slit*, p. 314.

18 Andrea Dworkin, *Pornography*, p. 76.

19 Marquis de Sade, trans. Richard Seaver, *Letters From Prison* (The Harvill Press, 2000), p. 180.

20 Andrea Dworkin, *Pornogrphy*, p. 82.

21 앞의 책, p. 82.

22 앞의 책, p. 84.

23 Geoffrey Gorer, *The Life and Ideas of the Marquis de Sade* (Peter Owen, 1963), p. 28.

24 Neil Schaeffer, *The Marquis de Sade: A Life* (Harvard University Press, 1999), p. 185.

25 Andrea Dworkin, *Pornography*, p. 99.

26 앞의 책, p. xxxvii

27 Edmund Gordon, *The Invention of Angela Carter: A Biography* (Chatto & Windus, 2016), p. 219.

28 앞의 책, p. 220.

29 Andrea Dworkin, *Pornography*, pp. 88-9.

30 Marquis de Sade, tras. Will McMorran & Thomas Wynn, *The 120 Days of Sodom* (Penguin Classics, 2016[1785]), p. 3.

31 Angela Carter, *The Sadeian Woman: An Exercise in Cultural History* (Virago, 1992[1979]), p. 89.

32 Jonathan Cott, *Susan Sontag: The Complete Rolling Stone Interview*, p. 41.

33 Wilhelm Reich, *The Mass Psychology of Fascism* (Noonday Press, 1970), Juliet Mitchell, *Psychoanalysis and Feminism* (allen Lane, 1974), p. 212에 인용됨.

34 Wilhelm Reich, *Passion of Youth*, p. 31.

35 앞의 책.

36 앞의 책, p. 35.

37 Andrea Dworkin, *Intercourse*, p. 179.

38 Edward St. Aubyn, *At Last*, p. 171.

39 Johanna Fateman, "The Power of Andrea Dworkin's Rage", *New York Review of Books*, 2019년 2월 15일.

40 Edmund Gordon, *The Invention of Angela Carter*, p. 218.

41 앞의 책, p. 217.

42 Angela Carter, "The Bloody Chamber", *Burning Your Boats: Collected Short Stories* (Chatto & Windus, 1995[1979]), p. 137.

43 앞의 책, p. 142.

44 Ana Mendieta, Linda Montano, ed., *Performance Artists Talking in the Eighties* (University of California Press, 2001), p. 396.

45 A. I. R., "Short History", www.artgallery.org/shorthistory.

46 Robert Katz, *Naked by the Window: The Fatal Marriage of Carl Andre and Ana Mendieta* (Atlantic Montly Press, 1990), pp. 11-12.

47 앞의 책, p. 4

48 앞의 책, p. 340.

49 앞의 책, p. 330.

50 Chris Kraus, *I Love Dick* (Semiotext(e), 2015), p. 211.

51 Andrea Dworkin, *Intercourse*, p. xxxii.

52 Stephanie Rosenthal, *Traces: Ana Mendieta* (Hayward Publishing, 2013), pp. 200-201.

5. 찬란한 그물

1 Agnes Martin, "The Untroubled Mind", Arne Glimche, *Agnes Martin: Paintings, Writings, Remembrances* (Phaidon, 2012), p. 216.

2 Sylvia Plath, *The Bell Jar* (Harper Collins, 2006[1971]), p. 214.

3 Terry Castle, "Travels with My Mom", *London Review of Books*, 2007년 8월 16일.

4 Christopher Turner, *Adventures in the Orgasmatron*, p. 374.

5 Reich to Eisenhower, 1957년 2월 23일. Aurora Karrer Reich Collection, National Library of Medicine.

6 Wilhelm Reich, *Reich Speakes of Freud*, p. 54.

7 Christopher Turner, *Adventures in the Orgasmatron*, p. 142.

8 Elizabeth Ann Danto, *Freud's Free Clinics*, p. 259.

9 Wilhelm Reich, *People in Trouble*, p. 232.

10 Susan Sontag, *Illness as Metaphor*, p. 69.

11 Wilhelm Reich, *American Odyssey: Letters and Journals, 1940-1947* (Farrar, Straus & Giroux, 1999), p. 34.

12 William Burroughs, *Letters, 1945-59* (Penguin Modern Classics, 2009), p. 19.

13 앞의 책, p. 51.

14 William Burroughs, "My Life in Orgone Boxes", *The Adding Machine: Selected Essays* (Arcade, 1993), p. 166.

15 James Baldwin, *Collected Essays* (Library of America, 1998), p. 662.

16 Kate Bush, "Cloudbusting", *Hounds of Love* (1985)

17 Mildred Edie Brady, "The New Cult of Sex and Anarchy", *Harper's Magazine*, 1947년 4월호.

18 James S. Turner, ed., *The Chemical Feast: Ralph Nader's Study Group Report on the Food and Drug Administration* (Penguin, 1976), p. 1.

19 Wilhelm Reich, *American Odyssey*, p. 442.

20 Wilhelm Reich et al. v. United States of America, US Court of Appeals for the First Circuit, 1957.

21 Peter Reich, *A Book of Dreams*, p. 31.

22 Jill Johnston, "Surrender & Solitude", *The Village Voice*, 1973년 9월 13일.

23 앞의 자료.

24 David K. Johnson, *The Lavender Scare: The Cold War Persecution of Gays and Lesbians in the Federal Government* (University of Chicago Press, 2014), p. 130.

25 Henry Martin, *Agnes Martin: Pioneer, Painter, Icon* (Schaffner Press, 2018), p. 94.

26 Jack Drescher, "Out of DSM: Depathologizing Homosexuality", *Behavioural Science*, Vol. 5, Issue 4, 2015년 12월, pp. 565-75.

27 Nancy Princenthal, *Agnes Martin*, p. 68.

28 앞의 책, p. 73.

29 Lucian Truscott, "Gay Power Comes to Sheridan Square", *The Village Voice*, 1969년 7월 3일.

30 앞의 자료.

31 Agnes Martin, "The Untroubled Mind", Arne Glimcher, *Agnes Martin*, p. 216.

32 Virginia Woolf, *The Waves* (Vintage Books, 2001[1931]), p. 137.

33 Peter Schjeldahl, "Life's Work", *New Yorker*, 2004년 6월 7일.

34 Ann Wilson, "Linear Webs", *Art & Artists* Vol. 1, No. 7 (1966년 10월), p. 47.

35 Agnes Martin, "The Untroubled Mind", Arne Glimcher, *Agnes Martin*, p. 220.

36 Jenny Attiyeh, "Agnes Martin: An Artist on Her Own", *Horsefly*, 2001년 봄.

37 Arne Glimcher, *Agnes Martin*, p. 77.

38 Sylvester, "You Make Me Feel (Mighty Real)": *Step II* (1978).

39 Benita Eisler, "Life Lines", *New Yorker*, 1993년 1월 25일.

40 Frances Morris and Tiffany Bell, eds., *Agnes Martin* (Tate Publishing, 2015), p. 232.

41 Edith Jacobson, "The Self and the Object World: Vicissitudes of Their Infantile Cathexes and Their Influence on Ideation and Affective Development", *The Psychoanalytic Study of the Child*, Vol. 9, Issue 1, 1954년, p. 115.

42 @realdonaldtrump, Twitter, 2017년 10월 4일.

43 @realdonaldtrump, Twitter, 2017년 10월 4일.

44 Box 1, Folder 12, Aurora Karrer Reich Collection, National Library of Medicine.

45 앞의 자료.

46 앞의 자료.

47 앞의 자료.

48 앞의 자료.

49 Peter Reich, *A Book of Dreams*, p. 66.

50 Box 2, Folder 12, Aurora Karrer Reich Collection, National Library of Medicine.

51 앞의 자료.

52 앞의 자료.

53 Christopher Turner, *Adventures in the Orgasmatron*, p. 340.

54 앞의 책.

55 Andrea Dworkin, *Last Days at Hot Slit*, p. 113.

6. 감방

1 Kate Bush, "Cloudbusting", *Hounds of Love* (1985).

2 Myron Sharaf, *Fury on Earth: A Biography of Wilhelm Reich* (Da Capo Press, 1994), p. 470.

3 Peter Reich, *A Book of Dreams*, p. 80.

4 앞의 책, p. 81.

5 앞의 책, p. 82.

6 앞의 책, p. 85.

7 Sarah Handley-Cousins, "The Auburn System: Prison and Punishment in the 19th Century United States", digpodcast.org, 2018년 3월 11일.

8 Karen M. Morin, "Security Here is Not Safe: Violence, Punishment, and Space in the Contemporary US Penitentiar", *Environment and Planning D: Society and Space*, Vol. 31, Issue 3, 2013년 1월 1일.

9 Bayard Rustin, ed. Devon W. Carbado & Donald Weise, *ime on Two Crosses: The Collected Writings of Bayard Rustin* (Cleis Press, 2015), p. 173.

10 Malcolm X, Alex Haley의 도움을 받아, *The Autobiography of Malcolm X* (Penguin, 2007[1965]), p. 99.

11 앞의 책, p. 101.

12 앞의 책, p. 112.

13 앞의 책, p. 140.

14 앞의 책, p. 266.

15 앞의 책, p. 267.

16 앞의 책, p. 245.

17 Edith Jacobson, "Notes From Prison", 저자를 위해 Rebecca May Johnson이 만든 번역본. 원본은 Ulrike May, Elke Muhleitner, Otto F. Kernberg, *Edith Jacobson: Sie selbst und die Welt ihre Obkelte* (Psychosozial-Verlag, 2005), p. 181.

18 Per Anthi & Svein Haugsgjerd, "A note of the history of the Norwegian Psychoanalytic Society from 1933 to 1945", *The International Journal of Psychoanalysis*, Vol. 94, 2013년, p. 718.

19 Edith Jacobson, "Observations on the Psychological Effect of Imprisonment on

Female Political Prisoners", K. R. Eissler, ed., *Searchlights on Delinquency: New Psychoanalytic Studies* (Imago, 1949), p. 343.

20 앞의 책, p. 344.

21 Edith Jacobson, "Depersonalization", *Journal of the American Psychoanalytic Association*, Vol. 7, Issue 4, 1959년 10월 1일, p. 587.

22 Edith Jacobson, "Observations on the Psychological Effect of Imprisonment on Female Political Prisoners", p. 353.

23 The Prisons Act 1865.

24 Oscar Wilde, 편집자에게 보낸 편지, *Daily Chronicle*, 1897년 5월 28일.

25 Marquis de Sade, *Letters from Prison*, p. 120.

26 Nancy Princenthal, *Agnes Martin: Her Life and Art*, p. 161.

27 Edith Jacobson, "Observations on the Psychological Effect of Imprisonment on Female Political Prisoners", p. 359.

28 앞의 책.

29 앞의 책, p. 367.

30 Bayard Rustin, ed. Michael G. Long, *I Must Resist: Bayard Rustin's Life in Letters* (City Lights, 2012), pp. 11-12.

31 앞의 책, p. 10.

32 앞의 책, p. 19.

33 앞의 책, p. 19.

34 앞의 책, pp. 29-30.

35 앞의 책, p. 44.

36 Rachelle Horowitz, *We Were There: The March on Washington-An Oral History*, 2013.

37 Bayard Rustin, *I Must Resist*, p. 63.

38 앞의 책, p. 72.

39 앞의 책, p. 83.

40 Jervis Anderson, *Bayard Rustin: Troubles I've Seen* (Harper Collins, 1997), p. 115.

41 Bayard Rustin, *Time on Two Crosses*, p. 36.

42 앞의 책, p. 40.

43 앞의 책, p. 57.

44 Bayard Rustin, *Time on Two Crosses*, p. 285.

45 Martin Luther King, "I Have a Dream", 워싱턴 행진, 1963년 8월 28일.

46 Strom Thurmond, *We Were There: The March on Washington-An Oral History*, 2013.

47 Bayard Rustin, *Time on Two Crosses*, p. 302.

48 앞의 책, p. 299.

49 Angela Davis, *Are Prisons Obsolete?* (Seven Stories Pess, 2003), p. 15.

50 앞의 책, p. 1

7. 블록/스윔

1 Susanne Bösche, *Jenny Lives with Eric and Martin* (Gay Men's Press, 1983), p. 38.

2 앞의 책, p. 44.

3 Margaret Thatcher, Speech to Conservative Central Council, Margaret Thatcher Foundation, 1987년 3월 21일.

4 Margaret Thatcher, Conservative Party Conference, 1987년 10월 9일.

5 Local Government Act 1988.

6 "Lesbian protest at the BBC", *BBC News*, 2018년 5월 23일.

7 *Daily Mirror*, 1988년 5월 24일.

8 Agnes Martin, "Beauty is the Mystery of Life", Frances Morris & Tiffany Bell, eds., *Agnes Martin*, p. 156.

9 James Dalrymple, *The Times*, 1992년 5월 31일.

10 Criminal Justice and Public Order, 1994.

11 Hayley Dixon & Izzy Lyons, "Boris Johnson calls Extinction Rebellion activists 'crusties' who live in 'hemp-smelling bivouacs'", *Telegraph*, 2019년 10월 7일.

12 Wilhelm Reich, *People in Trouble*, p. 26.

13 앞의 책, p. 25.

14 앞의 책, p. 32.

15 앞의 책, p. 28.

16 Sigmund Freud, trans. James Strachey, "The Future of an Illusion", *The Standard Edition of the Complete Psychological Works of Sigmund Freud*, Volume XXI (Hogarth Press, 1973), p. 6.

17 Sigmund Freud, trans. James Strachey, "Civilisation and its Discontents", 앞의 책, pp. 123-4.

18 Wilhelm Reich, *People in Trouble*, p. 27.

19 Elias Canetti, trans. Joachim Neugroschel, *The Torch in My Ear* (Pan Books, 1990[1980]), p. 245.

20 앞의 책, p. 245.

21 앞의 책, p. 248.

22 Susan Sontag, "Elias Canetti", *Granta 5: The Modern Common Wind*, 1982년 3월 1일.

23 Stefan Jonsson, *Crowds and Democracy: The Ideas and Images of the Masses from*

Revolution to Fascism (Columbia University Press, 2013), p. 46.

24 Jessica Elgot & Matthew Taylor, "Calais crisis: Cameron condemned for 'dehumanising' description of migrants", *Guardian*, 2015년 7월 30일.

25 Dara Lind, "Trump's Animals remark and the ensuing controversy, explained", *Vox*, 2018년 5월 21일.

26 Ben Zimmer, "What Trump Talks About When He Talks About Infestation", *Politico*, 2019년 7월 29일.

27 "Trump calls immigraion crisis 'a monstrosity'", *CNN*, 2018년 6월 19일.

28 Peter Baker and Michael D. Shear, "El Paso Shooting Suspect's Manifesto Echoes Trump's Language", *New York Times*, 2019년 8월 4일.

29 Ben Jacobs & Warren Murray, "Donald Trump under fire after failing to denounce Wirginia white supremacists", *Guardian*, 2017년 8월 13일.

30 Maya Oppenheim, "Neo-Nazis and White Supremacists applaud Donald Trump's response to deadly violence in Virginia", *Independent*, 2017년 8월 13일.

31 Robert Slifkin, *Out of Time: Philip Guston and the Refiguration of Postwar American Art* (University of California Press, 2013), p. 65.

32 Philip Guston, ed. Clark Coolidge, *Philip Guston: Collected Writings, Lectures, and Conversations* (University of California Press, 2011), p. 282.

33 Aaron Rose, *Imagining Jewish Art: Encounters with the Masters in Chagall, Guston, and Kitaj* (Legenda, 2009), p. 71.

34 Wilhelm Reich, *Passion of Youth*, p. 57.

35 Dore Ashton, *A Critical Study of Philip Guston* (University of California Press, 1992), p. 177.

36 Musa Mayer, *Night Studio: A Memoir of Philip Guston* (Thames and Hudson, 1988), p. 229.

37 앞의 책, p. 12.

38 앞의 책, p. 24.

39 David Kaufmann, *Telling Stories: Philip Guston's Later Work* (University of California Press, 2010), p. 19.

40 Hilton Kramer, "A Mandarin Pretending to be a Stumblebum", *New York Times*, 1970년 10월 25일.

41 Robert Slifkin, *Out of Time*, p. 108.

42 James Baldwin, "Open Letter to Angela Davis", Angela Davis, *If They Come in the Morning: Voices of Resistance* (Orbach and Chambers, 1971), p. 22.

8. 22세기

1 Andrea Dworkin, *Last Days at Hot Slit*, p. 60.

2 Federico Garcia Lorca, *In Search of Duende*, trans. A. S. Kline, www.poetryintranslation. com.

3 Justin Vivian Bond, Joe's Pub, 2013년 9월 20일.

4 Exuma, "22nd Centry", *Do Wah Nanny* (1971).

5 Nina Simone, Stephen Cleary와 함께. *I Put a Spell on You* (Da Capo Press, 1991), p. 86.

6 앞의 책, p. 16.

7 앞의 책, p. 24.

8 Alan Light, *What Happened, Miss Simone?* (Canongatem 2016), p. 128.

9 Nina Simone, *I Put a Spell on You*, p. 87.

10 앞의 책, p. 89.

11 앞의 책, p. 89.

12 Cohodas, *Princess Noire: The Tumultous Reign of Nina Simone* (Pantheon Books, 2010), p. 145.

13 Nina Simone, BBC Hardtalk, 1999년 3월 25일.

14 Joe Hagan, "I Wish I Knew How It Would Feel To Be Free: The Secret Diary of Nina Simone", *The Believer*, 2010년 8월.

15 앞의 책.

16 Nina Simone, BBC Hardtalk, 1999년 3월 25일.

17 Alan Light, *What Happened, Miss Simone?*, p. 102.

18 앞의 책, p. 158.

19 Bertolt Brecht, trans. Marc Blitzstein, "Pirate Jenny", *The Threepenny Opera* (1928).

20 Nina Simone, "Mississippi Goddam", *Nina Simone in Concert* (1964).

21 Alan Light, *What Happened, Miss Simone?*, p. 148.

22 Nina Simone, *I Put a Spell on You*, p. 18.

23 Joe Hagan, "I Wish I Knew How It Would Feel To Be Free: The Secret Diary of Nina Simone", *The Believer*, 2010년 8월.

24 Nina Simone, *I Put a Spell on You*, p. 92.

25 *Nina Simone: Historical Perspective*, dir. Peter Rodis (1970).

26 James Baldwin, *No Name in the Street* (Vintage, 2007[1972]), pp. 53-4.

27 Joe Hagan, "I Wish I Knew How It Would Feel To Be Free: The Secret Diary of Nina Simone", *The Believer*, 2010년 8월.

28 *What Happened, Miss Simone?*, dir. Liz Garbus (2015).

29 Nina Simone, *I Put a Spell on You*, p. 115.

30 James Baldwin, "Sweet Lorraine", *Esquire*, 1969년 11월 1일.

31 Nina Simone, Westbury Music Fair, 1968년 4월 7일.

32 *Nina Simone: Historical Perspective*, dir. Peter Rodis (1970).

33 앞의 책.

34 Nina Simone, São Paulo, 2000년 4월 13일.

참고 문헌

Acker, Kathy, *Blood and Guts in High School, Plus Two* (Pan Books, 1984)

— *Don Quixote* (Paladin, 1986)

— *Eurydice in the Underworld* (Arcadia Books, 1997)

— *Bodies of Work: Essays* (Serpent's Tail, 1997)

— *The Last Interview and Other Conversations* (Melville House, 2008)

Anderson, Jervis, Bayard Rustin: *Troubles I've Seen: A Biography* (Harper Collins, 1997)

Annan, Gabriele, 'Glee', *London Review of Books*, Vol. 17, No. 17, 7 September 1995

Anthi, Per and Svein Haugsgjerd, 'A Note on the History of the Norwegian Psychoanalytic Society from 1933 to 1945', *The International Journal of Psychoanalysis*, 94:4, pp. 715-24, 2013

Antonic, Thomas, 'Genius and Genitality: William S. Burroughs Reading Wilhelm Reich', *Humanities*, Vol. 8, Issue 2, June 2019

Arenas, Reinaldo, *Before Night Falls* (Serpent's Tail, 2001)

Ashton, Dore, *A Critical Study of Philip Guston* (University of California Press, 1992)

Baldwin, James, 'The New Lost Generation', *Esquire*, July 1961

— *Blues for Mister Charlie* (Dell, 1964)

— 'Sweet Lorraine', *Esquire*, November 1969

— *No Name in the Street* (Vintage, 2007 [1972])

— *Collected Essays* (Library of America, 1998)

— *I Am Not Your Negro*, compiled and edited by Raoul Peck (Penguin, 2017)

Barthes, Roland, *Sade, Fourier, Loyola* (Jonathan Cape, 1977)

Bashford, Alison and Lesley Hall, *The Oxford Handbook of Eugenics* (Oxford University Press, 2010)

Bauer, Heike, *The Hirschfeld Archives: Violence, Death, and Modern Queer Culture* (Temple University Press, 2017)

Beachy, Robert, *Gay Berlin: Birthplace of a Modern Identity* (Vintage, 2015)

Blocker, Jane, *Where is Ana Mendieta?* (Duke University Press, 2002)

Bond, Justin Vivian, *Tango: My Life in High Heels* (The Feminist Press, 2011)

Bösche, Susanne, *Jenny Lives with Eric and Martin*] (Gay Men's Press, 1983)

Bry, Gerhard, *Resistance: Recollections from the Nazi Years* (Leo Baeck Institute Archives, LBI Berlin Collection)

Burroughs, William, *Naked Lunch* (John Calder, 1964 [1959])

— *The Ticket That Exploded* (John Calder, 1968)

— 'My Life in Orgone Boxes', in *The Adding Machine: Selected Essays* (Arcade, 1993)

— *Letters, 1945-59* (Penguin Modern Classics, 2009)

Butler, Judith, *Precarious Life: The Powers of Mourning and Violence* (Verso, 2004)

Canetti, Elias, trans. Carol Stewart, *Crowds and Power* (Phoenix Press, 20 [1962])

— trans. Joachim Neugroschel, *The Torch in My Ear* (Pan Books, 1990 [1980])

Carter, Angela, *The Sadeian Woman: An Exercise in Cultural History* (Virago, 1979)

— *The Bloody Chamber* (Gollancz, 1979)

— *Burning Your Boats: The Collected Short Stories* (Chatto & Windus, 1995)

Carter, David, *Stonewall: The Riots that Sparked the Gay Revolution* (St Martin's Griffin, 2004)

Castle, Terry, 'Travels with My Mom', *London Review of Books*, Vol. 29, No. 6, 16 August 2007

Cocks, Geoffrey, *Psychotherapy in the Third Reich* (Oxford University Press, 1985)

Cohodas, Nadine, *Princess Noire: The Tumultuous Reign of Nina Simone* (Pantheon Books, 2010)

Colley, Zoe A., *Ain't Scared of Your Jail: Arrest, Imprisonment, and the Civil Rights Movement* (University Press of Florida, 2013)

Conlin, Michelle and Kristina Cooke, '$11 toothpaste: Immigrants pay big for basics at private ICE lock-ups', Reuters, 18 January 2019

Cott, Jonathan, *Susan Sontag: The Complete Rolling Stone Interview* (Yale University Press, 2013)

Dabrowski, Magdalena, *The Drawings of Philip Guston* (Museum of Modern Art, 1988)

Danto, Elizabeth Ann, *Freud's Free Clinics: Psychoanalysis & Social Justice, 1918-1938* (Columbia University Press, 2005)

Davis, Angela, *Are Prisons Obsolete?* (Seven Stories Press, 2003)

— ed., *If They Come in the Morning: Voices of Resistance* (Orbach & Chambers, 1971)

Davis, Mike, 'Hell Factories in the Field: A Prison-Industrial Complex', *The Nation*, Vol.

260, No. 7, 20 February 1995

Diski, Jenny, 'Queening It', *London Review of Books*, Vol. 31, No. 12, 25 June 2009

District of Columbia Corrections Information Council, 'USP Lewisburg Special Management Unit', 6 April 2018

Dworkin, Andrea, *Woman Hating* (Plume, 1974)

— *Pornography: Men Possessing Women* (The Women's Press, 1981)

— *Intercourse: Twentieth Anniversary Edition* (Basic Books, 2007 [1987])

— *Letters From a War Zone* (E.P. Dutton, 1989)

— *Last Days at Hot Slit* (MIT Press/Semiotext(e), 2019)

Eisler, Benita, 'Life Lines', *New Yorker*, 25 January 1993

Elkind, David, 'Wilhelm Reich—The Psychoanalyst as Revolutionary', *New York Times*, 18 April 1971

Elliott, Richard, *Nina Simone* (Equinox, 2013)

Evans, Richard, 'Weimerama', *London Review of Books*, Vol. 12, No. 21, 8 November 1990

Faludi, Susan, 'Death of a Revolutionary', *New Yorker*, 8 April 2013

Feldstein, Ruth, *How It Feels to Be Free: Black Women Entertainers and the Civil Rights Movement* (Oxford University Press, 2017)

Firestone, Shulamith, *The Dialectic of Sex* (Verso, 2015 [1970])

Foucault, Michel, trans. Alan Sheridan, *Discipline and Punish: The Birth of the Prison* (Penguin, 1991 [1975])

— trans. Robert Hurley, *The Will to Knowledge, The History of Sexuality: Volume One* (Penguin, 1990 [1976])

— trans. Robert Hurley, *The Use of Pleasure, The History of Sexuality: Volume Two* (Penguin, 1992 [1984])

— trans. Robert Hurley, *The Care of Self, The History of Sexuality: Volume Three* (Penguin 1990 [1984])

Foucault, Michel, Nicole Morar and Daniel W. Smith, 'The Gay Science', in *Critical Inquiry*, Vol. 37, No. 3, Spring 2011

Freud, Sigmund, trans. David McLintock, *Civilisation and its Discontents* (Penguin, 2002 [1930])

— trans. James Strachey, *The Standard Edition of the Complete Psychological Works of Sigmund Freud*, Volume XXI (Hogarth Press, 1973)

— trans. James Strachey, *On Sexuality: Three Essays on the Theory of Sexuality and other works* (Pelican, 1977)

Gedye, G. E. R., *Fallen Bastions* (Victor Gollancz, 1939)

Glimcher, Arne, *Agnes Martin: Paintings, Writings, Reminiscences* (Phaidon Press, 2012)

Gomez, Lavinia, *An Introduction to Object Relations* (Free Association Books, 1997)

Gordon, Edmund, *The Invention of Angela Carter: A Biography* (Chatto & Windus, 2016)

Gorer, Geoffrey, *The Life and Ideas of the Marquis de Sade* (Peter Owen, 1963) [1934)]

Greenfield, Jerome, *Wilhelm Reich vs. the U.S.A.* (W.W. Norton, 1974)

Griffin, Susan, *Made From This Earth: Selections from her writings* (The Women's Press, 1982)

Grossman, Atina, *Reforming Sex: The German Movement for Birth Control and Abortion Reform, 1920-1950* (Oxford University Press, 1995)

Guston, Philip, ed. Clark Coolidge, *Philip Guston: Collected Writings, Lectures, and Conversations* (University of California Press, 2011)

Hagan, Joe, 'I Wish I Knew How It Would Feel To Be Free: The Secret Diary of Nina Simone', *The Believer*, August 2010

Haire, Norman, ed., *World League for Sexual Reform: Proceedings of the Third Congress* (Kegan Paul, Trench, Trubner & Co., 1930)

Hampton, Sylvia and David Nathan, *Nina Simone: Break Down and Let It All Out* (Sanctuary, 2004)

Harrington, Anne, *The Cure Within* (W.W. Norton, 2008)

Haynes, Todd, ed. Julia Leyda, *Todd Haynes: Interviews* (University Press of Mississippi, 2014)

Heyd, Milly, *Mutual Reflections: Jews and Blacks in Art* (Rutgers University Press, 1999)

Hopwood, Nick, Rebecca Fleming and Lauren Kassell, eds., *Reproduction: Antiquity to the Present Day* (Cambridge University Press, 2018)

Isherwood, Christopher, *Mr Norris Changes Trains* (Vintage, 2001 [1935])

— *Goodbye to Berlin* (Hogarth Press, 1954 [1939])

— *Christopher and His Kind* (Magnum, 1978)

Jacobson, Edith, 'Observations on the Psychological Effect of Imprisonment on Female Political Prisoners', in K. R. Eissler, ed., *Searchlights on Delinquency: New Psychoanalytic Studies* (Imago, 1949)

— 'The Self and the Object World: Vicissitudes of Their Infantile Cathexes and Their Influence on Ideation and Affective Development', *The Psychoanalytic Study of the Child*, Vol. 9, Issue 1, 1954

— 'Depersonalization', *Journal of the American Psychoanalytic Association*, Vol. 7, Issue 4, 1 October 1959

— *The Self and the Object World* (Hogarth Press, 1964)

— Interview with David Milrod (Archives & Special Collections, A.A. Brill Library, New York Psychoanalytic Society and Institute, 1971)

Jacoby, Russell, *The Repression of Psychoanalysis: Otto Fenichel and the Political Freudians* (Chicago University Press, 1983)

Jewles, Yvonne, ed., *Handbook of Prisons* (Routledge, 2007)

Johnson, David K., *The Lavender Scare: The Cold War Persecution of Gays and Lesbians in the Federal Government* (University of Chicago Press, 2006)

Jonsson, Stefan, *Crowds and Democracy: The Idea and Image of the Masses from Revolution to Fascism* (Columbia University Press, 2013)

Johnston, Norman, *Forms of Constraint: A History of Prison Architecture* (University of Illinois Press, 2000)

Kane, Sarah, *Collected Plays* (Methuen, 2001)

Katz, Robert, *Naked by the Window: The Fatal Marriage of Carl Andre and Ana Mendieta* (The Atlantic Monthly Press, 1990)

King, Richard, *The Lark Ascending: The Music of the British Landscape* (Faber, 2019)

Klein, Melanie, *The writings of Melanie Klein. Vol. 1, Love, guilt and reparation and other works 1921–1945* (Free Press, 1984 [1975])

— *Envy and Gratitude and Other Works*, 1946–1963 (The Hogarth Press, 1975)

Kraus, Chris, *After Kathy Acker* (Allen Lane, 2017)

Lahr, John, 'Backlash Blues', *London Review of Books*, Vol. 38, No. 12, 16 June 2016

Landau, Ellen, 'Double Consciousness in Mexico: How Philip Guston and Reuben Kadish Painted a Morelian Mural', *American Art*, Vol. 21, No. 1 (Spring 2007)

Lever, Maurice, *The Marquis de Sade: A Biography* (Flamingo, 1995)

Lewy, Gunter, *Harmful and Undesirable: Book Censorship in Nazi Germany* (Oxford University Press, 2016)

Light, Alan, *What Happened, Miss Simone?* (Canongate, 2016)

Light, Alison, *Mrs Woolf and the Servants* (Penguin, 2008)

Long, Michael G., *I Must Resist: Bayard Rustin's Life in Letters* (City Lights Books, 2012)

Lorca, Federico Garcia, 'Theory and Play of the Duende', in *In Search of Duende* (New Directions, 1998)

Lorde, Audre, *The Cancer Journals* (Aunt Lute Books, 1997 [1980])

Lynn, Lukkas and Howard Oransky, *Covered in Time and History: The Films of Ana Mendieta* (Katherine E. Nash Gallery/University of California Press, 2015)

Malcolm, Janet, *In the Freud Archives* (Granta, 2018 [1984])

Mancini, Elena, *Magnus Hirschfeld and the Quest for Sexual Freedom* (Palgrave Macmillan, 2010)

Mancini, Matthew J., 'Race, Economics, and the Abandonment of Convict Leasing', *The Journal of Negro History*, Vol. 63, No. 4, October 1978

Martin, Henry, *Agnes Martin: Pioneer, Painter, Icon* (Schaffner Press, 2018)

May, Ulrike, Elke Muhleitner and Otto F. Kernberg, *Edith Jacobson: Sie selbst und die Welt ihre Objekte* (Psychosozial-Verlag, 2005)

Mayer, Musa, *Night Studio: A Memoir of Philip Guston by His Daughter* (Knopf, 1988)

Mendieta, Ana, *A Book of Works* (Grassfield Press, 1993)

Merz, Beatrice, ed., *Ana Mendieta. She Got Love* (Skira, 2013)

Millet, Kate, *Sexual Politics* (Virago, 1977)

Mitchell, Juliet, *Psychoanalysis and Feminism* (Allen Lane, 1974)

Montano, Linda, ed., *Performance Artists Talking in the Eighties* (University of California Press, 2001)

Moran, Joe, *On Roads: A Hidden History* (Profile, 2009)

Morin, Karen M., 'Security Here is Not Safe: Violence, Punishment, and Space in the Contemporary US Penitentiary', *Environment and Planning D: Society and Space*, Vol. 31, Issue 3, 1 January 2013

Morris, Frances and Tiffany Bell, eds., *Agnes Martin* (Tate, 2015)

Moser, Benjamin, *Sontag: Her Life* (Allen Lane, 2019)

Moure, Gloria, *Ana Mendieta* (Editiones Poligrafa, 1996)

Nelson, Maggie, *The Art of Cruelty: A Reckoning* (W.W. Norton, 2011)

Neustatter, Angela, *Hyenas in Petticoats: A Look at Twenty Years of Feminism* (Penguin, 1989)

Page, Norman, *Auden and Isherwood: The Berlin Years* (Macmillan, 1998)

Penman, Ian, 'Always Searching For a Key', *The Wire*, Issue 232, June 2003

Peters, Justin, 'How America's Model Prison Became the Most Horrific Facility in the Federal System', *Slate*, 20 November 2013

Phillips, Adam, *Becoming Freud: The Making of a Psychoanalyst* (Yale University Press, 2014)

Phillips, John, *How to Read Sade* (Granta, 2005)

Pick, Daniel, *Faces of Degeneration: A European Disorder, c. 1848–1918* (Cambridge University Press, 1989)

Pierpoint, Claudia Roth, 'A Raised Voice: How Nina Simone turned the movement into music', *New Yorker*, 11 and 18 August 2014

Princenthal, Nancy, *Agnes Martin: Her Life and Art* (Thames & Hudson, 2015)

Reich, Peter, *A Book of Dreams* (John Blake, 2015 [1974])

Reich, Wilhelm, ed. Mary Higgins and Chester M. Raphael, trans. Vincent R. Carfagno, *Character Analysis* (Farrar, Straus & Giroux, 1990 [1933])

— trans. Theodore P. Wolfe, *The Function of the Orgasm* (Panther, 1970 [1942])

— ed. Mary Higgins and Chester M. Raphael, trans. Vincent R. Carfagno, *The Mass Psychology of Fascism* (Souvenir Press, 1970 [1946])

— trans. Philip Schmitz, *People in Trouble* (Farrar, Straus & Giroux, 1976 [1953])

— ed. Mary Boyd Higgins, *Selected Writings: An Introduction to Orgonomy* (Farrar, Straus & Giroux, 1960)

— trans. Thérèse Pol, *Reich Speaks of Freud* (Penguin, 1967)

— ed. and trans. Mary Boyd Higgins, *Passion of Youth: An Autobiography, 1897-1922* (Farrar, Straus & Giroux, 1988)

— ed. Mary Boyd Higgins, *American Odyssey: Letters and Journals, 1940-47* (Farrar, Straus & Giroux, 1999)

— ed. Mary Boyd Higgins, *Where's the Truth: Letters and Journals, 1948-1957* (Farrar, Straus & Giroux, 2012)

Reiff, David, *Swimming in a Sea of Death* (Granta, 2008)

Richardson vs Thomas R. Kane et al, 'Complaint', United States District Court for the Middle District of Pennsylvania, 7 December 2011

Robins, Ahley H. and Sean L. Sellars, 'Oscar Wilde's Terminal Illness: Reappraisal After a Century', *The Lancet*, Vol. 356, Issue 9244, 25 November 2000

Roiphe, Katie, *The Violet Hour* (The Dial Press, 2016)

Rose, Jacqueline, 'Feminism and the Abomination of Violence', *Cultural Critique*, Vol. 94 (Fall 2016), pp. 4-25

Rosen, Aaron, *Imagining Jewish Art: Encounters with the Masters in Chagall, Guston, and Kitaj* (Legenda, 2009)

Rosenthal, Stephanie, ed., *Traces: Ana Mendieta* (Hayward Publishing, 2013)

Rothman, Joshua, 'When Bigotry Paraded Through the Streets', *The Atlantic*, 4 December 2016

Rowbotham, Sheila, *Edward Carpenter: A Life of Liberty and Love* (Verso, 2008)

Rustin, Bayard, *Time on Two Crosses: The Collected Writings of Bayard Rustin*, ed. Devon W. Carbado and Donald Weise (Cleis Press, 2015)

Sade, Marquis de, trans. Will McMorran and Thomas Wynn, *The 120 Days of Sodom* (Penguin Classics, 2016 [1785])

— trans. and ed. Richard Seaver, *Letters from Prison* (The Harvill Press, 2000)

— trans. John Philips, *Justine, or the Misfortunes of Virtue* (Oxford Modern Classics, 2012 [1781])

— trans. Austryn Wainhouse, *Juliette* (Grove Press, 1968 [1797])

Scarry, Elaine, *The Body in Pain* (Oxford University Press, 1985)

Schaeffer, Neil, *The Marquis de Sade: A Life* (Harvard University Press, 1999)

Schjeldahl, Peter, 'The Junkman's Son', *New Yorker*, 26 October 2003

— 'Life's Work', *New Yorker*, 7 June 2004

Schlosser, Eric, 'The Prison- Industrial Complex', *The Atlantic*, December 1998

Scholder, Amy, Carla Harryman and Avital Ronnell, *Lust for Life: On the Writings of Kathy Acker* (Verso, 2006)

Sedgwick, Eve Kofosky, 'Paranoid and Reparative Reading, Or, You're So Paranoid You Probably Think This Essay Is About You', *Touching Feeling* (Duke University Press, 2003)

Sharaf, Myron, *Fury on Earth: A Biography of Wilhelm Reich* (Da Capo Press, 1994)

Simone, Nina, with Stephen Cleary, *I Put a Spell on You* (Da Capo Press, 1991)

Slifkin, Robert, *Out of Time: Philip Guston and the Refiguration of Postwar American Art* (University of California Press, 2013)

Sontag, Susan, 'Elias Canetti', *Granta*, Vol. 5, 1 March 1982

— *Illness as Metaphor & AIDS and its Metaphors* (Penguin Modern Classics, 1991)

— *Regarding the Pain of Others* (Penguin, 2004)

— *As Consciousness is Harnessed to Flesh*, ed. David Rieff (Farrar, Straus & Giroux, 2012)

— *Essays of the 1960s and 70s*, ed. David Rieff (Library of America, 2013)

Srinivasan, Amia, 'Does Anyone Have the Right to Sex', *London Review of Books*, Vol. 40, No. 6, 22 March 2018

Stern, J. P., 'Canetti's Later Work', *London Review of Books*, Vol. 8, No. 12, 3 July 1986

Tamagne, Florence, *A History of Homosexuality in Europe: Berlin, London, Paris, 1919-1939*, Volume I (Algora, 2004)

Theweleit, Klaus, trans. Chris Turner, Erica Carter and Stephen Conway, *Male Fantasies, Vol. I: Women, Floods, Bodies, Histories* (Polity, 1987)

— trans. Chris Turner, Erica Carter and Stephen Conway, *Male Fantasies, Vol. II: Male Bodies: Psychoanalysing the White Terror* (Polity, 1989)

Thompson, Christie and Joseph Shapiro, '28 Days in Chains', The Marshall Project/NPR, 26 October 2016

Thompson, Heather Ann, *Blood in the Water: The Attica Prison Uprising of 1971 and Its*

Legacy (Vintage, 2016)

Tomkins, Calvin, 'The Materialist', *New Yorker*, 5 December 2011

Totton, Nick, *The Water in the Glass: Body and Mind in Psychoanalysis* (Rebus Press, 1998)

Turner, Christopher, *Adventures in the Orgasmatron: The Invention of Sex* (Fourth Estate, 2012)

Turner, James S., ed., *The Chemical Feast: Ralph Nader's Study Group Report on the Food and Drug Administration* (Penguin, 1976 [1970])

Van Der Kolk, Bessel, *The Body Keeps the Score* (Penguin, 2014)

Viso, Olga, ed., *Ana Mendieta, Earth Body* (Hatje Cantz, 2004)

— ed., *Unseen Mendieta: The Unpublished Work of Ana Mendieta* (Prestel, 2008)

Walder, Joyce, 'A Death in Art', *New York Magazine*, 16 December 1985

Weil, Simone and Rachel Bespaloff, *War and the Iliad* (*New York Review of Books*, 2007)

Whitehurst, Andrew, 'Free Party Politics: Castle Morton', *DJ Mag*, 28 March 2014

Wilson, Colin, *The Quest for Wilhelm Reich* (Panther, 1982)

Winnicott, D. W., *Playing and Reality* (Routledge, 1971)

— *Babies and Their Mothers* (Free Association Books, 1988)

Wolff, Charlotte, *Magnus Hirschfeld: A Portrait of a Pioneer in Sexology* (Quartet Books, 1986)

Woodfox, Albert, *Solitary* (Text Publishing Company, 2019)

Woodman, Donald, *Agnes Martin and Me* (Lyon Art Books, 2016)

Wood, Sarah, *Civilisation & Its Malcontents* (Ma Bibliotheque, 2017)

Woollen, Peter, 'Death (and Life) of the Author', *London Review of Books*, Vol. 20, No. 3, 5 February 1998

de Zegher, M. Catherine, ed., *Inside the Visible: an elliptical traverse of 20th century art* (Les editions La Chambre, 1996)

Everybody
Olivia Laing

옮긴이 **김병화**

대학교에서 고고학과 철학을 공부했다. 꼭 읽고 싶은 책을 더 많은 사람과 함께 읽고 싶은 마음에서 번역을 시작하게 되었고, 그렇게 하여 나온 책이 《외로운 도시》《음식의 언어》《문구의 모험》《짓기와 거주하기》《오래된 기억들의 방》《세기말 빈》《모더니티의 수도, 파리》등 여러 권이다. 같은 생각을 가진 번역자들과 함께 번역기획 모임 '사이에'를 결성하여 활동하고 있다.

에브리바디

초판 1쇄 발행 2022년 10월 4일

지은이 | 올리비아 랭
옮긴이 | 김병화
발행인 | 김형보
편집 | 최윤경, 강태영, 이경란, 임재희, 곽성우
마케팅 | 이연실, 이다영
디자인 | 송은비
경영지원 | 최윤영

발행처 | 어크로스출판그룹(주)
출판신고 | 2018년 12월 20일 제 2018-000339호
주소 | 서울시 마포구 양화로10길 50 마이빌딩 3층
전화 | 070-4808-0660(편집) 070-8724-5877(영업)
팩스 | 02-6085-7676
이메일 | across@acrossbook.com

한국어판 출판권 ⓒ 어크로스출판그룹(주) 2022

ISBN 979-11-6774-072-4 03300

만든 사람들
편집 | 이경란
교정교열 | 하선정
표지디자인 | 올리브유
본문디자인 | 박은진